GEOGRAFÍA DEL POPULISMO

ÁNGEL RIVERO
JAVIER ZARZALEJOS
JORGE DEL PALACIO
(Coordinadores)

GEOGRAFÍA DEL POPULISMO

UN VIAJE POR EL UNIVERSO DEL POPULISMO
DESDE SUS ORÍGENES HASTA TRUMP

SEGUNDA EDICIÓN REVISADA

AUTORES

ENRIQUE KRAUZE
ÁNGEL RIVERO
JAVIER ZARZALEJOS
JORGE DEL PALACIO MARTÍN
CARLOS DE LA TORRE
MIRA MILOSEVICH
JAVIER REDONDO RODELAS
JUAN CARLOS JIMÉNEZ REDONDO
MARIANA GONZÁLEZ TREJO
ENRIQUE PERUZZOTTI
FERNANDO MAYORGA

JUAN IGNACIO HERNÁNDEZ MORA
MARTÍN SANTIVÁÑEZ VIVANCO
JOSÉ RUIZ VICIOSO
MANUEL ÁLVAREZ TARDÍO
GUILLERMO GRAÍÑO FERRER
IGOR SOSA MAYOR
GUSTAVO PALLARÉS RODRÍGUEZ
FERNANDO CASAL BÉRTOA
SIMONA GUERRA
ROBERTO INCLÁN
FRANCISCO TORTOLERO CERVANTES

tecnos

Imágenes de la cubierta y mapas de las páginas 16 y 17:
Marina Rivero

Diseño de cubierta:
Carlos Lasarte González

1.ª edición, 2017
2.ª edición, 2018

Reservados todos los derechos. El contenido de esta obra está protegido por la Ley, que establece penas de prisión y/o multas, además de las correspondientes indemnizaciones por daños y perjuicios, para quienes reprodujeren, plagiaren, distribuyeren o comunicaren públicamente, en todo o en parte, una obra literaria, artística o científica, o su transformación, interpretación o ejecución artística, fijada en cualquier tipo de soporte o comunicada a través de cualquier medio, sin la preceptiva autorización.

© faes
FUNDACIÓN

© EDITORIAL TECNOS (GRUPO ANAYA, S. A.), 2018
Juan Ignacio Luca de Tena, 15 - 28027 Madrid
ISBN: 978-84-309-7601-0
ISBN: 978-84-96729-22-3
Depósito Legal: M. 32.021-2018

© Enrique Krauze, Ángel Rivero, Javier Zarzalejos, Jorge del Palacio Martín, Carlos de la Torre, Mira Milosevich, Javier Redondo Rodelas, Juan Carlos Jiménez Redondo, Mariana González Trejo, Enrique Peruzzotti, Fernando Mayorga, Juan Ignacio Hernández Mora, Martín Santiváñez Vivanco, José Ruiz Vicioso, Manuel Álvarez Tardío, Guillermo Graíño Ferrer, Igor Sosa Mayor, Gustavo Pallarés Rodríguez, Fernando Casal Bértoa, Simona Guerra, Roberto Inclán y Francisco Tortolero Cervantes, 2018

Printed in Spain

La *voz* del Pueblo es *voz* de Dios. Refrán que enseña que el convenir comúnmente todos en una especie es una evidente prueba de su verdad o certidumbre, fundada en la imposibilidad moral en convenirse todos en ella sin especial providencia.

Lat. *Vox populi vox Dei.*
Diccionario de Autoridades,
Real Academia Española, 1726-1739

ÍNDICE

Prefacio: ARQUEOLOGÍA DEL POPULISMO, por *Enrique Krauze*...   18

Introducción: LA RENOVADA ACTUALIDAD DEL POPULISMO, por *Ángel Rivero, Javier Zarzalejos y Jorge del Palacio*   23

I. LA POLÍTICA DEL POPULISMO

Capítulo 1. POPULISMO: ¿CÓMO DESTRUIR LA DEMOCRACIA EN NOMBRE DE LA DEMOCRACIA?, por *Ángel Rivero*   31
    I. La novedad del populismo   31
    II. El populismo como refutación de la democracia en su propio nombre   32
    III. La ideología del populismo   33
    IV. El espacio político del populismo   37
    V. Conclusiones   38

Capítulo 2. ANTIPOLÍTICA Y POPULISMO: DEL «NO NOS REPRESENTAN» A «DEMOCRACIA REAL YA», por *Ángel Rivero*...   41
    I. El nacimiento de los indignados en España   41
    II. Los desórdenes del presente   44
    III. La política y la antipolítica   45
    IV. ¿La economía mató a la política?   47
    V. ¿La política mató a la economía?   51
    VI. Conclusiones   52

Capítulo 3. EL POPULISMO Y LA PROMESA DE UNA DEMOCRACIA MÁS INCLUSIVA, por *Carlos de la Torre*   54
    I. Populismo y democracia   54
    II. Las promesas de inclusión y las prácticas autoritarias en el poder   57
    III. Construyendo al pueblo   59
    IV. ¿Quién habla en nombre del pueblo?   61
    V. El autoritarismo populista: el pueblo como uno   63
    VI. Conclusiones   66

II. LOS POPULISMOS HISTÓRICOS

Capítulo 4. DE LA IDEALIZACIÓN DEL PUEBLO AL TERRORISMO. EL POPULISMO HISTÓRICO RUSO DEL SIGLO XIX, por *Mira Milosevich*   71

I.	El contexto histórico	72
II.	Raíces de la ideología populista	74
III.	Ideología y objetivos políticos	76
IV.	Zemlya i Volya	78
V.	El fracaso y el legado populista	79

Capítulo 5. EL POPULISMO NORTEAMERICANO DE AYER Y DE HOY, por *Javier Redondo Rodelas* 82
- I. El primer populista en la Casa Blanca 82
- II. Genealogía del populismo americano 85
- III. Fin de ciclo: el declive del populismo originario 89
- IV. Coda: el último trayecto y el «telepopulismo» 90

Capítulo 6. BRASIL Y EL *ESTADO NOVO* DE GETÚLIO VARGAS, por *Juan Carlos Jiménez Redondo* 94
- I. Crisis estructural, aparición y asentamiento del «getulismo»: 1930-1937 94
- II. La era del *Estado Novo*, 1930-1945 96
- III. El gobierno constitucional, 1951-1954 103
- IV. Conclusiones 109

Capítulo 7. EL PERONISMO Y LA CREACIÓN DE LA LENGUA DEL POPULISMO, por *Ángel Rivero* 111
- I. Peronismo y populismo 111
- II. Antiliberalismo y populismo en la presidencia de Perón 112
- III. Soberanía, independencia y justicia social 113
- IV. Democratización *vs.* democracia 116
- V. El peronismo y la forja de la lengua del populismo 117

III. LOS NUEVOS POPULISMOS LATINOAMERICANOS

Capítulo 8. EL POPULISMO VENEZOLANO, ¿CONTINUIDAD O RUPTURA?, por *Mariana González Trejo* 127
- I. Introducción 127
- II. Conformación de bloques antagónicos: pueblo y poder 128
- III. Relación con la democracia 130
- IV. Estilo de liderazgo y estrategia comunicacional 131
- V. Conclusión 133

Capítulo 9. KIRCHNERISMO Y POPULISMO, por *Enrique Peruzzotti* 136
- I. La coyuntura histórica 138
- II. Programa y consignas 140
- III. El legado del kirchnerismo 142
- IV. Conclusiones 144

Capítulo 10. RAFAEL CORREA: ENTRE LAS PROMESAS DE DEMOCRATIZACIÓN Y EL AUTORITARISMO, por *Carlos de la Torre* 146
- I. Las promesas de inclusión populistas 147
- II. Cooptando y reprimiendo a la sociedad civil 148
- III. Colonizando la esfera pública 150

IV. El *boom* económico y la renta petrolera 153
V. Construyendo una nueva hegemonía: las elecciones permanentes 155
VI. Conclusiones 158

Capítulo 11. EL LIDERAZGO CARISMÁTICO DE EVO MORALES Y EL PROYECTO POLÍTICO DEL *MAS*: NACIONALISMO E INDIGENISMO, por *Fernando Mayorga* 161
    I. Cambio político y transición estatal: surgimiento y consolidación del MAS 161
    II. La ruta sindical y política de un liderazgo carismático ... 163
    III. Estilo político de Evo Morales y flexibilidad programática del MAS 164
    IV. Democracia intercultural y concentración de poder político.. 166

Capítulo 12. CONTINUIDAD Y CAMBIO EN LA POLÍTICA BRASILEÑA: DE CARDOSO A LULA DA SILVA, por *Juan Carlos Jiménez Redondo* 171
    I. Lula da Silva: el presidente obrero 175
    II. La ambigüedad lulista: democracia y populismo 177
    III. Objetivos programáticos y realizaciones políticas 182

Capítulo 13. LOS GOBIERNOS POPULISTAS EN MÉXICO: LA PRIORIDAD DE LA INCLUSIÓN DE LAS MASAS FRENTE AL DESARROLLO DEL PAÍS, por *Juan Ignacio Hernández Mora* 188
    I. Lázaro Cárdenas, ¿pionero del populismo? 189
    II. La aparición de los gobiernos populistas en América Latina... 190
    III. El populismo en México 192
    IV. Conclusiones 197

Capítulo 14. EL POPULISMO EN EL PERÚ, por *Martín Santiváñez Vivanco* 200
    I. Crisis y sultanato estatal 200
    II. La dictadura Velasquista y Sendero Luminoso: un populismo marxista y una desviación terrorista 203
    III. Alan García y el APRA: un discurso populista en un partido tradicional 205
    IV. El fujimorismo, del populismo desideologizado al centro pragmático 207
    V. A modo de conclusión 210

IV. LOS NUEVOS POPULISMOS EUROPEOS

Capítulo 15. DE LA EXTREMA DERECHA AL POPULISMO SOCIAL: EL VIAJE DEL *FRONT NATIONAL* DE LA MANO DE MARINE LE PEN, por *Ángel Rivero* 217
    I. Del extremismo marginal a la vocación de partido mayoritario: la evolución del FN 218
    II. La socialización del mensaje del FN 221

III. Las razones del éxito del FN y el futuro de la democracia en Francia 228

Capítulo 16. EL POPULISMO EN ITALIA: EL BERLUSCONISMO Y SU LEGADO, por *Jorge del Palacio Martín* 234
  I. Introducción 234
  II. El nacimiento del berlusconismo: la crisis del sistema político italiano 235
  III. La consolidación del berlusconismo: la personalización de la política 239
  IV. El berlusconismo como populismo 241
  V. Conclusión: el legado del berlusconismo 245

Capítulo 17. REINO UNIDO: EL POPULISMO ANTIEUROPEO DE UKIP, por *José Ruiz Vicioso* 249
  I. Trayectoria de UKIP: de Maastrich al referéndum sobre el Brexit 251
  II. La base social del populismo 253
  III. Características del populismo de UKIP 255
  IV. Conclusión 257

Capítulo 18. EL POPULISMO EN LA DEMOCRACIA ESPAÑOLA: DEL GIL A PODEMOS, por *Manuel Álvarez Tardío* 260
  I. La relativa novedad del populismo en España 260
  II. El precedente del GIL 261
  III. El 15 M y el nacimiento y desarrollo de PODEMOS 263

Capítulo 19. NACIONALISMO Y POPULISMO EN ESPAÑA, por *Javier Zarzalejos* 271
  I. La razón populista y el nacionalismo 271
  II. La creación del enemigo 274
  III. La abolición del pluralismo 275
  IV. Democracia directa y derecho a decidir 278

Capítulo 20. POPULISMO E ILUSTRACIÓN: EL CASO DE HOLANDA, por *Guillermo Graíño Ferrer* 281
  I. Tradición y emancipación en Europa 281
  II. Ilustración, Islam y populismo en Holanda 283
  III. La cultura política neerlandesa y el nacimiento del populismo 286
  IV. El populismo cultural de Fortuyn 288
  V. Geert Wilders y el éxito electoral del PVV 289

Capítulo 21. CUANDO EL POPULISMO LLEGÓ, EL FPÖ YA ESTABA EN AUSTRIA, por *Igor Sosa Mayor* 293
  I. El periodo pre-Haider (1945-1986) 293
  II. Haider y el populismo (1986-2000): estrategias, contenidos, tácticas 295
  III. El poder, fractura y vuelta a empezar (2000-2015) 299

Capítulo 22. EL POPULISMO EN LAS DEMOCRACIAS SOCIALES ESCANDINAVAS: PROTEGER *NUESTRO* BIENESTAR, por *Gustavo Pallarés Rodríguez* 303

I.	La felicidad de los escandinavos	303
II.	La construcción del Estado del bienestar	305
III.	La inmigración como amenaza a una sociedad cohesionada y solidaria	306
IV.	Un mismo fenómeno en cuatro países	306
V.	Conclusión	309

Capítulo 23. EL POPULISMO EN UNA NUEVA DEMOCRACIA: POLONIA (1990-2015), por *Fernando Casal Bértoa* y *Simona Guerra* 311
I.	Introducción	311
II.	El populismo en Polonia: inicios y consolidación	312
III.	El porqué del populismo: oferta y demanda	315
IV.	El presente y el futuro del populismo en Polonia	319

Capítulo 24. RUSIA TRUNCADA: EL POPULISMO RUSO CONTEMPORÁNEO, por *Mira Milosevich* 321
I.	El fracaso de la transición democrática en Rusia	324
II.	La democracia «soberana»	325
III.	Conclusión	328

Capítulo 25. AfD: POPULISMO DE DERECHA COMO ALTERNATIVA A LA GRAN COALICIÓN ALEMANA, por *Roberto Inclán* 330
I.	*Zeitgeist* populista	331
II.	Programa político	333
III.	Trayectoria electoral	335

Capítulo 26. SUIZA: POPULISMO DE CABRAS, POSTALES Y REFERENDOS, por *Francisco Tortolero Cervantes* 343
I.	Relatos salvajes: desconfiar de las élites, temer al extranjero	344
II.	Para entender la implantación del SVP-UDC	346
III.	Un líder más que carismático	347
IV.	La promoción de la microcultura, estrategia antifederal ...	349
V.	El esquema partidista actual	350

Capítulo 27. LA IMPLANTACIÓN DEL POPULISMO EN BÉLGICA, por *Francisco Tortolero Cervantes* 354
I.	Acercamiento a una complejidad estructural	355
	1. Un preámbulo del populismo como opción de gobierno	355
	2. ¿Cabe el populismo dentro del molde del consenso?	356
II.	Implantación y declive populista: del norte al sur	357
	1. Un sentimiento (nacionalista) que se vuelve programa (populista)	358
	2. Los efímeros pactos antiextremismo	361
	3. Una reconversión antiislamista	362
III.	¿Es posible contener la proliferación populista?	363
	1. Resistencias institucionales al populismo	363
	2. Otros aspectos legales que acotan el populismo belga	365

Capítulo 28. SYRIZA: EL POPULISMO EN LA CUNA DE LA DEMOCRACIA, por *Jorge del Palacio Martín* 370
I.	Introducción	370

II.	El ascenso de Syriza	371
III.	Modelo organizativo y estrategia	373
IV.	La retórica populista de Syriza	376
V.	Conclusiones	378

Capítulo 29. ¿LA DESCONSOLIDACIÓN DE LA DEMOCRACIA EN HUNGRÍA? VIKTOR ORBÁN Y SU TEORÍA POPULISTA DE LA DEMOCRACIA ILIBERAL, por *Ángel Rivero* 380

I.	¿Crisis de la democracia en Hungría?	380
II.	La revolución de 1956 y la corta historia de la democracia en Hungría	381
III.	¿Se está produciendo la desconsolidación de la democrcia en Hungría?	383
IV.	La crisis del sistema bipartidista y la aparición de Jobbik..	385
V.	La propuesta de Viktor Orbán de una democracia iliberal....	387

CONCLUSIÓN: ¿CÓMO SE HA DE TRATAR EL POPULISMO EN DEMOCRACIA? 391

BIBLIOGRAFÍA GENERAL 401

POPULISMO EN AMÉRICA 405

POPULISMOS EUROPEOS 415

SOBRE LOS AUTORES 427

ÍNDICE ONOMÁSTICO Y ANALÍTICO 433

EEUU	BOLIVIA	ARGENTINA	BRASIL	VENEZUELA
Donald J. **TRUMP**	Evo **MORALES**	Néstor **KIRCHNER**	Luiz Inácio **LULA**	Hugo **CHÁVEZ**
Republican Party (GOP)	Movimiento al Socialismo (MAS - IPSP)	Partido Justicialista (PJ)	Partido dos Trabalhadores (PT)	Partido Socialista Unido de Venezuela (PSUV)
Presidente desde 2017	Presidente desde 2006	Presidente 2003 - 2007	Presidente 2003 - 2011	Presidente 1999 - 2013

Los países estudiados en el libro (véase índice de capítulos) aparecen representados en **negro**.
Los líderes populistas más conocidos figuran retratados y acompañados de las fechas de sus mandatos o de los porcentajes de los mejores resultados electorales obtenidos por sus partidos.

ESPAÑA	REINO UNIDO	FRANCIA	ITALIA	RUSIA
Pablo **IGLESIAS**	Nigel **FARAGE**	Marine **LE PEN**	Silvio **BERLUSCONI**	Vladímir **PUTIN**
Podemos	UK Independence Party (UKIP)	Front National (FN)	Forza Italia (FI)	Единая Россия (Rusia Unida)
21,10% (Elecciones Generales España 2016)	26,77% (Elecciones Europeas 2014)	33,90% (Elecciones Presidenciales Francia 2017)	Primer Ministro 1994 - 1995, 2001 - 2006, 2008 - 2011	Presidente 2000 - 2008, desde 2012

PREFACIO

ARQUEOLOGÍA DEL POPULISMO

Enrique Krauze

El populismo ha sido un mal endémico de América Latina. El líder populista arenga al pueblo contra el «no pueblo», anuncia el amanecer de la historia, promete el cielo en la Tierra. Cuando llega al poder, micrófono en mano decreta la verdad oficial, desquicia la economía, azuza el odio de clases, mantiene a las masas en continua movilización, desdeña los parlamentos, manipula las elecciones, acota las libertades. Su método es tan antiguo como los demagogos griegos: «Ahora quienes dirigen al pueblo son los que saben hablar [...] las revoluciones en las democracias [...] son causadas sobre todo por la intemperancia de los demagogos». El ciclo se cerraba cuando las elites se unían para remover al demagogo, reprimir la voluntad popular e instaurar la tiranía (Aristóteles, *Política* V). En América Latina, los demagogos llegan al poder, usurpan (desvirtúan, manipulan, compran) la voluntad popular e instauran la tiranía.

Esto es lo que ha pasado en Venezuela, cuyo gobierno populista inspiró (y en algún caso financió) a dirigentes de Podemos. Se diría que la tragedia de ese país (que ocurre ante nuestros ojos) bastaría para disuadir a cualquier votante sensato de importar el modelo, pero la sensatez no es una virtud que se reparta democráticamente. Por eso, la cuestión que ha desvelado a los demócratas de este lado del Atlántico se ha vuelto pertinente para España: ¿Por qué nuestra América ha sido tan proclive al populismo?

La mejor respuesta la dio un sabio historiador estadounidense llamado Richard M. Morse en su libro *El espejo de Próspero* (1978). En Iberoamérica —explicó— subyacen y convergen dos legitimidades premodernas: el culto popular a la personalidad carismática y un concepto corporativo y casi místico del Estado como una entidad que encarna la soberanía popular por encima de las conciencias individuales. En ese hallazgo arqueológico está el origen remoto de nuestro populismo.

El derrumbe definitivo del edificio imperial español en la tercera década del siglo XIX —aduce Morse— dejó en los antiguos dominios un vacío de legitimidad. El poder central se disgregó regionalmente fortaleciendo a los caudillos sobrevivientes de las guerras de independencia, personajes a quienes el pueblo seguía instintivamente y que parecían surgidos de los *Discursos* de Maquiavelo: José Antonio Páez en Venezuela, Facundo Quiroga en Argentina o Antonio López de Santa Anna en México (según Octavio Paz, el verdadero arquetipo era el caudillo hispano-árabe del medioevo).

Pero la legitimidad carismática pura no podía sostenerse. El propio Maquiavelo reconoce la necesidad de que el Príncipe se rija por «leyes que proporcionen seguridad para todo su pueblo». Según Morse, nuestros países encontraron esa fuente complementaria de legitimidad en la tradición del Estado patrimonial español que acababan de desplazar. Si bien las Constituciones que adoptaron se inspiraban en las de Francia y Estados Unidos, los regímenes que en la práctica se crearon correspondían más bien a la doctrina política neotomista formulada (entre otros) por el gran teólogo jesuita Francisco Suárez (1548-1617).

La tradición neotomista —explicó Morse— ha sido el sustrato más profundo de la cultura política en Iberoamérica. Su origen está en el *Pactum Translationis*: Dios otorga la soberanía al pueblo, pero éste, a su vez, la enajena absolutamente (no sólo la delega) al monarca. De ahí se desprende un concepto paternal de la política, y la idea del Estado como una arquitectura orgánica y corporativa, un «cuerpo místico» cuya cabeza corresponde a la de un padre que ejerce a plenitud y sin cortapisas la «potestad dominadora» sobre el pueblo que lo acata y aclama.

Este diseño tuvo aspectos positivos, como la incorporación de los pueblos indígenas, pero creó costumbres y mentalidades ajenas a las libertades y derechos de los individuos.

Varios casos avalan esta interpretación patriarcal de la cultura política iberoamericana en el siglo XIX: el último Simón Bolívar (el de la Constitución de Bolivia y la presidencia vitalicia), Diego Portales en Chile (un republicano forzado a emplear métodos monárquicos) y Porfirio Díaz en México (un monarca con ropajes republicanos). Y este paradigma siguió vigente durante casi todo el siglo XX, pero adoptando formas y contenidos populistas. En 1987, Morse escribía:

> Hoy día es casi tan cierto como en tiempos coloniales que en Latinoamérica se considera que el grueso de la sociedad está compuesto de partes que se relacionan a través de un centro patrimonial y no directamente entre sí. El gobierno nacional [...] funciona como fuente de energía, coordinación y dirigencia para los gremios, sindicatos, entidades corporativas, instituciones, estratos sociales y regiones geográficas.

En el siglo XX, inspirado directamente en el fascismo italiano y su control mediático de las masas, el caudillismo patriarcal se volvió populismo. Getúlio Vargas en Brasil, Perón en Argentina, algunos presidentes del PRI en México se ajustan a esta definición. El caso de Hugo Chávez (y sus satélites) puede entenderse mejor con la clave de Morse: un líder carismático jura redimir al pueblo, gana las elecciones, se apropia del aparato corporativo, burocrático, productivo (y represivo) del Estado, cancela la división de poderes, ahoga las libertades e irremisiblemente instaura una dictadura.

Algunos países iberoamericanos lograron construir una tercera legitimidad, la de un régimen respetuoso de la división de poderes, las leyes y las libertades individuales: Uruguay, Chile, Costa Rica, en menor medida Colombia y Argentina (hasta 1931). Al mismo tiempo, varias figuras políticas e intelectuales del siglo XIX buscaron cimentar un orden democrático: Sarmiento en Argentina, Andrés Bello y Balmaceda en Chile, la generación liberal de la Reforma en México. A lo largo del siglo XX nunca faltaron pensadores y políticos que intentaron consolidar la democracia aun en los países más caudillistas o dictatoriales (el ejemplo más ilustre fue el venezolano Rómulo Betancourt). Y en los albores del siglo XXI siguen resonando voces liberales opuestas al mesianismo político y al estatismo (Mario Vargas Llosa en primer lugar).

Esta tendencia democrática (liberal o socialdemócrata) está ganando la batalla en Iberoamérica. El populismo persiste sólo por la fuerza, no por la convicción. La región avanza en la dirección moderna, la misma que aprendió hace casi cuarenta años gracias a la ejemplar transición española.

Parecería impensable que, en un vuelco paradójico de la historia, España opte ahora por un modelo arcaico que en estas tierras está por caducar. A pesar de los muchos errores y desmesuras, es mucho lo que España ha hecho bien: después de la Guerra Civil y la dictadura, y en un marco de reconciliación y tolerancia, conquistó la democracia, construyó un Estado de derecho, un régimen parlamentario, una admirable cultura cívica, una considerable modernidad económica, amplias libertades sociales e individuales. Y doblegó al terrorismo. Por todo ello, un gobierno populista en España sería más que un anacronismo arqueológico: sería un suicidio.

UNID♡S PODEMOS.

Un gobierno populista en España sería más que un anacronismo arqueológico: sería un suicidio.

"El Bolivarianismo recupera la conciencia de la gran nación, de la gran patria y, por tanto, de una integración verdadera y profunda desde el alma de los pueblos."
Comandante Supremo
Hugo Chávez Frías

Un líder carismático jura redimir al pueblo, gana las elecciones, se apropia de los poderes del Estado, cancela la división de poderes, ahoga las libertades e irremisiblemente instaura una dictadura.

INTRODUCCIÓN

LA RENOVADA ACTUALIDAD DEL POPULISMO

Ángel Rivero
Javier Zarzalejos
Jorge del Palacio

El populismo, en una percepción común no muy lejana, formaba parte de las patologías endémicas, pero no graves de las democracias. La connotación negativa del término derivaba de que, desde la invención misma de la democracia como forma de gobierno en el mundo antiguo, ésta se ha visto asediada de forma permanente por el intento de su manipulación por demagogos, que halagando las pasiones del pueblo buscaban dar curso a su poder personal. El populismo es pues un elemento consustancial a la democracia pues el político populista siempre ha formado parte de su paisaje: el político que buscaba avivar el rescoldo de los temores sociales para hacer de ello su medro. Sin embargo, más allá de la figura populista del demagogo, este endemismo de la democracia puede dar lugar a patologías más preocupantes. El político populista tiene corto recorrido en una democracia robusta donde las instituciones políticas y la sociedad civil gozan de buena salud. Cuando las cosas son así, el juicio político de los ciudadanos se nubla difícilmente y el programa del populista se refuta con facilidad.

En cambio, el problema del populismo sobreviene cuando el malestar con la democracia, debido a la crisis política, social, económica, cultural, se combina con el surgimiento no ya de políticos populistas, sino de partidos populistas. Esto es, cuando el discurso de la demagogia no corresponde al estilo personal de un político medrador sino que se convierte en la ideología de un movimiento que busca estructurar el debate público en sus términos. Es entonces cuando el malestar con la democracia es conceptualizado como ausencia de democracia y es en ese preciso momento cuando el partido populista se presenta como portavoz de una democracia «más auténtica» que servirá para sanar todos los males de la sociedad, desde la ansiedad por la pérdida de sentido a la percepción de una seguridad que se ha evaporado (en lo laboral, en el bienestar, en la protección, en el horizonte cultural). Es decir, el populismo, ese endemismo propio de la democracia, que resulta incluso beneficioso en pequeñas dosis homeopáticas, porque aviva el debate público, cuando traspasa el umbral del estilo político personal y se instala como movimiento político se convierte en un formidable instrumento de crítica de la democracia en su propio nombre. El resultado previsible y paradójico será que presentándose como un movimiento de regeneración puede acabar por agostar por completo las instituciones debilitadas de una democracia real.

Este libro aspira a ser una geografía del populismo y cubrir así un hueco evidente en la bibliografía internacional de este fenómeno. Además, aspira a ser portavoz de la academia internacional en lengua española y realizar de esta manera una contribución tan valiosa como diferenciada que mostrará, como pronto juzgarán los lectores, que goza de una calidad evidente. Todo ello con una clara vocación divulgativa, no por ello reñida con el rigor académico que aportan los distintos enfoques que los lectores encontrarán en la obra que tienen en las manos. Para ello el libro comienza definiendo un fenómeno sujeto a mucha controversia en sus diversas facetas: la relación con la democracia y la ubicación del populismo en el terreno ideológico.

Puesto que el vocablo populismo es, entre otras muchas cosas, un insulto político, por buenas razones ya que de la demagogia nada bueno resulta para la democracia, la etiqueta es rechazada en general por aquellos que la reciben. Sin embargo, aquí hay que señalar, como puede verse en esta obra, que los fundadores de esta forma de política se autoadjudicaron el adjetivo sin problemas. De hecho, en los Estados Unidos, la tierra natal del populismo, el vocablo aún mantiene una brizna de sentido positivo: populista es el demagogo, el patriotero, pero también el que se ocupa de los socialmente desfavorecidos mediante políticas de integración. En cualquier caso, una vez cuajó el significado negativo de la palabra, éste no ha podido desterrarse.

Lo paradójico es que en el presente asistimos a una reivindicación franca del populismo por parte de partidos y movimientos que viniendo de la extrema izquierda buscan romper con el discurso político de los primeros partidos obreros (la lucha de clases) y la llamada nueva izquierda (las guerras culturales) para atrincherarse dentro de la democracia en un espacio político que ya no les resulta ventajoso ordenar en izquierda y derecha, sino que buscan estructurar como arriba y abajo, siendo sus categorías fundamentales las de oligarquía o casta (los de arriba) y la de pueblo (los de abajo), el sujeto colectivo moral piedra de toque del populismo.

Esta búsqueda de la transformación radical del espacio político, desde una extrema izquierda que les situaba en la periferia de la democracia al populismo, que se presenta como el corazón de la «verdadera democracia», ha sido también realizado por otros partidos desde el extremo opuesto del espectro político. Numerosos grupos con orígenes en la extrema derecha se han apuntado a este viaje discursivo y, aceptando con mayor o menor agrado la etiqueta de populismo, han hecho suya la misma lengua y el mismo propósito socavador de la democracia existente en el nombre de una «auténtica» democracia del pueblo. Es por ello que en este libro aparecen juntos unos y otros, lo que estamos seguros quedará sobradamente justificado a ojos del lector tras su lectura.

Como criterio de organización hemos usado una perspectiva temporal y otra geográfica. En lo temporal hemos realizado una distinción entre los populismos clásicos y los contemporáneos. Los populismos clásicos, más allá de las experiencias pioneras de Rusia y Estados Unidos en el siglo XIX, surgen en el contexto de la crisis de la democracia y de la crisis económica de principios del siglo XX, movimientos donde el culto al líder, la apología de la masa popular, la influencia de la estrategia comunista y, sobre todo, del fascismo en la toma del poder y en la organización del Estado son evidentes. En el populismo clásico latino-americano la «regeneración de la democracia» se inspira en sus enemigos totalitarios.

El populismo contemporáneo lo asociamos a movimientos de distinta antigüedad, pero que reúnen la característica de estar presentes entre nosotros. Unos han encontrado su curso de acción desde hace más de dos décadas en los países americanos y otros, en lo relativo a Europa, en un tiempo a veces igualmente largo, pero sobre todo en la última década. Esto nos exige explicitar al criterio geográfico que hemos utilizado. El libro aspira a ser una geografía completa del populismo, pero su universo queda limitado al mundo occidental, esto es, a los países situados a las dos orillas del océano Atlántico. Ciertamente podría hablarse de populismo más allá de este mundo, pero nos ha parecido que hacerlo sería abusar de la categoría. Como señaló el entrañable Kenneth Minogue, «hablar del populismo ganés o del populismo chino es como hablar del champán español: algo plausible, pero que debería estar prohibido» (Minogue en Ionescu y Gellner, 1969: 200). De cualquier manera, estamos seguros de que populismo es un concepto que señala un común denominador en todos los casos que tratamos en el libro, con todos los matices necesarios que se hacen cargo de la especificidad de cada uno de ellos. Hemos puesto como punto final temporal de este viaje el triunfo de Donald Trump en las elecciones presidenciales norteamericanas celebradas el 8 de noviembre de 2016. Aunque esta fecha no señala necesariamente la pleamar de la marea populista, el hecho de que la democracia más antigua de la tierra esté ahora dirigida por un político que se puede calificar de netamente populista resulta harto significativo.

Esperamos que este viaje por la geografía del populismo sea iluminador para los lectores y que a través del mismo adquieran un conocimiento fidedigno del significado del populismo, más allá del ruido producido por la inmediatez cotidiana, y que también, a través de la lectura de sus capítulos sucintos y claros, pueda formarse una visión comparativa que le ayude a tomar distancia y a evaluar este fenómeno en su dimensión global.

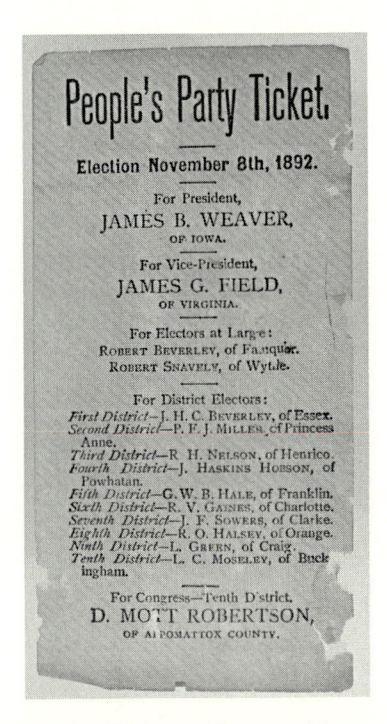

El *People's Party* (Partido del Pueblo), también conocido como el *partido populista* o como *los populistas*, se fundó en 1892. Desde entonces el vocablo *populismo* denota un tipo de discurso político en el que la defensa de un pueblo virtuoso frente a una oligarquía codiciosa constituye su eje central.

La campaña presidencial de Donald Trump durante 2016, que le ha llevado a la presidencia de los Estados Unidos de América en 2017, muestra que el populismo aún está vivo en uno de los lugares de su primera aparición.

I. LA POLÍTICA DEL POPULISMO

CAPÍTULO 1

POPULISMO: ¿CÓMO DESTRUIR LA DEMOCRACIA EN NOMBRE DE LA DEMOCRACIA?

Ángel Rivero

SUMARIO: I. La novedad del populismo. II. El populismo como refutación de la democracia en su propio nombre. III. La ideología del populismo. IV. El espacio político del populismo. V. Conclusiones.

I. LA NOVEDAD DEL POPULISMO

El populismo es una novedad en democracias como la española que ha llegado como consecuencia de diversos factores: la crisis económica; el descrédito de la política por ineficaz o corrupta; el sensacionalismo de los medios; las tensiones del proceso de integración denominado Unión Europea; la falta de un relato colectivo que dé cuenta de dónde estamos y adónde vamos. Pero el que sea una novedad en España no significa que sea únicamente una novedad española. Todo lo contrario. El populismo ha llegado más tarde a España que a la inmensa mayoría de los países de Europa occidental. Para cuando el populismo alcanzó el extremo occidental del continente, ya se había implantado firmemente en toda Europa, de norte a sur y de este a oeste. Y aunque para los europeos constituye una novedad por el relieve electoral que ha adquirido tras décadas de estabilidad política, esto no quiere decir que no haya tenido presencia en el pasado. Y, mucho menos, que el populismo no tenga una larga historia en otras regiones y una sobresaliente vitalidad política en aquellos países en los que constituía, hasta hace poco, una característica diferencial. Puede decirse, por tanto, que el populismo no es algo nuevo, ni particular, sino que forma parte de la política desde la invención de la democracia y que ha afectado en mayor o menor medida a todos aquellos países que han hecho de la democracia su sistema político.

De hecho, podría decirse que el populismo es consustancial a la democracia y que lo que merece atención son aquellas circunstancias en las que éste deja de tener una representación marginal en el sistema político y alcanza un poder sobresaliente o el mismo gobierno. Porque el populismo es generalmente la expresión de un malestar con la democracia: se trata usualmente del malestar de aquellos que rechazan la democracia aduciendo sus insuficiencias. Es decir, el populismo es una forma de crítica a la democracia que utiliza para su articulación la apelación a una democracia superior a la existente. De manera más clara: en una sociedad democrática, donde los valores de la democracia y las instituciones de la democracia estructuran la vida de los ciudadanos, el populismo ofrece una crítica de esta democracia utilizando en su provecho los valores de la democracia misma en una pirueta retórica que busca socavar aquello que se defiende desde un pretendido idealismo.

II. EL POPULISMO COMO REFUTACIÓN DE LA DEMOCRACIA EN SU PROPIO NOMBRE

Puesto que el populismo es un ataque a la democracia utilizando sus armas, detrás de él se encuentran con frecuencia movimientos que utilizan este recurso para enmascarar su enemistad contra la democracia; y puesto que en el contexto de una sociedad democrática, con valores socialmente arraigados congruentes con la democracia tales movimientos tienen escasa audiencia, el populismo es una estrategia y un recurso del que se sirven a menudo para alcanzar una influencia social que no encontrarían mostrando su verdadera cara. Pero para que esta estrategia les permita salir de la marginalidad democrática estos movimientos necesitan no sólo del populismo, sino de un contexto en el que el malestar democrático produzca el oxígeno en el que el populismo puede prosperar.

Este contexto es la crisis: económica; cultural; política; y social, cuyo resultado general es la pérdida de confianza en la democracia por una serie de motivos: porque las expectativas de una infinita prosperidad económica garantizada por unos derechos sociales se ven frenadas y disminuidas, y eso produce frustración; porque la cohesión de la sociedad se resiente cuando la crisis afecta de manera desigual a unos y a otros de forma que determinados grupos son estigmatizados como culpables de la peor suerte de muchos (los ricos, la oligarquía, la casta, los extranjeros, los inmigrantes, los alemanes o Angela Merkel); porque cuando la política se torna en ejercicio destinado a minimizar los daños y sanear la economía se vuelve antipática y hace que los que se sienten perjudicados por la democracia acusen a la política y a los políticos de todos los males que padecen. La antipolítica y el populismo van necesariamente juntos. Y cuando este discurso antipolítico se convierte en una marea, sobreviene la división social irreductible entre las víctimas y culpables, entre los sacrificados y los verdugos, que al simplificar de forma maniquea el conflicto social deviene irresoluble porque la negociación y el acuerdo se hacen imposibles; y convierten la democracia en un tribunal popular que decreta el sacrificio de los culpables en nombre de la redención del pueblo.

La crisis en todas sus dimensiones tiene como consecuencia la pérdida de confianza porque no fue desactivada por los responsables políticos, que devienen culpables; el sistema político se ve cuestionado porque los partidos tradicionales son estigmatizados como responsables de lo sucedido, lo que privilegia a aquellos que estaban fuera o en los extremos; las medidas anticrisis, por cuanto son impopulares, no se debaten lo suficiente, no se explican en la esperanza de que surtan efecto sin exponer a quienes las aplican, lo que aumenta la desorientación de los electores, que no son informados de sus razones, ni de su oportunidad y que quedan expuestos al griterío demagógico de quienes las atribuyen a la mala voluntad, al interés oligárquico o al odio contra el sufrido pueblo. La comunicación entre representantes y representados se quiebra, lo que otorga una oportunidad inédita a los demagogos y a una prensa y a unos medios de comunicación en general que cifran en el cultivo del escándalo el remedio de su propia crisis. En suma, se produce una pérdida de autoridad de los políticos, de los expertos, de las voces que expresan la política de la verdad y aparecen como por ensalmo los vendedores de promesas y los desveladores de conspiraciones contra el pueblo.

III. LA IDEOLOGÍA DEL POPULISMO

El concepto populismo tiene su origen en las últimas décadas del siglo XIX, en la Rusia zarista y sus intelectuales radicales, que idealizaron al pueblo como sujeto político virtuoso, y en el discurso creado por el *People's Party* en EEUU, que movilizó un voto rural contra el *establishment* de Washington, y que al oponer el pueblo a la oligarquía capitalina estableció el antagonismo esencial del populismo. Porque como ideología el populismo apenas cuenta con un único par de ideas: que democracia significa únicamente gobierno del pueblo y que toda sociedad está atravesada por una división esencial entre dos grupos homogéneos y antagónicos: el pueblo entendido como sujeto moral colectivo, con una voluntad única; y la oligarquía, la élite política que ha secuestrado la democracia en su provecho. Puestas juntas estas dos ideas, fácilmente se concluye que la democracia se ha pervertido, puesto que ha sido secuestrada por unos representantes que sirven a intereses particulares y no a los del pueblo. Es decir, que el populismo es un discurso de oposición que devalúa la democracia en nombre de la democracia y que apela como instrumento de sanación de una democracia enferma a un sujeto mítico con voz colectiva que se expresa en términos morales y justos.

El populista se adjudica el papel de portavoz de la justicia y de la verdad que atribuye al pueblo frente a la mentira de las élites. Como ha señalado Edward Shils, «el populismo proclama que la voluntad del pueblo es soberana por encima de todo: de la independencia de las instituciones tradicionales; de la independencia del resto de las instituciones; y de la voluntad de los grupos de la sociedad. El populismo identifica la voluntad del pueblo con la justicia y la moralidad» (Shils, 1956: 98). A lo que habría que añadir que el populismo se erige en portavoz de ese pueblo moral y justo, de modo que la «voz del pueblo, voz de Dios» acaba por identificarse con su propia voz frente a la de los otros (el enemigo, la casta) que son de esta manera desautorizados moralmente y, por tanto, condenados de antemano.

Por su parte Russell Kirk ha señalado la diferencia entre lo popular y lo populista. En su análisis, el conservadurismo americano sería popular en la medida en que se erige en el instrumento de conservación de valores firmemente asentados en esa sociedad: la libertad individual; el valor del trabajo y el esfuerzo; las instituciones libres; la limitación del gobierno, etc. Por el contrario, el populismo no es un instrumento de conservación, sino que constituye un credo político que se articula en un único axioma: los problemas de la democracia se resuelven con más democracia; es decir, los problemas de la democracia se resuelven apelando a la sabiduría y a la bondad del pueblo (Kirk, 1988: 1). El resultado previsible es la degradación de la democracia, puesto que el político populista se exonera de responsabilidad sobre sus decisiones al transferirla a un sujeto mítico, el pueblo, que al ser soberano es manifiestamente irresponsable. El populismo es el lenguaje político de la irresponsabilidad en política y, por tanto, es radicalmente enemigo de la democracia tal como la conocemos en las sociedades modernas.

Aunque el populismo se sustancia en este antagonismo esencial entre el pueblo virtuoso y la élite corrupta, de esta división maniquea se pueden extraer una serie de características que definen la política populista de una forma sistemática:

1) La defensa retórica de un pueblo virtuoso, orgánico, con voluntad única al que se apela constantemente y al que se transfiere la responsabilidad política de la que se descarga el político populista.

2) La crítica radical a la democracia representativa, en la medida en que ésta ejemplifica de la mejor manera la división pueblo-élite, al establecer una diferenciación funcional entre representados y representantes. De aquí el carácter antipolítico del populismo, la política como actividad dirigida a la concertación social ejecutada por los políticos, autorizada y evaluada por los ciudadanos, se convierte en la visión populista en una componenda de aquellos que defienden sus intereses particulares, ocultos o conspiratorios, frente al bien común del pueblo.

3) En consonancia con su división esencial pueblo/élite, el populismo rechaza la división izquierda/derecha como principio de orientación política y apela a una división espacial en política que privilegia en su lugar el arriba/abajo. De aquí que el poder político, en su lenguaje falsamente democrático, esté ocupado por los de arriba mientras que los de abajo, el pueblo, el sujeto nominal de la soberanía en la democracia, se encuentre sojuzgado. De aquí también que asaltar el cielo, es decir, que los de abajo escalen hasta el lugar del poder y expulsen y aniquilen a los enemigos del pueblo, forme parte de la imaginación populista. Puesto que no siempre resulta obvio quienes son aquellos que están arriba y sojuzgan a los de abajo, el populismo desplegará un lenguaje oportunista y camaleónico al efecto de que lo que en principio resulta oscuro se convierta en una verdad que se acomode a lo que pida el momento.

4) Para que esta verdad del pueblo se comunique de una manera que resulte eficaz y unívoca, el populismo otorga el papel de portavoz del pueblo al líder carismático, a aquel que sabe leer en medio de la cacofonía del presente la voz clara e imperativa que expresa la voluntad general del pueblo. El recurso al líder carismático autoritario (por cuanto hace valer su voluntad populista sobre las institu-

ciones de la democracia) entronca directamente con la crítica a las democracias desarrollada por la teoría del elitismo que alimentó la construcción ideológica del fascismo. En este sentido vale retomar la crítica que Robert Michels hace de la democracia representativa en su obra *Los partidos políticos*, donde formula la «ley de hierro de la oligarquía» que establece que siempre que hay una división entre representantes y representados, los primeros desarrollan un interés particular que en su acción política disfrazan de interés colectivo, en detrimento de los representados. Por tanto, en la visión de Michels, la democracia como expresión de la voluntad popular no es posible mediante la representación, pues lo que la democracia precisa es que la voluntad del pueblo se convierta en acción política sin mediaciones. De modo que, concluye, la verdadera democracia es la que se produce en la comunión del pueblo con el líder carismático, que queda investido de una voz única y directa. Es decir, que la crítica a la democracia del populismo en el nombre de una democracia superior puede acabar en la defensa lisa y llana de la dictadura, del autoritarismo y, finalmente, del totalitarismo. Eso sí, siempre en nombre del pueblo (Michels, 1991: 35).

5) Por último, el populismo, en su esquema maniqueo necesita permanentemente de un enemigo sobre el que focalizar la culpa por los males de la sociedad (el político populista no asume responsabilidad ninguna pues la transfiere al pueblo; y el pueblo, en tanto soberano absoluto es irresponsable, es moral, es justo, y tiene siempre razón) de modo que «el enemigo del pueblo» es un actor necesario en el discurso del populismo. Puesto que la culpa del enemigo del pueblo no siempre es evidente, el populismo alimentará las teorías conspiratorias mediante las cuales la complejidad de la realidad queda simplificada, al desvelarse cómo los poderes ocultos hacen que lo que a primera vista pudiera parecer resultado de la inepcia o de la corrupción del político populista sea, en realidad, la manifestación de un perverso plan ejecutado con sigilo para dañar nuevamente al pueblo y a su portavoz.

Además de estas características que se desprenden del antagonismo básico que define al populismo, la forma en que cada populismo particular interpreta y define al pueblo da lugar a diversos tipos de populismo. Si el pueblo es el de los de abajo frente a los de arriba, el pueblo menudo frente a las élites, el populismo adopta el perfil de la cuestión social y se convierte en el refugio del viejo izquierdismo socialista o comunista que, condenado por el fracaso histórico, necesita un disfraz nuevo en el que prosperar. Este perfil social también lo adoptan aquellos que viniendo de la extrema derecha defienden una concepción orgánica de la nación y sitúan al «capitalista», al que persigue su interés particular, en el conjunto de los enemigos internos del pueblo, pues antepone su interés particular al bien común.

El pueblo también puede ser concebido en términos étnicos, esto es, como un grupo humano cohesionado por lazos culturales densos que lo diferencian de otros grupos. Entonces los enemigos del pueblo no son únicamente los de arriba, sino aquellos que no participan de los rasgos definitorios de la homogeneidad del grupo y que al quebrar su unanimidad constituyen una amenaza a la misma idea de un pueblo como sujeto colectivo con voluntad única. Esta comprensión del pueblo se puede activar frente a los extranjeros, pero también frente a aquellos que forman parte de minorías o que, incluso siendo una mayoría asentada, no coinciden con los rasgos definitorios del pueblo patrocinados por el político populista. De modo que el populismo adopta con frecuencia la lengua del nacionalismo frente a los de fuera o del secesionismo frente a los de dentro. Además, estas dos formas de populismo, el social y el étnico, lejos de ser incompatibles pueden ir y a menudo van juntas.

IV. EL ESPACIO POLÍTICO DEL POPULISMO

Puesto que el populismo se presenta como la encarnación de esa voz única, unánime, del pueblo, necesariamente rehúye la confrontación política tradicional en las democracias. Es decir, escapa a aquellas definiciones ideológicas o programáticas que reconocen implícitamente el pluralismo de la sociedad y que subrayan que los partidos no son sino una parte de las opiniones políticas socialmente relevantes y que buscan ser representadas políticamente. Dentro de las democracias, la diversidad constitutiva del pueblo se acomoda mediante la «brújula» política clásica, el eje izquierda-derecha, que proporciona un instrumento elemental mediante el cual orientarse en la diversidad de opiniones e intereses y organizar una agenda política sencilla sobre una realidad compleja. Pero puesto que aceptar la diversidad social significaría vaciar de sentido la oposición antagónica pueblo-élite, los populistas sustituyen los programas políticos por un relato, un *storytelling*, que busca no alcanzar un consenso en la diversidad sobre las prioridades que deben articularse políticamente sino una identidad emocional entre los ciudadanos y los líderes populistas, que los corone como verdaderos representantes de la voluntad popular.

Este relato vendría a presentar al político populista como aquel que de verdad habla la lengua del pueblo y que da curso público a lo que todos saben y las élites callan: que el sufrimiento del pueblo en la crisis (económica o cultural) responde a intereses ocultos. Esto es, que el sufrimiento infligido en términos económicos o de incertidumbre cultural es algo que beneficia a unos pocos en detrimento de todos, y que sólo el populista se atreve a nombrarlo porque los otros, los políticos, lo ocultan en su propio provecho. Estos políticos han sumido al pueblo en la incertidumbre y le han privado de una sociedad segura en la que todo tenía solidez y sentido. Esa sociedad perdida era una sociedad integrada cultural y económicamente; y lo que tenemos ahora es una sociedad deshecha, disfuncional y abocada a la incertidumbre. Así pues, lo que urge, nos dicen, es restablecer el sentido común, hacer que la voz del pueblo guíe la acción pública y que los enemigos del pueblo sean desenmascarados y apartados.

En suma, estas certidumbres muy elementales son movilizadas por los populistas en un relato sintético que señala la verdad de que estamos gobernados por nuestros enemigos (los enemigos del pueblo, «la casta», los que «no nos representan», los que «no son el pueblo»); que nos llevan al desastre («al austericidio» [sic], «a la disolución de nuestra cultura», «a la emigración» y «al exilio»); de modo que se hace imperativo que recuperemos lo que teníamos («nuestras conquistas sociales», «el Estado del bienestar», «nuestra cultura frente a un Estado que no nos quiere», «una España insoportable»); de modo que necesitamos una «democracia real ya» en la que «el pueblo ocupe por fin las instituciones», se restablezca el sentido común y recuperaremos ese mundo feliz que habíamos perdido.

V. CONCLUSIONES

Como puede verse el discurso populista es muy elemental y aunque puede tener cierto éxito en un contexto propicio, resulta muy difícil de sostener en el tiempo en una sociedad con instituciones democráticas asentadas. Principalmente porque es un discurso de oposición bastante pobre en argumentos y de una emocionalidad demasiado intensa, que fácilmente se evapora cuando el político populista alcanza cierto apoyo electoral y ya no puede presentarse como algo ajeno al sistema político, sino que deviene parte del mismo. Entonces resulta más difícil vilipendiar a los políticos porque ya no se es el proverbial hombre de la calle, sino un político más; y resulta igualmente difícil eludir la responsabilidad de la acción política una vez que se alcanza la responsabilidad de gobierno porque se la van a exigir los otros políticos, los medios de comunicación, la opinión pública y, sobre todo, los ciudadanos con su voto. En este sentido, el populismo se hace funcional a la propia democracia porque su desafío a la misma genera una repolitización del sistema que permite la discusión de todo aquello que se daba por sentado. Y la democracia se refuerza cuando se argumenta y discute, y se debilita cuando se convierte en un axioma vacío que no se sabe bien por qué se defiende. Así pues, el populismo puede tener la virtud de revitalizar la democracia al generar una respuesta benigna a su amenaza.

Sin embargo, en el caso de que el populismo alcanzase una posición dominante en el sistema político, el panorama sería bien distinto. En el nombre el pueblo se declararía ilegítima toda discordancia con la unanimidad populista: es decir, todos los intereses y opiniones que no se subordinan a la voluntad decretada del pueblo, de modo que se agostaría el pluralismo de la sociedad (que es esencial para el mantenimiento de la democracia). Como hemos visto tantas veces, en el nombre de la democracia se condenaría la democracia y sobrevendría el autoritarismo, la dictadura y la desaparición de toda libertad. Es decir, la democracia se habría evaporado en nombre del pueblo. Es por ello que el discurso populista debe ser estudiado y analizado no como la reiteración de una visión benigna de la democracia como gobierno popular, sino en el contexto de los efectos que la movilización política de este discurso produce sobre la democracia real, esto es, sobre la democracia existente.

La mirada de Chávez sigue controlando, omnipresente, la vida de los venezolanos. La imagen con sus ojos fue el tema de la campaña presidencial de 2012, que ganó. A partir de su muerte, acaecida el 5 de marzo de 2013, el régimen de Maduro ha hecho que esa mirada esté en todos los rincones del país. Wiki Commons. Propaganda Bolivariana en Guarenas.

El populismo no es un endemismo que debilita únicamente a las democracias de Latinoamérica. En un lugar tan inesperado como Gran Bretaña la salida del país de la Unión Europea es resultado directo del populismo de UKIP: *Siete días para ir al colegio electoral. Asegúrate de votar salir*. El autobús demanda: *¡Queremos que nos devuelvan nuestro país!*

CAPÍTULO 2

ANTIPOLÍTICA Y POPULISMO: DEL «NO NOS REPRESENTAN» A «DEMOCRACIA REAL YA»

Ángel Rivero

SUMARIO: I. El nacimiento de los indignados en España. II. Los desórdenes del presente. III. La política y la antipolítica. IV. ¿La economía mató a la política? V. ¿La política mató a la economía? VI. Conclusiones.

I. EL NACIMIENTO DE LOS INDIGNADOS EN ESPAÑA

El lunes 16 de mayo de 2011, por la tarde, pasé por la Puerta del Sol de Madrid. Los medios de comunicación anunciaban desde la noche anterior que se estaba produciendo un movimiento espontáneo de ciudadanos protestando por la situación del país. Al salir de la estación de tren situada en el subsuelo de la misma plaza, la curiosidad hizo que buscara a los actores de la primera hora de lo que después sería bautizado como el 15-M de los indignados: no fue fácil encontrarlos porque eran apenas una treintena sentados en círculo. En otras circunstancias podrían ser escolares de viaje de estudios; turistas tomando el sol; un grupo de mariachis descansando o un grupo religioso anunciando el fin del mundo o la salvación. Esto es, un grupo de los muchos que habitualmente llenan el escenario de la plaza. Sin embargo, había algo distinto que convertía a este puñado de personas en protagonistas a pesar de su insignificancia numérica: los furgones de televisión aparcados junto a ellos los contemplaban y emitían un primer plano que hacía que lo que no veían los que transitaban por el lugar fuera una verdad indudable para millones de espectadores.

Para mi sorpresa, al llegar a casa, por la noche, la noticia estaba en todos los telediarios y al día siguiente, y desde entonces todos los días, en todos los informativos y en todas las portadas de la prensa española y poco después en la internacional. Dos días después volví a pasar. La plaza estaba tan concurrida como siempre de turistas, curiosos y paseantes, pero el extremo en el que arranca la calle Alcalá estaba lleno, esta vez sí, de jóvenes con los atuendos propios del rebelde contestatario y, un poco más allá, de furgones de policía y agentes que registraban los bolsos de los que llevaban indumentaria revolucionaria. Evidentemente la noticia se estaba haciendo realidad.

Mientras tanto, los medios de comunicación nos anunciaban que se trataba de una protesta en la que concurrirían todas las víctimas de la crisis económica que azotaba a España en el tramo final de la segunda legislatura del presidente del gobierno socialista José Luis Rodríguez Zapatero: pensionistas, parados, funcionarios con bajada de salario, jóvenes cuyo horizonte era el desempleo o la emigración, víctimas de las hipotecas o autónomos que habían perdido el crédito de los bancos. Puede que estuvieran allí, pero lo cierto es que en la Puerta del Sol todas estas personas eran invisibles. Lo que dominaba ese extremo de la plaza era el joven militante que, en grupos, esperaba que aconteciera algo y que se fotografiaba con los teléfonos móviles para dejar constancia de su paso por la historia. Porque el acontecimiento había sido calificado de histórico antes de producirse. Fotografiarse y fotografiar lo que pasaba era la actividad más repetida en ese espacio.

También me llamó la atención el hecho de que, al entrar a la estación de ferrocarril situada, como he señalado, en el subsuelo de la misma plaza, para tomar el tren que me habría de llevar a casa, muchas personas bloqueaban el paso de los viajeros porque, de nuevo, con sus móviles, estaban tomando imágenes del luminoso de información de Renfe que anunciaba que la manifestación convocada a las ocho de la tarde no estaba autorizada por la junta electoral. España estaba en vísperas de elecciones municipales y autonómicas, que serían el día 22 de mayo de 2011 y que anticiparían la victoria masiva y sin precedentes del Partido Popular que se produciría en diciembre del mismo año, cuando el presidente del gobierno, José Luis Rodríguez Zapatero, adelantó los comicios que hubieran tenido que tener lugar en 2012 en un intento de frenar el desplome del Partido Socialista Obrero Español. La plaza bullía emulando la malhadada primavera árabe que había ocupado entonces tantas plazas, pero también exudaba el ambiente de la contienda electoral en la que se encontraba inmerso el país.

Inmediatamente pensé que muchos de los jóvenes que allí se encontraban habían llegado atraídos por el aroma de ser sujetos activos de algo importante que saldría en los medios y que quedaría testificado por las fotografías que colgarían en Internet.

Otra cosa que me llamó la atención respecto al lunes es que el número de papeles pegados en los cristales de la boca de acceso a la estación de Renfe ya casi la cubrían por completo. Casi todos ellos expresaban lemas tan pretenciosos como banales y seguramente ninguno de ellos pasará a la historia de la literatura de frases hechas iniciada con el mayo del 68 francés. Una, sin embargo, destacaba y ocupaba el espacio de las pancartas que había junto a la estación: «¡Democracia real, ya!».

Me volví a casa dando vueltas a esta frase paradójica. La democracia que canaliza el descontento a través de la participación política en las instituciones democráticas era calificada de falsa por los ideólogos de la protesta. Sin embargo, un movimiento de emulación que piratea sin rebozo la protesta de los árabes pidiendo democracia, que es un fenómeno mediático que ocurre únicamente delante de las cámaras, y que ni siquiera llena una plaza amplia pero no inmensa, recibe la atención privilegiada de los medios como si sus protagonistas fueran apóstoles una democracia que, contrapuesta a la existente, se califica de «real».

La contemplación de estos sucesos me confirmó de alguna manera el diagnóstico de Giovanni Sartori de que las imágenes emitidas por la televisión y los nuevos medios de comunicación están transformando la naturaleza humana: en su visión, el *homo sapiens* estaría siendo sustituido por el *homo videns*, en un proceso que no entraña progreso para la especie, sino más bien degradación. Lo que caracteriza al *homo sapiens* es ser un animal simbólico que se distingue de otros seres por utilizar la palabra. Pero la revolución tecnológica de las comunicaciones ha propiciado el declive de la palabra y su sustitución por las imágenes y por los mensajes sintéticos dando lugar, lo que es grave, a una pérdida de comprensión y de abstracción, y a su sustitución por la contemplación pasiva de la imagen. Esta pérdida entraña una disminución de la capacidad reflexiva y tiene consecuencias muy serias para el proceso de formación del juicio político de los ciudadanos y, sobre todo, para el funcionamiento de la democracia (Sartori, 1988).

El auge del populismo no es únicamente manifestación de un malestar con la democracia, sino que articula una crítica contundente y directa de la democracia que tenemos: la democracia representativa. Esta crítica a la democracia no es nueva: apareció en el tiempo de la crisis de la democracia en los años treinta del siglo pasado en la forma de un fascismo que se presentaba como verdadera democracia o del comunismo de las democracias populares, antes y después de la Segunda Guerra Mundial; volvió a aparecer en los años sesenta del mismo siglo bajo la bandera de la «democracia participativa» agitada por la llamada «nueva izquierda» contracultural; y ha aparecido ahora con el populismo de «democracia real ya». Es por ello oportuno realizar un análisis del significado antipolítico del «que no, que no, que no nos representan» que se coreaba en la Puerta del Sol madrileña.

II. LOS DESÓRDENES DEL PRESENTE

A comienzos de los años sesenta del siglo pasado Bernard Crick, profesor de la Universidad de Londres, escribió un librito que se llamaba *In Defence of Politics (Defensa de la política)*. Desde entonces, tras innumerables ediciones y traducciones a todas las grandes lenguas, el texto se ha convertido en un clásico en el que estudiantes de todo el mundo aprenden una cosa tan simple como conocer la política por lo que es: la actividad dirigida a la conciliación de los intereses diversos que conviven en un Estado. La política es algo tan sencillo, pero tan imprescindible, como la búsqueda del concierto en medio de una discordia que se acepta como permanente, pues es propia de la condición humana. Los hombres, esta es la realidad de su condición que ha de aceptarse, tienen intereses, valores, principios y creencias diversos, que dan lugar a fines distintos y a proyectos de vida difíciles de compatibilizar. La política serviría al arreglo pacífico, orientado hacia la concordia, de las desavenencias propias de toda sociedad. Los instrumentos a través de los cuales realiza sus fines la política son las instituciones de la democracia representativa, incluidos los partidos políticos (Crick, 1993).

Las razones que llevaron a Crick a escribir su libro, es decir, a defender la política, son tan antiguas como la necesidad de la política misma. En uno de los prefacios nos dice que fueron, como para Hobbes cuando publicó su *Leviathan* en 1651, «los desórdenes del presente». Hobbes se refería a la guerra civil que había asolado Inglaterra, pero Crick entiende por desórdenes no únicamente las situaciones en las que la política ha sido abolida y sustituida por la violencia y la guerra. Los desórdenes del presente los identifica también con la manifestación pública, amplia, con audiencia y relevancia social, de que la política debe ser abolida porque, como los políticos, es una actividad mala, corrupta, indigna y que lejos de facilitar la vida de las sociedades, las destruye. Este rumor que se convierte pronto en un clamor antipolítico acontece, por ejemplo, cuando en una sociedad el gobierno, en lugar de repartir subsidios los retira; cuando, en lugar de hacer crecer la plantilla de funcionarios, se reduce el empleo público; cuando el catálogo de prestaciones a cargo del erario público se limita; cuando se imponen tasas moderadores en los servicios sociales o en los medicamentos para atajar el gasto dispendioso; o cuando sube el coste general de los servicios y de los servicios públicos en particular. En suma, cuando a la alegría de gasto público y del endeudamiento sucede la austeridad y los recortes.

III. LA POLÍTICA Y LA ANTIPOLÍTICA

El motivo que impulsó a Crick a escribir su libro fue, pues, la antipolítica. En cada una de las ediciones, la antipolítica fue adoptando un perfil nuevo frente a los cuales Crick ha ido repitiendo sin cesar las verdades elementales del valor de la política hasta su fallecimiento en 2008. Entonces, como hoy, cada vez que las democracias atraviesan un momento de dificultad, el virus de la antipolítica, que permanece latente e inofensivo en los tiempos de bonanza, resucita y busca colocarse en el centro del debate público. La política y los políticos se convierten entonces en los chivos expiatorios que dan curso a la frustración y a la angustia de las sociedades que atraviesan por momentos difíciles.

Ciertamente, muchos políticos merecen ser reprobados por su corrupción o por su incompetencia. Igualmente cierto es que la política puede resultar fastidiosa, mezquina, pesada y de muy corto vuelo. Pero no, la antipolítica no es exigir responsabilidades a los políticos, ni criticar la falta de preparación y la mezquindad del debate político; la antipolítica es negar el valor de los políticos y de la política de forma absoluta y buscar su sustitución por un tipo de organización social no política. La democracia se alimenta de crítica, pero esa crítica ha de hacer justicia a los políticos y a las instituciones poniendo en un platillo de la balanza los inconvenientes de la política y en el otro sus ventajas. Para aquel que ha vivido en una sociedad sin política, la elección no ofrece dudas. La política, con sus personajes mediocres y sus querellas artificiales, es mejor que la vida sin política. Porque la vida sin política nos libra del barullo en el que se desarrolla su ejercicio, pero a cambio ni nos otorga libertad ni mucho menos bienestar.

La forma de organización social no política que promete la antipolítica recibe distintos nombres, pero tiene una cosa en común: negar valor a la democracia como espacio de concertación del pluralismo social bajo el imperio de la ley y el respeto de los derechos de los individuos. En suma, la negación de la política conduce a la negación de la democracia, aunque se esconda bajo el disfraz de una democracia más verdadera o real, porque cuando el orden de la sociedad no es resultado de la negociación entonces es resultado de su imposición coactiva.

Frecuentemente quienes hablan la lengua de la antipolítica se expresan en la prosa del populismo: la política es mala porque es el negocio de los políticos, de modo que no se trata de hacer política, sino de organizar la sociedad para que sirva verdaderamente al pueblo. Francisco Franco, es sabido, no «se metía en política» y recomendaba a sus ministros no hacerlo. Crick nos recuerda que Salazar, el frugal dictador portugués, decía, son sus palabras, que «detestaba la política desde lo más hondo del corazón; todas esas promesas ruidosas e incoherentes, las demandas imposibles, el batiburrillo de ideas infundadas y planes poco prácticos, el oportunismo al que no le importan la verdad ni la justicia, la vergonzosa búsqueda de la gloria inmerecida, las incontrolables pasiones desatadas, la explotación de los instintos más bajos, la distorsión de los hechos, toda esa febril y estéril agitación» (Huizinga, citado por Crick, 1993: 15). Por su parte, el difunto dictador cubano Fidel Castro decía que «no tenía ambiciones políticas», cuando declaraba en 1961: «No somos políticos. Hemos hecho nuestra revolución para echar a los políticos» (ibíd. 16). Y así se podría dar una lista infinita de todos aquellos que, en nombre de la salvación de la sociedad, del pueblo, han abolido la política.

Pero si algo hemos aprendido de la experiencia legada por estos caudillos (el peronismo prefiere la denominación «conductor») que han buscado ser la voz del pueblo sin la mediación de la política, es que las sociedades sobre las que han aplicado su doctrina han pagado, a costa de librarse de la política, un altísimo precio de ausencia de libertad y, no menos importante, de bienestar social. Puesto que ejemplos como los referidos no nos faltan, estamos advertidos de que la antipolítica, esto es, la idea de que se puede llevar una vida pacífica en sociedad sin necesidad de política, entraña arbitrariedad, ausencia de libertad y, con frecuencia, miseria.

En medio del barullo de los desórdenes de nuestro presente más inmediato la palabra neoliberalismo ha alcanzado una gran preponderancia, también en este libro. Con ella se califica la falta de humanidad de unos políticos que han traicionado su deber sirviendo a intereses innobles, atendiendo ideologías implacables e injustas y, sobre todo, desentendiéndose «con indiferencia del sufrimiento humano». A estos declarados culpables por el juicio popular de la opinión pública se les ha calificado de neoliberales y con ello se ha querido denotar que una doctrina económica del pasado se había convertido en una desastrosa ideología política en el presente. Pero también, ciertamente, en este tiempo no han faltado quienes desde la teoría económica han proclamado que la culpa de nuestro malestar presente, en esta Europa meridional humillada en su orgullo y condenada a una relativa frugalidad que había querido olvidar, que los culpables de la situación en la que nos hallamos son los políticos, que han distorsionado con sus dádivas interesadas el funcionamiento responsable de la economía. Estos que critican a los políticos y a la política como culpables de la crisis económica se han calificado a sí mismos, en primer lugar, como *liberales* o, para evitar malentendidos y como segunda opción, *libertarios*.

El uso del epíteto neoliberal como instrumento de descrédito muestra un tipo de pulsión antipolítica que enlaza con una pulsión igualmente antipolítica de quienes defienden el valor positivo de la misma denominación, aunque lo hagan en su versión suavizada *liberal* o *libertaria*. Unos y otros tienen motivos enfrentados para criticar la política, pero se encuentran en una misma orientación antipolítica, son las dos caras de una misma moneda.

Sin embargo, la crisis del modelo de democracia europeo meridional, que se muestra cuestionado, precisa una renovación que, me parece, no puede ser la negación de la política, sino, muy al contrario, su recuperación. Y esto a pesar de que la política, la busca del acuerdo concertado bajo las condiciones de lo posible, puede resultar fastidiosa. Pero su ausencia, como sabemos por experiencia, es sencillamente insoportable.

IV. ¿LA ECONOMÍA MATÓ A LA POLÍTICA?

Cuando la crisis económica alcanzó a España en 2007 su primer ministro Rodríguez Zapatero, del Partido Socialista Obrero Español, explicó a su ministro de Hacienda que precisaba de dinero porque sin él no podía hacer política. En la visión que transmitía, la política no es el arte de lo posible, esto es, de gestionar lo existente con eficacia y sentido de la justicia, sino una actividad en la que se trenzan connivencias y apoyo electoral por medio de unas gratificaciones y subsidios que, aun proviniendo de los ingresos de los contribuyentes, se les presentan a éstos como atenciones, gracias y favores de un gobernante virtuoso. Así, no es de extrañar que cuando el grifo de las subvenciones públicas fue perdiendo caudal hasta empezar a gotear cada vez menos, el hasta entonces amado gobernante se convirtió en el blanco del odio de sus gobernados. Como señala Maquiavelo en *El príncipe*, si se quiere la obediencia de los súbitos es mejor ser temido que amado, porque el pueblo por su naturaleza soberbia, vanidosa, mezquina, voluble e interesada quiere a los gobernantes mientras éstos les favorecen con dádivas y regalos, pero cuando éstos cesan, como es gratis y no tiene consecuencias, dejan de amar, dan la espalda a estos gobernantes. Si acontece que los antes amados no sólo dejan de otorgar favores a sus gobernados, sino que empiezan a tocarles las haciendas, a subirles los impuestos y a regatearles los servicios sociales, entonces el amor no se torna en indiferencia sino en odio. Y el odio en el pueblo es imparable, de tal manera que ningún gobierno está seguro frente al odio de los gobernados. Y así ocurrió en España. Pero este odio no sólo alcanzó a los incumbentes del poder, que fueron arrojados a la dorada jubilación o a la dura oposición, sino que llegó hasta la política entera como actividad.

La antipolítica no es por tanto la crítica del mal gobernante, la antipolítica es la crítica de la política como tal en su dimensión institucional, pero también en relación a sus actores principales, los políticos. Ciertamente llegados a este punto es importante reiterar qué es la política.

En su sentido positivo ya he señalado que la política es esa actividad propia de las democracias representativas de organización concertada de la vida pública con respeto de los derechos de los individuos. Esto es, la política presupone la pluralidad de los fines y valores humanos, y por tanto está encaminada a gestionar de forma pacífica el pluralismo de la sociedad. Pero gestionar el pluralismo no significa abolir el pluralismo. La política considera que el pluralismo es una condición permanente de cualquier sociedad libre y, por tanto, su gestión va dirigida hacer que el respeto de tal pluralismo se concilie con la vida en común de forma pacífica.

Pero resulta obligado hacerse cargo del hecho de que incluso en sociedades pluralistas no todo el mundo comparte que la política sea la búsqueda del concierto con respeto de las diferencias y derechos de los individuos. Para los que Isaiah Berlin denomina defensores del monismo, la verdad es una y el error múltiple. De manera que la sociedad verdadera es una sociedad en la que todos sus miembros comulgan de unas mismas creencias, valores y fines. La diferencia con la política es importante porque si ésta se dirige, tal y como he señalado, a articular el pluralismo de la sociedad, en la concepción de los defensores del monismo la política consiste justamente en la abolición del pluralismo, pues se considera patológico: lo dicho, la verdad es una y el error múltiple. Como ha señalado Berlin, el monismo en política lleva a «la política de Procusto», esto es, a la vivisección de las sociedades existentes, pluralistas, para amoldarlas en unos lechos preconcebidos. Esto es, al sacrificio de los hombres existentes y vivos en el altar de los ideales.

Cuando los defensores de esta concepción monista de la política ocupan los confines del espectro político, no constituyen amenaza alguna. Todo lo contrario, ellos mismos son la imagen de cómo sería un mundo sin política, de modo que tienen la benéfica función en democracia de ilustrarnos acerca del valor de lo que disfrutamos. Pero cuando la marea antipolítica hace que aquellos que reniegan de la política alcancen el gobierno, entonces la democracia está seriamente en peligro. No hace falta recordar los ejemplos de aquellos que, cabalgando sobre la antipolítica, han alcanzado el gobierno en distintas democracias porque están demasiado presentes en la memoria de todos desde Venezuela hasta Italia.

Porque aquellos que acusaron a la política de producir en su ineficiencia desempleo; en su egoísmo, desamparo social; y en su corrupción, el debilitamiento de la sociedad y de sus instituciones, una vez alcanzado el gobierno, se prodigaron en los males que habían denunciado haciendo bueno todo aquello que parecía malo antes de su llegada.

La forma de antipolítica más común en nuestro mundo es una forma de monismo que ha sobrevivido a las caídas del fascismo y el comunismo: el populismo.

Los estudiosos académicos del populismo se han encontrado con la dificultad de analizar un discurso magmático que, como si fuera una arcilla fresca, se amolda a todo tipo de situación sin mostrar una estructura vertebradora universal y permanente. Pero esto no debe considerarse un límite a la posibilidad de utilización del concepto, tan sólo muestra que a veces el discurso más endeble en su trabazón intelectual es el que, en determinadas sociedades, tiene mayor eficacia política. Así pues, el populismo no es sino la glorificación del pueblo como recurso para alcanzar apoyo político. En las sociedades democráticas el populismo es prácticamente inevitable, pero si estas sociedades tienen sujetos formados, con juicio político y con instituciones eficaces, el populismo queda embridado y no constituye un peligro. Por el contrario, allí donde faltan estas características, la pulsión populista está al cabo de la calle y la tentación de movilizar el sentimiento del pueblo denunciando a sus enemigos putativos resulta demasiado fuerte.

Así incluso en las moderadas, formadas y democráticas sociedades europeas hemos visto cómo la crisis ha traído la resurrección del populismo, que no es aún mayoritario, pero que avanza decidido desde los extremos del espectro político con ánimo de asaltar el núcleo central, el verdaderamente democrático, del sistema político. Populistas de uno y otro lado han levantado el fantasma del enemigo del pueblo y lo han encontrado en el *neoliberalismo*. Da igual que hablemos del Frente Nacional francés, o de las distintas etiquetas más o menos vistosas bajo las que se amparan grupúsculos revolucionarios o los restos de partidos comunistas que aún vagan por la política de la Europa meridional desde Podemos a Syriza. Para unos y para otros el enemigo del pueblo es el banquero codicioso, el capitalista sin escrúpulos, el que atendiendo su particularismo insaciable condena al pueblo a la miseria. Como sujetos de este tipo no han faltado en estos años de alegría financiera, la acusación se ha sustentado en pruebas y el populismo se ha visto reafirmado: los políticos se han vendido al *neoliberalismo*. Esto es, se han corrompido y han entregado el interés público a los enemigos del pueblo a cambio de asientos en los consejos de administración de sus empresas, de pesados relojes de pulsera, de vacaciones en las villas de los plutócratas o de platos en las mesas de los grandes *chefs*.

La ley de hierro de la oligarquía se ha vuelto a cumplir con perfecta puntualidad y, tal como cuando fue formulada a comienzos del siglo XX, viene acompañada de la misma respuesta reparadora: la nostalgia del líder carismático que haga que la voluntad *una* del pueblo se convierta en acción política. Michels calificaba al líder carismático como «una persona dotada de extraordinarias cualidades congénitas» en virtud de las cuales era capaz «de realizar proezas y aun cosas milagrosas». Michels encontró en Benito Mussolini ese líder carismático pues para él *Il Duce* traducía «en forma desnuda y brillante los deseos de la multitud» (Michels, 1995: 35). Afortunadamente, el carisma no acompaña a los líderes europeos, más bien lo contrario, pero en otras sociedades de los confines de occidente, el hombre o la mujer providencial gozan tristemente de actualidad.

Entonces, ¿la economía mató a la política? Si de verdad queremos entender los problemas de nuestras sociedades tendremos que ser un poco más serios. El socorrido recurso al chivo expiatorio, el sacrifico en el altar del pueblo del enemigo inhumano, tendrá que aplazarse porque la responsabilidad es de los políticos, pero también de la sociedad.

V. ¿LA POLÍTICA MATÓ A LA ECONOMÍA?

Así como un ruidoso número de entre los practicantes de la Ciencia Política ha encontrado en la crisis la oportunidad para impugnar la credibilidad de la economía como ciencia con valor práctico, otro tanto ha hecho una parte de la comunidad de los economistas en relación a la política como actividad. Esto es, para estos economistas, y también para muchos actores económicos, los problemas de la crisis derivan de la interferencia de los políticos en la actividad económica. Esta interferencia, lejos de producir fines socialmente valiosos, lo que ha producido es el caos en el que nos hemos visto sumergidos. Así pues, si hay algo que aprender de la crisis financiera de 2008, nos dicen, es del fracaso de la política en la gestión de la economía.

Bajo este punto de vista, el problema no vendría de que los políticos seducidos por la ideología neoliberal, adornada de prebendas para ellos mismos, habrían traído una desregulación de los mercados financieros que habría sembrado la semilla del diablo. Todo lo contrario, la crisis fue creada por las interferencias del gobierno en la economía y, por tanto, no es imputable a un fallo del mercado.

En este relato, la crisis tendría su origen en el mercado norteamericano de hipotecas, en particular en las llamadas «subprime», esto es, hipotecas concedidas a hogares sin solvencia económica. La concesión de estas hipotecas no sería el resultado de la irresponsabilidad codiciosa del mercado, sino de una larga política de vivienda amparada por el gobierno de los Estados Unidos. Esto es, fue la decisión política de facilitar el acceso a la vivienda de aquellos con menos recursos lo que alimentó una burbuja inmobiliaria que traería la crisis. La ejecución de dicha política pública habría correspondido a dos agencias originadas en el gobierno federal: Fannie Mae y Freddie Mac, los simpáticos acrónimos bajo los cuales se encontraban la Federal National Mortgage Association, creada durante la Gran Depresión, y la Federal Home Loan Mortgage Corporation, creada en 1970. Gracias a unos enormes subsidios públicos, estas dos agencias podían conceder préstamos hipotecarios a individuos que no calificaban para préstamos ordinarios. De esta manera, al distorsionar el mercado hipotecario debido al apoyo público, estas dos agencias alcanzaron una dimensión gigantesca sin fundamento económico, que llevó al colapso del sistema.

Para aquellos que defienden que la política mató a la economía, la intromisión de los políticos en el terreno económico es manifestación de ignorancia y arrogancia, de la pretensión de los políticos de desempeñar el papel de Dios en la creación, de modo que la única manera de tener una economía sana es justamente librándose de los políticos y la política.

VI. CONCLUSIONES

Ciertamente, la verdad no se encuentra a medio camino entre dos errores. Creo que ni la economía mató a la política, ni la política mató a la economía. Por ello, resulta necesario atisbar, más allá de los desórdenes del presente, que la política tiene un valor insustituible en las sociedades pluralistas y que el ejercicio responsable de la política encuentra límites que no pueden soslayarse. Aquí la economía señala alguno de esos límites, pero no abole ni elimina la necesidad de la política. Quizás el aprendizaje final que depare esta crisis sea, ojalá, en el terreno de la política, que el orden social debe ser negociado permanentemente y que la esperanza de un mundo sin política es una pesadilla que debiera desaparecer de nuestras cabezas. Cuando se desacredita la democracia al grito de «no nos representan» la pulsión antipolítica nos presenta la falsa promesa de una «democracia real» que ya conocemos en qué acaba: en autoritarismo, totalitarismo o miseria. Los problemas de la democracia no se resuelven con más «democracia» o con una «democracia real» sino, justamente, con más política y no con menos.

El 15 de mayo de 2011 lo que empezó como una manifestación dio lugar a un movimiento de protesta durante los últimos meses del segundo gobierno de Rodríguez Zapatero. El socialista Stéphane Hessel había publicado en Francia, a finales de 2010, un panfleto dirigido a los jóvenes donde les exhortaba a *indignarse*, esto es, sublevarse contra el gobierno de la derecha. Al traducirse al castellano en el año 2011 el panfleto produjo un efecto de fuego amigo sobre el PSOE que acabó el año con una contundente derrota electoral. En la imagen, los indignados llenan la Puerta del Sol de Madrid en el otoño de 2011. Wiki Commons. Foto Rafael Tovar.

El 15M comenzó como un movimiento antipolítico que denunciaba la democracia española como falsa y exhortaba a los jóvenes a indignarse. La manifestación de este descontento fue la chispa que animó el surgimiento del populismo en España.

CAPÍTULO 3

EL POPULISMO Y LA PROMESA DE UNA DEMOCRACIA MÁS INCLUSIVA

Carlos de la Torre

SUMARIO: I. Populismo y democracia. II. Las promesas de inclusión y las prácticas autoritarias en el poder. III. Construyendo al Pueblo. IV. ¿Quién habla en nombre del pueblo? V. El autoritarismo populista: el pueblo como uno. VI. Conclusiones.

I. POPULISMO Y DEMOCRACIA

Los debates sobre las relaciones del populismo con la democracia están íntimamente ligados a diferentes definiciones de ésta (Urbinati, 1998: 116). Quienes entienden la democracia como una serie de instituciones que garantizan el pluralismo, la alternancia en el poder a través de elecciones limpias, la división de poderes y la defensa de los derechos civiles ven en el populismo una amenaza y un peligro. Por ejemplo, Nadia Urbinati (2013: 137) sostiene que «el populismo es hostil al liberalismo y a los principios de la democracia constitucional, en particular los derechos de las minorías, la división de poderes y el pluralismo partidista».

Los críticos señalan que el populismo simplifica la diversidad de propuestas, intereses y proyectos de una población en una sociedad compleja en una lucha maniquea entre el pueblo y sus enemigos. La política pluralista en la que se debaten alternativas reconociendo el derecho del otro a disentir deviene en una lucha entre amigo y enemigo. Es por esto que Jan-Werner Müller (2014: 484) señala que el populismo es profundamente iliberal y es una manera antidemocrática de entender la política representativa.

Quienes entienden la democracia con criterios sustantivos ven el populismo como democratizador. Anotan que los populismos hispanoamericanos de los años treinta y cuarenta del siglo pasado incorporaron a los sectores excluidos de la política y promovieron políticas estatales redistributivas. En palabras del sociólogo argentino Carlos Vilas (1995), el populismo llevó a la democratización fundamental de América Latina.

Ernesto Laclau (2005) argumenta que los momentos excepcionales de ruptura populista que son teorizados como la expresión de lo político son necesarios para dar fin a sistemas administrativos excluyentes y para construir órdenes alternativos. Distingue entre las lógicas de la diferencia y de la equivalencia. La primera supone que las demandas se satisfagan administrativamente de manera individual. Sin embargo, hay demandas que no se pueden resolver institucional o administrativamente y que se agregan en cadenas equivalenciales. El populismo es una forma de articulación discursiva que es antiinstitucional, está basada en la construcción de un enemigo y en una lógica equivalencial que lleva a la ruptura del sistema. Bajo el populismo el nombre del líder es un significante vacío al que se le pueden atribuir una multiplicidad de significados. La ruptura populista fue para Laclau la alternativa a la negación de lo político por la administración. Vio favorablemente las rupturas populistas de Hugo Chávez, Evo Morales y Rafael Correa y se lamentó de que no se diera una ruptura populista en la Argentina kirchnerista. Sus seguidores europeos consideran que el populismo de izquierda es la alternativa para frenar a la derecha populista y rescatar la política de las manos de los tecnócratas de la troika (Stravakakis, 2014).

Este capítulo contribuye a los debates sobre las relaciones entre populismo y democracia, desarrollando cuatro argumentos. El primero es que para distinguir sus efectos democratizadores de sus prácticas autoritarias se tiene que diferenciar analíticamente al populismo como movimientos que cuestionan y retan el poder de las élites, de los populismos cuando llegan al poder. Las promesas democratizadoras del populismo se evidencian cuando los populismos buscan incorporar a sectores excluidos o automarginados de la política. También cuando politizan temas que eran considerados como técnicos, como son las políticas neoliberales y de ajuste. Las críticas populistas a sistemas elitistas, a la apropiación por parte de las élites del poder político demuestran su lado democratizador, incluyente y renovador de la democracia.

Las promesas populistas de mejora de la democracia, sin embargo, no siempre o casi nunca se han cumplido. Los populismos por lo general han llegado al poder en sistemas presidencialistas, frágiles y en crisis. En estas condiciones institucionales los populismos en el poder —Juan Domingo Perón, Hugo Chávez, Alberto Fujimori o Rafael Correa— concentraron el poder en el ejecutivo, trataron de someter a los otros poderes del Estado, tuvieron conflictos con la prensa privada y con los movimientos sociales, usaron la ley instrumentalmente y terminaron forjando gobiernos autoritarios.

El segundo argumento es que los efectos democratizadores o autoritarios del populismo dependerán en parte de cómo se entienda al pueblo. El pueblo puede ser construido con criterios étnicos excluyentes o con criterios incluyentes. Puede ser imaginado como una población con una pluralidad de intereses y propuestas o como «el pueblo-como-uno», un sujeto cuya voluntad e interés puede ser encarnada en un líder.

El tercer argumento es que durante los episodios populistas diferentes actores como son los líderes políticos y los movimientos sociales disputan quién puede hablar por el pueblo, quién lo representa y a veces quién lo encarna. Cuando los movimientos sociales son débiles y las instituciones representativas de la democracia están en crisis el líder populista se apropia de la voz del pueblo y dice ser su encarnación. Cuando los movimientos sociales tienen la capacidad de movilizarse no permiten que un líder se autoerija en la personificación del pueblo. Durante los episodios populistas los sectores populares utilizan las oportunidades y el discurso a su favor para presentar sus demandas y propuestas, que no necesariamente son las del líder.

Mi cuarto argumento es que el devenir autoritario del populismo se explica por la lógica populista que construye al pueblo como uno, como una entidad homogénea, fija e indiferenciada, que puede ser encarnada en un líder y que transforma a los adversarios en enemigos morales que representan una amenaza que debe ser erradicada. La fantasía populista del pueblo como uno justifica su ejercicio del poder como una posesión y sus intentos de extraer al pueblo mítico, tal y como lo imagina el líder, de la población realmente existente.

Antes de empezar, y para evitar malentendidos pues el populismo es un término que por lo general se usa desde los medios para atemorizar, ya que se lo ve como irracional y peligroso, tengo que explicar a qué me refiero cuando utilizo este concepto. Entiendo al populismo como una retórica que representa la política como una lucha maniquea entre el pueblo y la oligarquía. La lógica populista polariza la política en dos campos antagónicos, simplifica las complejidades de la sociedad como la lucha entre dos grupos nítidos y apunta a la ruptura del orden institucional para forjar instituciones alternativas. La noción populista de pueblo incorpora la idea marxista de conflicto antagónico entre dos grupos con la visión romántica de su pureza y bondad natural. Como resultado, el pueblo por lo general es imaginado por los populistas como una entidad homogénea, fija e indiferenciada. El pueblo populista no se enfrenta a adversarios, sino a enemigos morales que representan una amenaza que debe ser erradicada.

El populismo se parece, pero no es igual, a los movimientos populares y a las insurgencias hechas en nombre del pueblo. Por ejemplo, los indignados españoles, el movimiento Occupy Wall Street o las insurgencias bolivianas durante las guerras del agua y del gas utilizaron una retórica parecida a la populista del pueblo en contra de las élites, experimentaron con formas de democracia directa y sin representantes y fueron vividos como momentos excepcionales en los que se pudo imaginar un nuevo orden social y político. Pero a diferencia del populismo no tuvieron un liderazgo. Más bien fueron insurgencias sin líderes en las que se buscó formas horizontales de democracia y la participación y deliberación de todos. Para que el populismo pase «de movimiento a gobierno necesita una ideología que polarice y un líder que pretenda transformar el descontento popular y la protesta en una estrategia para movilizar a las masas para conquistar el gobierno democrático» (Urbinati, 2013: 139).

II. LAS PROMESAS DE INCLUSIÓN Y LAS PRÁCTICAS AUTORITARIAS EN EL PODER

El populismo no es una aberración ni una desviación de patrones de democratización, más bien, como lo señalan trabajos recientes, es parte constitutiva de la democracia. Margaret Canovan (1999) argumenta que si bien la democracia tiene una fase pragmática y administrativa, también tiene una fase redentora. La fase redentora del populismo está asociada a la glorificación discursiva del pueblo, a su estilo dirigido a la gente común y a los fuertes sentimientos que motivan a que gente poco interesada en la política o apolítica participe. Por su parte, Chantal Mouffe (2005) parte de la concepción de Macpherson según la cual en la democracia conviven los principios liberales de pluralismo y libertades individuales con los principios democráticos de igualdad y de soberanía popular. La difícil convivencia de estos fundamentos provoca un déficit participativo cuando la gente común no se siente representada en las instituciones liberal-democráticas y cuando no encuentra canales para expresar su voluntad. El populismo que busca renovar el ideal democrático-participativo se explica por las carencias y las fallas de la democracia liberal.

En Venezuela, por ejemplo, muchos ciudadanos sintieron que la democracia pactada en Punto Fijo[1] estaba agotada y que se había convertido en un régimen excluyente. En Europa y los Estados Unidos la convergencia de los partidos políticos que buscan atraer al votante común, la desdeologización de la política, la transformación de la economía política en un asunto técnico en manos de expertos neoliberales, la burocratización y la falta de entusiasmo en la política explica el atractivo de los partidos y líderes populistas. Los populistas prometen devolver el poder al pueblo, defender los intereses de la nación de los riesgos causados por la globalización y la mundialización, y proponen reformar los sistemas políticos.

El populismo se asienta en el registro democrático. A diferencia del fascismo, que llegó al poder a través de golpes de Estado, el populismo usa las elecciones como el mecanismo para conquistar al poder y como la base de su legitimidad (Peruzzotti, 2008). El populismo busca regenerar y dar impulso a la máxima herencia de la Revolución francesa de que el gobierno debe legitimarse en la voluntad popular. Desenmascara los puntos débiles y los silencios del liberalismo, sobre todo cuando éste transforma la política en la administración pragmática y tecnócrata de lo público. Sin embargo, una vez que llegan al poder los populistas entran en conflicto con las instituciones de la democracia liberal. La división de poderes, los derechos de las minorías, el Estado de derecho y los mecanismos institucionales que garantizan la rendición de cuentas son vistos como herramientas que protegen el dominio de las élites, «debilitando en cambio a la voluntad popular» (Peruzzotti, 2008: 111).

Los populismos tendrán diferentes efectos en sistemas presidencialistas o en parlamentarios, y en democracias consolidadas que estén funcionando bien o en democracias en las que se den crisis de representación política. Como ilustra el trabajo comparativo sobre el populismo en Europa y las Américas de Cas Mudde y Cristóbal Rovira Kaltwasser (2012) las democracias consolidadas cuentan con instituciones fuertes y legítimas que controlan los impulsos an-

---

[1] Punto Fijo es un municipio de Venezuela. El pacto que lleva su nombre inauguraba la democracia venezolana en 1958. Su nombre deriva de que era el que tenía la vivienda de Rafael Caldera en Caracas. El Partido Comunista Venezolano se excluyó del acuerdo por favorecer la vía revolucionaria.

tipluralistas de los gobiernos populistas. Sin embargo, cuando las instituciones de la democracia liberal están en crisis y han perdido legitimidad, sobre todo en sistemas presidencialistas, los populismos pueden desfigurar la democracia.

Los gobiernos de Chávez-Maduro en Venezuela y Rafael Correa en Ecuador ilustran los efectos autoritarios del populismo en sistemas presidencialistas que vivieron crisis profundas de representación política. Estos gobiernos concentraron el poder en el ejecutivo y sometieron las cortes de justicia y los parlamentos. Atentaron contra el pluralismo construyendo a los opositores como enemigos malignos que atentan en contra de los intereses del proceso revolucionario. Entraron en guerra con los medios privados de comunicación. Con el objetivo de desplazar a las élites políticas antiguas y de crear una nueva hegemonía, llamaron a una serie de elecciones que se produjeron en canchas electorales inclinadas y que favorecieron a quienes estaban en el poder sin dar garantías a la oposición para que las elecciones se dieran en condiciones de equidad (Levitsky y Loxton, 2013; Weyland, 2013).

Los populistas ven a los rivales democráticos como enemigos del líder, del proceso de cambio y de la patria. Ya que la política es construida como una lucha maniquea y sin cuartel, se crean situaciones de polarización y de politización en todos los aspectos de la vida social. Durante la huelga general de la oposición, Chávez por ejemplo manifestó: «Esto no es entre Chávez y los que están en contra de Chávez, sino que es entre los patriotas y los enemigos de la patria» (Zúquete, 2008: 105). El discurso populista es eficaz al crear identidades populares que son movilizadas en contra de sus enemigos. El problema es que en una sociedad compleja y diversa no existen dos campos nítidos. La polarización atenta en contra del pluralismo de opiniones aun dentro de las coaliciones populistas.

III. CONSTRUYENDO AL PUEBLO

La filósofa política Sofia Näström (2007: 324), nos recuerda que el pueblo, que es una categoría central en las teorías de la democracia, del nacionalismo y del populismo, es «uno de los conceptos más usados y abusados en la historia de la política». A diferencia de las visiones de los políticos y de los activistas, el pueblo no es una realidad objetiva que está ahí esperando ser descubierta, como tampoco es un dato primario. El pueblo, como señala Ernesto Laclau (2005), es una construcción discursiva y una disputa entre actores políticos, movimientos sociales e intelectuales. En este sentido, las diferentes construcciones de la categoría «el pueblo» tienen efectos en las prácticas democratizadoras o autoritarias de los políticos. Los populismos de derecha europeos construyen al pueblo con criterios étnicos y raciales excluyentes. A diferencia de éstos, los populistas de izquierda europeos como Syriza y Podemos no utilizan criterios étnicos en su construcción del pueblo.

Paulina Ochoa (2015: 74-75) señala que los liberales construyen al pueblo con criterios de autolimitación. Consideran que la voluntad popular no es homogénea ni estable en el tiempo y que, probablemente, cambiará por lo que sus invocaciones al pueblo y a la soberanía popular son falibles, temporales e incompletas. En palabras de Habermas (1996: 469), «el pueblo no es un sujeto con voluntad y conciencia. Sólo aparece de manera plural, y como pueblo no es capaz de decidir ni actuar como un conjunto». Construyendo al pueblo como plural los liberales y los socialdemócratas no consideran que posean el monopolio de la virtud. En palabras de Michael Mann (2004: 8) aceptan las imperfecciones y los compromisos de la democracia liberal.

La democracia representativa es antiheroica, está basada en la lógica de la administración y en la racionalidad instrumental. Pero su legitimidad se asienta en la noción de la soberanía popular. Cuando los ciudadanos perciben que la lógica administrativa desfigura la democracia, cuando sienten que sus opiniones no cuentan en la lógica del poder constituido y burocratizado pueden apelar al poder constituyente del pueblo, a su capacidad para recrear instituciones y normativas políticas. El populismo promete redimir a la democracia de la lógica administrativa del poder constituido. Invoca al pueblo como un ser mítico, como «la promesa de redención de la opresión, la corrupción y la banalidad» (Canovan, 2005: 123).

Los populismos apelan al pueblo como una colectividad que es capaz de expresar su voluntad y tomar decisiones (Abst y Rummens, 2007: 409). A diferencia de las visiones del pueblo como un proceso en construcción, que es siempre contingente e inconcluso, líderes populistas como Juan Domingo Perón o Hugo Chávez actuaron como si conociesen quién es el pueblo y cuál es su voluntad. Construyeron a quienes no estaban de acuerdo con lo que ellos consideraron como el verdadero pueblo virtuoso como sus enemigos. Ya que su objetivo fue la emancipación del pueblo prometieron destrozar el orden institucional existente y remplazarlo con un régimen que no excluya al pueblo. A diferencia de los políticos, que actúan con la premisa de que no siempre estarán en el poder, la fantasía de la unidad del pueblo «abre la puerta a la percepción del ejercicio del poder como una posesión y no una ocupación temporal» (Arditi, 2007: 83). Su objetivo fue estar en el poder hasta transformar el Estado y la sociedad.

El pueblo populista, sin embargo, no tiene necesariamente que ser construido como uno y como un ente que puede ser encarnado en un redentor. Yannis Stavrakakis y Giorgos Katsambekis (2014: 132) argumentan que Syriza no imaginó al pueblo desconociendo el pluralismo y que la sociedad griega es heterogénea. El pueblo de Syriza incorporó a una variedad de partidos de izquierda y movimientos sociales. Fue construido como un sujeto plural, incluyente y activo que no estaba restringido por criterios étnicos, raciales y de género. Fue imaginado como un sujeto activo que intervenía directamente en los asuntos públicos, un sujeto que no estaba esperando ser redimido o dirigido por nadie (Stavrakakis y Katsambekis, 2014: 135). A diferencia de Perón o Chávez, Alexis Tsipras no prometió salvar al pueblo.

De manera similar el Movimiento al Socialismo y la Constitución de 2009 construyó al pueblo boliviano como plural. El MAS usó criterios étnicos incluyentes o etnopopulistas (Madrid, 2012). Sin embargo, Evo Morales en algunas coyunturas ha tratado de hablar como si encarnara al pueblo como uno, pero los movimientos sociales no se lo han permitido. En Bolivia están en disputa quién habla por el pueblo y las características de este pueblo plural (Postero, 2015).

IV. ¿QUIÉN HABLA EN NOMBRE DEL PUEBLO?

Los populismos se dan en coyunturas de movilización social y política. Por ejemplo, Chávez, Correa y Morales llegaron al poder luego de insurrecciones masivas en contra del neoliberalismo. Una serie de actores políticos y sociales dijeron hablar en nombre del pueblo y de representar sus intereses. De manera similar políticos y líderes de movimientos sociales dicen ser la auténtica *vox populi* de los gobiernos populistas.

Cuando se invoca el nombre del pueblo hay que preguntarse quién dice estar hablando en su nombre, pues la política se basa en quién puede hablar en nombre del pueblo. Los líderes populistas dicen encarnar las virtudes populares, prometen devolver el poder al pueblo y redimirlo del dominio de élites políticas, económicas y culturales. Pero los políticos no son los únicos que pretenden hablar en nombre del pueblo, los movimientos sociales también dicen ser la voz del pueblo. Las disputas y negociaciones entre líderes políticos que buscan encarnar al pueblo y movimientos sociales que en nombre del pueblo limitan la tentación populista de autoproclamarse como la encarnación de la voluntad popular explican muchas de las diferencias entre los gobiernos populistas.

A pesar de la visión que homogeniza a los gobiernos de Chávez-Maduro, Morales y Correa como manifestaciones similares del populismo de izquierda latinoamericano, estos gobiernos tienen diferentes relaciones con los movimientos sociales. También se diferencian en si han creado espacios institucionales para la participación popular. Estas diferencias se explican por la capacidad de los movimientos sociales de, en nombre del pueblo, no sólo limitar los intentos del líder de ser la única voz del pueblo, sino la capacidad misma de los movimientos sociales para imponer sus agendas y demandas autónomas.

Evo Morales llegó al poder en el pico del ciclo de protestas de los movimientos sociales en contra del neoliberalismo, de la partidocracia y de la entrega de los recursos naturales a las multinacionales. Su partido, el Movimiento al Socialismo, tiene orígenes en redes de sindicatos campesinos cocaleros y en organizaciones indígenas. Estas organizaciones comparten una tradición comunitaria de discusión de los problemas y toma de decisiones colectivas (Crabtree, 2013). La relación de Morales y los movimientos sociales ha sido caracterizada por el sociólogo boliviano Fernando Mayorga (2012) como «flexible e inestable», pues ha ido desde la cooptación hasta la independencia. Los movimientos organizados en el Pacto de Unidad tuvieron un papel independiente del gobierno durante la asamblea constituyente. En 2007 se reagruparon en la Coordinadora Nacional por el Cambio (CONALCAM) presidida por Morales para movilizar a sus seguidores en una coyuntura de luchas intensas en contra de la oposición. Sin embargo, los movimientos sociales no están subordinados a Morales. En 2011 protagonizaron protestas en contra del incremento de los precios de la gasolina y marcharon en contra del plan del gobierno de construir una carretera en el parque nacional del TIPNIS (Territorio Indígena y Parque Nacional Isiboro-Secure). No han permitido que Morales encarne una voluntad popular homogénea y le han obligado a rectificar y cambiar sus políticas.

El gobierno de Correa es diferente, y casi lo opuesto, al de Morales, pues no se asienta en los movimientos sociales y no ha promovido instituciones participativas a nivel local. Correa llegó al poder después de que el movimiento indígena perdiese momentáneamente la capacidad de organizar actos de protesta de larga duración.

Correa vio en el movimiento indígena un peligro y buscó cooptarlo y someterlo argumentando que ya pasó el momento de los movimientos sociales, pues ahora su gobierno de izquierda representaba los intereses de todo el pueblo.

En el gobierno de Correa conviven el discurso populista con el dominio de los tecnócratas (De la Torre, 2013). Los expertos consideran que están más allá de los particularismos de la sociedad y que pueden diseñar políticas públicas que beneficien a toda la nación. El líder actúa como si encarnara la voluntad popular. Asumiendo que poseen la verdad que viene del saber de los expertos y de la voz unitaria del pueblo encarnada en el líder, desdeñan el diálogo. Como resultado, el gobierno de Correa, que prometió una revolución ciudadana, minó las bases que garantizan ciudadanías autónomas promoviendo la formación de masas agradecidas.

Chávez llegó al poder en un contexto en que los movimientos corporativistas controlados por los partidos políticos tradicionales no incluían a los sectores populares del sector informal. Chávez vio la oportunidad de incorporarlos desde el poder creando una serie de instituciones de democracia participativa, como los círculos bolivarianos y los consejos comunales. Los sectores populares utilizaron estas instituciones y la retórica de Chávez los ensalzó como la esencia de la nación para presentar sus demandas autónomas (Fernandes, 2010). Si bien los círculos bolivarianos y los consejos comunales funcionaron con criterios clientelares para transferir recursos y se basaron en mecanismos de mediación carismática entre el líder y sus seguidores, que no permiten la autonomía de las bases, dieron la sensación a quienes participaron activamente de ser los gestores y actores del chavismo. El chavismo fue un lenguaje de protesta contra la exclusión política. Dio esperanza y dignidad a los pobres urbanos y rurales politizando sus humillaciones cotidianas y su rencor (Fernandes, 2010: 84). Las experiencias participativas durante el gobierno de Chávez explican su lealtad al proyecto aun durante la grave crisis económica del gobierno de Nicolás Maduro.

V. EL AUTORITARISMO POPULISTA: EL PUEBLO COMO UNO

Cas Mudde y Cristóbal Rovira Kaltwasser (2012) argumentan que en diferentes espacios institucionales el populismo puede corregir o ser un riesgo para la democracia. Los sistemas parlamentarios y las instituciones de la democracia liberal inducen a que los populistas desradicalicen sus proyectos, pacten y se sometan a las reglas de juego institucionales. Cuando las democracias están en crisis, sobre todo en sistemas presidencialistas, se evidencia cómo la lógica populista, que es muy eficaz en crear identidades políticas antagónicas, puede devenir en autoritarismo. La fantasía del pueblo como uno, como un ente homogéneo cuya voluntad se encarna en un líder, atenta en contra de lo que el filósofo Claude Lefort denominó «el espacio vacío de la democracia». En la guerra sin cuartel entre el pueblo y sus enemigos hay que ocupar el espacio de la democracia hasta redimir al pueblo. Es más, hay que conquistar todas las instituciones para impedir que los enemigos del pueblo regresen al poder.

Claude Lefort señaló que las revoluciones del siglo XVIII decapitaron el cuerpo natural del rey y su cuerpo político. En su libro *Los dos cuerpos del rey*, Kantorowicz analizó cómo el rey, al igual que Dios, era omnipresente porque constituía el cuerpo de la política sobre el que gobernaba. Igual que el hijo de Dios, que fue enviado para redimir el mundo, el rey era hombre y Dios, tenía un cuerpo natural y divino, y ambos eran inseparables (Morgan, 1988: 17). Las revoluciones del siglo XVIII abrieron el espacio político-religioso ocupado por la figura del rey. La democracia, señala Lefort (1986), transformó el espacio antes ocupado por la figura del rey en un espacio vacío que los mortales sólo pueden ocupar temporalmente. En su libro *Complicaciones. El comunismo y los dilemas de la democracia* Lefort explica:

> La democracia nació del rechazo a la dominación monárquica, del descubrimiento colectivo de que el poder no pertenece a nadie, que quienes lo ejercen no lo encarnan, que sólo son los encargados temporales de la autoridad pública, que la ley de Dios o de la naturaleza no se asienta en ellos, que no poseen el conocimiento final sobre el mundo y el orden social, que no son capaces de decidir lo que cada persona tiene el derecho de hacer, pensar, decir o comprender (Lefort, 2007: 114).

El advenimiento de las revoluciones del siglo XVIII, según Lefort, generó a su vez un principio que podía poner en peligro el espacio democrático. La soberanía popular entendida como un sujeto encarnado en un grupo, un estrato o una persona podrían clausurar el espacio vacío a través de la idea del «Pueblo como Uno» (Arato, 2012: 28). Según Lefort el totalitarismo abandona la noción democrática del pueblo como heterogéneo, múltiple y en conflicto, donde el poder no pertenece a nadie, con la imagen del Pueblo como Uno, que niega que la división sea constitutiva de la sociedad. La división, señala Lefort, se da entre el pueblo, que tiene una identidad y una voluntad única, y sus enemigos externos, que tienen que ser eliminados para mantener la salud del cuerpo del pueblo. Para Lefort la modernidad se mueve entre el espacio abierto de la democracia y el totalitarismo que lo clausura. Lo que Lefort no analiza es cómo y cuándo los proyectos totalitarios no devienen en regímenes de este tipo debido a la resistencia de las instituciones democráticas o de la sociedad civil. Tampoco considera la posibilidad de que existan regímenes que no sean plenamente totalitarios o democráticos (Laclau, 2005: 166).

Isidoro Cheresky (2012; 2015) utiliza la noción de poder semiencarnado del líder para analizar los populismos. A diferencia del totalitarismo, el poder se identifica con un proyecto o un principio encarnado en una persona que es casi, pero no totalmente, insustituible. Pues la encarnación del proyecto puede desplazarse hacia otro líder debido a que las elecciones son el mecanismo que legitima el poder en el populismo. A diferencia de los totalitarismos, que se legitimaron con nociones trascendentales como el partido, la historia o la nación, los populismos están más secularizados. Su objetivo y su legitimidad se asientan en ganar elecciones que se dan en contextos de crisis de los partidos políticos y con lealtades débiles, por lo que los votos deben conquistarse en cada elección (Cheresky, 2015). Pero si bien las elecciones legitiman el poder de los líderes populistas, éstos no pueden aceptar fácilmente perder una elección. Si el pueblo es construido como si tuviese siempre la razón, si el pueblo es imaginado como si tuviese una sola voz y un solo interés, es moralmente imposible que el pueblo vote por otro candidato que no sea el candidato del pueblo.

El líder populista se ve, y es construido, como un mesías liberador cuya presencia es fundamental para garantizar la continuidad del proyecto revolucionario. Los líderes populistas tienen misiones en el sentido weberiano y su capacidad decisionista garantizará el fin de la opresión y la construcción de un orden alternativo y liberador. Son construidos, y se ven a sí mismos, como soberanos infalibles; todas sus decisiones son las correctas, pues emanan de quien encarna los intereses del pueblo. La presidencia no es vista como un cargo que se ocupa temporalmente y que está regulado por una serie de procedimientos, incluidos los procedimientos para que el líder abandone pacíficamente el poder (Keane, 2009: 295). La misión del líder populista se parece más a la de los patriarcas que siempre tienen que velar por el bienestar de sus hijos. Los patriarcas, como lo anota Karen Kampwirth (2010: 12-13), son padres de por vida y su trabajo y misión duran para siempre.

Los populismos utilizan tres estrategias para compaginar el precepto democrático de ganar elecciones y el principio autoritario de asumir al pueblo como uno, cuya voluntad política se encarna en un redentor que busca ser reelecto indefinidamente. La primera es utilizar las leyes y las instituciones de la democracia instrumentalmente para crear canchas electorales desiguales. Es así que si bien el proceso electoral es limpio, las campañas favorecen descaradamente a las coaliciones populistas que buscan perpetuarse en el poder. La segunda estrategia es utilizar el poder como una posesión personal, para distribuir recursos y favores con el objetivo de ganar votos. El populismo es una pedagogía que busca extraer el pueblo mítico, tal y como es imaginado por el líder, del pueblo realmente existente. La tercera estrategia es silenciar las voces críticas y educar al pueblo con la verdad del líder, colonizando y regulando la esfera pública y creando movimientos sociales desde el poder.

VI. CONCLUSIONES

Este trabajo argumenta que el populismo no es una aberración de impulsos autoritarios irracionales, sino que está íntimamente ligado a la democracia. Emerge cuando las instituciones políticas son percibidas como poco representativas y participativas y cuando se interpreta que las élites se apropiaron de la voluntad popular. Apelando al poder constituyente del pueblo, los populistas prometen regenerar los ideales democráticos. Durante los episodios populistas se disputa quién puede hablar en nombre del pueblo. Hay tensiones entre los intentos del líder de encarnar al pueblo y de sectores organizados de la sociedad que no le permiten actuar como la personificación de la voluntad popular.

El populismo es una política de reconocimiento simbólico y cultural de las despreciadas clases bajas. Transforma las humillaciones de los de abajo en fuentes de dignidad. Las visiones míticas del pueblo, que son una respuesta a los estigmas que usan las élites para caracterizar a los de abajo, pueden llevar a fantasías autoritarias. Si el pueblo es visto como homogéneo, si la imagen del pueblo es transparente, si no se reconocen sus divisiones internas, si se argumenta que el pueblo unitario lucha en contra de sus enemigos externos e internos, el peligro es la creación de la imagen autoritaria del «Pueblo como Uno».

Cuando el populismo reta al poder puede ser democratizador, pero una vez en el poder choca con las instituciones de la democracia liberal. Sus impulsos autoritarios son frenados por las instituciones democráticas. Además, en regímenes parlamentarios los populistas tienen que pactar y entrar en la lógica del compromiso desradicalizando sus demandas. En contextos de crisis de representación política en sistemas presidencialistas y de debilidad de los movimientos sociales un caudillo emerge como el redentor cuya presencia es indispensable para redimir al pueblo. El poder se ejerce como una posesión y se copan todas las instituciones para impedir que regresen los «enemigos del pueblo». El populismo es una pedagogía que coloniza y regula la sociedad civil y la esfera pública con el objetivo de extraer al pueblo auténtico, tal y como es imaginado por el líder, del pueblo realmente existente. El populismo no abandona la democracia, pues su legitimidad se asienta en las urnas. Pero sus ataques al pluralismo, a la división de poderes y a la libertad de expresión la desfiguran y en algunos casos pueden llevar a lo que Guillermo O'Donnell (2011) caracterizó como la muerte lenta de la democracia y su transformación en autoritarismos.

Si bien argumenté que cuando el populismo llega al poder en contextos de crisis de los movimientos sociales y de las instituciones de la democracia puede llevar al autoritarismo, esto no significa que debamos contentarnos con aceptar el poder constituido. Los proyectos de liberación de un pueblo unitario encarnado en un líder han terminado en experiencias autoritarias. A diferencia de la propuesta de Laclau y sus seguidores, la emancipación no se alcanzará con la fantasía populista del pueblo como un ente homogéneo que irrumpe de la nada para refundar todas las instituciones y normativas. El pueblo es plural y ningún líder lo podrá encarnar. En lugar de tratar de forjar a un pueblo unitario hay que partir de la diversidad de propuestas de los movimientos sociales y de organizaciones políticas para democratizar la política, la economía, y las prácticas culturales.

Las protestas de 2011 contra Evo Morales por la subida del precio de la gasolina y por su proyecto de construir una carretera en el parque nacional del TIPNIS mostraron que los líderes populistas, cuando son embridados por el activismo de la sociedad civil, fracasan en su afirmación autoritaria.

En Venezuela, Chávez alcanzó y consolidó su poder apoyado en los movimientos sociales para después ejercer un control omnímodo de la sociedad.

II. LOS POPULISMOS HISTÓRICOS

Es un lugar común en el estudio del populismo situar su origen en Estados Unidos y Rusia y fijar el tiempo de su nacimiento en las últimas décadas del siglo XIX. El populismo norteamericano está vinculado al *People's Party*, un movimiento que al apelar al pueblo contra la élite capitalina de Washington, daría curso a ese rasgo antiaristocrático que constituye una de las características de la democracia americana desde su fundación. Un rasgo que todavía sigue presente. El populismo ruso responde a la idealización del pueblo virtuoso por los intelectuales finiseculares en su lucha contra la autocracia zarista. Esta idea del pueblo como sujeto moral sobresaliente todavía nos acompaña. Sin embargo, los populismos del presente están más cerca de dos episodios históricos del populismo de la América meridional: Getúlio Vargas en Brasil y Juan Domingo Perón en Argentina. Ambos casos comparten muchas características: un líder carismático presentado como conductor del pueblo; una apología de la masa popular que se convierte en pueblo soberano; el antiliberalismo junto a la defensa de una democracia orgánica que gravita en la órbita del fascismo; una igual enemistad con el comunismo y con el capitalismo individualista liberal; y, en suma, una promesa de democratización vinculada al ejercicio autoritario del gobierno.

CAPÍTULO 4

DE LA IDEALIZACIÓN DEL PUEBLO AL TERRORISMO. EL POPULISMO HISTÓRICO RUSO DEL SIGLO XIX

Mira Milosevich

SUMARIO: I. El contexto histórico. II. Raíces de la ideología populista. III. Ideología y objetivos políticos. IV. Zemlya i Volya. V. El fracaso y el legado populista.

La palabra rusa *narodniki* («populistas») fue empleada por vez primera en 1874 para referirse a los jóvenes privilegiados que eligieron «ir hacia el pueblo» (*Hozhdenie v narod*), es decir, los estudiantes de extracción aristocrática o burguesa que en el verano de ese mismo año decidieron marchar al campo para descubrir «la vida auténtica del pueblo ruso» y así conocer a sus compatriotas campesinos. Desde entonces, *narodniki* se utilizó tanto para definir a los miembros de la *intelligentsia*[1] como para aludir al movimiento radical *Zemlya i Volya* («Tierra y Libertad»), creado en 1862[2] y, más tarde, al

---

[1] Isaiah Berlin afirma que la *intelligentsia* no es idéntica a los intelectuales. Los intelectuales son personas, que, simplemente, anhelan que las ideas sean lo más interesantes posible. En cambio, la *intelligentsia*, o « intelectualidad» es un fenómeno del siglo XIX exclusivamente ruso: «Este movimiento englobaba a un conjunto de rusos con cultura y principios morales que se sentían indignados por una Iglesia oscurantista, un Estado brutalmente opresivo e indiferente a la miseria, la pobreza y el analfabetismo en los que vivía sumida la mayor parte de la población, y una clase gobernante que pisoteaba los derechos humanos e impedía el progreso moral e intelectual» (Berlin, 2009: 264).

[2] La palabra rusa *Volya* tiene dos connotaciones: «Libertad» y «Voluntad». En este contexto se usa en su primer significado.

primer partido socialista-revolucionario, fundado en 1876 bajo el mismo nombre.

El populismo histórico ruso surgió en el contexto de los grandes disturbios sociales que se produjeron durante el reinado del zar Nicolás I (1825-1855). Su activismo violento cobró mayor importancia en los años sesenta del siglo XIX y culminó en el asesinato del zar Alejandro II en 1881. Fue un movimiento radical heterogéneo, integrado por pequeños grupos independientes o autónomos de conspiradores de diferente signo (socialistas, anarquistas, jacobinos, terroristas) que compartían algunas ideas fundamentales sobre la condición del régimen autocrático ruso —«una monstruosidad moral y política»— y sobre la necesidad de cambiarlo y crear una sociedad justa e igualitaria.

Para comprender las causas y consecuencias políticas del populismo ruso es necesario examinar: 1) el contexto histórico en el que emergió, profundamente marcado por el retraso económico de Rusia respecto a Europa occidental, por el auge de la *intelligentsia* y la existencia de una monarquía absoluta (la autocracia), así como 2) su ideología y sus objetivos políticos, las causas de su fracaso y su influencia en el bolchevismo.

I. EL CONTEXTO HISTÓRICO

Desde la Revolución de 1917 hasta el colapso del comunismo en 1991, la mayoría de los historiadores rusos tendió a considerar el populismo como parte del legado que asumió la Revolución de Octubre, en tanto que representaba el paradigma de formación de las élites revolucionarias. El propósito de la historiografía patriótica era demostrar la originalidad e independencia del socialismo, desvinculándolo del dogma marxista que sostenía que la revolución socialista internacional estallaría en un país desarrollado, con un potente y numeroso proletariado industrial. Aunque, como afirma Richard Pipes, el populismo ruso constituye una página de la historia del socialismo europeo, examinaremos su influencia en Rusia, como la de un factor, entre otros, del proceso evolutivo de la construcción nacional rusa. Este proceso, similar a otros que se dieron en la mayoría de los países europeos del siglo XIX, se caracterizó por la desesperada búsqueda de respuestas a tres cuestiones clave: 1) cómo cambiar el modelo de la autocracia zarista; 2) qué rasgos definen la identidad nacional rusa, y 3) cuál es el lugar de Rusia en Europa.

El populismo, así como los movimientos de los *occidentalistas* y de los *eslavófilos*, fue una respuesta a la represión desatada por el régimen del zar Nicolás I, al fracaso de la revolución de los *decembristas* (1825) y al hecho de que la abolición de la servidumbre en 1861, decretada por el zar Alejandro II (1855-1881), no hubiera acarreado las esperadas reformas políticas para convertir el zarismo en una monarquía constitucional.

A estas circunstancias hay que añadir el debilitamiento progresivo de Rusia como actor geopolítico significativo. La guerra contra Napoleón (1806-1815) había hecho de Rusia una gran potencia europea y un miembro fundamental de la *Santa Alianza* (1815), pero perdería ese prestigio al ser derrotada por una coalición militar de otomanos, británicos y franceses en la Guerra de Crimea (1854-1856). Tal derrota puso de relieve el retraso económico, social, político y militar ruso en comparación con Europa. Las rebeliones nacionalistas de los polacos en 1831 y 1862, la reunificación de Alemania en 1871 (que se convertía así en su mayor rival por el poder en Europa), y el reconocimiento de la independencia de los Estados balcánicos del Imperio Otomano en el Congreso de Berlín (1878), fueron otros tantos acontecimientos que hirieron el orgullo nacional (transcendental para la cohesión social de los rusos), amenazando la estabilidad del imperio zarista. Los rusos, tal como lo expresaron sus escritores y políticos del siglo XIX, no estaban seguros de su pertenencia a Europa, pero sí de su retraso respecto a ella.

Desde los años treinta la *intelligentsia* comenzó debatir sobre el lugar que correspondía a Rusia en Europa. Surgieron dos grupos de opinión opuestos entre sí: los *occidentalistas*, que consideraban que Rusia debería afrontar un hondo proceso de europeización, y los *eslavófilos*, que sostenían que el país debía desarrollar su cultura autóctona de tradición exclusivamente eslava y cristianismo ortodoxo. En los años sesenta, los *populistas*, así como los *occidentalistas* y los *eslavófilos* de los años treinta (y, posteriormente, los revolucionarios del 1917), se plantearon la cuestión de cómo recuperarse (*vostanovitsya*) del atraso respecto a Occidente, es decir, de cómo modernizar Rusia. La causa principal del retraso se debía a la incompatibilidad del absolutismo zarista con cualquier reformismo modernizador, por tímido que fuera. Es imposible comprender el significado de la revolución de los *decembristas* (1825) y la importancia de la abolición de la servidumbre (1861) —acontecimientos fundamentales en los orígenes del populismo— sin entender el funcionamiento del régimen autocrático.

Éste fue instaurado gradualmente a partir de 1480, tras la expulsión de los mongoles (que habían sometido a los rusos en 1237), y se afianzó con el *krepostnie pravo* («derecho de servidumbre») desde 1570. Oficialmente, la servidumbre fue introducida como institución socioeconómica en 1649. En tiempos de Catalina la Grande (1762-1796), «emperatriz y autócrata de *todas las Rusias*», el 80 por 100 de la población rusa estaba compuesta por siervos campesinos (Meyer, 2007: 17). La clave de la larga perduración del sistema autocrático y de la servidumbre reside en el hecho de que las instituciones estatales nunca hicieron distinción entre poderes públicos y propiedad privada. Ya el zar Iván III (1440-1505) afirmó que «toda la tierra rusa es por voluntad de Dios nuestro patrimonio [de la corona] desde nuestros más antiguos ancestros» (Pipes, 2005: 15). El zar era el propietario de Rusia, de todas sus tierras, que cedía a los nobles a cambio de sus servicios y lealtad al Estado. El zar Pedro el Grande (1682-1725) llevó este principio a la perfección, transformando la aristocracia latifundista en una nobleza burocrática y militar que servía al Estado a cambio de privilegios (títulos nobiliarios, posesión de tierras y *almas*). Al contrario que en Occidente, donde la servidumbre fue el resultado del debilitamiento del poder central y donde desapareció cuando éste se restableció como monarquía autoritaria, provocando el colapso del sistema feudal entre los siglos XIII y XV, en Rusia la servidumbre fue un producto del Estado, contra el interés de los antiguos principados y de Iglesia ortodoxa (gran propietaria de tierras y principal sostén del poder del zar). Este sistema se consolidó en el siglo XVIII y abrió un abismo insuperable entre unas élites exiguas, que imitaban a la aristocracia europea usando como lengua materna el francés o el alemán, y los siervos campesinos cuyo idioma era el ruso. Además, impidió la construcción de una nación y una conciencia nacional, convirtiendo así la *cuestión campesina* (la liberación de los siervos) en el requisito previo de todas las reformas necesarias para modernizar Rusia.

II. RAÍCES DE LA IDEOLOGÍA POPULISTA

Stenka Razin (1630-1671) y Yemelian Pugachov (1742-1775), caudillos cosacos que encabezaron sendas sublevaciones contra la nobleza y el zar; *Raskolniki* (grupo que se creó después del cisma —*Raskol*— de la Iglesia ortodoxa en el siglo XVII, provocado por las reformas de Pedro el Grande); los *decembristas* y el pensamiento de los *eslavófilos*: todos ellos influyeron en la formación de la ideología populista.

Los *decembristas* fueron un grupo de nobles que, durante las guerras napoleónicas, perdieron su orgullo de estamento dominante y reconocieron a los campesinos como compatriotas[3]. Algunos miembros de la élite rusa, que en general era francófila antes de la Revolución de 1789, descubrieron en el extraordinario patriotismo y heroísmo de los campesinos durante la guerra, un asombroso potencial espiritual para la liberación nacional y la correlativa regeneración moral de la sociedad rusa, lo que transformaría la alianza militar entre nobles y campesinos en una mucho más profunda, capaz de crear una comunidad nacional. Impulsados por el sentimiento de culpa por sus privilegios y por la solidaridad hacia los camaradas de armas, un grupo de aristócratas entre los que destacaban Sergei Volkonsky (que inspiró a León Tolstoy su personaje del príncipe Andrei Bolkonsky en *Guerra y paz*), Mijail Orlov y Pavel Ivanovich Pastel, fundó, en 1816, la organización secreta *Unión de Salvación*, que en 1818 cambió su nombre a *Unión de Bienestar*. El objetivo de estas organizaciones era ayudar económicamente a las viudas y huérfanos y mejorar la vida de los campesinos, estableciendo escuelas y hospitales en el campo. Sin embargo, pronto fueron conscientes de que sólo una reforma política podría mejorar las vidas de los humildes. Así que sus metas se ampliaron al establecimiento de la monarquía constitucional y a la abolición de la servidumbre, por ser los únicos instrumentos institucionales que garantizarían una solución de la *cuestión campesina* y una mayor justicia social. Los miembros de estas organizaciones secretas, posteriormente conocidos como *decembristas* (su nombre se debe al fracaso en su intento de derrocar el zar Nicolás I, el día de su entronización, el 14 de diciembre de 1825), se organizaron clandestinamente en pequeños grupos —*kruzhoki*— y entraron en la historia rusa como los primeros revolucionarios y como protagonistas, a pesar suyo, de un gran proceso judicial montado con fines propagandísticos. La gran mayoría de ellos (unas quinientas personas) fueron condenados a muerte o a destierro en Siberia (entre ellos el príncipe Volkonsky, que era amigo de infancia del zar Nicolás I).

---

[3] «Rusia ha sido honrada por sus soldados campesinos. Tal vez sólo sean siervos, pero estos hombres han combatido como ciudadanos de su patria», escribió el príncipe Sergei Volkonsky a su hermano, desde el campo de batalla de Borodino, el 26 de agosto de 1812 (Figes, 2006: 264).

Los *eslavófilos* eran un grupo de escritores (los más conocidos son Iván Kiryevski, los hermanos Aksakov y Yuri Samarin), influidos por el romanticismo alemán de Fichte y Herder, así como por las ideas de Rousseau sobre la bondad y moralidad espontáneas y naturales del hombre común. El estudio del pueblo (el *folklore*) se convirtió en la «ciencia» del siglo XIX y formó parte del ideario de todos los movimientos populistas y nacionalistas de Europa. Los *eslavófilos* sostenían que los campesinos encarnaban por su naturaleza bondadosa el carácter nacional ruso y que habían conservado *el alma eslava*, concepto este místico y mitificado que connota muchas cosas: la pureza de la religión cristiana ortodoxa (*pravoslavlie*), el sentido de verdad y justicia (*pravda*), el amor (*ljubov*), pero también el espíritu colectivo que une a todos los eslavos (*Volksgeist*). De ahí que se propugnara la cultura popular como fundamento de la identidad nacional rusa[4].

III. IDEOLOGÍA Y OBJETIVOS POLÍTICOS

El padre del populismo y su principal ideólogo fue Alexander Herzen (1812-1870), hijo ilegítimo de un terrateniente ruso y de su amante alemana. Herzen fundó en 1857 el periódico *Kolokol* («La Campana»), que alimentó el debate sobre la abolición de la servidumbre. Compartía plenamente las ideas de los *decembristas* y estaba de acuerdo con los *eslavófilos* en que los campesinos encarnaban el *socialismo natural*. Esta convicción se basaba en que los campesinos, antes de la institucionalización de la servidumbre, estuvieron organizados en *obschina*, asociaciones libres o comunas gobernadas por los mismos campesinos, que periódicamente redistribuían las tierras a todos sus miembros. Según Herzen, las *obshchina* constituían una forma de cooperación que ofrecía la posibilidad de engendrar un sistema social libre y democrático, supuestamente arraigado en los más profundos instintos morales y valores tradicionales de la sociedad rusa. El mayor atractivo de la *obshchina* era que podría imponerse a la población con mucho menor grado de violencia o de coerción que los sistemas industriales del capitalismo europeo. La *obshchina* podría ser el dispositivo básico para convertir a los campesinos en propietarios de la tierra que trabajaban (este popu-

---

[4] Es significativo que en el idioma ruso no exista una palabra para «campesino»: la palabra *krestyanin* se usa para denominar tanto al «cristiano» como al «campesino»; o *mujik*, que quiere decir a la vez «hombre» y «campesino».

lismo agrarista, que iba a caracterizar incluso a tempranos marxistas rusos como Vera Zasulich, recuerda vívamente ciertas tendencias del indigenismo moderno latinoamericano, así como al zapatismo mexicano, tanto el de los hermanos Zapata como el del EZLN). Las enseñanzas de Herzen estaban influidas por la tradición rusa, pero también por Rousseau y por los socialistas utópicos como Proudhon, Saint-Simon y Fourier. Herzen fue el ideólogo de los populistas y, desde luego, el primer socialista ruso.

Influidos por Herzen, *los narodniki* adoptaron las ideas políticas de los *decembristas* y compartieron el entusiasmo de los *eslavófilos* por los campesinos, pero dieron un paso más: no solo querían reformas políticas que llevaran hacia una mayor igualdad social, sino que pretendían también transformar a los propios campesinos. Aspiraban a liberarles de la pobreza, de la opresión y de la ignorancia mediante la educación y la propaganda política. Este propósito articularía sus objetivos —alcanzar la justicia e igualdad social— en el proyecto de una revolución pacífica que surgiría de la unión entre la *intelligentsia* y los campesinos.

En los años sesenta del siglo XIX dicho ideal fue divulgado por Doborlubov, Nekrasov, Lavrov y Mijailovsky, entre otros. Los anarquistas Bakunin y Kropotkin, el *jacobino* Tkachev y los *nihilistas* Netchaev y Pisarev no creían en los métodos pacíficos y consideraban que sólo la aniquilación del Estado establecería las condiciones para construir un orden social «sano». Según ellos, primero había que tomar el poder (destruyendo el sistema político y el Estado) y luego educar a la población (ideas que Lenin y los revolucionarios de 1917 hicieron suyas).

Pero, entre todos ellos, independientemente de su signo ideológico, destaca la figura de Nikolai Chernishevski (1828-1889), por ser quien ordenó políticamente las ideas de Herzen e inspiró el método de acción de los populistas. Antiguo estudiante de teología, educado en los valores del *Raskol* y ávido lector de Fourier, Proudhon y Marx, fundó en 1860 el periódico *Sovremenik* (*El Contemporáneo*), que logró un amplísimo público y fue varias veces prohibido durante los años sesenta. *Sovremenik* reflejaba la desconfianza en la posibilidad de reformar desde arriba, toda vez que el Estado siempre había sido el instrumento de la clase dominante. Abogaba por una revolución social para desorganizar y destruir el Estado y de ese modo crear las condiciones de las necesarias reformas políticas posteriores. Su obra *¿Qué hacer?* (1863), a pesar de ser una mala novela escrita en clave para evitar la censura, se convirtió en manual de los populistas y moldeó las ideas de toda una generación. El héroe de la novela es un paradigma del revolucionario: su deber consiste en preparar a los hombres para la revolución y la destrucción del sistema. Su virtud principal es la oposición al despotismo y el constante entrenamiento para destruirlo. Chernishevski se convirtió así en el puente entre los propagandistas pacíficos de los años sesenta y los más radicales de los años setenta del siglo XIX.

IV. ZEMLYA I VOLYA

Los hermanos Serno-Solovenich y María Vasilevna Trubnikova, inspirándose en las ideas de Herzen y Chernishevski, fundaron en 1862 el grupo *Zemlya i Volya*, cuyo objetivo principal era difundir a través de la propaganda el descontento con las reformas del zar Alejandro II (no todos los campesinos recibieron la propiedad de la tierra que trabajaban, los que la recibieron tuvieron que comprarla a sus antiguos amos y la abolición de la servidumbre no trajo consigo las libertades políticas) y preparar así una revolución campesina. Sus miembros eran en su mayoría estudiantes organizados en grupos clandestinos de cinco personas (cada miembro podría reclutar sólo cinco nuevos miembros) y estaban organizados en varias regiones (Siberia, Volga, Urales, Moscú, Lituania, Ucrania) aunque su centro estuviera en la librería *Serno* de San Petersburgo.

En el verano de 1874, *Zemlya i Volya* inspiró el movimiento estudiantil *Hozhdenie v narod* («ir hacia el pueblo») que aspiraba a superar la brecha entre las élites y el pueblo ruso y preparar una revolución socialista común. Sin embargo, estos estudiantes fueron mal recibidos y hasta denunciados por los campesinos, lo que produjo más de cinco mil detenidos.

El fracaso de los populistas al divulgar sus ideas pacíficamente representó un punto de inflexión tanto para el régimen zarista como para el movimiento populista. El régimen decretó una serie de medidas preventivas y endureció la represión para impedir la revolución, a través de juicios masivos y «ejemplares», como el «juicio de los 15» o el «juicio de los 193», contra los propagadores de ideas revolucionarias. Las sentencias se repartieron entre las de destierro en Siberia y las de pena capital. La represión y el fracaso de los métodos pacíficos de propaganda fracturaron el movimiento populista. «El socialismo rebotaba entre la gente como guisantes en la pared», afirmaría el conocido terrorista Kravchinski en 1876 (Berlin, 1994: 430). La fractura tuvo como consecuencia la fundación del primer Partido Socialista Revolucionario con el mismo nombre de

Zemlya i Volya (1876). A pesar de que se trataba de una organización estrictamente jerárquica, surgieron en su seno varios grupos radicales —*Ad* («Infierno»); los *chaikovskistas* (nombre derivado de su líder Chaikovski); *Cherni Peredal* («El Reparto Negro» alusión a la mala distribución de tierras a los campesinos); y *Narodaya Volya* («Voluntad del Pueblo»)—, todos los cuales defendían el terrorismo como medio legítimo y el único eficaz para alcanzar sus fines políticos. Sólo asesinando al zar —cabeza del Estado— se podría provocar una revolución y cambios sociales decisivos.

Ya los anarquistas, nihilistas y jacobinos, a comienzos de los años sesenta, habían abogado por métodos revolucionarios para destruir el régimen, pero no se consideraban a sí mismos terroristas. Los individuos violentos que surgieron de *Zemlya i Volya*, en especial Ishutin, Khudyakov y Karakazov (que fue el primero en intentar a asesinar al zar en 1866) decidieron recurrir al terror como defensa contra la represión gubernamental porque «la autocracia no aceptaba el constitucionalismo». Desde 1866 se atentó en siete ocasiones, sin éxito, contra la vida de Alejandro II. Finalmente, el 1 de marzo de 1881, dicho zar fue asesinado por una octava acción de miembros de *Narodnaya Volya*: Zhelyabov, Kibalchich, Rysakov, Mikhai, Emelyanov, Loris-Melikov y Sofía Perovskaya. Este acto terrorista puso fin a veinte años de populismo pacífico, pues, según afirmaron los terroristas en el juicio, querían transmitir el mensaje de que «la libertad y la Constitución son lo único que Rusia necesita del Estado» (Venturi, 1981: 786). La célebre social-revolucionaria Vera Figner (no confundir con Vera Zasulich) lo explicó así: «Con el terror pretendíamos crear oportunidades para desarrollar las facultades de los hombres al servicio de la sociedad» (Berlin, 1992: 431).

V. EL FRACASO Y EL LEGADO POPULISTA

El fracaso de los populistas se debió, en primer lugar, a que sus ideas se basaron en premisas equivocadas: querían convertir a los campesinos en socialistas y emanciparlos, cuando los campesinos, hambrientos de propiedad privada, eran indiferentes o simplemente hostiles a tales ideas. Desesperados, sustituyeron los medios pacíficos de propaganda por los del terrorismo económico y político. Lo que supuso un segundo fracaso: el asesinato del zar no provocó la revolución y tuvo, en cambio, el efecto opuesto: fortaleció la represión y las instituciones a ella asociadas, como la policía, el servicio secreto y las jurisdicciones especiales. Todo ello contribuyó a la desaparición gradual del movimiento populista y radicalizó aún más a la sociedad rusa.

El legado principal del populismo fue la introducción del asesinato como medio de coerción extrapolítica. El Partido Socialista Revolucionario se responsabilizó de 150 asesinatos de funcionarios estatales entre 1901 y 1911. La influencia de sus ideas sobre la función del terror en los revolucionarios de Octubre de 1917 parece innegable. En tal sentido, el bolchevismo constituyó una amalgama de populismo y marxismo.

La palabra rusa *narodniki* («populistas») fue empleada por vez primera en 1874 para referirse a los jóvenes privilegiados que eligieron «ir hacia el pueblo» (*Hozhdenie v narod*), es decir, los estudiantes de extracción aristocrática o burguesa que en el verano de ese mismo año decidieron marchar al campo para descubrir «la vida auténtica del pueblo ruso» y así conocer a sus compatriotas campesinos. Desde entonces, *narodniki* se utilizó tanto para definir a los miembros de la *intelligentsia* como para aludir al movimiento radical *Zemlya i Volya* («Tierra y Libertad»), creado en 1862, y, más tarde, al primer partido socialista-revolucionario, fundado en 1876 bajo el mismo nombre. En la imagen el emblema de *Zemlya i Volya*.

El padre del populismo y su principal ideólogo fue Alexander Herzen (1812-1870), hijo ilegítimo de un terrateniente ruso y de su amante alemana. Herzen fundó en 1857 el periódico *Kolokol* («La Campana»), que alimentó el debate sobre la abolición de la servidumbre. Compartía plenamente las ideas de los *decembristas* y estaba de acuerdo con los *eslavófilos* en que los campesinos encarnaban el *socialismo natural*. Esta convicción se basaba en que los campesinos, antes de la institucionalización de la servidumbre, estuvieron organizados en *obschina*, asociaciones libres o comunas gobernadas por los mismos campesinos, que periódicamente redistribuían las tierras a todos sus miembros.

CAPÍTULO 5

EL POPULISMO NORTEAMERICANO DE AYER Y DE HOY

Javier Redondo Rodelas

SUMARIO: I. El primer populista en la Casa Blanca. II. Genealogía del populismo americano. III. Fin de ciclo: el declive del populismo originario. IV. Coda: el último trayecto y el «telepopulismo».

I. EL PRIMER POPULISTA EN LA CASA BLANCA

Según Lipset (2000: 15 y 33), el «Credo Norteamericano» incluye cinco términos: libertad, igualitarismo, individualismo, *laissez-faire* y populismo. Estos rasgos configuran la cultura política de los estadounidenses y, en palabras del autor, su «excepcionalismo». La peculiaridad de esta interpretación es que identifica el populismo como un atributo propio de la democracia que no colisiona ni fricciona con ella. El sistema ha incorporado e integrado progresivamente el discurso *antiestablishment* sin que suponga un desafío para las instituciones. Primero, porque la consideración del modelo poliárquico y de *checks and balances* evita que las presidencias populistas las deterioren; pero también, y en relación con esto mismo, por las propias circunstancias que rodearon a los orígenes de la nación. La corriente historiográfica mayoritaria —no marxista— aborda el estudio de la Guerra de Independencia de las colonias como una lucha por la libertad individual frente a la opresión y como una revuelta anti-aristocrática (Wood, 1993: 24-42 y 271-286), una disputa entre *whigs* y *tories*. De tal modo que arraigó en la sociedad un sentimiento de desconfianza hacia el poder y su concentración.

Por estas razones, en Estados Unidos el discurso político incluye con naturalidad recursos y registros populistas, orientados hacia la reivindicación de lo que se consideran los valores fundacionales y las raíces culturales de la nación. La diferencia con los populismos latinoamericanos y europeos de izquierda radica en que el populismo estadounidense no somete a tensiones a las libertades individuales, que no corren riesgo (tampoco especula sobre la transferencia de riqueza de una clase a otra ni disfraza con nuevas categorías el conflicto de clase; se centra en los «excluidos» de la política); la semejanza se halla en la concepción paternalista del poder. Algunos biógrafos de presidentes con trazos populistas subrayan o emplean términos distintos para evitar etiquetas ideológicas. Hablan de presidentes o políticas proteccionistas o cesaristas. Por el contrario, el populismo norteamericano se diferencia de los populismos europeos de derecha en que, además de la crítica al *establishment*, asume un carácter antielitista y antitrust, sobre todo por el contexto en el que surge: reivindica el «hombre común». Por otro lado, la semejanza se encuentra en la recuperación de la identidad: pequeño propietario y asalariado americano blanco, emprendedor y previamente pionero.

De cualquier modo, el recelo entre pueblo y padres fundadores fue mutuo. Aquél no se fiaba de que los nuevos líderes evitasen reproducir los males de la corrupta madre patria y exigieron mecanismos de control y participación en la elección de todos los cargos públicos; éstos, por su parte, desconfiaban del *populacho*, predispuesto a pasiones y arrebatos; inclinado a excesos y falto de mesura y ponderación. No es casualidad que la llegada al poder del primer presidente con una retórica nítidamente populista coincidiera con la primera crisis institucional, que provocó la extensión de la sombra de la sospecha sobre el proceso político y en concreto sobre los dirigentes del partido *whig*. Con Andrew Jackson, que accedió a la Presidencia en marzo de 1829, concluyó la era fundacional. Militar y sin estudios, curtido en el Oeste, era un héroe de guerra. No pertenecía a la saga de padres fundadores, notables de Nueva Inglaterra o ilustrados plantadores de Virginia. Inauguró la era *jacksoniana*. Fue el «rey de la multitud», el «amigo del pueblo» (Redondo, 2015: 133-156), la voz del Sur frente a los buitres financieros de la Costa Este.

Andrew Jackson introdujo cuatro tradiciones propias del populismo en la política estadounidense.

1. La construcción de un relato personal basado en la superación de la adversidad, lo cual facilita una simbiosis espontánea con su pueblo, genera una corriente de simpatía y le permite exhibir su

carácter indomable y luchador. Él se presentó como el espejo del pueblo. Un hombre del Sur, héroe de guerra y ejemplo de superación para los pioneros del Oeste.

2. Señaló al Banco Nacional como «viejo símbolo» de los privilegios y la corrupción. Derrotar al partido *whig* era el primer paso para acabar con los poderosos y la élite financiera del Norte. El monstruo de Chestnut Street —sede del Banco en Filadelfia— constituía una amenaza para la democracia. Si mandaba el dinero no lo hacía la gente corriente. Jackson era partidario de bancos estatales, los «bancos mascota». Las primeras elecciones presidenciales a las que concurrió le dieron de algún modo la razón: ganó en votos populares y perdió en la Cámara de Representantes. La Décimo Segunda Enmienda de la Constitución establece que si ningún candidato obtiene la mayoría de votos del Colegio Electoral la decisión pasa al Congreso, que vota por estados. La Presidencia recayó por tanto en John Quincy Adams —que había quedado por detrás en la elección popular—, hijo del segundo presidente, John Adams. Jackson acusó al presidente y a otro candidato, Henry Clay, de oscuros enjuagues y compraventa de voluntades. Así pudo dar carta de naturaleza a su discurso: era un *outsider*. El pueblo le catapultó cuatro años después a la Presidencia contra la voluntad de la élite de Washington. Para su toma de posesión se acompañó de 10.000 hombres que «olían a cuero» y le arengaban: «Queremos pan, queremos que el Tesoro nos proteja, queremos nuestra recompensa» (Redondo, 2015: 144).

3. El *spoil system* constituyó uno de los ejes de su programa. Lo definió como un mecanismo antielitista para gobernar con la gente corriente. El «sistema de reparto del botín» protegía a su gobierno de una Administración dominada por funcionarios *whigs*. Le guió el principio de poner la burocracia en manos del «hombre común». El resultado del proceso de sustitución de funcionarios por hombres de partido no afectó finalmente a un elevado porcentaje de puestos, pero creó una práctica política.

4. Jackson se acompañó de un núcleo duro, un gobierno paralelo, conocido como el *Kitchen Cabinet*: periodistas, panfletistas, difamadores que guiaban la política de la Administración y asesoraban al presidente. Fortaleció el aparato —supeditado a su liderazgo— y creó una red clientelar —propiciada precisamente por distribuir entre sus fieles los cargos públicos— en torno a su partido. Sus adversarios políticos se referían a él como el «rey Andrew». Para los *whigs*, había desprofesionalizado y vulgarizado la política, de modo que, con un juego de palabras, representaron a los demócratas con la figura de un asno —*jackass*—.

El pensador victoriano Walter Bagehot identificó la democracia *jacksoniana* con una suerte de oclocracia —gobierno de la muchedumbre— con omnipresencia de las masas. Años antes y en tiempos de Jackson, cuando Tocqueville (2010: 380) recorrió América, concluyó que en Nueva Inglaterra «la democracia hace mejores elecciones que en cualquier otra parte». A medida que descendió hacia el Sur, «los talentos y las virtudes se hacen más y más raros entre los gobernantes». Y por fin, considera un milagro que prospere la sociedad y florezca el Estado en los nuevos territorios del sudoeste, donde se aglomeraban «aventureros» y «especuladores». Da la sensación de que el diplomático francés se extraña de que los estadounidenses amen más ardientemente la igualdad que la libertad (Tocqueville, 2010: 839-845). Pensaba que eso era cosa de Francia o, como mucho, de Europa. Pero Tocqueville llegó a América al mismo tiempo que Jackson a la Presidencia.

II. GENEALOGÍA DEL POPULISMO AMERICANO

Para recuperar el poder, los *whigs* recurrieron a otro héroe de guerra: William Henry Harrison (noveno presidente de los Estados Unidos, elegido en 1840). Era natural de Virginia, pero no era un patricio. Hizo campaña repartiendo barriles de sidra en el Oeste. Puso de moda las caravanas electorales y las fiestas con simpatizantes. Su contrincante, Van Buren, a la sazón protegido de Jackson, llevaba «medias de seda»; Harrison era «rudo y austero». Fue anteriormente gobernador de Indiana. Allí surgió, antes que Jackson —que nunca fue etiquetado en su propio tiempo como populista— el primer candidato al que Wood (2009: 362-363) definió como tal: Jonathan Jennings, un antiesclavista de Nueva Jersey que se presentó en el nuevo territorio como un hombre común: ayudaba a los pioneros a reparar sus cabañas o cortar madera. En 1809 derrotó en una contienda electoral por un puesto en el Congreso al candidato de Harrison, un tal Thomas Randolph, fiscal general: el pueblo contra el *establishment*. En Washington, Jennings se dedicó proponer reformas del sistema electoral para ampliar el sufragio y suprimir requisitos de propiedad, además de revocar otras normas «monárquicas» e «irreconciliables con los principios *democráticos* de la Unión». Jennings, ese «pobre animal» de retórica *antiaristocrática*, fue elegido en 1816 primer gobernador del estado de Indiana.

Algo debió aprender de Jennings el efímero presidente Harrison, que, sin embargo, y tras su popular campaña, en su discurso de investidura advirtió a los ciudadanos de los peligros de dejarse embaucar por «los viejos trucos de quienes usurpan el gobierno de su país. Hablan en nombre de la democracia, advierten y predisponen al pueblo contra la riqueza y los peligros de la aristocracia. La Historia, antigua y reciente, está llena de ejemplos». Harrison había alcanzado la nominación imponiéndose al más genuino representante del aparato del partido, el sempiterno Henry Clay. Se identificó como el candidato fiel a los «hombres de la frontera». El discurso de investidura, al que acabamos de hacer referencia, fue toda una declaración de principios y un alegato contra Jackson, la concentración del poder, la prensa de partido y, en definitiva, el populismo. También fue demasiado largo, el más extenso de la historia. El *viejo Tipeccanoe*, conocido por el nombre del lugar de su más ilustre victoria militar, cogió frío el día de su toma de posesión. Murió al mes siguiente.

Algunas décadas más tarde, surgió el Partido Populista (*People's Party*), que concurrió a sus primeras elecciones en 1892 (en 1896 lo hizo coaligado con el Partido Demócrata). No era el primer tercer partido que aparecía en América. En 1826 se fundó el partido antimasónico como respuesta al segundo renacer religioso. Luego emergieron los anticatólicos y esclavistas *know-nothing*, que tuvieron cierto predicamento entre los sectores antiinmigración (china y sobre todo irlandesa). En los años cuarenta se había gestado el *Free Soil Party* (partido antiesclavista de la tierra libre, liderado, entre otros, por el expresidente demócrata Van Buren, y que luego se integró en lo que sería el Partido Republicano, nacido en 1856 con el lema del *Free Soil*). Más tarde se configuró el Partido Obrero de los *greenbacks* (también antiinmigración, fundamentalmente china)[1]. Por fin, en el tránsito de siglo emergió el Partido Socialista, al frente

---

[1] El Partido Obrero y Agrario de los *greenbacks* defendía el mantenimiento de los billetes —*greenbacks*— emitidos durante la guerra. Al finalizar la contienda, en 1864, seguían en circulación, aunque carecían de valor. Retirarlos suponía un problema pues sus poseedores —mayoritariamente asalariados— reclamaban contraprestación. Muchos de ellos no tenían otros ahorros. Los demócratas se mostraron partidarios de canjearlos por bonos. Creado en 1874, el Partido Obrero de los *greenbacks* —también conocido como Partido de los Trabajadores— propuso abaratar el dinero y contraprestaciones para sus poseedores, reducir a ocho horas la jornada laboral, limitar el trabajo infantil, la educación pública obligatoria y proteger a los trabajadores nacionales en el Oeste frente a los trabajadores chinos, cuya llegada en masa había permitido a los grandes constructores del ferrocarril reducir los salarios. El partido promovió la huelga general de 1877 y defendió la nacionalización del ferrocarril. En los comicios parciales a la Cámara de Representantes de 1878 obtuvo sus mejores registros, casi un millón de votos. Fue el germen del Partido Socialista (Partido de Trabajadores Socialistas) —ya había varias corrientes socialistas en Estados Unidos— y fundamentalmente del Partido Populista.

del cual se situó el sindicalista ferroviario Eugen V. Debs (se presentó a cuatro elecciones presidenciales entre 1904 y 1920 —no concurrió en 1916—: obtuvo el 3 por 100 de los votos en 1904, 1908 y 1920 y el 6 por 100 en 1912).

El abogado James B. Weaver (1833-1912), nacido en Ohio pero residente en Iowa, abandonó el Partido Republicano para recoger el testigo del octogenario Peter Cooper en el partido de los *greenbacks*. Luego lideró el Partido Populista, que celebró su primera convención en Omaha, Nebraska, en julio de 1892. El *ticket* para competir por la presidencia lo integraron el propio Weaver y James G. Field, de Virginia. Se erigieron en protectores de los pequeños agricultores y ganaderos empobrecidos por la incontrolada industrialización y azote del capitalismo salvaje, que había propiciado la acumulación de «fortunas colosales [...] sin precedentes en la Historia de la Humanidad». El programa defendió la nacionalización del telégrafo, el ferrocarril y el teléfono; los impuestos progresivos, la creación de cajas de ahorro —como nuevos bancos mascota— y la libre acuñación de monedas de plata.

Este era un asunto especialmente delicado. Tanto, que dividió al Partido Demócrata. El Partido Populista lo adelantó por la izquierda y se ubicó al lado de los pequeños propietarios y productores del Sur y del Oeste (cinturones del algodón y el trigo) frente al Tesoro, que ya no estaba obligado a comprar el metal ni cambiarlo por oro; los grandes banqueros, declarados monometalistas —a favor del oro—; y el presidente Cleveland, considerado un traidor por los populistas. En plena crisis, con 2,5 millones de parados, miles de empresas en bancarrota, más de 1.000 huelgas en los siguientes cinco años y con 153 bancos del Sur y del Oeste cerrados —de los 158 que quebraron en todo el país—, los populistas encontraron un excepcional caldo de cultivo. Además, añadieron las reivindicaciones del partido de los *greenbacks* y elevaron la apuesta pidiendo retirar la propiedad a las grandes corporaciones, limitar el poder de los bancos y acabar con la especulación. El programa populista incluyó atractivas aunque inocuas medidas de reforma y democratización de las instituciones: la elección directa del presidente y senadores —disposición adoptada años más tarde—, la introducción de un único mandato y la utilización con mayor frecuencia del instrumento del referéndum. No se olvidaron de sus postulados antiinmigración ni de los veteranos de guerra, para los que solicitaron pensiones.

Asimismo, el populismo tiene una especial habilidad para el oportunismo e incorporar a su programa demandas atractivas para ampliar sus bases de apoyo. En este caso se sumó a la causa del partido prohibicionista (que pretendía limitar la venta y consumo de bebidas alcohólicas). La cruzada antialcohólica comenzó en tiempos de Jackson y se autoproclamó «la revuelta de los ciudadanos decentes». Fue la manera de penetrar en un segmento de voto republicano. Sin embargo, ni absorbió por completo al partido de la prohibición ni hizo mella significativa en el voto conservador (Blocker, 1976: 49-55). El programa de Omaha establecía que el poder del Estado debía emplearse para erradicar la «opresión, la injusticia y la pobreza de la vida estadounidense, creando con ello las condiciones sociales propicias para la libertad» (Foner, 2010: 222). En cierto modo, el Partido Populista trataba de recuperar las esencias de la nación: la república de los pequeños productores, a la cual se había referido el mismísimo Thomas Jefferson.

En las presidenciales de 1892, los populistas sólo tuvieron 1.041.028 votos (9 por 100). Weaver fue el candidato más votado en cuatro estados del Oeste: Colorado, Idaho, Kansas y Nevada (aparte, envió cinco senadores a Washington, 10 representantes a la Cámara y colocó a tres gobernadores: Colorado, Kansas y Dakota del Norte[2]). Como sabemos, tras su fracaso electoral concurrieron en 1896 con los demócratas *platistas*. Esas elecciones enfrentaron al candidato demócrata-populista William Jennigs Bryan —se hizo con la nominación en una disputada convención de Chicago— y al republicano William McKinley, partidario del patrón oro. El periódico el *World* de Nueva York lo apodó «el Moisés». Los *platistas* lo tenían todo, argumentó: principios, bandas de música, banderines, entusiasmo, clamor popular y la estructura, algo ajada, del Partido Demócrata, pero «vagan por los campos como oveja extraviada porque no ha aparecido entre ellos el hombre valiente, audaz, magnético e inteligente» para liderarlos. No parecía que Bryan fuera ese hombre al que apelaban las crónicas. Tampoco tuvo mucho apoyo financiero, apenas algunos propietarios de minas de plata.

En 1900, Bryan y McKinley volvieron a disputarse la Casa Blanca. En la convención de Kansas, Bryan, cuyo discurso y encendida retórica entroncan a la perfección con el retrato de un populista[3], fue nominado sin oposición. Cayó derrotado de nuevo en las elecciones. Así acabó la breve historia del Partido Populista, surgido al fragor de la especulación financiera. Bryan, el «miserable charlatán»

---

[2] García, R. (2010), p. 282.

[3] «Vengador de la pradera, puma de la montaña, /Bryan, Bryan, Bryan, Bryan, / gigante trovador, que habla como un cañón / que aplasta Plymouth Rock con las peñas del Oeste». Poema de Vachel Lindsay, citado en Morison (*et. al.*) (2006, p. 515).

—como le calificaban sus adversarios— al que detestaban los magnates de la costa Este, volvió a intentarlo en 1908[4]: Taft era un rival más asequible que el intuitivo y combativo Theodore Roosevelt.

III. FIN DE CICLO: EL DECLIVE DEL POPULISMO ORIGINARIO

Con Theodore Roosevelt se cierra el ciclo y círculo populista en Estados Unidos. Para el otro gran presidente que no eludió la retórica populista, la Presidencia constituía una misión, no dudó en alistarse como voluntario a la guerra por la independencia de Cuba y alardear de la Armada; se propuso como gendarme internacional y azote del clientelismo y de las grandes corporaciones; plantó cara a la corrupción —también en su propio partido— y se puso del lado de los trabajadores. Fue conocido como «revientatrust»: «El gobierno defiende a la gente y mira por el bien público frente a los intereses privados», afirmó. Había sumado a su programa algunos de los presupuestos populistas y gran parte de su relato. Tras finalizar sus dos mandatos (el primero incompleto, pues accedió al cargo tras el asesinato de McKinley) y dejar el testigo a su protegido William Taft, rompió con el Partido Republicano y fundó el Partido Progresista. La candidatura fue conocida como *Bull Mouse* (el toro Roosevelt y el ratón Hiram Johnson).

En 1912 obtuvo más votos que el propio Taft. La división en las filas republicanas propició la victoria del demócrata Woodrow Wilson. Su programa se basó en el *Square Deal* (el trato justo, trato equilibrado o trato perfecto), que luego fue remozado por Franklin Delano Roosevelt (padre del *New Deal*). Recuperó gran parte del programa populista: prohibición del trabajo infantil, salario mínimo para las mujeres, limitación a ocho horas de la jornada laboral, fijar un día de descanso semanal y crear seguros sanitarios y de desempleo. En cuanto a medidas de carácter político, incluyó la celebra-

---

[4] Elecciones presidenciales de 1896: McKinley (republicano): 7.035.638 sufragios populares (51 por 100, 23 estados y 271 votos del colegio electoral); Bryan (demócrata-populista): 6.467.946 sufragios populares (47 por 100, 22 estados y 176 votos del colegio electoral). Elecciones presidenciales de 1900: McKinley (republicano): 7.219.530 sufragios populares (52 por 100, 28 estados y 292 votos del colegio electoral); Bryan (demócrata): 6.358.071 sufragios populares (46 por 100, 17 estados y 155 votos del colegio electoral). Elecciones presidenciales de 1908: William Howard Taft (republicano): 7.679.006 sufragios populares (52 por 100, 29 estados y 321 votos del colegio electoral); Bryan (demócrata): 6.409.106 (43 por 100, 17 estados y 162 votos del colegio electoral). También concurrió el socialista Eugene V. Debs: 420.858 sufragios populares (3 por 100).

ción de primarias para todos los cargos públicos, la elección directa de senadores; la convocatoria de referéndums y consultas que, por ejemplo, pudieran revocar las sentencias del Tribunal Supremo; facilitar el proceso para la aprobación de enmiendas constitucionales; limitar las donaciones privadas a los partidos; promover la transparencia en los gastos de campaña; crear un registro de lobbies y abrir al público las sesiones de las comisiones al Congreso. Proclamó que el presidente debía ser «el mayordomo del bienestar público».

Caprichos del destino, Wilson ganó las elecciones de 1912 con menos votos que Bryan en cualquiera de las tres convocatorias a las que concurrió. Así concluyó el periplo populista en Estados Unidos, circunscrito —en esta segunda fase que no incluye la democracia *jacksoniana*: 1892-1912— a un periodo convulso, el de la Gran Empresa Americana, caracterizado por la corrupción en los partidos, el auge de las demandas de los trabajadores, su sindicación, huelgas, protestas y, sobre todo la pérdida de poder adquisitivo y empobrecimiento de pequeños propietarios y asalariados superados por la consolidación del capitalismo industrial y financiero.

IV. CODA: EL ÚLTIMO TRAYECTO Y EL «TELEPOPULISMO»

Hasta aquí hemos abordado el origen y evolución del populismo en América en sus dos fases o trayectos: la Presidencia de Jackson (1829-1837) como embrión del populismo y el nacimiento de las terceras formaciones, en concreto del Partido Populista. Ambos periodos entroncan en lo fundamental en un contexto de ampliación del sufragio y nuevas demandas: el populismo sale en defensa de la gente sencilla y de los olvidados para proveer al pueblo de poder y felicidad; reivindica la renovación moral y acude al rescate de la democracia, secuestrada por burócratas y especuladores: el sistema no funciona en sus manos. Hemos visto también que los partidos tradicionales agregan algunas de esas demandas.

Ninguno de los presidentes posteriores a Theodore Roosevelt puede ser considerado, *stricto sensu*, populista. Sin embargo, todos, en mayor o menor medida, incluyen en su programa y discurso una carga emocional y empática que, como sostenemos, ha arraigado en la institución sin deteriorarla. Los más críticos con Ronald Reagan lo sitúan como referente del populismo de nuevo cuño. En todo caso, esta discutible apreciación nos da pie a introducir otra discusión igualmente controvertida. Parte de la idea de que el populismo ha arraigado con mayor éxito en la derecha que en la izquierda. Sería el último trayecto del populismo, incrustado en el Partido Republicano desde los años sesenta. Paradójicamente, según esta tesis, la diatriba *antiestablishment* ha hecho fortuna en el ala derecha del partido, desde Barry Goldwater —creador de la «estrategia sureña» para arrebatar al Partido Demócrata los apoyos obtenidos durante la Gran Depresión— hasta el *Tea Party*. Hoy, el presidente Donald Trump encarna ese modelo, precisamente porque compitió con una genuina representante de la élite del poder político norteamericano y, sobre todo, la preferida del aparato del partido, Hillary Clinton que, curiosamente, inició su andadura política al lado de Goldwater. La elección presidencial enfrentó a dos arquetipos completamente opuestos: el *outsider* frente al *establishment*. A medida que transcurría la campaña, Trump perdía apoyo de los miembros de su partido. Al final parecía más un candidato independiente.

El populismo de derecha en Estados Unidos se articuló en contra del consenso socialdemócrata de posguerra, abanderó el anticomunismo, se arropó con la derecha evangélica y movimientos libertarios y combatió con dureza la parasitaria *New Class*, que incluye las clases no productivas —sean burócratas, élite intelectual o directivos de cuello blanco— y las políticas de acción afirmativa (discriminación positiva). La nueva derecha defiende desde entonces a la clase media trabajadora, la «mayoría silenciosa», depositaria de las esencias, virtud e identidad de América (Horwitz, 2013: 15, 17, 120-121, 186, 188-189). Trata, por tanto, de recuperar las libertades originarias y esenciales, el viejo liberalismo revolucionario —de ahí la denominación *Tea Party*[5]: toda imposición es opresiva.

Por añadidura, el argumento del nuevo populismo —ya no exclusivamente de derecha, pues el movimiento *Occupy Wall Street* emplea su mismo lema— es que Washington se ha «metido en la cama con Wall Street» para «rescatar» a las grandes corporaciones y no al americano medio. En este sentido, y con muchos matices, Bernie Sanders —en política desde 1981, en la Cámara de Representantes desde 1991 y en el Senado desde 2007— recupera con mayor fidelidad el legado del populismo originario.

Por su parte, Donald Trump se presentó como un triunfador —pese a sus bancarrotas— y, ciertamente, insistimos, como un

---

[5] Como referencia al motín y revuelta protagonizada el 16 de diciembre de 1773 por los comerciantes de Boston contra la ley del té aprobada por el Parlamento británico.

outsider frente al corrosivo *establishment* de Washington que ha permitido que languidezca la nación. Trump se nutrió de la naturaleza del populismo y recurre a su argumentario sin incidir en el postulado *antitrust*, enfatizando el reclamo *identitario* y abogando por el proteccionismo y la expansión del gasto público para recuperar a la clase media, a los trabajadores empobrecidos y a los damnificados por el cambio tecnológico (si Obama prometió un mañana que resultó incierto, Trump propuso un regreso al más confortable pasado).

Su puesta en escena está íntimamente relacionada con el lenguaje televisivo (su imagen —personaje— formaba parte de la cotidianidad de cualquier americano tras 15 años en televisión): la provocación, la búsqueda de las audiencias, la polarización, la simplificación y la *espectacularización*. No en vano, su recurso discursivo se conoce como la «hipérbole verídica», la exageración y deformación de los argumentos entre los que siempre es posible encontrar un apunte cierto o una mínima base de verdad. Para algunos, Trump constituye la última estación del populismo rearmado en la derecha. De momento, para no incurrir en reduccionismos ni exageraciones recién iniciada su Presidencia, consideremos únicamente que como candidato representó un nuevo modelo de populismo que no renuncia, como cualquier populista, al oportunismo —es producto del momento propicio—, y combinó en su provecho desencanto, desafección, indignación y televisión: el telepopulismo, un fenómeno que, sin embargo, ni es nuevo ni exclusivo de los Estados Unidos.

Con Andrew Jackson, que accedió a la Presidencia en marzo de 1829, concluyó la era fundacional de los EEUU. Militar y sin estudios, curtido en el Oeste, era un héroe de guerra. No pertenecía a la saga de padres fundadores, notables de Nueva Inglaterra o ilustrados plantadores de Virginia. Inauguró la era *jacksoniana*. Fue el «rey de la multitud», el «amigo del pueblo».

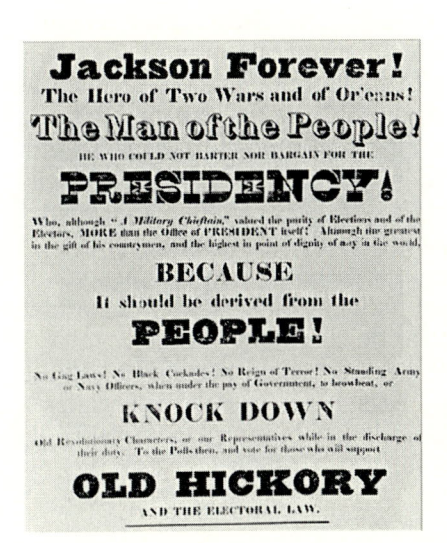

Jackson se acompañó de un núcleo duro, un gobierno paralelo, conocido como el *Kitchen Cabinet*: periodistas, panfletistas, difamadores que guiaban la política de la Administración y asesoraban al presidente. Fortaleció el aparato —supeditado a su liderazgo— y creó una red clientelar —propiciada precisamente por distribuir entre sus fieles los cargos públicos— en torno a su partido. Sus adversarios políticos se referían a él como el «rey Andrew».

CAPÍTULO 6

BRASIL Y EL *ESTADO NOVO* DE GETÚLIO VARGAS

JUAN CARLOS JIMÉNEZ REDONDO

SUMARIO: I. CRISIS ESTRUCTURAL, APARICIÓN Y ASENTAMIENTO DEL «GETULISMO»: 1930-1937. II. LA ERA DEL *ESTADO NOVO*, 1930-1945. III. EL GOBIERNO CONSTITUCIONAL, 1951-1954. IV. CONCLUSIONES.

I. CRISIS ESTRUCTURAL, APARICIÓN Y ASENTAMIENTO DEL «GETULISMO»: 1930-1937

Getúlio Vargas y el getulismo pueden ser definidos como el resultado final de la oclusión del elitista y cerrado sistema político instalado en 1889. Apenas cuarenta años después de la caída del imperio, el otrora anhelado sistema republicano entró en un agudo proceso de crisis caracterizado por la polarización de las alternativas de cambio entre las vías revolucionarias, amparadas por el Partido Comunista Brasileño creado en 1922, y las cada vez más amplias apelaciones a que un cirujano de hierro se hiciera con las riendas del país. Llamamientos, en este último caso, provenientes sobre todo de una derecha imbuida de las nuevas consignas fascistas europeas y, también, de amplios sectores militares crecientemente radicalizados. En este escenario de inestabilidad y exaltación política e ideológica, el régimen republicano fue incapaz de incorporar y encauzar institucionalmente las nuevas demandas de participación y reconocimiento de las clases medias y trabajadoras surgidas desde finales del siglo XIX. Este cierre a una fluida circulación de las élites empujó a estas nuevas clases sociales a apoyar la salida rupturista encarnada por la figura carismática de Getúlio Vargas.

Pero el populismo getulista fue algo más que eso, pues también puede verse como una profunda revisión del sistema de poder territorial establecido tras la caída del imperio. En efecto, Vargas fue el gran artífice de un proceso de recentralización del Estado y, por ende, de ruptura de ese federalismo profundamente asimétrico instalado tras el fin de la monarquía, por el cual dos Estados, São Paulo y Minas Gerais, asumían siempre el gobierno federal al establecer una obligatoria sucesión turnista de candidatos a la presidencia del país. Evidentemente, la recentralización fue, a la vez, condición y consecuencia del nacionalismo getulista, pues era imposible implantar un modelo de desarrollo económico basado en la industrialización y la sustitución de importaciones sin que ese Estado tuviera capacidad institucional suficiente y real para llevar a cabo ese proceso transformador.

Porque, efectivamente, se puede considerar al getulismo como la respuesta política al problema estructural de puesta en marcha de un nuevo modelo de desarrollo tras el definitivo derrumbe del modelo de monocultivo exportador vigente. Getúlio Vargas puso en marcha en Brasil la vía autoritaria y nacionalista de desarrollo del capitalismo que Hennessy (1970) ve en los populismos latinoamericanos clásicos, al considerarlos más un reformismo del sistema económico vigente que una radical impugnación del mismo. Esta nueva vía hacia el desarrollo se basó en un fuerte dirigismo estatal y en la industrialización por sustitución de importaciones, que obligaba a definir un nuevo paradigma de mercado nacional que superara las limitaciones que imponía el modelo de mercado interno fragmentado y desestructurado típico del primer periodo republicano (Weffort, 1999).

El getulismo fue, por tanto, fruto de una profunda crisis política, económica e institucional que manifestaba el fracaso de la «Vieja República» a la hora de cambiar las tradicionales estructuras de concentración elitista del poder (Perissinotto, 1994). En 1930 el país seguía gobernado por una poderosa y reducida oligarquía vinculada a la exportación de materias primas, especialmente el café paulista y los productos ganaderos de Minas Gerais. Brasil seguía siendo una sociedad extraordinariamente jerarquizada, cuyas élites seguían añorando las viejas prácticas esclavistas, negándose a reconocer la importancia adquirida por el nuevo proletariado urbano y unas limitadas, pero cada vez más influyentes clases medias urbanas que reclamaban su derecho a conformar nuevas mayorías de poder.

La incapacidad demostrada por el viejo régimen republicano para conseguir un adecuado encuadramiento político de estas nuevas clases sociales dio un papel básico al Ejército como actor político privilegiado del sistema republicano, al constituirse en portavoz de esas clases sin voz en el sistema político vigente. Este factor hizo que se extendiera entre las Fuerzas Armadas la convicción de ser los únicos y reales representantes de la verdadera nación; de ser los portavoces de ese auténtico Brasil oculto que la oligarquía impedía aflorar con su sistema de poder viciado y corrupto. Estas ideas calaron especialmente entre la baja oficialidad, dando lugar a una corriente denominada *tenentismo*, de ideología tan vaga e indefinida que transitaba sin dificultad desde la extrema derecha a la extrema izquierda, pero suficiente como para cohesionar a este grupo en torno a la necesidad de que el país afrontara cambios sustanciales en la estructura de poder, en el sistema electoral y en la educación pública. Su principal manifestación fue la insurrección fallida de 1922 del Fuerte de Copacabana que, además de demostrar la situación límite en la que se encontraba el país, alimentó otras experiencias revolucionarias como la llamada «Columna Prestes», un movimiento militar liderado por el que después sería secretario general del Partido Comunista Brasileño Luis Carlos Prestes, que recorrió durante dos años el país exigiendo una democratización radical de la República.

Pero lo esencial del *tenentismo* es que afianzó un conjunto de ideas fundamentales para la imposición definitiva del populismo getulista. Por ejemplo, la polarización oligarquía/pueblo; la idea de que esa oligarquía defendía intereses antinacionales, es decir, que representaba el antipueblo; la contraposición radical y conflictiva entre lo que se percibía como un sistema político e institucional viejo y corrupto, y el nuevo sistema limpio y eficiente que debía ser construido; o la apelación a un cirujano de hierro que pudiera limpiar el sistema político en representación de ese pueblo verdadero. El discurso sustentador del populismo estaba, por tanto, a la altura de 1930 básicamente consolidado. Sólo precisaba encontrar a un líder que pudiera articularlo. Y ese líder afloró en la revolución de octubre de 1930: Getúlio Vargas.

II. LA ERA DEL *ESTADO NOVO*, 1930-1945

Curiosamente, quien se presentaba a sí mismo como la voz y el corazón del pueblo contra la oligarquía procedía de una familia acomodada de una zona rural del pequeño estado limítrofe con Uruguay, Río Grande del Sur, en cuyo seno reprodujo los esquemas tradicionales de incorporación al poder de las élites que regían el país. Ingresó muy joven en el Ejército, pero lo abandonó pronto para adentrarse en la política tras licenciarse en Derecho en 1907. Inmediatamente dio el salto a la política regional, siendo diputado en su estado durante varias legislaturas, y ya en 1923 dio el salto definitivo a la política nacional al ser elegido diputado en la Asamblea Federal por el Partido Republicano Riograndense, lo que le permitió ser designado en 1926 ministro de Finanzas por el entonces presidente paulista Washington Luís. Sin embargo, abandonó rápidamente la cartera ministerial al ser elegido gobernador de su estado natal, cargo que le permitió significarse como oposición al gobierno federal del que había formado parte, exigiendo el fin de la corrupción electoral y la adopción del voto secreto y del voto femenino. Esta labor de oposición le convenció de la necesidad de dar un paso más y optar a la presidencia del país en las elecciones de 1930, al frente de la Alianza Liberal, un conglomerado heterogéneo de fuerzas moderadas que había confluido en torno a un programa de corte estatalista y proteccionista, con una cierta preocupación social concretada en una nueva legislación electoral y el desarrollo de la educación pública y la administración de justicia.

Unos meses antes, el *crack* de la bolsa de Nueva York había sumido a la economía de los Estados Unidos en una crisis de proporciones desconocidas hasta entonces. Sus repercusiones se hicieron notar muy pronto en las bases de sustentación de la economía brasileña, esto es, la exportación de café y de los productos ganaderos, resquebrajando la frágil estructura política institucional de la República. El detonante final de la crisis política fue la negativa del presidente Washington Luís a aceptar la tradición del turno en la presidencia de la República, lo que le llevó a apoyar la elección de otro paulista como Julio Prestes. Getúlio Vargas supo ver su oportunidad pasando a liderar la oposición de los estados de Minas Gerais, Paraiba y el propio Río Grande del Sur a esta arbitraria decisión. Bajo el amparo del Ejército, la llamada revolución del 3 de octubre de 1930, en realidad un simple golpe de Estado, impidió que el candidato electo Julio Prestes accediera al poder, aupando en su lugar a Getúlio Vargas.

El golpe militar había suspendido la vigencia de la Constitución de 1891, pero por lo menos formalmente el nuevo gobierno provisional siguió moviéndose dentro de un cierto espíritu democrático, amparado en la promesa de convocatoria de unas Cortes Constituyentes que se encargarían de redactar una nueva Carta Magna. Sin embargo, Vargas fue progresivamente abandonando las formalidades democráticas para pasar a gobernar por decreto. En estos primeros momentos, el objetivo básico de su acción de gobierno se dirigió a asegurar el poder del gobierno central frente a las oligarquías locales a través de la eliminación de la figura del presidente del gobierno estatal y su sustitución por un interventor nombrado directamente por el gobierno federal. La resistencia de los poderes locales a esta dinámica centralizadora fue enorme, como demuestra la insurrección armada desencadenada en el Estado de São Paulo en 1932, revestida bajo un manto democrático de apelación a nuevas elecciones y a la creación de una Asamblea Nacional Constituyente.

La victoria de las tropas federales permitió a Vargas afianzar su poder personal y avanzar en la creación de su propio régimen, aunque para pacificar la situación y no generar oposiciones radicales, aceptó una de las reivindicaciones paulistas: la convocatoria de una Asamblea Nacional Constituyente. Sus trabajos permitieron aprobar la Constitución de 1934, un texto basado en la Constitución alemana de Weimar y en la española de 1931, que presentaba un significativo fondo democrático, con novedades esenciales como la extensión del sufragio activo y pasivo a las mujeres y el voto secreto. Partía de un principio de unidad nacional que limitaba algunos de los tradicionales ámbitos competenciales hasta entonces en manos de los Estados federados. Además, extendía este nacionalismo centralizador al ámbito económico, previendo la nacionalización progresiva de minas y saltos de agua por considerarlos estratégicos para la defensa económica y militar del país, además de establecer el servicio militar obligatorio. Por otra parte, afirmaba nuevos principios como los de justicia y bienestar económico y social de los ciudadanos, concepto que amparaba la definición de los derechos constitucionales del trabajador, por los que se regulaba la jornada laboral de ocho horas, la obligatoriedad del descanso semanal o la obligatoriedad de vacaciones pagadas. Bajo esta nueva constitución, Vargas fue elegido presidente del país el 15 de julio de 1934 por el voto indirecto de la Asamblea Nacional.

El espíritu genéricamente pluralista e integrador de la Constitución fue incapaz de terminar con una dinámica política cada vez más compleja, inestable y violenta. La izquierda brasileña comenzó a sentir el impacto desestabilizador de su alianza inicial con Vargas, en forma de una creciente polarización que tendió a consolidar un ala cada vez más extremista, favorable a la creación de frentes antifascistas (Oliveira, 2013: 54). Esta radicalización coincidió con la posición abiertamente insurreccional del Partido Comunista Brasileño, cada vez más favorable a hacerse con el poder por medio de un golpe insurreccional. En noviembre de 1935, los comunistas concretaron estas amenazas lanzando un intento de sublevación en varias guarniciones militares de Pernambuco, Río Grande del Sur y Río de Janeiro. La intentona golpista resultó un rotundo fracaso dada la falta de apoyo popular, pero la participación de agentes comunistas internacionales captados por la Internacional Comunista sirvió de pretexto a Getúlio Vargas para lanzar una fuerte represión amparada en la recién aprobada Ley de Seguridad Nacional. La creación de órganos represivos como la Comisión Nacional de Represión del Comunismo y el Tribunal de Seguridad Nacional, permitió al gobierno acabar prácticamente con la actividad de comunistas y socialistas. La represión hizo a Vargas aparecer como un dique frente al comunismo, lo que le permitió consolidar un discurso nacionalista y anticomunista que no sólo afianzó su popularidad en el interior del país, sino que le granjeó una imagen exterior positiva, sobre todo, a ojos de los Estados Unidos (Motta, 2002). En todo caso, en esos momentos, el anticomunismo no era un mero recurso retórico sobre el que legitimar la dictadura, sino la base para conseguir la estatalización de los sindicatos, es decir, era el instrumento para alcanzar el encuadramiento del movimiento obrero fuera de estructuras políticas y sindicales de clase.

La intentona comunista hizo girar a Getúlio Vargas definitivamente hacia la configuración de un corporativismo social de base católica que convirtiera al Estado en una nueva estructura de encuadramiento de las masas, aunque para conseguirlo tenía que dejar atrás las limitaciones impuestas por el texto constitucional de 1934. La idea de Vargas era construir un modelo de modernización conservadora asentado en un complejo equilibrio entre las viejas clases dominantes y las nuevas clases en presencia, que rechazara tanto las pretensiones revolucionarias de un comunismo siempre minoritario como las fórmulas de ese liberalismo decimonónico definitivamente agotado. Para conseguirlo, dio dos pasos decisivos: primero, convenció al Congreso para que aprobara medidas excepcionales; y, segundo, se aseguró la colaboración de las Fuerzas Armadas en su definitivo asalto al poder. El 10 de noviembre de 1937 Vargas, bajo el pretexto de una nueva amenaza de insurrección comunista, dio un autogolpe dirigido a crear una nueva estructura de poder fuertemente autoritaria. Nacía así el *Estado Novo*, una nueva planta institucional de tipo burocrático, rigurosamente centralista, orientada a garantizar la efectividad de un nuevo modelo de Estado intervencionista basado, como ya se ha señalado, en las formas del Estado corporativo fundamentado en el principio de solidaridad social orgánica, típico del catolicismo social (Baldin, 2012).

La base constitucional de este nuevo modelo de Estado fue la Constitución de 1937, en realidad una carta decretada por Vargas al viejo estilo de las Cartas otorgadas por los reyes a sus súbditos, aunque en este caso se preveía que debía ser refrendada por el pueblo, algo que nunca se hizo (Levine, 1998: 51). El texto se basaba en la experiencia autoritaria del polaco Józef Pilsudski, y sus rasgos esenciales eran el centralismo, la rígida concentración de los poderes ejecutivos y legislativos en la figura del presidente de la República y la desaparición de todos los elementos típicos de un sistema liberal.

Dentro de esta lógica corporativista, autoritaria y represiva, el *Estado Novo* asumió un evidente contenido social de protección de las clases trabajadoras, visible ya desde la llegada de Vargas al poder. De esta forma, en 1930 se había creado el Ministerio de Trabajo, Industria y Comercio a fin de garantizar la intervención directa del Estado en las relaciones laborales a través, por ejemplo, de la regulación de la jornada laboral de ocho horas, la regulación del trabajo femenino y del menor o la imposición de un salario mínimo. Pero el nuevo ministerio fue, sobre todo, el instrumento de una política de encuadramiento de las masas trabajadoras alternativo a los movimientos políticos y sindicales de clase. El objetivo implícito de esta política social fue conseguir la completa despolitización del movimiento obrero y la creación de una nueva base social en la que asentar la dictadura. Por eso las medidas positivas de defensa de los trabajadores se combinaron con una intensa represión y un discurso anticomunista cada vez más poderoso. El resultado de esta combinación fue sin duda exitoso, pues creó una amplia masa popular que reconoció a Vargas como un líder carismático investido de una especial disposición para dirigir el país. Pueblo y dictador asumieron una relación de simbólica unión sentimental, por la que, a cambio de una adhesión incondicional, el líder se comprometía a luchar por la definitiva redención de ese pueblo que se sentía oprimido por la oligarquía.

El *Estado Novo* se convirtió en una imparable maquinaria de intervención del Estado en la economía nacional. El Estado, a través de una compleja maraña de organismos públicos, introdujo una política de planificación cada vez más centralizada que llevó a una situación de regulación y control de los mercados tan extraordinariamente rígida que prácticamente anuló la iniciativa privada y la libertad económica. La respuesta del corporativismo estadonovista a la evidente debilidad de esa industrialización forzada fue, lógicamente, el cierre del mercado nacional a la competencia extranjera, medida que alimentó aún más ese poderoso nacionalismo que el varguismo comenzó a expandir, también con indudable éxito.

El Estado no solamente pasó a ser el motor de la industrialización del país, sino que avanzó también hacia una estructura de poderosa intervención y regulación de las relaciones laborales. El resultado, como ya se ha comentado, fue una evidente confusión entre Estado y sociedad y la indiferenciación completa entre los intereses públicos y privados. Sin embargo, tal y como mantiene Boris Fausto, con esos y otros elementos logró construirse la figura simbólica de Getúlio Vargas como dirigente y guía de los brasileños, en especial de los trabajadores, como amigo y padre, similar a un jefe de familia en la esfera social (Fausto, 2003: 184).

De forma casi mimética respecto de lo que ocurrió en el régimen del que tomó su nombre, el *Estado Novo* edificado por Salazar en Portugal, el autoritarismo varguista tuvo que hacer frente a la tensión que el fascismo había introducido en las derechas brasileñas, en especial, en la Acción Integralista Brasileña, que aspiraba a reorientar la dictadura hacia postulados próximos al fascismo mussoliniano e incluso, al nacionalsocialismo alemán (Levine, 1970; Skidmore, 2010). Si bien desde 1935 el Integralismo había sido utilizado por el dictador como soporte ideológico y de movilización de su dictadura, a partir de la creación del *Estado Novo* una parte importante del Integralismo intentó acabar con Getúlio Vargas mediante el fallido asalto a la residencia presidencial de 11 de mayo de 1938. La intentona golpista fue duramente reprimida por la policía y el Ejército, aunque su consecuencia principal fue situar a Vargas en una posición centrada frente a la radicalidad golpista de la extrema derecha y del Partido Comunista. En vez de acabar con la dictadura, comunistas e integralistas fueron decisivos para su consolidación, ya que revistieron a Vargas de una enorme autoridad moral frente al radicalismo. El creador del *Estado Novo* aparecía como la solución moderada que, además, tenía una veta social muy importante, lo que contribuyó todavía más a afianzar esa imagen simbólica de gran conductor del país y líder popular.

El modelo del *Estado Novo* buscó el desarrollo de la industria nacional como medio para incrementar el poder relativo del país y su autonomía en un marco internacional crecientemente conflictivo. Para encontrar apoyos a este modelo nacional de industrialización condujo la política exterior del país hacia una fórmula de geometría variable que, en realidad, ponía de manifiesto la dependencia tradicional de la economía brasileña respecto de las compras de productos agrícolas, sobre todo café, por Estados Unidos, y la importancia de este país en la provisión de los insumos necesarios para el desarrollo industrial, y la búsqueda de nuevas posibilidades comerciales que parecían abrirse con la creciente presencia de la Alemania nazi en todo el subcontinente latinoamericano y, en especial, allí donde había una destacada presencia de residentes alemanes (Pozo, 2002: 60). Sin embargo, esta estrategia de equilibrio tendió gradualmente a girar en favor de Estados Unidos, sobre todo cuando el gobierno de Washington asumió fuertes compromisos financieros para el desarrollo de la industria siderúrgica brasileña (Lochery, 2014). Esta aproximación concluyó con la ruptura de relaciones entre Brasil y el Eje y el envío, ya en 1944, de un cuerpo expedicionario al frente italiano. Si las iniciales posiciones de contrapeso entre Alemania y Estados Unidos alentadas por la defensa de los intereses nacionales habían contribuido a incrementar los niveles de autonomía internacional del país, la apuesta intervencionista situó al régimen en una acusada situación de debilidad política.

Efectivamente, la intervención en la guerra incrementó las contradicciones internas en las que se debatía el régimen. Por una parte, era evidente que la dictadura era realmente popular, sin embargo, no pudo escapar de la presión de las fuerzas políticas que reclamaban el fin de la dictadura en nombre de la democracia. Por otra parte, era claramente incongruente que una dictadura apoyase militarmente a los aliados democráticos mientras seguía practicando una política de represión de las fuerzas políticas internas.

El fin de la guerra dio lugar al recrudecimiento de la oposición interna al régimen. Incluso el propio Vargas hablaba por entonces de la creciente vinculación entre el fin de la guerra y la necesaria democratización del país, por lo que asumió algunos pasos en esa dirección. Pero esa apertura era más cosmética que real, pues Vargas creyó poder controlarla a través de la creación de dos nuevas formaciones partidarias de carácter nacional: el Partido de los Trabajadores Brasileño (PTB) agrupación encargada de aglutinar la vertiente sindical del régimen, y el Partido Socialdemócrata, formado por antiguos gobernadores regionales próximos al presidente que representaban la base oligárquica del sistema. Ambos expresaban el equilibrio real existente en las bases sociales de la dictadura. De esta forma, solamente quedaba frente a Getúlio Vargas la opositora Unión Democrática Nacional, de orientación liberal-conservadora.

Por otra parte, la amnistía decretada en abril de 1945 había permitido el regreso de los exiliados comunistas. Pero, curiosamente, en vez de situarse en la oposición al dictador, abrieron una etapa de aproximación al getulismo que contribuyó a expandir las bases de apoyo al viejo dictador, al tiempo que extremó la oposición de los sectores liberales. En todo caso, la efervescencia democratizante era palpable en el país, lo que obligó al presidente a emitir el Acto Adicional a la Carta de 1937 que admitía la vuelta a la elección del presidente de la República por votación popular directa. A mediados de agosto, los grupos varguistas organizaron masivas manifestaciones, las llamadas campañas queremistas, que reivindicaban la formación de una Asamblea Nacional Constituyente y la permanencia de Getúlio Vargas en el poder. Siguiendo una lógica de acción/reacción, los antivarguistas buscaron nuevos apoyos civiles y militares para reivindicar la salida inmediata del poder del dictador, llegando incluso a contar con el apoyo de las autoridades norteamericanas, cada vez más recelosas del nacionalismo varguista. Era evidente que el país se había dividido social, política e ideológicamente en dos: por un lado, los movimientos de izquierda con los comunistas actuando como aliados del PTB de Getúlio Vargas; por otro, los sectores liberales y conservadores, con fuerte penetración en las Fuerzas Armadas y en los sectores industriales y financieros, y amplia vinculación con los intereses norteamericanos, firmes partidarios de acabar con las prácticas intervencionistas en la economía (Benevides, 1981: 89).

Aunque las manifestaciones queremistas habían demostrado la indudable popularidad del presidente, Vargas no pudo recomponer la situación, y de nuevo fueron los militares quienes se erigieron en intérpretes de una supuesta voluntad de cambio, en razón de la cual decidieron acabar, el 29 de octubre de 1945, con el *Estado Novo*. Sin embargo, el temor a una fuerte reacción popular les convenció de la necesidad de darle una salida airosa, lo que le permitió volver a ganar la gobernación de su estado natal y ser elegido también diputado federal por siete estados. Getúlio Vargas pasaba a un segundo plano en la política nacional brasileña, pero con su prestigio intacto, con lo que la posibilidad de volver al poder quedaba abierta.

III. EL GOBIERNO CONSTITUCIONAL, 1951-1954

La salida de Vargas permitió la celebración de unas elecciones presidenciales que arrojaron el triunfo de Eurico Gaspar Dutra. Quien ahora se presentaba como candidato del Partido Socialdemócrata, había sido, sin embargo, un muy destacado hombre del *Estado Novo*, al haber ocupado la cartera de Guerra durante una década. Por ello, su presidencia fue un fallido intento por alejarse y diferenciarse de Vargas, y una pretensión vana de revisar las estructuras de condicionamiento corporativo introducidas en los años anteriores. La tímida liberalización introducida por el nuevo presidente no sólo fue claramente insuficiente para mejorar la economía del país, sino que tuvo unas consecuencias políticas imprevistas al empujar al Partido Socialdemócrata, el partido de las oligarquías locales creado por el varguismo, a una creciente vinculación con la Unión Democrática, lo que le llevó a asumir una posición cada vez más contraria al viejo dictador. Un distanciamiento tanto real como simbólico, esto es, una separación tanto del político que había sido y de la obra que había dejado, como de ese mito que comenzaba ya a construirse basado en la identificación entre Getúlio Vargas y su pueblo. El «ausente» pasó muy rápidamente a ser el «deseado».

Getúlio Vargas era evidentemente el político más popular del país, el único con el carisma suficiente como para ser reconocido como conductor de un pueblo que parecía haberse quedado sin referencias tras su abrupta salida del poder. El gobierno de Gaspar Dutra fue un simple paréntesis en una situación política definitivamente marcada por la polarización entre los partidarios de Getúlio Vargas y sus detractores, es decir, por la dinámica básica de la política interna brasileña hasta mediados de los años sesenta. Pero sus decisiones no fueron inocuas en esta situación de confrontación latente, pues el nuevo presidente adoptó una dura política contra los sindicatos y el movimiento obrero que tendió a identificar todavía más a estos sectores con Getúlio Vargas.

Gaspar Dutra esperaba contar con el apoyo norteamericano para estabilizar su presidencia, dado que la presión de Estados Unidos había sido esencial para que el Ejército se hubiera decidido a forzar la salida de Vargas. En realidad, la posición de Washington siempre había sido reticente frente a la política nacionalista y de industrialización por sustitución de importaciones llevada a cabo durante el *Estado Novo*, pues siempre la consideró negativa a medio y largo plazo para sus intereses económicos, políticos y estratégicos básicos. La posición de Vargas durante la guerra no había transformado esta opinión negativa, más bien al contrario; había demostrado que esa vena nacionalista había permitido a Vargas una posición de autonomía inédita hasta ese momento. Pero es que además, las posibilidades de auxiliar económica y financieramente a Brasil eran muy reducidas, dada la prioridad establecida por la administración norteamericana de apoyar la reconstrucción europea. En realidad, lo que latía en la posición norteamericana era la visión de Brasil como un mero oferente de materias primas y productos agrícolas, su consideración como un buen mercado para colocar sus productos manufacturados y como base geoestratégica para garantizar su hegemonía en la zona sin necesidad de incurrir en elevados costes (Smith, 2010: 130-162). Bajo estas premisas, la alianza informal aceptada por Gaspar Dutra no hizo más que situar a Brasil bajo la órbita norteamericana sin obtener ventajas materiales efectivas derivadas de esa posición.

La nueva presidencia introdujo un nuevo texto constitucional que dejaba sin efecto la Constitución del *Estado Novo* y que suponía en la práctica la vuelta al texto de 1934, aunque dando mayores garantías al derecho de propiedad privada y afianzando una mayor liberalización de la actividad económica. A comienzos de la nueva década, Getúlio Vargas decidió volver a la primera línea política nacional y presentarse como candidato, esta vez por el Partido de los Trabajadores de Brasil (PTB), para la presidencia de la República. Ya con 68 años, su campaña adoptó un neto contenido populista, desde el inicial eslogan del partido «Él volverá», hasta el último discurso de campaña en el que afirmó que: «si fuera elegido el 3 de octubre, en el acto de toma de posesión, el pueblo subirá conmigo las escaleras del (palacio) de Catete. Y conmigo se quedará en el gobierno». Esta apelación al poder del pueblo como forma de contener la presión de la oposición será ya una constante en este segundo gobierno de Vargas (Aggio, Barbosa y Coelho, 2002: 119).

Getúlio Vargas venció con el 48,7 por 100 de los votos emitidos. Quedaba otra vez evidenciado el enorme apoyo popular con el que contaba, pero también quedaba demostrado que existía un antivarguismo igualmente poderoso (Bohovslavsky, 2011-2012) y cada vez más articulado en los sectores conservadores agrupados en torno a la Unión Democrática Nacional, entre los que comenzó a sobresalir la figura de Carlos Lacerda, un periodista visceralmente enfrentado al presidente que en 1947 había conseguido su acta de diputado por la Unión Democrática Nacional.

La primera intención de Vargas fue constituir un gabinete de conciliación, limitando los ministros del PTB a la cartera de Trabajo en la persona de João Goulart. Pero fue una maniobra fallida, ya que el nuevo bloque de poder articulado por Vargas era sustancialmente diferente al existente dos décadas antes. No solamente por tener enfrente una oposición fuerte, sino porque sus propias fuerzas estaban claramente divididas entre una tendencia tecnocrática y básicamente desideologizada, favorable a un modelo de desarrollo basado en una línea económicamente ortodoxa y socialmente moderada; y un ala mucho más radical, liderada por Goulart, mucho más inclinada hacia un modelo de desarrollo de planificación dirigido por el Estado y hacia políticas de mejora instantánea de la situación de las clases trabajadoras. En este nuevo contexto político, el Vargas democrático optó por una línea de gobierno cada vez más inclinada hacia un populismo nacionalista ideológicamente escorado hacia el radicalismo de izquierdas.

Los objetivos de este segundo mandato se pueden resumir en uno: la progresiva estatalización de la economía mediante una política de nacionalizaciones de los sectores productivos básicos, especialmente el petróleo, de ahí que el gran proyecto del mandato fuera la creación de una empresa petrolífera estatal: Petrobrás. Además, a través del conocido como Plan Lafer, introdujo el concepto de planificación indicativa, aunque al convertir al Estado en el verdadero y casi único motor del desarrollo, esta planificación se convertía de hecho en centralizada. En 1952 creó el Banco Nacional de Desarrollo Económico, encargado de garantizar financiación para las inversiones estatales. También en ese año, se nacionalizó el sistema nacional de generación de energía eléctrica y un año después se acabó de regular la repatriación de beneficios por parte de las empresas extranjeras, reduciéndolo tanto que prácticamente hacía inviable la presencia de empresas foráneas en suelo brasileño.

La creciente estatalización de la economía coincidió con una coyuntura fuertemente inflacionista que golpeó con dureza el poder adquisitivo de las clases medias y trabajadoras. Los sindicatos, obligados a asumir fuertes recortes salariales durante la presidencia de Gaspar Dutra, vieron ahora nuevas posibilidades de mejora y exigieron a Vargas la intervención del Estado en la consecución de fuertes incrementos salariales. La respuesta del gobierno fue contundente, al aceptar incrementar en un 100 por 100 el salario mínimo vigente hasta esos momentos. La réplica del empresariado fue igualmente dura, favoreciendo la creación de una atmósfera de radical enfrentamiento social al acusar al presidente de deslizarse hacia el comunismo y de preparar un golpe de Estado para conseguir esos propósitos. Medios de comunicación como *O Globo* y *O Estado de São Paulo* pasaron a desempeñar un papel clave en la deslegitimación social de la presidencia Vargas. Pero por encima de todos ellos destacó la *Tribuna da Imprensa*, diario propiedad de Carlos Lacerda, que se embarcó en una auténtica campaña de difamación contra el presidente electo (Mendonça, 2002). La presión fue tan fuerte que consiguió frenar la decisión. Vargas prefirió prescindir de su ministro Goulart en busca de una estabilidad ya imposible.

Aprovechando este momento de tensión, el 20 de febrero, 82 coroneles y tenientes coroneles ligados al ala más conservadora del Ejército, firmaron un documento (Manifiesto de los coroneles) de denuncia de lo que denominaban el deterioro de las condiciones materiales y morales que atravesaban los militares y del peligroso agravio que suponía para el prestigio militar aprobar ese incremento del salario mínimo sin tomarlos a ellos en consideración. La respuesta gubernamental fue meramente defensiva, sumando el cese del ministro de la Guerra al del de Trabajo. Pero apenas unas semanas después, en la celebración del primero de mayo, Vargas pronunció un encendido y enigmático discurso en el que, además de mantener el aumento del salario mínimo aprobado por su ministro Goulart, profetizaba que los trabajadores allí reunidos muy pronto estarían con él en el gobierno. La reacción contra Vargas fue contundente. El Brasil conservador comenzó a compararle con Perón, acusándole de querer implantar, como el argentino, una república obrera amparada en el sindicalismo institucionalizado. A partir de ese momento, la oposición civil y militar retomó la estrategia del golpe de Estado. Solamente faltaba un pretexto para hacerla efectiva.

Y ese pretexto llegó bajo la forma de un atentado frustrado contra el diputado y periodista Carlos Lacerda. El conocido como «crimen de la calle Toneleros» fue un intento fallido de asesinato del gran opositor de Vargas, perpetrado por personas próximas a la guardia personal del presidente. Lacerda resultó herido, pero un acompañante suyo, el mayor de aeronáutica Rubens Vaz murió, lo que convenció a los militares de la necesidad de apartar al presidente del poder. Días después del atentado, los militares hicieron llegar al presidente un ultimátum: o cedía el poder o sería desalojado por un nuevo golpe militar. El 24 de agosto Getúlio Vargas se reunió con sus ministros para plantear la conveniencia de su retirada temporal mientras finalizaba la investigación sobre la autoría del atentado. Pero los militares no estaban dispuestos a aceptar esa solución: o el presidente renunciaba o sería depuesto por la fuerza. A primera hora de la mañana, Getúlio Vargas se suicidó de un disparo en el corazón.

La muerte conmocionó al país, que salió en masa a acusar a la Unión Democrática Nacional, a Lacerda, a buena parte de la prensa y a los «enemigos internacionales del pueblo», es decir, a Estados Unidos, de la muerte de su carismático presidente. El suicidio acabó con la vida de Getúlio Vargas, pero recreó el mito del «padre de los pobres», del presidente del pueblo. En varias ciudades del país estallaron grandes manifestaciones populares de apoyo al presidente desaparecido. Las sedes de varios periódicos y la embajada de Estados Unidos fueron asaltadas por una masa enfurecida. La reacción fue tan intensa que la oposición tuvo que aceptar que el gobierno quedara en manos del vicepresidente, João Café Filho, que acabó el mandato presidencial iniciado por Vargas.

Antes de dispararse, Getúlio Vargas había escrito su testamento político. Sin duda, la pieza más importante y esclarecedora de su pensamiento político y de todo el populismo clásico latinoamericano:

> Una vez más las fuerzas y los intereses contrarios al pueblo se han unido y nuevamente se han desencadenado sobre mí. No me acusan, me insultan; no me combaten, me calumnian; y no me conceden el derecho de defensa. Necesitan sofocar mi voz, e impedir mi acción para que no continúe defendiendo, como siempre he defendido, al pueblo y principalmente a los humildes. Sigo el destino que me ha sido impuesto. Después de décadas de dominio y explotación de los grupos económicos y financieros internacionales, me erigí en jefe de una revolución y vencí. Inicié la tarea de liberación e instauré un régimen de libertad social. Tuve que renunciar. Volví al gobierno en las manos del pueblo. La campaña subterránea de los grupos internacionales se alió con grupos nacionales enfrentados al régimen de garantía del trabajo. La ley sobre beneficios excesivos fue rechazada por el Congreso. Los odios se desencadenaron contra una medida justa como la revisión de salarios mínimos. Quise contribuir a la libertad de la nación potenciando nuestras riquezas a través de Petrobrás, pero la ola de agitación aumentó apenas comenzó a funcionar. Electrobras fue obstaculizada hasta la desesperación. No quieren que el trabajador sea libre. No quieren que el pueblo sea independiente. Asumí el gobierno dentro de una espiral inflacionista que destruía el valor del trabajo. Los beneficios de las empresas extranjeras alcanzaban hasta el 500 por 100 anual. En las declaraciones de los valores que importábamos existían fraudes constatables de más de 100 millones de dólares anuales. Respecto al café, se revalorizó el precio de nuestro principal producto y aunque intentamos defender su precio, la respuesta fue una violenta presión sobre nuestra economía que estuvo a punto de obligarnos a ceder. He luchado mes a mes, día a día, hora a hora, resistiendo una presión constante, incesante, soportándolo todo en silencio, olvidándolo todo, renunciando a mí mismo para defender al pueblo, que ahora queda desamparado. Nada más os puedo dar, a no ser mi sangre. Si las aves de rapiña quieren la sangre de alguien, si quieren continuar desangrando al pueblo brasileño, yo ofrezco como sacrificio mi propia vida.
>
> Elijo este camino para quedarme siempre con vosotros. Cuando os humillen, sentiréis mi alma sufriendo a vuestro lado. Cuando el hambre llame a vuestra puerta, sentiréis en vuestro pecho la energía para luchar por vosotros y por vuestros hijos. Cuando os vilipendien, sentiréis en el pensamiento la fuerza para reaccionar. Mi sacrificio os mantendrá unidos y mi nombre será vuestra bandera de combate. Cada gota de mi sangre será una llama inmortal en vuestras conciencias y mantendrá una vibración sagrada para la resistencia. Al odio respondo con el perdón.

Y a los que piensan que me han derrotado les respondo con mi victoria. Era esclavo del pueblo y hoy me libero para la vida eterna. Pero este pueblo del que he sido esclavo ya jamás será esclavo de nadie. Mi sacrificio quedará para siempre en su alma, y mi sangre será el precio de su rescate. Luché contra la expoliación del Brasil. Luché contra la expoliación del pueblo. He luchado a pecho descubierto. El odio, las infamias, la calumnia nunca abatieron mi ánimo. Os di mi vida y ahora os ofrezco mi muerte. Nada temo. Serenamente doy el primer paso en el camino de la eternidad y salgo de la vida para entrar en la Historia.

(Vargas, Carta-testamento, 1954)

Getúlio Vargas había muerto, pero el modelo de Estado por él creado y la esencia de su ideario populista lograron sobrevivir durante décadas.

IV. CONCLUSIONES

El getulismo supuso la apuesta por un modelo autocentrado, antiliberal y autoritario tendente a encontrar unos nuevos equilibrios de poder contrarios a los tradicionales anclajes de la oligarquía republicana. Fue un régimen de encuadramiento de las masas populares alternativo a los movimientos obreros de clase, especialmente al radicalismo comunista. Y fue, también, un nacionalismo centralista y centralizador de carácter desarrollista, apoyado en un modelo industrializador por sustitución de importaciones amparado en el papel, al mismo tiempo, propulsor y protector del Estado.

El getulismo fue, sobre todo, un régimen de evidentes contradicciones, especialmente porque desde el autoritarismo estimuló una democratización estructural del país. Sin embargo, esta contradicción es más aparente que de fondo, pues aparece en muchas otras experiencias de construcción de Estados desarrollistas. Que su resultado fuera una evidente democratización del país no significa que fuera una democracia, pues no invalida su carácter represivo y autoritario. Indudablemente, el getulismo prestó una especial atención a las cuestiones sociales y al reconocimiento y participación de esas nuevas clases sociales tradicionalmente excluidas del sistema político, lo que incrementó notablemente el carisma del líder populista, pero era una relación de dependencia muy alejada de la racionalidad democrática y de la idea de justicia social.

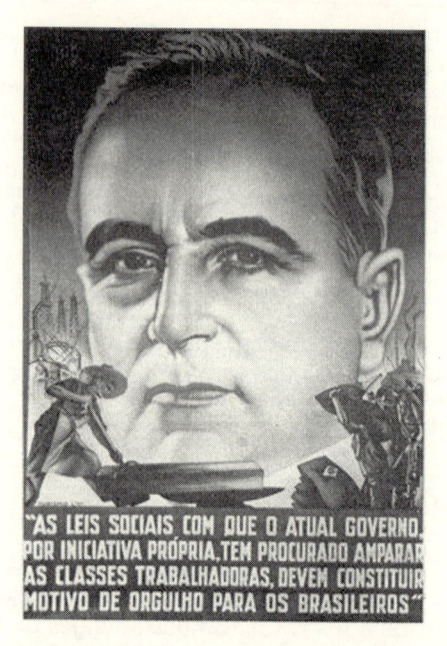

«Las leyes sociales con las que el actual gobierno ha amparado a las clases trabajadoras deben constituir un motivo de orgullo para todos los brasileños». La cuestión social es el fundamento del poder carismático del populismo histórico en América Latina.

La nacionalización del petróleo y la creación de PETROBRÁS constituyen uno de los legados más duraderos de Getúlio Vargas.

CAPÍTULO 7

EL PERONISMO Y LA CREACIÓN DE LA LENGUA DEL POPULISMO

ÁNGEL RIVERO

SUMARIO: I. Peronismo y populismo. II. Antiliberalismo y populismo en la presidencia de Perón. III. Soberanía, independencia y justicia social. IV. Democratización *vs.* democracia. V. El peronismo y la forja de la lengua del populismo.

I. PERONISMO Y POPULISMO

Cuando se habla de populismo en el mundo de lengua española, la primera imagen que se asocia a esta palabra no es la del *People's Party*, el mundo agrario norteamericano enfrentado a la élite capitalina de Washington; ni la de los intelectuales rusos que se dirigen al pueblo para encontrar el camino de una modernización que la autocracia zarista no es capaz de encauzar. Cuando en español se dice populismo se piensa en primer lugar en el peronismo. Sin embargo, desde una perspectiva argentina no parece obvio que peronismo y populismo sean sinónimos. Así, en un artículo de Federico Finchelstein publicado en *La Nación* que lleva por título «¿Por qué negar que el peronismo es un populismo?» este académico se hace eco de unas declaraciones de Cristina Fernández de Kirchner en las que habría afirmado que el populismo es la palabra con la que se califica su política por parte de aquellos que, no sabiendo de política, aspiran a interpretarla. Para la expresidenta de Argentina, la palabra *populismo* habría de ser eliminada del lenguaje de la política. Para Finchelstein, por el contrario, el peronismo es propiamente la primera forma histórica de populismo.

Como otras ideologías antiliberales, el populismo nace en el seno de la crisis social y de la crisis política pero, a diferencia del fascismo, que busca derrumbar la democracia para establecer la dictadura, el populismo peronista va de la dictadura militar a la democracia en busca de legitimación. Eso sí, se trata de una democracia peculiar donde el líder es enaltecido como representante de la voluntad del pueblo, en lo que no diferiría del fascismo, pero y esto es lo novedoso, el proceso electoral se mantiene en su formalidad, aunque en un contexto de acoso y debilitamiento de las instituciones destinadas a limitar el gobierno y a permitir el pluralismo y la protección de derechos de los individuos.

II. ANTILIBERALISMO Y POPULISMO EN LA PRESIDENCIA DE PERÓN

La llegada del peronismo a Argentina se produjo en una situación de profundos cambios sociales y económicos: desplazamiento de la población campesina hacia las grandes urbes e industrialización acelerada por la crisis mundial; crisis de una economía «oligárquica» de exportación de materias primas, y guerra internacional y polarización ideológica propiciada por el fascismo y el comunismo (puede verse una exposición de este contexto desde la condescendencia anglosajona en Hennessy, 1969 y de una forma clara e informativa en Freidenberg, 2007: 79 ss. y en Di Tella, 2013: 175-177). Es en este tiempo adverso cuando Perón, militar nacionalista, llega junto con sus compañeros de armas al gobierno, a través del golpe de Estado de 1943. Ese mismo año es nombrado jefe del Departamento Nacional de Trabajo, poco después convertido en Secretaría Nacional de Trabajo, desde donde inició un acercamiento al mundo sindical que fundamentaría su capital político futuro.

La coyuntura es paradójica porque el golpe de Estado denominado «revolución del 4 de junio» encabezado por el general Rawson y que sitúa en un primer momento al general Pedro Pablo Ramírez como presidente y después al ministro de guerra general Farrell, que dirigía la logia GOU (Grupo de Oficiales Unidos, a la que pertenecía Perón, y que estaba tras la acción militar), tenía como objetivo acabar con la protesta social y política: «proscribieron a los comunistas, persiguieron a los sindicatos e intervinieron la Confederación General del Trabajo (CGT) [...] Disolvieron Acción Argentina, que nucleaba a los partidarios de romper relaciones con el eje, y más tarde hicieron lo mismo con los partidos políticos» (Romero, 2012: 112). Es decir, el golpe parecía intentar establecer un gobierno autoritario, conservador y filofascista. Sin embargo, Perón dirige su actividad política recién iniciada a atajar la protesta obrera, pero no con los métodos usuales de los militares, que también, sino problematizando la cuestión social: había visitado la Italia fascista y tenía presente la Guerra Civil de España. Así pues, concitó la colaboración con los sindicatos, salvo los comunistas. Es importante señalar que este acercamiento no deriva únicamente de un plan previo de Perón, sino que es resultado también de la voluntad de entendimiento de estas organizaciones con la dictadura militar, y esta afinidad mutua se tradujo en una oleada de medidas laborales favorables a las demandas de los trabajadores. En particular a partir de 1944, cuando Perón consigue retener los cargos de vicepresidente de la nación, ministro de Guerra y secretario de Trabajo. En un proceso inédito, la presidencia de Farrell-Perón se lanza a hacer realidad el programa histórico de peticiones del sindicalismo argentino: desde la legislación y previsión laboral a la nacionalización de los sectores estratégicos. Todo ello adornado de una «prédica anticapitalista» en la que sus discursos desarrollaban el tema «de la justicia social» (ibíd. 115. Una síntesis de la política laboral de Perón puede verse en Freidenberg, 2007: 80-81). Como señala Di Tella «el hecho, un poco paradójico, fue que Perón, de orígenes intelectuales nacionalistas autoritarios, pero pragmático, terminó generando un movimiento político muy distinto del que proyectaba» (2013: 180).

III. SOBERANÍA, INDEPENDENCIA Y JUSTICIA SOCIAL

Perón crea así una base electoral poderosísima que le permitirá participar más adelante en la democratización de la dictadura sin perder control político. El año 1945 es clave en la historia de Argentina y en el nacimiento del peronismo. En un contexto interno de oposición a sus políticas populares por parte de las clases acomodadas (que ven tras ellas el fantasma del comunismo) y de presión externa de Estados Unidos y Gran Bretaña debido a la política de nacionalizaciones, la oposición al gobierno de Farrell-Perón se moviliza en septiembre de forma masiva en la ciudad de Buenos Aires. La multitudinaria *Marcha de la Constitución y de la Libertad* hace que el ejército gobernante reaccione induciendo la dimisión de Perón y su detención. Sin embargo, los sindicatos convocan a los obreros para que se manifiesten a favor de Perón en la Plaza de Mayo, ante la Casa Rosada, el 17 de octubre de 1945. Una inmensa multitud de trabajadores invade la plaza por el llamado sindical y se niega a retirarse si no se satisface la liberación de Perón. El gobierno, colocado en la tesitura de una matanza si intentaba disolver por la fuerza la manifestación, decidió negociar con Perón (que por cierto goza del apoyo de la policía): sería liberado, pero no repuesto en sus cargos, y se convocarían elecciones libres para salir del *impasse* político. Ese mismo día, pasadas las once de la noche, Perón salió al balcón presidencial para celebrar la «fiesta de la democracia» y «la unidad de los trabajadores» (un extracto del discurso puede verse en Freidenberg, 2007: 81). Se acababa de crear un mito: Perón, la voz del pueblo, esto es, de los trabajadores frente a la oligarquía. En ese mismo mes de octubre se casa con su segunda esposa: Eva Duarte, conocida como Evita, cuyo papel político en la formulación del mito de Perón será fundamental.

Las elecciones se celebran en febrero de 1946, y concurre Perón bajo las apropiadas siglas del Partido Laborista. Perón intenta así copiar el éxito de Clement Attlee y busca replicar su propuesta de un Estado de bienestar, lo que tiene cierto mérito viniendo del filofascismo, pues el premier británico califica su proyecto de socialismo: obtiene un triunfo absoluto con el 56 por 100 de los votos. Pero los apoyos no le venían únicamente de la clase trabajadora: los conservadores y la Iglesia católica no olvidaban que había sido miembro del gobierno que persiguió al comunismo y que restableció la enseñanza religiosa en la escuela pública. Como señala Romero (2012: 118) Perón vio con perspicacia cómo Argentina había cambiado en la década anterior al final de la Segunda Guerra Mundial y tuvo la astucia de introducir un discurso político muy eficaz que se movilizaba en dos vectores. Por una parte, apelaba a la justicia social «como reforma justa y posible» a la que únicamente se oponía «el egoísmo de unos pocos privilegiados». Desde esta plataforma pudo contraponer «la democracia formal de sus adversarios a la democracia real de la justicia social, y dividió la sociedad entre el *pueblo* y la *oligarquía*» (ibíd.). El segundo vector discursivo fue el nacionalismo, para el que contó con la ayuda involuntaria del embajador norteamericano. Spruille Braden, en medio de la campaña electoral, repitió la acusación ya formulada por el Departamento de Estado de Estados Unidos de que Perón era un agente del nacionalsocialismo y dio apoyo por ello a la rival Unión Democrática.

Perón, encantado con el desafío, convirtió la contienda electoral en un «Braden o Perón» y supo ganar (esta cuestión, que tendrá consecuencias duraderas, puede verse en detalle en Castagnola, pp. 112-113, recogido en Cattaruzza, 2012). Eva Perón, en su *Historia del peronismo* alude a este episodio al señalar que «los comunistas, los que se llamaban dirigentes del pueblo, lo mismo que los conservadores, los demócratas progresistas y los radicales, [formaron] esa tan desgraciada Unión Democrática, bochorno y vergüenza de todos los argentinos» (1951: 120).

Se inaugura así el periodo dorado del peronismo, la presidencia de 1946-1951 en la que la preocupación por el bienestar de los trabajadores encuentra su correlato institucional en la creación del Ministerio de Trabajo y Previsión Social y en la omnipresente Fundación Eva Perón. La segunda presidencia 1952-1955, sin embargo, estaría marcada por el autoritarismo, la crisis económica y social: y acabaría con golpe de Estado.

En lo político, la base electoral de Perón, la coalición heterogénea que le apoya, da lugar a la creación del Partido Peronista, con vocación de partido hegemónico y estructurado ya en torno al culto a Perón (sobre la construcción del Partido Peronista, vid. Di Tella, pp. 178-183. Sobre la base obrera del peronismo véase Privitellio, pp. 72-76, recogido en Cattaruzza, 2012).

En lo económico, Perón intentó formular «una tercera posición» económica entre el capitalismo y el comunismo. Con ella buscaba vencer el castigo que Estados Unidos y Gran Bretaña querían hacer pagar a Argentina por su neutralidad en la contienda recién finalizada, que penalizaba económicamente al país, y que se sustentaba en un nacionalismo económico que dio lugar al crecimiento exponencial del sector público y que reforzó al Estado como árbitro de los conflictos laborales. Perón presidente transfirió esta última función a Eva Duarte, que desde 1947 ocupó la Secretaría de Trabajo. Desde esta posición, se movilizó a la sociedad en el culto a Perón y ella misma buscó encarnar una identificación maternal del Estado como provisor de seguridad y bienestar a todos los argentinos y, en particular, a los más desafortunados. Como señala Romero «Eva Perón resultaba así la encarnación del Estado benefactor y providente, que a través de la *Dama de la Esperanza* adquiría una dimensión personal y sensible» (2012: 127). Los medios de comunicación y el adoctrinamiento político socializaron a los argentinos en este credo, en particular en la escuela, donde los niños aprendían las primeras letras con la lectura «Evita me ama».

IV. DEMOCRATIZACIÓN *VS.* DEMOCRACIA

El modelo político de Perón era un Estado corporativo como el diseñado por Mussolini para Italia, que encontraba su réplica conservadora en la España de Franco (donde acabaría por vivir felizmente exiliado) y en el Portugal de Salazar. De hecho, como señala Romero, Perón mantuvo la educación religiosa en las escuelas y entregó la dirección de las universidades a «personajes vinculados con el clericalismo hispanófilo» (2012: 128). Con estos modelos no hubo de extrañar que llegado a la presidencia en unas elecciones limpias recorriera muy rápido «el camino hacia el autoritarismo» (ibíd. 129). Desde el inicio de su presidencia se vació de realidad toda autoridad del Estado distinta a su persona, y tanto el poder legislativo como el judicial quedaron subordinados totalmente al ejecutivo. Otro tanto ocurrió con el «cuarto poder» que fue hostigado y expropiado. Como en el caso español que le servía de inspiración, la sociedad argentina era entendida como una comunidad orgánica, dirigida y organizada por el Estado, que se articulaba como una maquinaria militar donde el principio de obediencia ejecutaba la voluntad de su máximo dirigente, y que se hacía equivaler a la voluntad del pueblo. De esta manera el «conductor», que era la fórmula con la que se denominaba al líder en el peronismo, actuaba por medio de un movimiento nacional, estando ambos imbuidos por el espíritu de la nación, estableciendo de este modo una trilogía (conductor, movimiento, pueblo) que era manifestación de una misma realidad. La teoría de la «conducción política» de Perón está recogida en su obra homónima de 1952 que es síntesis de todos sus esfuerzos por formar a los cuadros peronistas en la dirección de las masas. En ella se explica el descuido en la conducción de la oligarquía que otorga al peronismo la posibilidad de ejercer un magisterio imparable sobre la multitud (Perón, 2006). Perón era, por tanto, muy consciente de que esa comunión entre las masas y el líder no podría realizarse sin el concurso de los cuadros del partido. El fin que perseguía su accionar político era la «justicia social» y de ahí que, cuando más tarde fue prohibida la denominación «peronista» del partido, se adoptara la de «justicialista». Como señala Romero, nada había más ajeno a la cultura política tradicional en Argentina, liberal y democrática, que el peronismo (2012: 131), pero resulta indudable que ésta quedó radicalmente transformada tras su paso.

El comienzo de la década de los cincuenta vino acompañado de un empeoramiento de las condiciones económicas y una creciente manifestación de malestar social vinculado al creciente autoritarismo del régimen y al irritante papel de la primera dama en la vida nacional (sobre el éxito económico y social de la primera parte de la presidencia de Perón, véase Freidenberg, 2007: 84-85). Una intentona golpista en 1951 sirvió como justificación de la purga del ejército y para la declaración de un estado de guerra interno que se mantuvo hasta 1955. En noviembre de 1951 las elecciones, primeras con sufragio femenino y en las cuales se pusieron trabas desde el gobierno a la oposición, Perón alcanzó un triunfo abrumador: 64 por 100 de los votos; la totalidad de los senadores; el 90 por 100 de los diputados (Romero, 2012: 144). Perón había alcanzado su cenit. Sin embargo, esta legitimación plebiscitaria no vino acompañada de una mayor democracia, a pesar de la ampliación del sufragio, sino de un imparable autoritarismo. La sociedad entera quedó bajo el control del Estado y a cada esperanza de apertura se produjo una creciente represión de todos aquellos sectores de la sociedad que no comulgaban con el culto a Perón (sobre la paradoja democracia-autoritarismo en las presidencias de Perón vid. Privitellio, pp. 72-90, recogido en Gelman y Cattaruzza, 2012). En julio de 1952 murió Eva Duarte de Perón, dejando al presidente en una orfandad de la que tardaría en recuperarse.

En abril de 1953 estallaron unas bombas en la Plaza de Mayo mientras hablaba Perón y esto trajo como consecuencia la venganza de escuadras peronistas realizada con violencia contra todos aquellos que se veían como adversarios, en particular «la oligarquía». La Iglesia católica inició su abandono de Perón y permitió la fundación del Partido Demócrata Cristiano: la reacción del peronismo fue la violencia anticlerical. Al mismo tiempo, el descontento militar comenzaba a manifestarse en intentonas golpistas. El final de Perón como presidente fue poco decoroso: bloqueó cualquier acuerdo democratizador con la oposición y movilizó a las masas peronistas para amenazar con la violencia a la oposición. El 20 de septiembre de 1955 un golpe militar le privaría finalmente de la presidencia y le enviaría a un largo exilio del que no regresaría hasta 1973, cuando el peronismo restaurado vivió de forma efímera en su persona, pues falleció en 1974. Su presidencia la heredó su viuda y tercera esposa María Estela Martínez de Perón, *Isabelita*.

V. EL PERONISMO Y LA FORJA DE LA LENGUA DEL POPULISMO

Para Ernesto Laclau, el primer peronismo es un populismo exitoso y democratizador porque realiza una simplificación del espacio político que crea un antagonismo político eficaz utilizando el nacionalismo (o Perón o el embajador norteamericano) pero también el conflicto de clases derivado de la crisis del sistema oligárquico de Argentina en la década de los treinta (2005: 222) (las masas trabajadoras o lo explotadores; el pueblo o la oligarquía) donde trabajadores equivalen a pueblo en el lenguaje peronista (2005: 57), todo ello sobre el contexto de dificultades económicas propiciadas por la Segunda Guerra Mundial. Para este mismo autor, por el contrario, el peronismo del retorno tras el exilio constituye un fracaso porque es incapaz de realizar esta simplificación dicotómica que para Laclau constituye la esencia de lo político. El populismo del *papa* Perón, por infalible, quería acomodar demasiadas contradicciones en su seno y de ahí su imposibilidad. No deja de ser interesante que Laclau profundice mucho en el fracaso del peronismo vuelto del exilio y apenas nos diga nada del primer peronismo. Ciertamente señala que la crisis es el oxígeno que lo alimenta, pero también habría que recordar que la contingencia y su aprovechamiento oportunista por Perón son determinantes. Y eso explicaría que en un contexto particular Perón tuviera una suerte, relativamente duradera, porque encontró las ocasiones propicias; pero cambiado ese contexto y en un tiempo político radicalmente distinto el peronismo resultó imposible. Una muestra de este peronismo errático fuera de su tiempo histórico puede verse en la alucinante aventura del secuestro de los hermanos Born por los montoneros, retratada por María O'Donnell. El dinero obtenido por el peronismo armado y revolucionario será utilizado para financiar las campañas del peronismo neoliberal de Menem.

En cualquier caso, uno de los legados más perdurables del peronismo ha sido la construcción de la lengua del populismo, que Laclau utiliza y valora positivamente, y que está vinculado a la construcción mítica que realiza Perón de sí mismo desde su primera llegada a la presidencia de Argentina (sobre este particular véase también Freidenberg, 2007: 83-84).

Es decir, en el Perón de 1943-1955 podemos ver la imagen arquetípica no sólo del político populista, sino del populismo convertido en movimiento político, de ahí que la afirmación que referí al comienzo de Finchelstein de que el peronismo es el primer populismo histórico no deja de estar justificada, puesto que en los populismos previos, el norteamericano y el ruso, hay sin duda una afirmación del pueblo virtuoso y una crítica a las élites, pero, como veremos, este antagonismo es movilizado por primera vez de forma masiva, sistemática y extrema por el peronismo.

Este lenguaje del populismo forjado por el peronismo lo encontramos de forma omnipresente en sus discursos y proclamas.

Está sin duda en el libro *Conducción política* del propio Perón, y en la elocuente simpleza de la obra de Evita *La razón de mi vida*, pero como sistema constituye el tema de la obra de esta última *Historia del peronismo*, porque la tal obra no es ninguna historia, salvo sus páginas finales, sino una exposición sistemática de la ideología populista sobrecargada emocionalmente de amor a Perón.

El texto es el resultado de la publicación de las lecciones impartidas en el curso de 1951 en la Escuela Superior Peronista de Buenos Aires por la señora Eva de Perón, designada «Profesora Extraordinaria». En él, la autora busca ubicar el peronismo en la historia del pueblo argentino y de la humanidad desde una perspectiva de «empática emocionalidad femenina que ilumine la obra ciclópea del general Perón». Para ello parte de dos pilares en su explicación: el pueblo y el líder. Las cimas de la historia se alcanzan cuando un pueblo encuentra al hombre extraordinario capaz de conducirlo. Puntualiza la autora que hierran quienes atribuyen el mérito de la gloria a los grandes hombres como hace Carlyle desde su perspectiva individualista. Y hierran también los colectivistas que atribuyen la gloria de los pueblos a éstos con independencia de sus líderes. Eva Perón sostiene una tercera posición que enuncia «nada haría un pueblo sin un conductor, ni nada haría un gran conductor sin un gran pueblo que lo acompañase y lo alentara en sus grandes ideales» (Eva Perón, 1951a: 14).

Ahora bien, no es lo mismo pueblo que masa y es el conductor el que transforma la masa en pueblo. Hay una diferenciación fundamental entre la masa y el pueblo: «Masa: 1.º, sin conciencia colectiva o social; 2.º, sin personalidad social, y 3.º, sin organización social. Esto es, para mí, masa. Pueblo: 1.º, con conciencia colectiva y social; 2.º, con personalidad social, y 3.º, con organización social». Además, el pueblo está constituido por hombres libres, «el pueblo tiene conciencia de su dignidad, por eso es invencible y no puede ser explotado cuando es pueblo [...] Todo movimiento que aspire a hacer la felicidad de los hombres debe tratar de que éstos constituyan un verdadero pueblo» de modo que la «historia del peronismo es ya una lucha larga [...] para conseguir que una masa sufriente y sudorosa —como tantas veces la llamó el general Perón— se transformase en un pueblo con conciencia social, con personalidad social y con organización social» (Eva Perón, 1951a: 49-50). Este programa político de la transformación de la masa en pueblo se sustancia en los tres grandes objetivos del peronismo: justicia social, independencia económica y soberanía política.

Al repasar otros intentos de redención de la masa parecidos o previos a la revolución peronista en la historia de la humanidad Eva Perón nos señala que la revolución francesa careció de conductor y que la revolución rusa tampoco acabó bien; tuvieron éxitos momentáneos, pero carecieron de verdaderos líderes en el sentido peronista. No obstante, ambos intentos tienen un valor positivo porque han ido creando en la masa una «conciencia mayor de su dignidad de pueblo» lo que ha conducido al crecimiento en el mundo de «la idea de realizar la verdadera democracia; no esa democracia cantada y declamada para intereses mezquinos, sino la democracia en que el gobierno del pueblo y para el pueblo ha de ser una realidad. Perón ha dicho: *La verdadera democracia es aquella donde el gobierno hace lo que el pueblo quiere, y defiende un solo interés: el del pueblo*. Benditos los pueblos que tienen un conductor que piensa y actúa como nuestro gran conductor, maestro y guía, el general Perón» (Eva Perón, 1951a: 54).

En la lengua del peronismo, la comunión entre el pueblo y el líder se califica de verdadera democracia. Además, se puntualiza que el líder no es accidental, sino que es esencial en esta relación, de modo que el título que le corresponde es el de conductor, pues es a fin de cuentas el que dirige a la masa y la convierte en pueblo. Es por ello que frente a los personajes decimonónicos de la historia nacional Perón es conductor, pero no es caudillo: «Perón es un genio, es un conductor, es un líder, y ellos piensan que, como ha pasado con esos caudillos, puede ser reemplazado por otro hombre. Claro que un caudillo puede ser reemplazado, pero un genio y un conductor, jamás. Con él muere el movimiento. El movimiento será permanente si los hombres, a través de él, aun después de haberse ido, siguen teniendo su luz, su bandera y su doctrina» (Eva Perón, 1951a: 58). En suma, «Perón es el pueblo» y al querer al pueblo se quiere a Perón y al querer a Perón se quiere al pueblo (Eva Perón, 1951a: 62-63).

Porque no querer a Perón y no querer al pueblo es ser «oligarca». Eva Perón afirma enfáticamente que la oligarquía en Argentina fue derrotada el 17 de octubre de 1945 y está «muerta» (Eva Perón, 1951a: 73) cuando las masas o el pueblo obligaron a la liberación de Perón. Es más, este acto fundacional crea al pueblo y a su conductor en el mismo instante [aunque el conductor lo había propiciado desde la Secretaría de Trabajo y Previsión (Eva Perón, 1951a: 86)]. Lo que ha de ser combatido, sin embargo, es el «espíritu oligarca», porque el «espíritu oligarca se opone completamente al espíritu del pueblo. Son dos cosas totalmente distintas, como el día y la noche, como el aceite y el vinagre». El espíritu oligarca es el afán de privilegio, la soberbia, el orgullo, la vanidad y la ambición que conducen a unos pocos al aplastamiento de las masas: «El peronismo que nace el 17 de octubre es la primera victoria real del espíritu del pueblo sobre la oligarquía» (Eva Perón, 1951a: 64-65). Esto es así porque la revolución francesa acabó con el privilegio oligárquico de la aristocracia, pero creó el privilegio de la riqueza que condujo al capitalismo. La revolución rusa hizo otro tanto creando una nueva oligarquía. De modo que tan oligárquico es el sistema capitalista de Wall Street como el sistema comunista de Moscú. «El general Perón le quitó al comunismo las masas, por el mayor bienestar y la justicia» (Eva Perón, 1951a: 125). Lo mismo puede decirse de «la casta» que imperó en Argentina hasta ser derrotada el 17 de octubre de 1945 (Eva Perón, 1951a: 67). Oligarquía es «una clase cerrada [...] una casta. Nadie podía entrar en ella. El gobierno les pertenecía, como si nadie más que la oligarquía pudiese gobernar el país. [Como] los dominaba el espíritu de la oligarquía, que es egoísta, orgulloso, soberbio y vanidoso, todos estos defectos y malas cualidades los llevaron poco a poco a los peores extremos y terminaron vendiéndolo todo, hasta la Patria, con tal de seguir aparentando riqueza y poder» (Eva Perón, 1951a: 73). Sin embargo, y a diferencia de los sistemas anteriores, Perón «no ha venido a implantar otra casta; él ha venido a implantar al pueblo, para que sea soberano y gobierne». Es decir, la «característica exclusiva del peronismo, lo que no ha hecho hasta ahora ningún otro sistema, es la de servir al pueblo y, además, la de obedecerlo [...] [lo que nos demuestra] la grandeza de Perón, la honradez de sus procedimientos, el amor profundo y entrañable que él siente por el pueblo y el respeto por *el soberano*, que de soberano no tenía, hasta Perón, más que el nombre». La autora nos señala que para evitar la tentación oligárquica su despacho «es lo más popular y lo más descamisado [...] y así, viéndome trabajar a mí confundida con el pueblo, y viendo lo maravilloso que nuestro pueblo es, no se harán oligarcas» (Eva Perón, 1951a: 68, 71 y 76).

De modo que la principal amenaza a la verdadera democracia, al peronismo, es la oligarquía. Como veremos, la amenaza a esta democracia peronista es de orden moral y no constitucional. La oligarquía es el vicio que corrompe la democracia y el pueblo la virtud que la vivifica:

Los vicios de la oligarquía son: el egoísmo, la vanidad, la ambición y el orgullo.

Las virtudes del pueblo son: «en primer término, generosidad. Todos ustedes habrán advertido el espíritu de solidaridad que hay entre los descamisados»; sinceridad; desinterés y humildad: «el peronista nunca dice *yo*. Ése no es peronista. El peronista dice *nosotros*» (Eva Perón, 1951a: 78).

Además, Perón «decidió salvar a su pueblo de dos males: el antiguo del capitalismo y el futuro del comunismo». Pero el peronismo no es «anticomunista o anticapitalista» [...] «Ser *anti* es estar en posición de pelea o de lucha, y el peronismo quiere crear, trabajar, engrandecer a la patria sobre la felicidad de su pueblo. Los que pelean son ellos; unos porque sirven a intereses internacionales de izquierda, y otros porque sirven a intereses mezquinos y bastardos, cuando no a intereses también foráneos de imperialismos de derecha» (Eva Perón, 1951a: 94 y 95).

En suma, en el peronismo podemos ver desarrollado al detalle el discurso del populismo: la denuncia de una democracia secuestrada por la oligarquía y la promesa de una democracia verdadera donde el gobierno del pueblo se conjuga con un líder paternal que le da voz. También podemos ver en este lenguaje el intento de alcanzar una posición total por encima de la divisoria entre izquierda y derecha y, sobre todo, una moralización del lenguaje político que reduce los problemas sociales a una contienda entre buenos y malos, donde estos últimos, a pesar de haber sido derrotados constituyen una amenaza permanente, pues son el vicio que corrompe las virtudes del pueblo. El peronismo es, sin duda, un fenómeno particular de la historia política argentina, pero su populismo encuentra paralelos universales en fenómenos similares a un lado y a otro del Atlántico.

El populismo en general, y el peronista en particular, contraponen la «falsa democracia», liberal, a una «verdadera democracia». En su discurso del 17 de octubre de 1950, el general Juan Domingo Perón enunció las «Veinte verdades del justicialismo peronista». La primera y más importante de ellas era que «la verdadera democracia es aquella donde el gobierno hace lo que el pueblo quiera y depende de un solo interés: el del pueblo».

El populismo defiende vocalmente la soberanía popular, pero no renuncia al adoctrinamiento del pueblo ni al culto del conductor desde la infancia. Armando Méndez San Martín, ministro de Educación peronista entre 1950 y 1955, no tuvo empacho en llenar de propaganda los libros escolares de Argentina, ni en establecer como lectura obligatoria en todos los niveles de la enseñanza la autobiografía de Eva Perón *La razón de mi vida*.

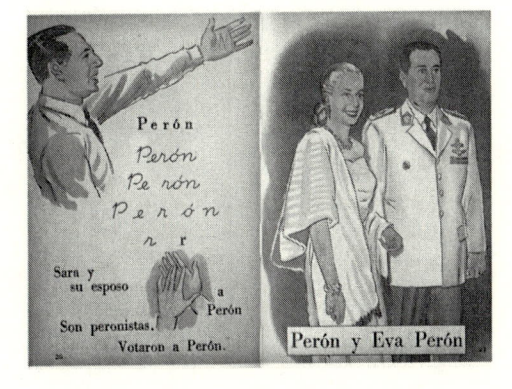

III. LOS NUEVOS POPULISMOS LATINOAMERICANOS

Los populismos latinoamericanos se agrupan convencionalmente en tres grandes oleadas: la primera, en los años treinta-cincuenta del siglo XX, es el momento fundacional y fue protagonizado, como se ha mostrado, por Vargas en Brasil y Perón en Argentina. Este populismo era nacionalista, estatista y venía inspirado por la concepción del Estado del fascismo.

La segunda oleada populista fue en realidad la resaca de la larga marea del primer populismo: ahora se trataba de rescatar al pueblo de un Estado omnipotente y corrupto mediante las políticas del Consenso de Washington, es decir, mediante un redimensionamiento del Estado y la liberalización de la economía. Esto ocurrió en el tiempo del derrumbe del mundo comunista (1989-1991) y ocupó la década final del siglo XX, llamada por sus críticos «la década perdida». Sus protagonistas principales fueron Carlos Menem en Argentina y Alberto Fujimori en Perú. Su fracaso en todos los órdenes, desde la economía al debilitamiento de la democracia, presagió la tercera ola populista.

Ésta comienza con el nacimiento mismo del siglo XXI y todavía no ha cerrado por completo su ciclo. Hugo Chávez en Venezuela es su figura primera, al que han acompañado el matrimonio Kirchner en Argentina, Rafael Correa en Ecuador y Evo Morales en Bolivia, entre otros. Lo característico de esta nueva oleada es que ha hecho de la guerra al neoliberalismo su motor ideológico sobre el que ha proyectado en mimbres populistas la vieja fórmula de nacionalismo y socialismo desacreditada con el fin de la Guerra Fría.

Esta sección está dedicada a la segunda y a la tercera oleada populista en Latinoamérica que englobamos bajo la etiqueta los «nuevos populismos».

CAPÍTULO 8

EL POPULISMO VENEZOLANO ¿CONTINUIDAD O RUPTURA?

Mariana González Trejo

SUMARIO: I. Introducción. II. Conformación de bloques antagónicos: pueblo y poder. III. Relación con la democracia. IV. Estilo de liderazgo y estrategia comunicacional. V. Conclusión.

I. INTRODUCCIÓN

El populismo es una ideología que divide a la sociedad en dos campos antagónicos, privilegia fórmulas de democracia directa y promete la redención del pueblo por medio de su conversión en verdadero soberano (González, 2016: 321). En la actualidad, el populismo vuelve a surgir como epistemología para analizar diversas situaciones, no sólo vinculadas a Latinoamérica, sino cada vez más presentes en Europa. Asimismo, sus diversas manifestaciones invitan a reflexionar sobre un conjunto de temas, incluso a pensar sobre la redirección de éstos. Se trata de un campo donde hay mucho escrito y poca certeza.

Este capítulo compara elementos de dos gobiernos en Venezuela: el de Hugo Chávez y el de Nicolás Maduro. La comparación se desarrolla a través de tres ejes: conformación de bloques antagónicos, democracia y estrategia comunicacional. El objetivo es analizar los puntos de encuentro y distancia entre ambos liderazgos, los cuales han ocupado juntos más de 17 años de democracia. Además, este análisis permitirá ahondar la discusión sobre el populismo y facilitar la comprensión de la situación política venezolana.

II. CONFORMACIÓN DE BLOQUES ANTAGÓNICOS: PUEBLO Y PODER

El 6 de diciembre de 1998, Chávez gana sus primeras elecciones presidenciales. Su victoria logra reunir el 56,2 por 100 de los votos, en un marco donde la participación popular experimentaba una disminución importante. Su ascenso al poder se configura como un rechazo a la dirigencia política tradicional. El tiempo de los civiles para encauzar la complejidad política del país había culminado (Irwin y Langue, 2004). La formación militar de Chávez actuó como una fuente de legitimidad, en un país donde las Fuerzas Armadas operaban como una «reserva moral» ante la corrupción civil (Sucre, 2003: 145).

Lo anterior quebranta un modelo inaugurado por el Pacto de Punto Fijo (1958), donde los civiles controlaban el poder militar garantizando su abstención en lo político (Sucre, ibíd.). El Pacto de Punto Fijo fue un acuerdo para garantizar la estabilidad y gobernabilidad política. El único actor excluido sería el Partido Comunista de Venezuela debido a su asimilación con la lucha guerrillera cubana. Aunque el Pacto de Punto Fijo pensó haber derrotado a la insurgencia guerrillera en lo político, la victoria final se produciría en las universidades (Rodríguez, 2006: 250; Villarroel, 2003), a través de una suerte de «pacificación» de la izquierda, para más tarde retornar a lo político (Capriles, 2006: 31).

En 1992, Chávez será conocido por participar en un golpe de Estado fallido. Pese a no lograr su propósito, logra sellar en la memoria nacional su promesa de encaminar el país hacia un mejor rumbo. Dentro de los objetivos del golpe estaba rechazar el uso que se había hecho de las Fuerzas Armadas en el «Caracazo», donde la dirigencia política optó por resolver la conflictividad social mediante la represión militar. En 1998, Chávez gana con el apoyo de varios partidos e intelectuales de izquierda, entre ellos, el de su partido: Movimiento Quinta República (MVR). Este partido inicia su andadura con una serie de reuniones dentro de los cuarteles y alcanza su institucionalización en 1997. El MVR destaca por fuerte componente nacionalista y su preocupación por la desigualdad social. El elemento nacionalista estará vinculado a la figura de Simón Bolívar, aprovechada por distintos dirigentes ante coyunturas políticas, como una figura moral con propiedades terapéuticas (Carrera, 2008: 72).

El liderazgo de Chávez fue visto como una oportunidad para «saldar una deuda nacional», tras producirse un fuerte alejamiento entre las demandas sociales y los partidos políticos. Su candidatura representó una opción de cambio, en un marco de profundo descrédito institucional. Este clima político prepara la escena en la que el liderazgo de Chávez logra capitalizar el voto.

Así, los significantes vacíos de Laclau (2005) adquieren contenido y cohesión a través de la figura de Chávez. El pueblo se conforma por personas excluidas de un proyecto político, tras el fracaso de la alternancia bipartidista en lograr extender el bienestar material a los más pobres. También, el pueblo adquiere una dimensión patriótica, a través del discurso soberanista apoyado en el mito bolivariano. El enemigo es enmarcado bajo el nombre de «oligarquía criolla»/«IV República», etiquetas que sintetizan a la clase política conformada después del Pacto de Punto Fijo. En consecuencia, se da una ruptura populista, la sociedad se escinde en dos bloques contrapuestos: pueblo y poder.

Por su parte, si revisamos el ascenso al poder de Maduro, las circunstancias son otras. En 2012, ante el agravamiento de su estado de salud, Chávez expresa que, si llegase a sucederle algo, Maduro era quien debía continuar con la consecución de su proyecto político. Aunque Maduro había ocupado distintos cargos en la administración pública: diputado, canciller y vicepresidente, este anuncio lo colocaba ante un desafío diferente. Tras el deceso de Chávez y un periodo de duelo nacional, el Consejo Nacional Electoral otorga diez días para el desarrollo de la campaña electoral. Cabe destacar que siete meses antes, Chávez había ganado nuevamente en las elecciones presidenciales con 11 puntos de diferencia sobre la oposición (CNE, 2012). Durante su campaña Maduro decide apelar a la emotividad popular y a la fidelidad política del electorado. También crea una identidad entre su figura y la de Chávez, incluso durante sus alocuciones repite gestos y maneras discursivas de éste (Uzcátegui, 2013: 10).

Pese a que el 14 de abril de 2013 Maduro gana las elecciones, la diferencia con el candidato opositor se reduce a menos de un punto porcentual (CNE, 2013). El ascenso al poder de Maduro no se produce por la explotación de un discurso anti-*establishment*, sino por representar la continuidad de un proyecto político. Maduro hereda una sociedad divida en dos bloques antagónicos. Sin embargo, sin Chávez, el bloque del «pueblo» comienza a perder la homogeneidad brindada por el líder. En el espacio político surgen otras opciones: chavistas que no respaldan a Maduro.

III. RELACIÓN CON LA DEMOCRACIA

Uno de los aspectos de mayor estudio en el campo del populismo es su relación con la democracia. Una pregunta que puede guiar la discusión es la planteada por Urbinati (1998): ¿cómo interpreta la democracia el populismo? Desde una perspectiva liberal el populismo no es democrático. Entre las razones que justifican este aserto destacan las siguientes: asimila la voluntad del pueblo a la de la mayoría, no adopta una configuración plural de lo político y privilegia el principio de identidad sobre el de representación (Peruzzotti, 2008). Sin embargo, el populismo posee un potencial democratizador (De la Torre, 2010; Philip y Panizza, 2011), dado que comporta la incorporación de un sector previamente excluido en lo político. Asimismo, devuelve el componente emocional a lo político, a veces extraviado en un sistema altamente procedimental (Mouffe, 2005).

Así, cuando se trata de evaluar la democracia en el populismo, un mismo evento puede tener varias lecturas. En 2006, Chávez crea los Consejos Comunales (CC), cuyo objetivo era atender políticas públicas de forma directa a través de la participación popular. Los CC permitieron a la comunidad involucrarse en la solución de sus problemas, lograr inmediatez y potenciar aptitudes de planificación (Machado, 2009). Los CC incidieron en la mejora de la calidad de vida de zonas populares y generaron inclusión (González, 2013). Sin embargo, los CC también presentaron aspectos no tan positivos. Fueron organizaciones creadas de arriba hacia abajo que acabaron por consolidar estructuras clientelares (González, 2013: 47; García-Guadilla, 2008). Además, sus funciones se solaparon con las de otras instancias administrativas. En cuanto al presupuesto, la asignación dependía directamente de la Presidencia y no existía una contraloría externa a los CC (Machado, 2009: 119). De esta manera, la democracia ganó cuando los CC lograron inclusión y participación, pero perdió cuando consolidaron estructuras clientelares y de autonomía limitada.

Chávez convivió entre formas democráticas y autoritarias. Sin embargo, durante sus últimos dos gobiernos, las prácticas autoritarias, vinculadas a una concentración de poder, se acentúan (Arenas y Gómez, 2006; López, 2011). Añadido a lo anterior, resaltan en privaciones de libertad como la de la jueza María Lourdes Afuini y la del exministro de Defensa Raúl Isaías Baduel. Actuaciones que entran en contradicción con sus primeros años de gobierno, donde los derechos humanos registran mejorías (López y Lander, 2009: 549). Esta tensión entre democracia y autoritarismo se prolongará en sus distintos mandatos, pero la misma irá acompañada por su preocupación de mantener una lectura más democrática que autoritaria. Muestra de ello son acciones como invitar observadores internacionales en procesos electorales controvertidos, como lo fue el referendo revocatorio de su mandato, que contó con la presencia de la Organización de Estados Americanos (OEA) y el Centro Carter. Asimismo, en 2007, asume la derrota del referendo sobre la reforma constitucional, proyecto promovido desde la Presidencia para transformar el modelo político del Estado. Aunque, posteriormente, introducirá contenidos rechazados en la reforma a través de decretos leyes.

Esta tensión en equilibrio entre democracia y autoritarismo ya no está presente en el gobierno de Maduro, dado que una serie de hechos rompen con ella. Para las elecciones a la Asamblea Nacional (AN) en 2015, Maduro niega la observación electoral a la OEA, la ONU y a la Comunidad Europea. Asimismo, después de celebrarse las elecciones y favorecer los resultados a la Mesa de la Unidad Democrática, Maduro expresa en una alocución televisiva: «Tengo dudas en construir viviendas, porque te pedí tu apoyo y no me lo diste» (*El Nacional*, 2016). A esta presión se le suma la lucha de poder entre el Tribunal Supremo de Justicia y la AN. Aunque, finalmente, ésta encubre un enfrentamiento entre el Ejecutivo y la AN.

Asimismo, durante la gestión de Maduro se ha privado de libertad a varios dirigentes de la oposición. Entre estos: Leopoldo López, dirigente del partido Voluntad Popular; Daniel Ceballos, alcalde del municipio San Cristóbal; y Antonio Ledezma, alcalde metropolitano. Al respecto, el gobierno argumenta que estos dirigentes han participado en actos desestabilizadores, han fomentado la violencia y, en ocasiones, ello se ha traducido en muertes. Desde la oposición se acusa la dilación judicial, la poca transparencia procedimental y la falta de independencia del aparato judicial.

IV. ESTILO DE LIDERAZGO Y ESTRATEGIA COMUNICACIONAL

Las conexiones entre Chávez y el pueblo no sólo provienen de circunstancias políticas, sino también de sus características personales. Estas le permiten enlazar con gran parte de la población. Se trata de un hombre mestizo y de leguaje sencillo. Chávez nace en un estado alejado de la capital venezolana, en el seno de una familia numerosa, es el segundo de seis hermanos (Marcano y Barrera,

2006: 34). Aunque entre sus aficiones de pequeño destaca el béisbol, deporte que posibilitaba el ascenso social, Chávez ingresa a la Academia Militar como medio para ganarse la vida (Marcano y Barrera, 2004: 57).

Cuando Zúquete (2008) estudia el discurso de Chávez se enfoca en la dimensión «misionaria de lo político», asociada a narrativas que refuerzan la identidad y la pertenencia, y que permiten al líder carismático conectarse con una comunidad moral. López vincula esta secularización de lo religioso, mesianismo, al problema de la legitimidad para gobernar en América Latina, como resultado de la transformación histórica de la noción de soberanía (*El Universal*, 2013). La figura del caudillo logra combinar el elemento afectivo con lo político. Estos dos elementos se encuentran en el liderazgo de Chávez, el cual no sólo prometía una renovación de lo democrático, sino también la redención del pueblo.

Parte de la cercanía de Chávez con el pueblo se cimentó a través de políticas públicas, como las Misiones, dirigidas a atender necesidades básicas de la población. Pero estas políticas estuvieron acompañadas de otros factores que estrecharían la relación pueblo-líder. En 1999 se crea el programa de televisión «Aló Presidente», con el objetivo de informar a la población sobre planes y estrategias gubernamentales (SIBCI, 2016). Durante el programa, Chávez interpeló a funcionarios públicos, contó anécdotas personales, atendió llamadas de los ciudadanos, respondió inquietudes y tomó decisiones en el instante. Así, lo mediático logró permear inmediatez en lo político.

A este espacio se añaden diversas campañas electorales donde lo emotivo destaca y, en ocasiones, se mezcla con lo religioso. En el marco de la campaña presidencial de 2012, cuyo eslogan fue «Chávez, corazón de mi patria», ante la incertidumbre de su estado de salud, Chávez pronuncia:

> Mi último sueño en esta vida, llegar a viejo y retirarme por allá, por una sabana a la orilla de un río, ¿quién sabe si Dios me concede ese último deseo de mi vida?, pero bueno, ustedes dirán: la voz del pueblo es la voz de Dios, ustedes dirán, si algún día me liberan de nuevo para volar libre otra vez por allí o si aquí tengo que quedarme rodilla en tierra con ustedes hasta el último día de mi vida (Youtube, 2012).

En esta alocución se equipara la figura del pueblo a la de Dios, además se entiende la salvación como una potestad del pueblo y no de la política democrática en su dimensión redentora (Canovan, 1999), tampoco del líder como redentor de los excluidos. De esta forma, Chávez deposita en el pueblo la facultad de liberarlo otra vez (alude a su liberación de la prisión en 1994), pero en otra vida, o atarlo a un matrimonio terrenal junto él.

Esta apelación religiosa se repite como una estrategia en el gobierno de Maduro. Sin embargo, opera de forma diferente. No persigue estrechar un lazo con el pueblo, tampoco ser redimido por éste. Se recurre al argumento del miedo y se ofrece una salida dogmática. Se trata de dos vídeos que expresan que la situación económica atraviesa dificultades, pero que el gobierno requiere de un acto de fe ciudadana (McKey, 2016). Lo contrario comportaría la pérdida de los logros consolidados por Chávez. En los vídeos se representan situaciones precarias previas a la llegada de Chávez. De esta manera, Maduro persigue movilizar a la población a través del miedo. Refuerza narrativas previas ante una popularidad desgastada por la situación económica.

No obstante, en la campaña presidencial de 2013 Maduro intentó crear su propio relato. La estrategia comunicacional no se apoyó en su experiencia dentro de la administración pública, sino en una labor previa, la de dirigente sindical en la compañía de Metro de Caracas. El propósito era generar empatía dentro de la población a través del mote de «autobusero», imagen asociada al trabajador humilde. Pese a que esta estrategia generó movilización, también quedó vinculada a Chávez bajo el eslogan: «Hugo Chávez marcó el rumbo. Maduro lleva el volante» (Canelón, 2013: 20).

V. CONCLUSIÓN

En 1998 se produce en Venezuela una ruptura populista. En dicha coyuntura confluyen los siguientes factores: una dirigencia política deslegitimada y un liderazgo que logra reconstituir una identidad colectiva; una serie de demandas populares adquieren voz frente a una institucionalidad que no logra absorberlas; la sociedad se escinde en dos: pueblo y poder. Por su parte, la democracia adopta otros esquemas, como los CC, que privilegian la participación sobre la representación. También, la democracia experimenta tensiones entre lograr su refundación y eventos que amenazan con desdibujarla.

No obstante, gran parte de este cuadro populista se pierde en el gobierno de Maduro. Su discurso no obró contra un *establishment*, sino que apostó a la continuidad de un proyecto político. Su gobierno busca la continuidad de prácticas clientelares y el equilibrio entre la democracia y el autoritarismo se resquebraja. La identidad colectiva se apoya (mayoritariamente) en narrativas previas. Sin embargo, ésta se diversifica y pierde la homogeneidad brindada por Chávez. En consecuencia, se fractura la configuración populista y ésta adquiere una dimensión más prosaica: aquella que se preocupa por mantenerse en el poder.

A Hugo Chávez le gustaba repetir que la voz del pueblo es la voz de Dios. Chávez era al tiempo el pueblo al que daba voz y la voz de Dios que hablaba también por mediación suya. Pero además de voz era el corazón del pueblo. Así el pueblo era también el cuerpo místico de Chávez que perdurará aunque su cuerpo físico se haya extinguido.

Chávez mantuvo las instituciones de la democracia al tiempo que usaba los enormes recursos del Estado para legitimarse plebiscitariamente. En paralelo desarrolló unas instituciones alternativas de «democracia directa, participativa y protagónica» que Maduro ha activado para acabar definitivamente con la democracia representativa.

CAPÍTULO 9

KIRCHNERISMO Y POPULISMO

Enrique Peruzzotti

SUMARIO: I. La coyuntura histórica. II. Programa y consignas. III. El legado del kirchnerismo. IV. Conclusiones.

El fenómeno político del kirchnerismo —término que se emplea para analizar el periodo que comprende la presidencia de Néstor Kirchner (2003-2007) y las dos presidencias de Cristina Fernández de Kirchner (2007-2011 y 2011-2015)— ha concitado apasionados debates acerca de su naturaleza y contrapuestos diagnósticos en lo que respecta a su legado. Sus defensores no dudan en calificar a dichas administraciones como los mejores gobiernos que ha tenido Argentina desde el regreso de la democracia, e incluso equiparan sus logros con el de los años dorados del peronismo, particularmente la primera presidencia de Juan Domingo Perón (1945-1952). El kirchnerismo, argumentan, no solamente sacó al país de su más profunda crisis, sino que inauguró un auspicioso periodo en la vida nacional gracias a la implementación de una batería de políticas públicas que permitieron simultáneamente lograr crecimiento económico, inclusión social y ampliación de derechos. En contraste, sus detractores consideran que decisiones macroeconómicas erróneas, la mala gestión, una corrupción generalizada, así como sus estilos populistas y pulsiones hegemónicas llevaron a desperdiciar una oportunidad histórica única (dadas las favorables condiciones externas que tuvieron lugar en América Latina durante esos años) para reencauzar a la Argentina en una senda sostenida de desarrollo y para afirmar la institucionalidad democrática.

¿Qué es lo que lleva a tan divergentes interpretaciones sobre el kirchnerismo? ¿Por qué lo que para unos aparece como un indiscutido momento de progreso social y político es considerado por otros como una preocupante regresión a recetas económicas y estilos políticos que se creían superados? Lo que subyace en el trasfondo de dichas divergencias es la presencia de visiones contrapuestas acerca de la democracia. La evaluación que hagamos del kirchnerismo está directamente ligada a la manera en que entendamos la democracia. A lo largo del periodo, las opciones se organizaron alrededor de la polaridad democracia republicana-populismo. Para los defensores de la primera, el kirchnerismo, con su exacerbado personalismo, concentración del poder en la presidencia y hostilidad hacia cualquier noción de rendición de cuentas, representaba un periodo de regresión político-institucional. Para los defensores del kirchnerismo, en cambio, el énfasis republicano en la separación y control del poder político, al enfatizar la protección de las minorías, devalúa el principio de la voluntad popular. La verdadera democracia, argumentan, es aquella que puede promover los intereses de la mayoría, incluso cuando la promoción de los mismos suponga el ignorar los mecanismos de control de la constitucionalidad.

Es por ello que tanto defensores como detractores recurren al adjetivo de populismo, ya sea para reivindicar o para criticar al kirchnerismo. Desde el campo liberal-republicano, el populismo que el kirchnerismo supuestamente encarna supone una perversión del ideal democrático que conlleva importantes costos para el régimen político: debilitamiento del Estado de derecho, particularmente de sus organismos de rendición de cuentas, del papel de la oposición, y de una esfera pública autónoma. Desde una perspectiva opuesta, se reivindican las credenciales populistas del kirchnerismo y sus intentos de romper el corsé institucional republicano en aras de promover una versión más radical de democracia. Esta es la visión, por ejemplo, del principal promotor intelectual de la vía populista, Ernesto Laclau, quien fue un férreo defensor político del kirchnerismo y quien consideraba que el kirchnerismo debía incluso profundizar sus rasgos populistas. Como puede observarse, la noción de populismo ha provisto uno de los ejes conceptuales alrededor del cual se organizó el debate público sobre la experiencia kirchnerista, lo que hace inevitable referir a dicha relación a la hora de evaluar dicho fenómeno político.

¿Es el kirchnerismo una expresión contemporánea del populismo? ¿Cuáles de sus rasgos son propiamente populistas y cuáles se diluyen en la tradición presidencialista que caracteriza a toda la región? A la hora de tratar de responder a dichas cuestiones es útil recurrir a las categorías propuestas por los coordinadores del presente volumen, pues nos ayudan a ordenar diferentes dimensiones del kirchnerismo y de qué manera éstas se alinean o no con la noción de populismo. Es por ello que en los siguientes párrafos analizaremos al fenómeno político del kirchnerismo partiendo de tres ejes ordenadores: *a*) la coyuntura histórica que le da origen; *b*) el programa de gobierno y las consignas discursivas que caracterizaron las tres presidencias de la larga década kirchnerista, y *c*) el legado de dicha experiencia.

I. LA COYUNTURA HISTÓRICA

Néstor Kirchner llega al poder en lo que fue una coyuntura populista por excelencia. Su arribo al poder en las peculiares elecciones presidenciales de 2003 tiene lugar en un escenario fuertemente marcado por las consecuencias de la debacle política y socioeconómica de la crisis de 2001. A pesar de que los momentos más dramáticos de la crisis habían tenido lugar durante la corta presidencia de Eduardo Duhalde (2002-2003), la sensación de precariedad y desamparo que la misma había generado aún estaba fuertemente presente en las mentes de los argentinos. Aunque se insinuaba el comienzo de la recuperación económica, tanto el contexto político institucional como socioeconómico se caracterizaban aún por su marcada fragilidad. En este sentido, dicho contexto suponía la combinación ideal de los ingredientes de toda receta populista: por un lado, un profundo descrédito de la clase política (expresado en la consigna central de las jornadas de diciembre de 2001 «que se vayan todos») y de la institucionalidad representativa.

Por otro lado, una notable activación social de grupos sociales afectados por la crisis (deudores hipotecarios, movimiento de trabajadores desocupados, fábricas recuperadas, etc.), activación que se traducía en una notoria expansión de la protesta social. Si uno toma la teoría laclauniana del populismo al pie de la letra, la Argentina que encuentra Néstor Kirchner al llegar a la presidencia presentaba el escenario ideal para el surgimiento de un liderazgo populista: *a*) la existencia, por un lado, de una gran cantidad de demandas insatisfechas que se expresa en la proliferación horizontal de la protesta social y *b*) un sistema representativo seriamente desacreditado. A estas dos condiciones domésticas se le agregaba una variable externa adicional: la presencia de un contexto regional caracterizado por la aparición de liderazgos como el de Hugo Chávez en Venezuela y el de Luiz Inácio Lula da Silva («Lula») en

Brasil, los cuales indicaban una vuelta de página con respecto al consenso de Washington y las recetas neoliberales que habían marcado la agenda en los noventa. En síntesis, tanto la estructura de oportunidades políticas doméstica como regional eran particularmente propicias para el desarrollo de un proceso populista.

En la interpretación de Ernesto Laclau, hubo un claro intento de Néstor Kirchner de articular de manera populista las diversas demandas que estaban dispersas en la sociedad, con el fin de consolidar un proyecto de gobierno de ese perfil. Según dicho autor, las numerosas medidas que fueron tomadas en los primeros años de la presidencia de Kirchner (la reapertura de juicios por crímenes de lesa humanidad cometidos durante la dictadura militar, el cuestionamiento a las políticas neoliberales y la ruptura con el FMI, el enfrentamiento con las empresas extranjeras, y la promoción de procesos de integración regional que buscaran contrarrestar los intentos de Estados Unidos de establecer un área de libre comercio en las Américas) deben verse como intentos de articular verticalmente al diverso universo heterogéneo de demandas que caracterizaba al escenario social argentino post-convertibilidad. En este marco se ubica también el proyecto de una nueva «transversalidad» que promoviera Néstor Kirchner a fin de reorganizar el mapa político argentino alrededor de una matriz política superadora del peronismo. La transversalidad apuntaba a reorganizar un sistema político que había explosionado en 2001 en torno a un nuevo eje cuyo ápice sería el kirchnerismo. Dicho proyecto no se pensaba como una mera renovación del Partido Justicialista, sino como una superación de la matriz sobre la que esta estructura se asentaba. Lo anterior suponía barajar los naipes de nuevo, dejando fuera de la nueva estructura a dirigentes y exponentes tradicionales del Partido Justicialista (PJ) y promoviendo la integración a la misma de otros sectores de la sociedad política [principalmente grupos provenientes de la Unión Cívica Radical (UCR) y de la fallida Alianza] así como muchos de los nuevos movimientos que habían surgido en el campo popular tras la crisis.

El proyecto de transversalidad entrará en crisis terminal con la votación adversa al proyecto de ley del gobierno de aumento de los impuestos a las exportaciones agrarias por quien en ese momento era quizá su mayor exponente: el vicepresidente de la Nación, Julio Cobos, dirigente radical que había secundado a Cristina Fernández de Kirchner (CFK) en la fórmula presidencial que la consagraría presidenta en 2007. A partir de ese momento Cobos emprende su retorno a las huestes de la oposición y los Kirchner al Partido Justicialista, aunque en este último caso, la relación entre ambos se caracterizará por constantes idas y vueltas. Los conflictos entre la presidenta e importantes sectores del partido se agravarán a medida que avanzan los años, particularmente en la última presidencia de CFK.

II. PROGRAMA Y CONSIGNAS

El kirchnerismo ha sido mucho más un proyecto de poder que un proyecto de gobierno organizado alrededor de un programa coherente y de una visión estratégica acerca del futuro del país. A pesar de las reiteradas referencias que se hicieran desde el gobierno al modelo y de la reaparición del discurso sobre lo nacional-popular, a lo largo de sus doce años de gobierno el kirchnerismo se caracterizó más por sus discontinuidades, contradicciones e improvisaciones que por la existencia de un programa ideológicamente coherente. En áreas centrales de gobierno, como pueden ser la economía o la política hacia los medios, el periodo kirchnerista presentó notorias discontinuidades, las cuales ponen en duda la propia existencia del kirchnerismo como fenómeno político homogéneo. En las dos áreas anteriormente mencionadas, la economía y la política hacia los medios de comunicación, existen más continuidades entre la presidencia de Néstor Kirchner y la de su antecesor, Eduardo Duhalde, que entre el primero y las medidas que posteriormente adoptaría su esposa en el ejercicio de la presidencia[1].

Muchas de las banderas simbólicas que el gobierno blandió en sus últimos años, y que eran presentadas como las grandes columnas sobre las que se apoyaba el modelo —la Asignación Universal por Hijo, la eliminación del sistema de capitalización privado (Administradora de Fondos de Jubilación y Pensiones, AFJP), la nacionalización de YPF (Yacimientos Petrolíferos Fiscales, que era propiedad de Repsol), o la ley de Servicios de Comunicación Audiovisual— no habían siquiera figurado en la agenda gubernamental de la presidencia de Néstor Kirchner. Es interesante en este último sentido la evolución paralela de los temas AFJP e YPF. En los primeros años Néstor Kirchner y CFK estuvieron cómodos con el *statu quo* priva-

---

[1] Dos interesantes análisis que cuestionan la unidad y coherencia del kirchnerismo como un fenómeno político homogéneo se encuentran en Becerra (2015) y Damill y Frenkel (2015), trabajos que, respectivamente, analizan las profundas discontinuidades que existen entre los gobiernos de Néstor Kirchner y CFK en el área comunicacional y en la política económica.

tista heredado de los gobiernos de Menem, De la Rúa y Duhalde. Más adelante realizaron algunas reformas tímidas: se permitió a los aportantes volver al régimen jubilatorio estatal y se presionó a Repsol para que vendiera un 25 por 100 de su paquete accionario de YPF al Grupo Petersen (de la familia Eskenazi), un conglomerado empresario local cercano a Néstor Kirchner. Finalmente, unos años más tarde se decidió una reforma más drástica: la estatización de todas las AFJP en noviembre de 2008 y la expropiación del 51 por 100 del paquete accionario de YPF en mayo de 2012.

En términos discursivos, el kirchnerismo se caracterizó por constantes esfuerzos por reorganizar el campo político alrededor de una visión dicotómica de la realidad social característica de la construcción discursiva e identitaria del populismo. Este tipo de interpelación política se agudizará durante las dos presidencias de Cristina Fernández de Kirchner, y adquirirá particular dramatismo en la etapa inicial de su primera presidencia con la irrupción del llamado conflicto con el campo, resultado de la movilización de las principales asociaciones de productores agrícolas frente al anuncio unilateral del gobierno de aumento de los impuestos a las exportaciones. Similares estrategias discursivas serán empleadas en años subsiguientes con los conflictos que respectivamente se suscitaron por los intentos del gobierno de doblegar al grupo mediático Clarín y por sus proyectos de reforma judicial y constitucional.

Sin embargo, el kirchnerismo no fue exitoso al establecer la divisoria de aguas que todo proyecto populista requiere para ser políticamente efectivo. Incluso Laclau, uno de los más fervientes defensores intelectuales del kirchnerismo, admite que ni Néstor ni Cristina Fernández de Kirchner lograron promover un proceso de identificación y polarización equivalente al que había suscitado el peronismo en sus años dorados o Hugo Chávez en la Venezuela contemporánea. El kirchnerismo, argumenta Laclau, no logró cristalizar la partición política de la sociedad en dos campos irreconciliables. Por eso define a la experiencia kirchnerista como «un populismo a medias» y, a lo largo de los años en sus numerosas intervenciones públicas en defensa del proyecto político kirchnerista, instaba al gobierno a «poner las cosas negro sobre blanco» al objeto de lograr un proceso efectivo de polarización política de la sociedad argentina alrededor del eje kirchnerismo-antikirchnerismo (Peruzzotti, 2015):

> Lo que quisiera ver es una interpelación más fuerte a los sectores populares por parte del Gobierno. Porque presentar una especie de catálogo de medidas progresistas está muy bien, pero eso no es suficiente. Esas medidas

progresistas tienen que ir cristalizándose a través de *slogans* y símbolos que vayan presentando una división radical de la sociedad. Como lo hicieron *slogans* de pasado como «Patria o coloniaje», o «Braden o Perón»: ese tipo de cosas es la que todavía está faltando para poner las cosas negro sobre blanco (Laclau, 2009).

La crítica de Laclau es acertada al señalar que el kirchnerismo fracasó en dividir tajantemente a la opinión pública o al electorado en dos campos rígidos. Las sinuosas dinámicas electorales que tuvieron lugar en esos doce años ejemplifican dicho fracaso. Si hubo polarización ésta estuvo acotada a campos sociales específicos, mayormente el periodismo, ciertos círculos artísticos y la academia (Gervasoni y Peruzzotti, 2015). En un lúcido análisis, Vicente Palermo destaca un rasgo que él considera debilitó la estrategia discursiva del gobierno: la falta de definición de un enemigo claro y permanente (Palermo, 2011). A lo largo de los tres periodos de gobierno, argumenta Palermo, el kirchnerismo fue rotando coyunturalmente de enemigos —el menemismo, las empresas extranjeras, el Fondo Monetario Internacional (FMI), el campo, los medios, la corporación judicial— contra los cuales se presentaron batallas puntuales que en la mayoría de los casos dieron réditos políticos de corto plazo, pero que no sirvieron como principio de estructuración de un nuevo eje de división política de la vida argentina (Palermo, 2011: 101).

III. EL LEGADO DEL KIRCHNERISMO

¿Representa el kirchnerismo la inauguración de un nuevo modelo de desarrollo o de una nueva era política? El discurso fundacional estuvo muy presente a lo largo de las tres presidencias. El kirchnerismo se presentaba como un nuevo movimiento político que aspiraba a reestructurar tanto la vida política como la estructura socioeconómica argentina. A pesar de sus ambiciones, diversos análisis señalan la incapacidad del kirchnerismo de torcer las condiciones estructurales dinámicas o las dinámicas políticas que han marcado con su impronta la evolución socioeconómica y política del país en décadas recientes. Tomemos dos áreas centrales a la pretensión del kirchnerismo de haber instaurado un modelo caracterizado por el fuerte crecimiento económico y la inclusión social.

Un análisis sobre el desempeño económico del periodo (2003-2012) desde una perspectiva que tenga en cuenta los ciclos de contracción y expansión de la economía de largo plazo muestra que el desempeño de la misma está lejos de ser excepcional (Streb, 2015).

Los números del periodo kirchnerista son impresionantes si se los compara con los índices que resultaron de la crisis de 2001, es decir, cuando tocó fondo la recesión de la economía argentina. El crecimiento evidenciado a partir de 2003 refleja la fase expansiva del ciclo que tuvo lugar entre ese año y 2007 (los famosos años de tasas de crecimiento chinas), pero no nos da una visión más global acerca del desempeño de largo plazo de dicha economía. Para ello, se debe ampliar el enfoque de la lente a fin de poder observar qué sucede con la economía argentina a lo largo de un ciclo de expansión-contracción completo. Desde esta última perspectiva, la tasa promedio de crecimiento del ciclo 1998-2012 es de 2,6 por 100 anual frente al 3,1 por 100 del ciclo anterior (1987-1998).

Algo similar ocurre con la evolución de las variables de la estructura social del país. Si bien a partir de 2002 se produce una notable recuperación del nivel de actividad económica, del consumo interno y del empleo, así como un notorio aumento del gasto social que resulta en una importante mejora de los principales indicadores de bienestar social, las políticas públicas implementadas no lograron alterar los rasgos de una estructura social que condena a casi un cuarto de la población argentina a una situación de marginalidad estructural. La sostenida política de promoción del empleo y de recuperación de los salarios, la expansión de la cobertura previsional, la Asignación Universal por Hijo, y de programas de asistencia social como Remediar, el Plan Nacer y el Programa Nacional de Seguridad Alimentaria fueron responsables de una notoria mejoría de la situación social (Repetto, 2015). Dichas medidas, sin embargo, mejoraron fundamentalmente la situación de los sectores asalariados y las clases medias, pero no tuvieron similar impacto en aquellos sectores que se ubican en los últimos puestos de la estructura social. Los programas de transferencias de ingresos cubrieron efectivamente las necesidades más urgentes de estos últimos sectores sin alterar su posición de marginalidad estructural (Salvia, 2015).

Finalmente, el kirchnerismo tampoco modificó sustancialmente la naturaleza de los ciclos políticos que caracterizan a la democracia argentina. Por el contrario, durante el periodo se exacerbaron ciertos patrones de ejercicio del poder que le han dado una particular impronta a la política argentina desde el retorno democrático: una fórmula de poder excesivamente personalizada, reticencia del poder a someterse a mecanismos de rendición de cuentas, escaso desarrollo de capacidades estatales. Lo que sí distingue a este ciclo político de anteriores ciclos «delegativos» es en primer lugar su mayor extensión y perdurabilidad frente a anteriores ciclos y, en segundo lugar, el hecho de que el ciclo no culminó con una crisis: a pesar del notorio deterioro de las variables macroeconómicas que se tradujo en desaceleración y posterior estancamiento económico, CFK culminó su mandato con importantes niveles de aprobación popular. Lo anterior dista, sin embargo, de establecer al kirchnerismo como una divisoria de aguas en la política argentina, como era la aspiración del matrimonio gobernante y de muchos de sus seguidores. En las elecciones presidenciales de 2015, el candidato peronista Daniel Scioli fue derrotado por Mauricio Macri, poniéndose así fin al ciclo kirchnerista.

IV. CONCLUSIONES

Laclau definió al kirchnerismo como un «populismo a medias». Dicha expresión refiere a un tipo de experiencia populista específica, que en este caso puede ser entendida como un *subtipo poco exitoso de populismo en el gobierno* donde el recurso a estilos, políticas, y discursos populistas, aunque provee réditos políticos coyunturales, fracasa en el intento de promover la división política de la sociedad alrededor del eje kirchnerismo *vs.* antikirchnerismo. Lo que desde la teoría laclauniana puede ser leído como un resultado político subóptimo, no lo es desde una perspectiva democrática republicana. Se pueden esgrimir diversos argumentos sobre las razones que impidieron a los Kirchner consagrarse como líderes plenamente populistas, lo que sí es innegable es que dicho fracaso evitó que Argentina entrase en un ciclo de politización destructiva. La nueva democracia argentina, si bien frágil en muchas dimensiones, ha mostrado que posee anticuerpos que pueden combatir con éxito las pulsiones autoritarias que aún persisten en algunos sectores políticos.

Aunque el kirchnerismo es un populismo incompleto eso no quiere decir que no haya intentado remedar de todas las maneras posibles una comunión entre el matrimonio Perón y esta segunda pareja presidencial peronista. En esta ocasión los Kirchner reproducen un icónico abrazo de Perón y Evita.

En la liturgia peronista el 17 de octubre es la fecha climatérica en la que la masa se convierte en pueblo por intercesión del líder providencial que deviene conductor. Cristina Fernández de Kirchner (CFK) ha intentado oficiar el ritual en un contexto algo más desencantado que el original.

CAPÍTULO 10

RAFAEL CORREA: ENTRE LAS PROMESAS DE DEMOCRATIZACIÓN Y EL AUTORITARISMO

Carlos de la Torre

SUMARIO: I. Las promesas de inclusión populistas. II. Cooptando[1] y reprimiendo a la sociedad civil. III. Colonizando la esfera pública. IV. El *boom* económico y la renta petrolera. V. Construyendo una nueva hegemonía: las elecciones permanentes. VI. Conclusiones.

Rafael Correa llegó al poder en 2007 con la oferta populista de devolver la democracia a los ciudadanos. El Plan de Gobierno de su movimiento político, Alianza PAIS 2007-2011, prometió «un modelo participativo a través del cual todos los ciudadanos y ciudadanas puedan ejercer el poder, formar parte de las decisiones públicas y controlar la actuación de sus representantes políticos». Se propuso convocar una asamblea constituyente para forjar «un proyecto de vida común, un acuerdo social amplio» en que la «sociedad movilizada tendrá que participar no sólo en la elección de asambleístas», sino que podrá «adueñarse de la Constitución y luego presionar para que se cumpla lo acordado».

Estas promesas de forjar una democracia participativa y deliberativa se formularon al tiempo que se creaba en la persona de Rafael Correa el símbolo de las aspiraciones de cambio. En un contexto de crisis de las instituciones políticas y de los movimientos sociales y con partidos de izquierda débiles Correa se transformó en la encarnación del proyecto de la revolución ciudadana. Su visión maniquea

---

[1] Cooptar: americanismo que significa captar la adhesión de alguien, generalmente con fines políticos, valiéndose de acciones reprobables.

de la política como una lucha moral entre el pueblo y sus enemigos no permitió que se articularan voces críticas. Se sustituyó la diversidad de opiniones, proyectos y visiones de la población por la noción populista del pueblo como uno, del pueblo como un sujeto con un proyecto y voluntad única que está encarnada en el líder.

Una vez asumió el poder, Correa entró en conflicto con las instituciones políticas como el Congreso, el Tribunal Supremo Electoral y el Tribunal Constitucional que, de acuerdo a su visión, estaban en manos de la partidocracia. El conflicto sobre la constitucionalidad y legalidad de convocar a una Asamblea Constituyente de plenos poderes fue resuelto a favor del gobierno, que logró la destitución de 57 congresistas que estaban en contra de la iniciativa, y de la destitución de nueve jueces del Tribunal Constitucional (Conaghan, 2008: 205-206). Una vez instalada la Asamblea Constituyente arbitrariamente declaró que el Congreso estaba en receso y se atribuyó potestades legislativas. Se creó una nueva institucionalidad y se la proveyó de personajes fieles al ejecutivo, por lo que Correa llegó a controlar todos los poderes del Estado y las instituciones de rendición de cuentas horizontales. Entre 2006 y 2014 Correa convocó nueve elecciones que se dieron en «canchas inclinadas» que favorecieron a su movimiento político. En 2015 la Asamblea Nacional modificó la constitución de 2008 para permitir la reelección indefinida de Correa.

I. LAS PROMESAS DE INCLUSIÓN POPULISTAS

Tres factores endógenos explican la llegada de Correa al poder:

El primero fue una crisis de representación política. Entre 1997 y 2005 tres presidentes electos fueron destituidos por un congreso que, usando artimañas legales, terminó con sus presidencias. Los partidos políticos tradicionales fueron retratados por los medios de comunicación, y así fueron vistos por la ciudadanía, como una partidocracia corrupta que servía los intereses del Fondo Monetario Internacional (FMI).

Correa llegó al poder prometiendo mejorar y profundizar la democracia con políticas públicas que dieran fin al neoliberalismo y redistribuyeran la riqueza. Inspirándose en las demandas de los movimientos sociales y en el ejemplo de Hugo Chávez, prometió convocar a una asamblea constituyente participativa. La nueva Constitución, a la vez que reconoció derechos colectivos y aun los derechos de la naturaleza, concentró el poder en el ejecutivo. Esta nueva constitución restringió las capacidades de control y supervisión del legislativo al ejecutivo, centralizó el poder central, disminuyendo el poder de los gobiernos locales, y estableció el control estatal sobre la sociedad civil y la esfera pública (Montúfar, 2013: 313).

El segundo factor que explica el surgimiento del populismo de Correa fueron los movimientos masivos de resistencia al neoliberalismo. Entre 1997 y 2005 tres presidentes no pudieron terminar sus mandatos debido a que insurrecciones populares e indígenas, en contra del neoliberalismo y de la corrupción, contribuyeron a dar fin a sus gobiernos.

La tercera causa que explica la emergencia del populismo de izquierda en Ecuador fueron las demandas de soberanía nacional. En un intento desesperado por frenar la hiperinflación, el gobierno de Jamil Mahuad cambió la moneda nacional, el sucre, por el dólar americano. Ecuador cedió la base militar de Manta para que las fuerzas armadas de los Estados Unidos controlaran el tráfico ilegal de estupefacientes y de personas. Miles de ecuatorianos migraron a España para escapar de la crisis económica de 1999-2000. Correa prometió restaurar el interés de la nación y concibió su gobierno como parte de un proceso continental y aun global de resistencia al neoliberalismo. La orientación de su política exterior fue antiimperialista y se unió al ALBA creado por Hugo Chávez y Fidel Castro para contrarrestar los acuerdos de libre comercio impulsados por los Estados Unidos.

II. COOPTANDO Y REPRIMIENDO A LA SOCIEDAD CIVIL

Si bien el gobierno de Correa atendió demandas de los movimientos sociales y de la izquierda —terminar con las políticas neoliberales, impulsar una política exterior independiente de los Estados Unidos, que diera fin a la concesión de la base militar de Manta y a los tratados de libre comercio, y convocar una nueva asamblea nacional constituyente— el gobierno acabó por entrar en confrontaciones con estos sectores. Los partidos de izquierda Pachakutik y Movimiento Popular Democrático (MPD), la Confederación de Nacionalidades Indígenas el Ecuador (CONAIE), sectores del ecologismo, sindicatos de profesores, los sindicatos públicos y algunos movimientos estudiantiles se enfrentaron al ejecutivo (Martínez Novo, 2013; Ospina, 2013).

Según el gobierno estos conflictos se debieron a que los movimientos sociales y la izquierda formaban parte de sectores corporativistas que representaban intereses particulares y no el interés nacional. Funcionarios e intelectuales del gobierno sostuvieron que para que el Estado representara los intereses nacionales debía ser rescatado de la injerencia de diferentes grupos corporativos como los gremios empresariales, los maestros, los empleados públicos y los liderazgos de los movimientos indígenas. Estos grupos, al ser incorporados al Estado como funcionarios y como rectores de las políticas públicas para su sector, viciaron y corrompieron, según el gobierno, el carácter universalista de las políticas estatales con criterios particularistas. Además, algunos grupos, como los indígenas, negociaron ser los administradores de políticas públicas para su sector como la educación intercultural bilingüe. Para dar fin al corporativismo de los líderes de la CONAIE, por ejemplo, se transfirió el control de la educación intercultural bilingüe del movimiento indígena al Estado y se quitaron fondos a las instituciones estatales que estaban controladas por los movimientos sociales, como son el Consejo de la Mujer y el Consejo de Nacionalidades y Pueblos Indígenas. También se pidió a todas las ONG que se registraran y se sometieran a la tutela estatal. Se creó legislación que disuelve organizaciones sociales que se dediquen a la política, actividad reservada a los partidos y movimientos políticos. Funcionarios del gobierno, además, señalan que el momento de la protesta callejera, que fue efectivo en la lucha en contra del neoliberalismo, no tiene cabida en un régimen de izquierda. Consideran que la protesta hace el juego a la derecha y a los intereses de los liderazgos corporativos.

La estrategia de Correa fue debilitar y cooptar a los movimientos sociales (Ortiz, 2013). En una larga entrevista con *New Left Review* Rafael Correa (2012), por ejemplo, sostuvo que su gobierno negocia directamente con las bases indígenas, aislando a los dirigentes de la CONAIE, que son tachados de líderes corporatistas. Correa semanalmente insulta a los líderes indígenas con calificativos racistas que ningún político de derecha se permitiría utilizar (Martínez Novo, 2013). Pero su ataque a los movimientos sociales va más allá de la intimidación verbal. Doscientos líderes están acusados de terrorismo y sabotaje. José Acacho, líder Shuar elegido asambleísta en febrero de 2013 por Pachakutik, está condenado a doce años de prisión; y Mery Zamora, dirigente del gremio de los profesores y del partido Movimiento Popular Democrático, a ocho años. Un grupo de universitarios cercanos al PCMLE (Partido Comunista Marxista Leninista de Ecuador) conocidos como *Los 10 de Luluncoto*, por el barrio donde vivían en Quito, cumplieron una pena de un año de prisión por tentativa de sabotaje y terrorismo.

El gobierno también ha utilizado a organizaciones indígenas más pequeñas como la Federación Nacional de Organizaciones Campesinas, Indígenas y Negras (FENOCIN) y a la vieja organización del Partido Comunista, la Federación Ecuatoriana de Indios (FEI), para fragmentar a la organización más grande que es la CONAIE. Doris Solíz, cuando fue Ministra Coordinadora de la Política y Gobiernos Autónomos Descentralizados en 2010, explicó que el gobierno busca la renovación de liderazgos de las élites indígenas por sectores más abiertos al diálogo[2]. Los intentos de crear una sociedad civil afín al correísmo no han logrado silenciar la protesta. La izquierda y los movimientos sociales han estado al frente de la resistencia a las políticas extractivistas y autoritarias del gobierno de Correa. El gobierno incrementó la represión durante las jornadas de protesta en contra de su reelección de agosto y diciembre de 2015[3].

III. COLONIZANDO LA ESFERA PÚBLICA

El gobierno de Correa no sólo está minando la autonomía de la sociedad civil, también está en guerra con los medios de comunicación privados calificados por el presidente como la prensa «mercantilista y burguesa». Los casos más conocidos fuera del Ecuador son los juicios a los periodistas Emilio Palacio, Juan Carlos Calderón y Christian Zurita que fueron condenados por la justicia por daños morales a Correa, para luego ser perdonados por el Presidente. Se conoce menos que figuras importantes de la televisión como Carlos Vera, Jorge Ortiz y Janeth Hinostroza perdieron sus trabajos.

Correa argumenta que la información es un bien público y que el Estado debe regular los contenidos y marcar los parámetros de cómo un bien público es administrado por manos privadas. El Estado no sólo debe regular a los medios, sino también tiene que tener medios de su propiedad para responder y contestar a las «mentiras» de los medios privados. Antes de que Correa subiera al poder sólo existía la Radio Nacional del Ecuador, durante su gobierno se han creado veinte medios públicos, que abarcan desde estaciones de televisión incautadas a banqueros que tenían deudas con el Estado,

---

[2] http://www.mcpolitica.gob.ec

[3] http://www.planv.com.ec/historias/sociedad/del-levantamiento-indefinido-al-gobierno-paralelo/pagina/0/1

hasta periódicos y emisoras de radio. En un país sin una tradición de periodismo público, éstos actúan como medios al servicio del gobierno. Durante su gobierno lo público devino en lo estatal y lo estatal en lo oficial controlado por la presidencia.

Correa está convencido de que los medios tienen «una enorme capacidad de moldear la opinión pública e influenciar votos» (Waisbord, 2013: 43). Cuando llegó al poder manifestó: «Ganamos las elecciones, pero no el poder. El poder está controlado por los intereses económicos, la banca, la partidocracia y los medios conectados a los bancos» (Conaghan, 2008: 200). Ya que se asume que los medios privados ligados al gran capital tienen un gran poder en manufacturar la hegemonía, el gobierno necesita informar directamente a los electores y corregir las «mentiras» de los medios.

Los ecuatorianos, anota Catherine Conaghan (2008: 200), «nunca tuvieron un presidente tan obsesionado y tan hábil en la comunicación y en las relaciones públicas». El gobierno se dirige a los ciudadanos a través de cadenas de comunicación desde las que informa sobre sus labores y su obra. La mayor parte de los programas se centran en Correa, que visita el país, inaugura y supervisa obras. Las cadenas recurren al patriotismo con el eslogan «¡La patria ya es de todos!» que aparece junto a la canción «Patria»[4]. Así se da continuidad a los temas de la campaña que desde 2006 apelaron al nacionalismo y que pintaron a Correa como la encarnación de la nación: «pasión por la patria» y «la patria vuelve».

La innovación mediática más importante de su gobierno son los *enlaces ciudadanos* que se transmiten en radio y televisión todos los sábados del año (De la Torre, 2013). Los enlaces permiten que el presidente se convierta en una figura carismática que simbólicamente es el «centro de la nación» que irradia su poder hacia todos sus rincones (Geertz, 1985). El poder se materializa en el verbo del Presidente, que insulta y cuestiona la mediocridad de sus rivales; exige más trabajo y mejores resultados a sus colaboradores; halaga a su pueblo, al que sirve trabajando sin descansar y al que explica didácticamente, como el profesor de la nación, todas sus acciones de la semana. Además, y en términos más pragmáticos, en los *enlaces* Correa marca la agenda noticiosa que en gran parte se centra en lo que el Presidente dijo.

Los *enlaces* coinciden con los gabinetes itinerantes en que todos los ministros viajan con el Presidente a una provincia para trabajar con las autoridades locales y tener contacto directo con los mora-

---

[4] https://www.youtube.com/watch?v=hJ9_AhGHgwc

dores que acuden a los actos culturales en honor al gobierno. El *show* televisivo y radiofónico permite crear redes de apoyo, pues el día anterior el Presidente y su gabinete han dialogado con las autoridades locales de provincia y escuchado sus pedidos para obras y recursos.

Durante los *enlaces* se repite siempre el mismo ritual. Correa se sienta en un podio alto desde donde como el profesor de la patria da cátedra a todos los ecuatorianos. Utiliza presentaciones de *power point* para ilustrar con cifras y datos técnicos sus políticas de gobierno. Sus cátedras magistrales son interrumpidas por el aplauso de los asistentes, o por sus preguntas al auditorio que son contestadas con el sí o el no. De esta manera se escenifica claramente el poder: el presidente-catedrático de la nación está por encima de un público que lo aclama, pero que no tiene la posibilidad de entablar un diálogo crítico con el primer mandatario.

Los segmentos más esperados de los *enlaces ciudadanos* son los utilizados para corregir las «mentiras» de los medios e informar de la «verdad», que es la palabra de Correa. Presenta imágenes de sus críticos, que aparecen como los enemigos de la patria. Ha calificado a los periodistas de «manipuladores, mediocres, corruptos, conspiradores, sicarios de tinta y golpistas». Las palabras del presidente han motivado que algunos de sus seguidores exaltados amenacen a los periodistas aludidos. Por ejemplo, el periodista Martín Pallares fue amenazado de muerte (Fundamedios, 2014: 25 y 27).

La estrategia presidencial ha resultado en el temor y autocensura de los medios, y en el empobrecimiento de los debates públicos. En la lógica maniquea polarizadora del discurso presidencial, en la que sólo hay amigos o enemigos, no hay lugar para las sutilezas y las complejidades del periodismo y para el debate sobre lo público. O se está a favor y se alaba la obra del gobierno o, si se critica, se corre el riesgo de despertar la ira del Presidente. Si sólo fuesen sus insultos no sería tan grave. Lo que atemoriza es que luego de la descalificación presidencial se amenaza a los periodistas con el peso de la ley. Siguiendo la vieja costumbre de «para mis amigos todo, para mis enemigos la ley», el gobierno utiliza su control de la justicia para aplicar leyes selectivamente. «El legalismo selectivo o legalismo discriminatorio» utiliza la formalidad de la autoridad legal de manera discrecional (Weyland, 2013: 23). Cuando el Presidente amenaza con la ley a opositores o a periodistas, ya se conoce que serán encontrados culpables y que probablemente tendrán que, además de ir presos, pagar millonarias sumas por haber atentado en contra de su «honor».

Con el objetivo de estrangular económicamente a los medios privados, Correa prohibió que el Estado diera publicidad a los medios «mercantilistas» y aumentó los costos del papel. Los medios privados tienen la alternativa de bajar el «tono» de su política editorial y abandonar la investigación sobre abusos de poder del gobierno para mantenerse en el negocio o el riesgo de que quiebren sus empresas. *Diario Hoy*, el segundo periódico más importante de Quito, se dejó de publicar y quebró por la estrangulación económica del gobierno. *El Comercio* de Quito, el periódico más emblemático de la capital, fue vendido al empresario mexicano Ángel González, propietario de medios que son cercanos a los gobiernos de turno en toda Latinoamérica[5]. Emisoras de radio críticas han perdido las concesiones de sus frecuencias.

La prensa crítica migró de los diarios impresos a la web. Los periodistas que perdieron su empleo por presiones del gobierno tienen blogs y se crearon portales de periodismo de investigación. Con el afán de controlar todos los espacios deliberativos, el gobierno incluyó una enmienda a la Constitución de 2008 que declara que la comunicación es un bien público que debe ser regulada por el Estado. El afán de Correa es silenciar toda crítica.

IV. EL *BOOM* ECONÓMICO Y LA DISTRIBUCIÓN DE LA RENTA PETROLERA

Correa cumplió la promesa de la campaña de 2006 de terminar con lo que denominó «la larga noche neoliberal» incrementando el gasto social, sobre todo en salud y educación. El bono de desarrollo, que es un programa de transferencia directa de dinero para los hogares más pobres, madres de familia con hijos menores de dieciséis años, ancianos y discapacitados, que en 2006 cubría a 1 millón de personas, en 2012 benefició a 1,9 millones. Además, el gobierno otorgó microcréditos y bonos de vivienda a los ancianos y los más pobres. Las políticas focalizadas han ido de la mano con el aumento del salario mínimo (Ray y Kozameh, 2012). El coeficiente de Gini, que mide la desigualdad sobre 100 puntos en los que valores más altos significan mayor desigualdad, bajó de 54 en 2006 a 47 en 2012. La pobreza por ingresos disminuyó antes de que Correa asumiera el poder del 49 por 100 en 2003 al 37 por 100 en 2006. Durante su

---

[5] http://www.planv.com.ec/historias/sociedad/el-retrato-el-fantasma-y-la-venta-el-comercio/pagina/0/1

gobierno se redujo al 27 por 100 en 2013. Sin embargo, la reducción de la pobreza no ha sido pareja. La pobreza indígena bajó apenas tres puntos del 65 por 100 en 2006 al 62,5 por 100 en 2012. Mientras que para la Amazonía como región subió del 45,6 por 100 en 2006, al 47 por 100 en 2012 (Ray y Kozameh 2012: 15)[6]. La política económica de Correa no afectó la concentración de la riqueza, ni al modelo extractivista de desarrollo. Se distribuyó la renta petrolera, mas «no ha habido una distribución de los ingresos no petroleros y menos aún de los activos» (Acosta, 2013: 16). El economista Fernando Martín (2012: 247) señala que «los principales grupos económicos del país (75 grupos y aproximadamente 3.080 empresas) tenían en 2003 unos ingresos que representaban al 32,5 por 100 del PIB; en 2010 sus ingresos habían crecido a casi el 44 por 100». La bonanza correísta, afirma este analista, ha beneficiado sobre todo a un grupo muy pequeño de empresas (el 0,2 por 100 del total nacional).

El éxito del gobierno de Correa se explica por el *boom* petrolero que el país no había vivido desde los años setenta. Las exportaciones de petróleo representan el 53 por 100 del total exportado (Martín, 2012, 250). Los precios del petróleo pasaron de 52 dólares el barril en 2006 a 98 dólares el barril en 2013. Los ingresos de exportaciones de petróleo en 2011 cuadriplicaron los de 2006, de 3.200 a 13.000 millones de dólares (ibíd., 239). Este incremento también se debe a la renegociación de los ingresos extraordinarios del petróleo del 50 al 99 por 100 (Conaghan, 2008: 209).

La bonanza petrolera ha significado que el gasto público del Estado sea el motor del crecimiento económico (Conaghan, 2011). El Estado ha crecido y el número de empleados públicos se ha disparado. La expansión de la burocracia ha apuntalado a la clase media, que creció del 14 por 100 en 2003 al 35 por 100 en 2012 (Muñoz Jaramillo, 2013: 133). Estos sectores se han beneficiado además del *boom* consumista y de una serie de políticas de becas educativas, consultorías y trabajos estables y bien remunerados en el Estado. En resumen, desde 2006 hasta 2014 el *boom* económico provocado por los altos precios del petróleo creó una situación suma-suma que benefició a casi todos los ecuatorianos. Las políticas públicas, además, dieron la sensación de que el Estado estaba presente y protegiendo a los ciudadanos que habían sido abandonados durante «la larga noche neoliberal».

---

[6] Plan V (http://www.planv.com.ec/investigacion/investigacion/verdades-sobre-la-pobreza).

Estudios antropológicos señalan que los beneficiarios de los bonos del régimen se sienten agradecidos al Presidente de la República. Las políticas públicas del gobierno, como son los Bonos de la Dignidad, los Bonos de Vivienda, los programas como *Socio Páramo* y *Socio Bosque*, promueven la imagen de Correa como la persona que directamente distribuye recursos a los más necesitados. Por ejemplo, indígenas de la provincia de Chimborazo manifestaron que «gracias a la ayuda del gobierno tenemos casa», «gracias a la ayudita que da el gobierno mensualmente recibo el bono, con eso me mantengo». Un líder local concluyó: «el gobierno se preocupa por nosotros, tenemos que ser agradecidos» (Tuaza, 2010).

La dependencia petrolera, el incremento del gasto público con fines de consolidar su hegemonía, la dolarización de la economía y la desconfianza de muchos empresarios que no invirtieron en actividades productivas, se transformaron en un *boomerang*. La caída de los precios petroleros en 2015 y el haberse gastado todos los fondos de los excedentes petroleros para emergencias económicas están llevando al país a una grave crisis económica y a que el gobierno revierta muchas de sus políticas expansivas. Por lo pronto, la estrategia ha sido incrementar el endeudamiento para conseguir el flujo de dólares necesarios para pagar a la inflada burocracia. Pero tarde o temprano el gobierno que dijo luchar en contra del neoliberalismo tendrá que recurrir al ajuste estructural y reducir el tamaño del Estado. Se diría que el posneoliberalismo correísta duró lo que el *boom* de los precios del petróleo.

V. CONSTRUYENDO UNA NUEVA HEGEMONÍA: LAS ELECCIONES PERMANENTES

El gobierno de Correa, al igual que otros populismos radicales o gobiernos de izquierda refundadora, se legitima en las urnas. Convocar y ganar elecciones fue la estrategia con la que se desplazó a la partidocracia del poder y se construyó un nuevo bloque hegemónico. Desde que Correa llegó al poder entre 2006 y 2014 los ecuatorianos han votado en nueve elecciones. Todas fueron plebiscitos sobre Correa, quien además ha estado en campaña permanente desde que asumió el poder, conectándose directamente con los ciudadanos a través de una novedosa campaña publicitaria que le ha transformado en una presencia cotidiana en la vida de los ecuatorianos (Conaghan y De la Torre, 2008).

Las elecciones son presentadas como momentos fundacionales de la política en los que están en juego no sólo diversos proyectos políticos y de sociedad, sino la redención del pueblo. Correa no concibe al pueblo como individuos con diversidad de intereses, propuestas y proyectos. El pueblo es imaginado como uno, un ente homogéneo que comparte un interés y un proyecto que no es otro que el del líder, quien no sólo representa al pueblo, sino que lo encarna.

Correa y su movimiento Alianza PAIS (AP) coparon el espacio político que quedó vacío tras el desmoronamiento de los partidos tradicionales. La estrategia de AP fue controlar todos los poderes del Estado (Mejía Acosta, 2011; Vega, 2013; Ortiz, 2013). La Constitución de 2008 creó dos nuevos poderes del Estado: *la función Electoral* y *la función de Transparencia y Control Social* que está a cargo de los nombramientos del Procurador General, del Fiscal General, del Defensor del Pueblo, de los miembros del Consejo Nacional Electoral, del Consejo de la Judicatura y del Tribunal Contencioso Electoral (Mejía Acosta, 2011: 154). Si bien este poder es teóricamente autónomo, el presidente tiene una fuerte influencia en la designación de las listas de los finalistas (Conaghan, 2011: 272). En enero de 2009 el gobierno controló estos nuevos poderes del Estado con «personal cercano al gobierno y a las filas de Alianza PAIS (AP)» (Vega, 2013: 113). Por ejemplo, Galo Chiriboga, que fue Embajador de Correa en España, es el nuevo Fiscal General de la Nación y el Consejo de la Judicatura está presidido por Gustavo Jalkh, que fue secretario particular del Presidente (Hernández, 2013, 22). La consulta popular de 2011 permitió que Correa reorganizara el poder judicial con personas cercanas al régimen (Vega, 2013: 115).

En las elecciones presidenciales de 2013 Correa obtuvo el 57 por 100 de los votos y gracias a la ingeniería electoral, en las legislativas, el 50 por 100 de los votos que su movimiento obtuvo le permitió controlar 100 escaños de los 131 que tiene el parlamento. A diferencia de Venezuela, donde se dio un proceso de unidad, en Ecuador la oposición se dispersó en siete candidaturas en las elecciones de 2013. Los rivales de Correa fueron Guillermo Lasso, un banquero cercano al Opus Dei transformado en político que obtuvo el 23 por 100 de los votos en las doce provincias del país. Mauricio Rodas, un *outsider* y tecnócrata de centro derecha, que conquistó el 4 por 100 de los votos. Los candidatos eternos, el multimillonario Álvaro Noboa, el expresidente Lucio Gutiérrez, que fue depuesto en 2005, y el candidato del partido del defenestrado Abdalá Bucaram, el ministro evangélico Nelson Zavala, obtuvieron entre los tres alrededor del 12 por 100. Alberto Acosta, candidato de la coalición de la izquierda organizada Movimiento Popular Democrático MPD y Pachakutik y de los movimientos sociales incluida la Confederación de Nacionalidades Indígenas del Ecuador (CONAIE), obtuvo apenas un 3 por 100 de los votos. El candidato de centro-izquierda Norman Wray obtuvo el 1,23 por 100 de los votos.

Sin embargo, el movimiento de Correa no logró controlar la política a nivel local. En las elecciones municipales de 2014 sus candidatos fueron derrotados en las ciudades más grandes como Quito, donde triunfó Mauricio Rodas, Cuenca, Manta y el alcalde de oposición de Guayaquil, Jaime Nebot, logró su reelección. Estas elecciones demuestran que los electores no delegan simplemente su poder en Correa. El Presidente y su movimiento tienen que luchar para ganar elecciones que si bien se dan en canchas que favorecen al partido de gobierno no están aseguradas. Las elecciones deben ganarse y Correa por más popular que sea no siempre puede transferir su popularidad a sus candidatos. Además, en las elecciones de 2014 se castigó a los malos administradores locales y no se dio una carta blanca a Correa.

La extrema personalización en la figura de Correa y la derrota en las elecciones de 2014 llevaron a Correa y su movimiento a proponer modificar la Constitución para que el presidente pueda ser reelecto. En lugar de seguir el camino constitucional, que sería convocar a un referendo, Correa buscó que las enmiendas constitucionales las procesara la Asamblea Nacional, controlada por su partido. La propuesta del presidente provocó el rechazo de grandes sectores ciudadanos que salieron a las calles para protestar en contra de su reelección indefinida. Con un gesto que sorprendió a la opinión pública y desmovilizó la protesta, Correa incluyó una ley transitoria a las enmiendas constitucionales que no le permitiría ser candidato en 2017. Su razón para apartarse temporalmente de la política es que no quiere gobernar en un contexto de crisis económica, pues tendría que aplicar políticas de ajuste. Su designio era nombrar a un sucesor dentro de su movimiento político y regresar a la política cuando se supere la crisis. El elegido fue Lenín Moreno Garcés que se impuso al candidato conservador con un ajustado 51,16 por 100 de los votos. Las elecciones tuvieron lugar el 2 de abril de 2017. La apuesta de Correa es arriesgada pues, como lo ilustra el conflicto entre Álvaro Uribe y Manuel Santos en Colombia, no hay garantías de la lealtad incondicional de un sucesor. La ventaja para Correa de no haber sido candidato en 2017 es librarse de hacer ajustes en la economía y de gobernar en una coyuntura de crisis económica. En 2021 podría regresar como el Mesías liberador. Pero los riesgos son que se fragmente su movimiento, que está unido por su carisma, pero que tiene facciones que van de la derecha a la izquierda, y que incluye a personajes pragmáticos que se dedican a incrementar su fortuna y a tecnócratas que se autocalifican como posneoliberales.

Las elecciones libres, que son la base de legitimidad del gobierno, pueden ser el camino que permita a la oposición llegar al poder. Para lograrlo deberán conseguir la unidad, proceso muy difícil por la crisis de los partidos políticos tradicionales y las diferencias entre propuestas de la izquierda, el centro y la derecha.

VI. CONCLUSIONES

Correa irrumpió en un contexto de crisis de las instituciones políticas y fue un *outsider* con un proyecto de refundación mediante la convocatoria de una asamblea constituyente. Él y su círculo íntimo no habían sido socializados en la política parlamentaria, eran recién llegados que prometieron acabar con el dominio de la partidocracia. La izquierda ecuatoriana, a diferencia de las del cono sur, al no vivir una experiencia dictatorial dura, no revaluó la democracia liberal y las políticas de los derechos humanos (Levisky y Roberts, 2011: 404-410). El correísmo ligó la democracia burguesa con el neoliberalismo y buscó refundar todas las instituciones. No se asentó en movimientos sociales, más bien emergió en un contexto en que el movimiento indígena había perdido la capacidad para organizar protestas sostenidas y estaba en crisis (Martínez Novo, 2013).

La figura de Rafael Correa personificó los deseos de cambio. Su liderazgo fue construyéndose como la encarnación de una gesta histórica y se vio como parte de un movimiento bolivariano que busca la segunda y verdadera independencia de Latinoamérica (Montúfar, 2013). Correa se erigió en Profesor y Mesías de la patria. Hasta las siglas de su nombre RC abarcaron las de su proyecto de la *Revolución Ciudadana*. La gesta histórica de refundación estuvo en sus manos, pero más que un proyecto colectivo se convirtió en expresión de las visiones y deseos del líder carismático. La política se construyó como una confrontación maniquea entre el futuro liberador encarnado en Correa y el pasado opresivo del dominio de la partidocracia neoliberal. Esta gesta épica se vivió como una confrontación permanente contra enemigos poderosos como el imperio, los medios mercantilistas, la banca y los movimientos corporativistas, que según Correa detentan el verdadero poder.

Las elecciones fueron y son el mecanismo privilegiado para conquistar el poder y transformar la sociedad. No hizo falta el fraude, pero tampoco se respetaron las formalidades y las limitaciones institucionales de la «democracia burguesa». Más bien el presidente se siente con la obligación de ganar las elecciones, y con ese fin utiliza la maquinaria estatal que se confunde con la partidista. Además, cada acto de gobierno es presentado como un acto electoral en el que están en juego la redención o el oprobio del pasado.

Los partidos políticos se desmoronaron como un castillo de naipes. Los movimientos sociales, que estaban en crisis, fueron cooptados, y algunos de sus líderes perseguidos por la justicia. Las instituciones de control del Estado fueron *controladas* por el ejecutivo. Las clases altas y medias no percibieron que sus privilegios estaban en peligro y no tuvieron incentivos para crear un frente de oposición unitario. Más bien fue un buen momento para hacer negocios y beneficiarse del nuevo festín petrolero. Sin instituciones que limitaran la gesta del redentor, sin una sociedad civil que lo frenara y con una oposición fragmentada y en desbandada el país se quedó con un referente único: Rafael Correa.

La extrema personalización del poder motivó que se modificara la constitución permitiéndose la reelección del presidente. De hecho, si faltara su figura entrarían en conflicto las facciones de su movimiento, que sólo tienen en común la lealtad a su liderazgo. La caída de los precios del petróleo, la falta de previsión del gobierno, que se gastó los fondos de los excedentes petroleros y no ahorró para época de vacas flacas, el excesivo crecimiento de la burocracia, llevaron al país a una crisis económica en la que, tratándose de una economía dolarizada, están limitadas las alternativas del gobierno para sortear la crisis sin hacer ajustes estructurales. Es una pregunta abierta: ¿qué ocurrirá si la bajada de los precios del petróleo provoca una crisis del correísmo?, ¿se podrá resolver la crisis democráticamente o primarán las tentaciones autoritarias del gobierno o de sus rivales? Por lo pronto, lo que queda claro es que la democracia ha sido reducida a su visión más mínima, entendida únicamente como elecciones libres, pero sin garantías para que se expresen puntos de vista alternativos, en un contexto en que la esfera pública y la sociedad civil han sido colonizadas por el Estado. Las elecciones serán el camino que espero utilice la oposición para dar fin con el legado autoritario de Correa. Si Correa pierde el poder dejará como legado una institucionalidad autoritaria hiperpresidencialista, que además regula la esfera pública y la sociedad civil. El poscorreísmo tendrá que desmontar muchas de las instituciones del correísmo, de lo contrario cualquier sucesor tendrá en sus manos una institucionalidad perfectamente diseñada para el autoritarismo.

Rafael Correa ha transitado hacia el autoritarismo en nombre de la democratización, hasta el punto de que «Patria para siempre» y «Correa presidente para siempre» se entienden como sinóminos. Su *Movimiento Alianza PAIS (Patria Altiva i Soberana)* no tiene problemas con el sacrificio ortográfico.

Lenín Moreno Garcés, nuevo presidente, es el encargado de gestionar la crisis económica en espera de la vuelta de Rafael Correa. Estas vueltas gloriosas no siempre se producen debido a la resistencia del incumbente.

CAPÍTULO 11

EL LIDERAZGO CARISMÁTICO DE EVO MORALES Y EL PROYECTO POLÍTICO DEL *MAS*: NACIONALISMO E INDIGENISMO

Fernando Mayorga

SUMARIO: I. Cambio político y transición estatal: surgimiento y consolidación del MAS. II. La ruta sindical y política de un liderazgo carismático. III. Estilo político de Evo Morales y flexibilidad programática del MAS. IV. Democracia intercultural y concentración de poder político.

I. CAMBIO POLÍTICO Y TRANSICIÓN ESTATAL: SURGIMIENTO Y CONSOLIDACIÓN DEL MAS

En diciembre de 2005, Evo Morales, candidato presidencial del Movimiento al Socialismo (MAS) consiguió una inédita victoria con el 54 por 100 de los votos. Este triunfo constituyó un hito histórico por dos razones. Por una parte, concluyó una fase del ciclo democrático iniciado en 1982 que se había caracterizado por la conformación de coaliciones de gobierno mediante pactos partidistas que definían la elección de presidente entre los tres candidatos más votados, debido a la ausencia de un vencedor con mayoría absoluta en las urnas. Por otra parte, el candidato ganador fue un líder sindical campesino de identidad indígena y su elección como presidente puso fin a un sistema —formal e informal— de exclusión política y social vigente desde la fundación de la república. Esa victoria estuvo antecedida de una aguda crisis política y social y por la recomposición del sistema de partidos, y dio inicio al proceso de transición a un nuevo modelo estatal que se cristalizó en una nueva Constitución Política aprobada mediante una asamblea constituyente entre 2006 y 2009.

Entre 1985 y 2002, la democracia se caracterizó por la centralidad del sistema de partidos que, mediante pactos y acuerdos congresales, fortalecieron los rasgos de «presidencialismo híbrido» del régimen de gobierno (Gamarra, 1992). Ese modelo se denominó *democracia pactada* porque los presidentes fueron elegidos por coaliciones parlamentarias agrupadas en torno a partidos tradicionales: Movimiento Nacionalista Revolucionario (MNR), Acción Democrática Nacionalista (ADN) y Movimiento de Izquierda Revolucionaria (MIR). Esos gobiernos impulsaron una política económica neoliberal y un modelo de gobernabilidad basado en la subordinación del parlamento al poder ejecutivo y el debilitamiento de los sindicatos. Pese a la estabilidad macroeconómica, el patrón de desarrollo fue cuestionado por la privatización de las empresas estatales y los servicios públicos. A principios de 2000 surgieron posturas políticas contestatarias que se combinaron con intensas protestas sociales que confluyeron en una revuelta popular en octubre de 2003 que —bajo la consigna de nacionalización de los hidrocarburos y la convocatoria a una asamblea constituyente— provocó la renuncia del presidente. La *democracia pactada* llegó a su fin y los partidos tradicionales se diluyeron. Dos presidentes interinos encaminaron la crisis política hacia la convocatoria a elecciones generales —a finales de 2005— que otorgaron la victoria al MAS, un «instrumento político» forjado por las organizaciones sindicales desde mediados de los años noventa. En enero de 2006 se inició la primera gestión gubernamental de Evo Morales, quien fue reelegido con mayoría de votos en 2009 (64 por 100) y en 2014 (61 por 100). Sin embargo, no podrá ser habilitado como candidato en 2019 al fracasar su propuesta de reforma constitucional parcial sometida a referendo en febrero de 2016. El 51 por 100 de los bolivianos votó contra la posibilidad de una nueva reelección.

El liderazgo de Evo Morales es un elemento central del denominado «proceso de cambio» conducido por el MAS que ha obtenido importantes logros en crecimiento económico, reducción de la pobreza, disminución de la desigualdad social e inclusión política de campesinos, indígenas y mujeres como parte de la forja del Estado Plurinacional esbozado en la Constitución Política aprobada en 2009. El renovado papel del Estado, la peculiar configuración del MAS como organización política imbricada con organizaciones campesinas e indígenas y el sólido liderazgo carismático de Evo Morales son algunos aspectos que delinean el «populismo boliviano» con ribetes particulares que no permiten considerarlo como una antípoda de la democracia, sino como un proyecto nacional-popular que articula elementos de la revolución nacionalista de 1952 y de la cosmovisión del movimiento indígena bajo pautas modernizadoras del siglo XXI.

II. LA RUTA SINDICAL Y POLÍTICA DE UN LIDERAZGO CARISMÁTICO

Evo Morales nació en 1959 en una comunidad indígena en la región andina y, debido a la pobreza, emigró a una zona tropical en los años ochenta para trabajar como campesino en la producción de hoja de coca. Su incursión en la política se produjo en 1997, cuando fue elegido diputado uninominal obteniendo más del 70 por 100 de los votos. La presencia de dirigentes sindicales en la arena parlamentaria forma parte de la cultura política de las organizaciones populares que, desde mediados del siglo pasado, optaron por la democracia como vía para plantear sus demandas y disputar el poder político. Evo Morales fue nombrado jefe del MAS en 1999, año de su fundación, y participó en las elecciones presidenciales en 2002 obteniendo el segundo lugar, preludio de sucesivas victorias electorales —2005, 2009 y 2014— con mayoría absoluta. Su desempeño político es inseparable de su rol sindical al mando de los campesinos productores de hoja de coca, una carrera dirigente que se inició como secretario de Deportes en 1981, hasta asumir el máximo cargo ejecutivo de las federaciones sindicales en 1988 (Albó, 2002). A pesar de su condición de jefe político y presidente del Estado, Evo Morales sigue ocupando su posición de dirigente sindical denotando las características de su partido. El MAS no es un partido político convencional, sino que se asemeja a una coalición entre organizaciones populares, sobre todo campesinas e indígenas. Por eso se denomina Instrumento Político por la Soberanía de los Pueblos (MAS-IPS).

En esa región tropical Evo Morales aprendió que el sindicato es mecanismo de mediación entre el Estado y la sociedad y se nutrió de la tradición nacional-popular del proletariado minero que se caracterizó por trascender el gremialismo y participar en la arena política esgrimiendo reivindicaciones de carácter nacional. Adicionalmente, la política de erradicación de las plantaciones de coca promovida por Estados Unidos apuntaló un discurso antiimperialista en ese sector campesino matizado con reivindicaciones étnico-culturales, como la defensa de la «hoja sagrada de la coca». Así, Evo Morales sintetiza la trayectoria del movimiento campesino e indígena que se transformó en un actor decisivo en la política boliviana del siglo XXI. La imbricación entre lo campesino y lo indígena en un actor político con un proyecto conjunto se explica por la adopción de códigos étnicos en la Confederación Sindical Única de Trabajadores Campesinos de Bolivia (CSUTCB) y por la creación de organizaciones de los pueblos indígenas en tierras bajas y, después, en tierras altas, en un proceso que se catapultó desde principios de los años noventa. Paralelamente, se produjo un debate en torno a la participación directa en la disputa electoral mediante un «instrumento político» del sindicalismo campesino y de las organizaciones indígenas bajo una lógica de auto representación, por lo tanto, con la postulación de candidatos propios. Esta dinámica sindical es el sustrato institucional y organizativo del carisma situacional de Evo Morales (Mayorga, 2009) y se manifiesta en una combinación de recursos de poder —sindicato y partido— que se complementan en el ejercicio del poder gubernamental.

III. ESTILO POLÍTICO DE EVO MORALES Y FLEXIBILIDAD PROGRAMÁTICA DEL MAS

El MAS enarbola las nociones de «proceso de cambio» o «revolución democrática y cultural» para caracterizar un proyecto político que combina el nacionalismo y el indigenismo. El nacionalismo se manifestó en la nacionalización de los hidrocarburos (2006), cuyos ingresos sustentan un modelo económico que otorga un protagonismo creciente al Estado en inversión productiva, redistribución mediante transferencias condicionadas y provisión de servicios básicos. El indigenismo se cristalizó en un modelo de Estado Plurinacional (2009) que corresponde a la diversidad étnica y cultural de la sociedad mediante el reconocimiento de derechos colectivos de los pueblos indígenas. Inicialmente, la influencia del indigenismo se expresó en el planteamiento de un paradigma de desarrollo alternativo basado en cosmovisiones indígenas bajo el vocablo *Vivir bien*. No obstante, se ha debilitado el lazo entre el MAS y las organizaciones indígenas, sobre todo con los pueblos de la zona amazónica.

Con todo, el estilo de gobierno del MAS se sustenta en su imbricación con organizaciones populares, sobre todo campesinas e indígenas, puesto que la agenda gubernamental es resultado de la interacción —a veces conflictiva— y negociación entre el presidente y sus ministros y las organizaciones sociales. El accionar gubernamental reposa en un fuerte vínculo carismático entre Evo Morales y sus seguidores (campesinos, indígenas, colonizadores, migrantes, pobres urbanos, entre los más destacables), porque el líder no es solamente un benefactor que promueve y ejecuta medidas redistributivas en beneficio de los pobres y excluidos, también provoca adhesión emocional y cultural en los sectores populares porque existe una identidad indígena compartida y una trayectoria personal común. La solidez de su liderazgo se refuerza con su contacto directo con la gente más que con un vínculo virtual establecido mediante *mass media* o redes sociales virtuales. Se trata de la construcción y reproducción de un lazo intersubjetivo merced a sus viajes constantes a comunidades y pueblos —sobre todo rurales— que implican una relación directa entre el líder y sus seguidores. En esa medida, el decisionismo presidencial provocado por las condiciones políticas e institucionales tiene un sustento de legitimidad social por la empatía entre Evo Morales y los sectores populares.

Ahora bien, un rasgo peculiar del estilo político de Evo Morales es el despliegue de una conducta dirigida a dominar el espacio de discursividad política mediante la combinación de *retórica radical y decisiones moderadas*. Esa mezcla no es demagogia ni pragmatismo, sino una estrategia discursiva que le permite «avanzar al centro» y dominar el escenario político. Es posible percibir el ejercicio de ese estilo de acción antes de la llegada de Evo Morales al gobierno —en realidad, es una de las claves explicativas de su éxito electoral— y también en las principales medidas asumidas por el MAS: nacionalización sin expropiación a las empresas extranjeras, descentralización estatal con autonomías territoriales indígenas y regionales, fortalecimiento estatal e incentivos a la inversión extranjera, democracia representativa ampliada con democracia participativa y comunitaria, entre otros. Este estilo político se refuerza con la articulación de demandas de alta agregación, como la reivindicación marítima frente a Chile, que fortalecen su popularidad como líder político y la irradian hacia otros sectores sociales, como los grupos de clase media urbana, generalmente reacia al MAS. Otro ejemplo importante es la aprobación de un programa de desarrollo denominado Agenda Patriótica del Bicentenario 2025 porque reitera metas convencionales (eliminación de la pobreza, acceso universal a servicios básicos, seguridad alimentaria, entre otros), deja de lado el discurso «refundacional» y «descolonizador» de los primeros años y recupera una visión de continuidad histórica para celebrar la fundación de la república en 1825.

IV. DEMOCRACIA INTERCULTURAL Y CONCENTRACIÓN DE PODER POLÍTICO

En una década de «proceso de cambio», la democracia presenta un doble rostro: existe una ampliación de la capacidad representativa de las instituciones políticas y de la participación ciudadana, así como la concentración de poder político en el partido de gobierno y un precario sistema de partidos.

Un rasgo distintivo del modelo político boliviano es la *democracia intercultural*. Este término se refiere a la combinación —variable y heterogénea— de reglas de la democracia representativa, la democracia participativa y directa y la democracia comunitaria. La democracia representativa sigue siendo el mecanismo para conformar gobiernos y se ejerce por medio de la elección de representantes y autoridades ejecutivas por voto universal, directo y secreto. La democracia directa y participativa se ejecuta a través del referendo, la iniciativa legislativa ciudadana y la revocatoria de mandato, además se reconoce a la asamblea, el cabildo y la consulta previa a las comunidades indígenas, aunque sus decisiones no son vinculantes u obligatorias para las autoridades. Finalmente, la democracia comunitaria se ejerce a través de la elección o designación de representantes y autoridades mediante normas y procedimientos propios —usos y costumbres— de los pueblos indígenas, las naciones originarias y las comunidades campesinas (en realidad, la Constitución Política reconoce un sujeto plural dotado de derechos colectivos que se define como «naciones y pueblos indígenas originarios campesinos»). Sin duda, el reconocimiento de la democracia comunitaria es el hecho que distingue el modelo boliviano, pese a que su concreción es parcial y no provoca dualismo en la representación política. Su implementación se inició en los comicios generales de 2009 y en los comicios departamentales de 2010 con la elección de un porcentaje de representantes indígenas (entre 5 por 100 y 15 por 100 de escaños) en la cámara de diputados y en las asambleas legislativas departamentales. Estas normas no sufrieron modificaciones sustantivas en los siguientes comicios, pero expresan la institucionalización de la inclusión política a pesar de los reclamos de las organizaciones indígenas que exigían un incremento de representantes. Otro elemento destacado de la democracia boliviana es la creciente participación política de las mujeres. En 2009, la presencia de mujeres en la Asamblea Legislativa se incrementó al 30 por 100 y en las elecciones de 2014, alcanzó el 50 por 100 en el Senado y el 51 por 100 en la cámara de Diputados, cumpliendo la norma constitucional que establece la paridad y alternancia de género.

Estos elementos denotan una ampliación de la democracia y su capacidad representativa. No obstante, conviven con otro rasgo del largo periodo gubernamental bajo el mando de Evo Morales. Un rasgo relevante es el *sistema de partido predominante* (Sartori, 1987) vigente desde 2005 y que se caracteriza porque un partido controla el proceso político decisional. Es decir, existe competencia, pero no competitividad debido a la inestabilidad y dispersión en las filas de la oposición, cuyas siglas y candidatos han variado en las elecciones realizadas en los últimos diez años. Este formato convencional de sistema de partido predominante refuerza el decisionismo que caracteriza el presidencialismo latinoamericano y se ahonda en el caso boliviano, puesto que el MAS concentra los recursos institucionales de poder, sobre todo porque dispone de mayoría calificada en las dos cámaras de la Asamblea Legislativa. La combinación de decisionismo presidencial, mayoría parlamentaria y liderazgo carismático explica la fortaleza política del MAS y la reproducción de la popularidad de Evo Morales durante más de una década.

No obstante, es preciso destacar otro rasgo de la democracia boliviana que se refiere a la *distribución territorial del poder* como efecto político de las elecciones subnacionales. Estos comicios conforman nueve gobiernos departamentales y más de trescientos municipios y, en estos niveles subnacionales, disminuye la supremacía electoral del MAS y sus ocasionales rivales acceden al control de espacios de poder. Precisamente desde diciembre de 2005 —que marca el arribo de Evo Morales al poder— el campo político se configura mediante la combinación de dos lógicas de distribución del poder: la habitual *distribución horizontal del poder* que define las relaciones entre los poderes ejecutivo y legislativo (vigente desde la restitución de la democracia en 1982) y una novedosa *distribución vertical del poder* que delimita las relaciones entre el gobierno central y los gobiernos departamentales (cuyas autoridades —antes designadas por voluntad presidencial— se eligen por voto popular desde 2005). En el transcurso del tiempo que corresponde a las tres gestiones de gobierno bajo el «proceso de cambio» se conformaron distintos escenarios políticos por la distribución horizontal y vertical del poder. En la primera gestión de Evo Morales (2005-2009), una coalición opositora tuvo capacidad de veto porque controlaba la cámara alta y tenía el apoyo de una mayoría de autoridades departamentales o gobernadores; el resultado fue una intensa crisis política que se resolvió con la realización de un referendo revocatorio en 2008 que ratificó a Evo Morales con el 67 por 100 de los votos. En la segunda gestión (2010-2014) se produjo una inédita concentración del poder en el MAS, puesto que consiguió dos tercios de escaños en ambas cámaras de la Asamblea Legislativa y dispuso de una mayoría de autoridades departamentales o gobernadores; en esta fase, los límites al decisionismo presidencial provinieron de la movilización ciudadana que revirtió varias medidas gubernamentales, como el incremento de precios en los carburantes y la construcción de una carretera en un territorio indígena y reserva ecológica. En cambio, los resultados de las elecciones generales de 2014 y de los comicios subnacionales de 2015 trazaron un escenario político más pluralista porque existe cierto equilibrio en la relación entre la distribución horizontal del poder (en manos del MAS, que reeditó su control de la Asamblea Legislativa) y la distribución vertical (con mayor presencia de las fuerzas opositoras en espacios de poder, sobre todo en los centros urbanos). En suma, en el transcurso de una década, la democracia boliviana transitó de la polarización política a la concentración de poder y a un relativo pluralismo. Esta afirmación deriva del balance de los efectos políticos de las victorias electorales de candidatos de diversas fuerzas opositoras en tres departamentos —los más relevantes económica y políticamente— y en las ciudades más pobladas del país. Esos resultados establecieron condiciones político/institucionales proclives a una interacción de carácter colaborativo entre el oficialismo y la oposición —en sus diversas vertientes—, con efectos positivos para la estabilidad política y la gestión pública. Obviamente, estas condiciones institucionales debían haberse modificado por las consecuencias políticas de los resultados del referendo constitucional del 21 de febrero de 2016 destinado a habilitar una nueva postulación de Evo Morales en las elecciones presidenciales de 2019. Dicho referendo constituía una coyuntura crítica porque al haberlo perdido Evo Morales sus resultados debían haber reorientado las estrategias del oficialismo y la oposición, puesto que el actual presidente ya no podría postularse a la presidencia en 2019.

Sin embargo, el Tribunal Constitucional de Bolivia autorizó el 29 de noviembre de 2017 la repostulación sin límites de Morales como presidente, en contra de lo que enuncia la Constitución de Bolivia promovida por el propio Morales, que explica taxativamente que una misma persona no puede gobernar por más de dos periodos consecutivos. Y ello a pesar de que el pueblo boliviano ya se había pronunciado en contra de la reelección indefinida en el referéndum de 2016. El fallo del Alto Tribunal fue resultado de un recurso abstracto de inconstitucionalidad presentado por el MAS, el partido de Evo Morales.

En suma, la democracia boliviana se caracteriza por una compleja relación entre la distribución horizontal y vertical del poder político con un protagonismo excluyente del MAS, pero con ciertos rasgos de pluralismo en el nivel subnacional. En tal sentido, la capacidad hegemónica del proyecto político del MAS se asienta en la estabilidad política que ha enfrentado, en 2016, dos situaciones críticas: los efectos negativos de la recesión económica regional —cuya duración es incierta— en el decurso del modelo de desarrollo centrado en el Estado y los efectos políticos de los resultados del referendo para la reforma constitucional parcial, perdido en referéndum, pero ganado por Morales en los tribunales, que redefinirá las estrategias del MAS y de las organizaciones políticas opositoras. Sin embargo existen condiciones políticas e institucionales para la persistencia de condiciones que favorezcan una relación colaborativa entre niveles de gobierno, así como una mayor interacción pluralista entre oficialistas y opositores en torno a los objetivos de desarrollo previstos por la Agenda Patriótica del Bicentenario 2025 que puede perfilar el derrotero de un modelo de desarrollo que conjugue la vertiente modernizadora del nacionalismo estatista y la propuesta ecológica de las cosmovisiones indígenas.

El indigenismo inicial de Evo Morales se expresó en el planteamiento de un paradigma de desarrollo alternativo basado en cosmovisiones de los pueblos originales bajo el llamado *a vivir bien*.

Programa de gobierno de Evo Morales 2010-2015.

CAPÍTULO 12

CONTINUIDAD Y CAMBIO EN LA POLÍTICA BRASILEÑA: DE CARDOSO A LULA DA SILVA

Juan Carlos Jiménez Redondo

SUMARIO: I. Lula da Silva: el presidente obrero. II. La ambigüedad lulista: democracia y populismo. III. Objetivos programáticos y realizaciones políticas.

Luiz Inácio Lula da Silva asumió la presidencia de la República Federativa del Brasil el 1 de enero de 2003, solamente ocho años después de la desaparición de la dictadura militar. La transición a la democracia fue gradual y relativamente consensuada lo que, sin duda, está en la base de esa rápida evolución desde el autoritarismo hasta un gobierno presidido por el líder del izquierdista Partido de los Trabajadores (PT). Esta transición por transacción (Share y Mainwaring, 1986) favoreció una rápida consolidación de la democracia y una profundización en la misma tanto en términos cuantitativos, esto es, de incorporación de amplias masas populares al sistema político, como cualitativos, es decir, de superación de la democracia entendida como simple fórmula procedimental o formal. El ejemplo brasileño permite mantener que el camino por el que se realiza la transición a la democracia no determina la calidad de ésta, ni presupone necesariamente la generación de vínculos más débiles de los ciudadanos en relación a la democracia. Y mucho menos representa una forma de transición menos exitosa en términos de resultados democráticos que las transiciones vía ruptura (O'Donnell y Schmitter, 1991: 19-26). Las conclusiones de Mikel Barreda a este respecto son llamativas. Aunque el concepto de calidad democrática del que parte es todavía relativamente ambiguo (Alcántara, 2008), su notable esfuerzo por determinarlo le permite llegar a conclusiones interesantes. Entre ellas, que la calidad democrática de Brasil es mayor que la de la rupturista Argentina, por no hablar del caso chileno, que el autor sitúa dentro del grupo de mayor calidad democrática de toda América Latina (Barreda, 2011). En todo caso, lo esencial es que esta forma de transición, como también sucedió por ejemplo en España, incrementó las posibilidades de que partidos de la izquierda política llegaran en muy poco tiempo al poder. Cosa distinta es que su desempeño democrático no haya sido completamente satisfactorio, pero ello no quiere decir que esta vía de tránsito a la democracia genere categóricamente mayores niveles de continuidad estructural con los viejos autoritarismos, o que dé lugar a sistemas de menor calidad democrática.

La dictadura de los militares, una dictadura «limitada por el poder de los militares mismos» en expresión de Rouquié (1981: 16), había tenido un carácter desarrollista y, en cierta medida, continuista en relación al mantenimiento de las estructuras del Estado intervencionista construido desde los años treinta. Desarrollo y seguridad nacional fueron, sin duda, los dos conceptos clave para justificar el golpe de 1964 y la continuidad autoritaria (Miguel, 2002). El fuerte crecimiento económico experimentado por el país, sobre todo entre 1969 y 1973, ciclo del llamado milagro económico brasileño (Fausto, 2003: 237), contribuyó a que el autoritarismo viviera una relativa legitimación por desempeño. Sin embargo, este desarrollismo autoritario fue un relativo espejismo, ya que en realidad significó la fase de descomposición del modelo de desarrollo por sustitución de importaciones vigente desde la llegada al poder de Getúlio Vargas. En la dictadura militar, el crecimiento autocentrado siguió dando altos índices de crecimiento, pero a costa de: primero, generar un aparato productivo ineficiente que sólo resistía por el cierre parcial del mercado interno y por las ayudas del Estado; segundo, mantener un déficit público extraordinario, enjugado por el recurso persistente a la deuda; y tercero, aceptar unos altísimos niveles de inflación. Las deficiencias del modelo se dejaron ver a partir de 1974-1975, para acelerarse con intensidad en los años siguientes, con lo que los primeros gobiernos democráticos se encontraron con el problema de consolidar la democracia en un marco de fuerte crisis económica. En otras palabras, tuvieron que afrontar el doble problema de luchar contra los graves desequilibrios macroeconómicos, especialmente la inflación, que amenazaban seriamente la solvencia financiera del país y su estabilidad monetaria, sin verse obligados a introducir medidas de ajuste tan severas que pudieran deslegitimar la democracia, al incidir en el nivel de vida de millones de brasileños, especialmente de aquellos que tenían un poder adquisitivo más bajo y un mayor nivel de dependencia respecto del gasto público.

La elección en 1992 de Fernando Collor de Mello pareció ser la respuesta a este dilema, ya que sus propuestas parecían apostar por un nuevo modelo de desarrollo e incluso un nuevo modelo de Estado. El nuevo presidente era, sin embargo, un típico representante de las élites económicas brasileñas. Tras una carrera política bastante convencional, dio el salto a la presidencia de la República sin grandes ataduras partidarias, pues su partido, Reconstrucción Nacional, no dejaba de ser una agrupación de notables sin tradición política ni sólidas convicciones ideológicas. Collor de Mello utilizó un discurso plenamente populista al presentarse como el líder que iba a conducir al país hacia su definitiva modernización, para lo que era necesario acabar con lo que denominaba la élite burocrática y funcionarial que parasitaba el Estado. Por tanto, había que acabar con ese Estado interventor y corrupto e introducir un modelo de Estado gerencial, que gestionara lo público desde la lógica de eficiencia y eficacia típica del sector empresarial privado. Esta lógica debía ser la que permitiría, según Collor de Mello, beneficiar a los pobres, para quienes, decía, iban dirigidos todos sus esfuerzos modernizadores (Mota y López, 2009: 646-649).

Sin embargo, apenas dos años y medio después de llegar a la presidencia, el presidente Collor de Mello tuvo que dimitir tras ser acusado de corrupción por el Congreso. A pesar de ser absuelto por el Tribunal Supremo, su carrera política finalizó. No así algunas de sus ideas, especialmente las que justificaban la necesidad de un pragmatismo reformador basado en la primacía del mercado y en la lucha contra los grandes desequilibrios estructurales de la economía, y aquellas otras que justificaban la necesidad de un nuevo modelo de Estado menos intervencionista y más eficiente en sus tareas de coordinación y regulación. Esta continuidad esencial favoreció la adopción del Plan Real, sin duda, el proyecto político más importante del mandato del presidente Itamar Franco, y el pilar esencial que permitió el posterior mandato largo de Fernando Henrique Cardoso (1995-2002). Frente a las medidas inconexas de lucha contra la inflación llevadas a cabo por Collor de Mello (control de precios, deflación de salarios, despido masivo de trabajadores públicos, restricción de acceso a las cuentas bancarias, etc.), el plan Real era un verdadero programa de estabilidad basado en el control de la inflación por medio de la introducción de una nueva moneda, el *real*, aunque previendo un periodo de transición entre el *cruceiro* y esa nueva moneda, y un cambio fijo respecto del dólar que debía permitir atraer inversiones extranjeras. Aunque el gobierno brasileño tuvo que renunciar pronto al tipo de cambio fijo, hasta 1999 el plan resultó exitoso, especialmente porque hizo descender la hiperinflación de cuatro dígitos, al principio de su puesta en marcha, a niveles inferiores al 9 por 100.

Sin embargo, los dos últimos años del siglo XX fueron especialmente duros para Brasil, ya que el colapso mexicano y la extensión de la crisis financiera asiática repercutieron en una crisis de confianza en la economía brasileña que obligó al presidente Cardoso a solicitar ayuda al Fondo Monetario Internacional por valor de unos 40.000 millones de dólares, y proceder a una fuerte devaluación de la moneda del 40 por 100 de su valor, lo que suponía la renuncia definitiva al tipo de cambio fijo previsto en 1994 y, lo más importante, parecía anunciar el colapso absoluto de la economía brasileña al provocar una huida masiva de capitales y la caída de la producción industrial y, en consecuencia del empleo, a niveles desconocidos desde hacía años. Sin embargo, apenas un año después, la crisis financiera internacional desapareció, permitiendo una fuerte recuperación de las inversiones y de los niveles de empleo, y un crecimiento modesto, pero al fin positivo, del Producto Interior Bruto del 1,5 por 100 en 2001.

La administración Cardoso no acabó ni con la fragilidad de la economía brasileña ni con la radical polarización social existente en el país. Pero consolidó decisivamente lo que se puede denominar un acervo ideológico y político que posteriormente asumiría Lula da Silva. Es decir, la idea de que la consolidación del régimen democrático era inseparable del crecimiento de una economía que debía basarse en la primacía del mercado, frente a un Estado que debía asumir un nuevo papel institucional de eficacia regulatoria y una actuación compensatoria en el ámbito social. Además, otra idea fundamental fue que la economía no podía basarse ya en la sustitución de importaciones, pues en la nueva fase de la globalización la modernización del país era inseparable de la inserción plena de la economía brasileña dentro de la economía internacional. Es lo que algún autor ha denominado el cambio hacia un paradigma liberal y hacia un nuevo modelo de desarrollo, una nueva relación entre lo público y lo privado y una nueva institucionalidad más eficiente y de calidad (Sallum, 2008). La principal aportación de Cardoso a este acervo fue el concepto de Estado compensatorio, que el nuevo presidente desarrollará de forma todavía más intensa.

I. LULA DA SILVA: EL PRESIDENTE OBRERO

Fernando Henrique Cardoso había optado por una política pragmática de base sustancialmente liberal, en apariencia muy apartada de esos postulados de la teoría de la dependencia que había defendido con anterioridad (Fiori, 1995; Cardoso y Faletto, 1969). En el caso de Lula da Silva, esta reconversión hacia el pragmatismo liberal fue todavía más llamativa, habida cuenta su biografía política.

Oriundo del estado de Pernambuco, fue el séptimo de los ocho hijos de un matrimonio pobre de campesinos analfabetos. Un padre ausente, alcohólico y absolutamente despreocupado por la suerte de su familia, obligó a la madre a emigrar al cinturón industrial de São Paulo, donde Luiz Inácio tuvo que simultanear la asistencia a la escuela primaria con todo tipo de trabajos precarios para ayudar a la subsistencia de la familia. Pudo asistir a un curso de formación profesional organizado por el Servicio Nacional de Industria que le permitió especializarse como tornero mecánico y trabajar en varias empresas. En 1964 sufrió un accidente laboral que le costó la pérdida del dedo meñique de su mano izquierda, lo que no le impidió ser contratado dos años después por una gran compañía nacional, Industrias Villares, en la que se introdujo en la acción sindical gracias a la influencia de su hermano, un militante comunista bien conocido por las instituciones represivas de la dictadura militar. En 1972 Lula da Silva fue elegido secretario del sindicato metalúrgico local, pasando tres años después a presidirlo. Esta experiencia de militancia sindical la trasladó a la política, fundando en 1980 el Partido de los Trabajadores, confluencia de intelectuales de izquierda, sindicalistas y católicos ligados a la Teología de la Liberación, aglutinados en su común rechazo del reformismo socialdemócrata y la búsqueda de un nuevo socialismo alternativo al modelo del socialismo real soviético que pudiera superar lo que denominaban capitalismo imperialista.

La penetración del PT en el sistema político brasileño fue lenta pero constante. En las primeras elecciones de 1986, obtuvo un limitado 6,9 por 100 de los votos y apenas 16 diputados, aunque en las municipales de ese mismo año el partido demostró su fuerza obteniendo 36 alcaldías, entre ellas las de São Paulo y Porto Alegre. Decidido a ser presidente de la República, en 1989 hizo una primera tentativa, pero fue vencido en segunda vuelta por Fernando Collor de Mello, aunque más allá del resultado electoral, lo verdaderamente relevante fue que esa candidatura le permitió aparecer y ser reconocido como líder indiscutible e indiscutido de toda la izquierda brasileña. Entonces, una izquierda obrera y radical, defensora de un programa claramente rupturista que incluía aspectos como el salario mínimo y la reforma agraria. Sin embargo, en 1991, en el marco del primer congreso nacional del Partido de los Trabajadores, Lula da Silva propugnó una significativa revisión ideológica hacia la moderación, que llevó al partido a autoidentificarse como socialista y a abandonar cualquier veleidad revolucionaria anterior. Se ubicaba en una especie de cuarta vía, que suponía el rechazo del capitalismo liberal y del comunismo soviético, pero también de la socialdemocracia europea, al considerarla inapropiada para la estructura socioeconómica de América Latina. Evidentemente este salto a la moderación conllevó la salida de los grupos más radicales del partido, pero le permitió jugar dentro del sistema, abanderando las manifestaciones masivas contra la corrupción que costaron el cargo al presidente Collor de Mello.

Lula fue nuevamente derrotado en las elecciones presidenciales de 1994, esta vez por Fernando Henrique Cardoso, pero ya la implantación electoral del partido era muy importante, llegando a los 50 diputados. Un año después decidió abandonar la presidencia ejecutiva del PT en favor de José Dirceu, aceptando su presidencia honorífica, desde la que concurrió por tercera vez a las elecciones presidenciales de 1998, siendo de nuevo derrotado por Cardoso. Esta derrota es clave para entender la evolución política, ideológica e incluso personal de Lula da Silva, pues tres derrotas consecutivas le convencieron de la necesidad de ampliar sus bases electorales incorporando a amplios sectores de las clases medias, para lo que era esencial moderar de forma definitiva su programa, su discurso, e incluso su propia imagen personal, caracterizada hasta entonces por un lenguaje y unas formas duras y bastante ásperas.

El nuevo Lula da Silva pasó a ser un político profesional que cultivaba una imagen de respetabilidad burguesa de clase media, con claros tintes populistas, reforzada por la inédita alianza que estableció con el pequeño Partido Liberal y que convirtió a su líder, el magnate textil José Alencar, en el complemento perfecto del viejo sindicalista como candidato a la vicepresidencia de la República. La promesa de respetar el acuerdo suscrito por el presidente Cardoso con el Fondo Monetario Internacional fortaleció aún más esa imagen de moderación, dándole una dimensión internacional muy importante. El sindicalista antisistema pasaba definitivamente a ser aceptado por amplísimos sectores de las clases medias brasileñas, e incluso por parte de sus élites económicas, también por la mayor parte de las cancillerías europeas y americanas, especialmente Estados Unidos, y por los mercados internacionales confiados en que la moderación política coadyuvaría a la estabilidad financiera del país sudamericano. En amplios sectores nacionales e internacionales Lula ya no era visto como una amenaza, sino como alguien que podía llevar a Brasil a una inserción dinámica y colaborativa en el nuevo mundo de la globalización. Bajo estas premisas de cambio, Lula da Silva ganó por fin las elecciones con el 61,27 por 100 de los votos en la segunda vuelta, el candidato más votado de la historia del país, lo que le permitió convertirse el 1 de enero de 2002 en el nuevo presidente de Brasil.

II. LA AMBIGÜEDAD LULISTA: DEMOCRACIA Y POPULISMO

La inclusión sin más del presidente Lula da Silva dentro de la categoría «populismo» es, cuanto menos, conflictiva, ya que si por un lado representa una línea de continuidad básica respecto de las políticas liberales de equilibrio macroeconómico de sus predecesores, aunque con una fuerte vena reformista de claro contenido socialdemócrata, por otro, es indudable la utilización instrumental de recursos genuinamente populistas, especialmente, en el ámbito retórico y discursivo de construcción de su liderazgo carismático, y en el de las relaciones exteriores del país. Lula, a juicio de Jorge Castañeda, formaría parte de esa izquierda latinoamericana moderada y reformista contrapuesta a la coetánea izquierda radical-populista, antidemocrática e intolerante (Castañeda, 2006).

Lula da Silva construyó su liderazgo a través de un discurso emocional que intentaba conectar de forma directa con el pueblo, presentándose como uno más de sus integrantes. Lula era el hombre del pueblo, un obrero que había conocido de forma real la extrema dureza de las condiciones de vida de los brasileños más pobres. Formaba parte de ese pueblo, no era alguien que decía hablar en su nombre o representarlo. Era un trabajador con el que millones de personas podían sentirse identificadas y al que por ello reconocían una condición natural de honestidad y una preocupación sincera por quienes eran iguales a él. Lula da Silva no necesitó crear un personaje abstracto, una especie de héroe al estilo Collor de Mello que desde la riqueza decía preocuparse por los pobres, ya que su propia experiencia vital y profesional era suficiente para basar ese carisma en elementos vívidamente reales. Esta dimensión carismática le permitió articular un discurso lleno de las típicas constantes populistas sin que pareciera un recurso artificial o impostado. Él era el pueblo, y el pueblo era él:

> He salido del Gobierno para vivir la vida de las calles. Como el hombre del pueblo que siempre fui, seré más pueblo que nunca, sin renegar de mi destino y sin huir jamás de la lucha. No me pregunten acerca de mi futuro, porque ustedes me dieron ya un gran presente. Pregunten, sí, por el futuro de Brasil. Y crean en él. Porque tenemos motivos de sobra para hacerlo. Mi felicidad estará siempre unida a la felicidad de mi pueblo. Donde hubiere un brasileño sufriendo, quiero estar espiritualmente a su lado. Donde hubiere una madre y un padre con desesperanza, quiero que mi recuerdo les traiga un poco de consuelo. Donde hubiere un joven que quisiera soñar a lo grande, le pido que mire mi propia historia para que vea que en la vida nada es imposible. Viví en el corazón del pueblo y en él quiero continuar viviendo hasta el último de mis días. Más que nunca, soy un hombre de una sola causa y esta causa se llama Brasil[1].

Lula era la prueba de la ruptura del dominio tradicional de la oligarquía sobre el pueblo y del triunfo definitivo de éste sobre aquélla. Por tanto, lo verdaderamente importante para millones de brasileños no fueron los éxitos derivados de su acción de gobierno, sino, simplemente, que alguien como ellos hubiera llegado a la más alta magistratura del país:

> Cuando miro mi propia vida de inmigrante del noreste, de niño que vendía cacahuetes y naranjas en los muelles de Santos, que se hizo tornero mecánico y líder sindical, que un día fundó el Partido de los Trabajadores y creyó en lo que estaba haciendo, que ahora asume el puesto de Supremo Mandatario de la Nación, veo y sé, con toda claridad y con toda convicción, que nosotros podemos mucho más.
>
> Discurso de Toma de Posesión de 1 de enero de 2003 (Silva, 2002).

Fue este reconocimiento de carisma lo que le permitió sobreponerse sin grandes esfuerzos a la crisis de corrupción que estalló en 2005 conocida como el *mensalão*[2]. Es decir, la trama de compra de votos urdida por el Partido de los Trabajadores para asegurarse el voto favorable de parlamentarios de otros partidos a las iniciati-

---

[1] Luiz Inácio Lula da Silva: último discurso como presidente. 22 de diciembre de 2010. http://www.beersandpolitics.com/discursos/lula-da-silva/ultimo-discurso-como-presidente/767

[2] *Mensalão*, que podría traducirse por «sobresueldazo» es una palabra que inventó el diputado brasileño Roberto Jefferson y que bautizó el escándalo de soborno de diputados de la oposición por el PT.

vas gubernamentales, y cuyas consecuencias alcanzaron de lleno al entonces presidente del PT, José Dirceu, y a otros muchos miembros del partido gobernante y de la alianza multipartidaria que lo sostenía. Lula da Silva consiguió imponer su personalidad y prestigio carismático por encima de cualquier escándalo, lo que le permitió salir indemne de cualquier implicación en las acusaciones de corrupción. Lula vivió un momento de enorme contestación mediática, pero sin que ello incidiera en su popularidad. De hecho, la reelección para un segundo mandato con un porcentaje de votos prácticamente idéntico al obtenido cuatro años antes, demostraba la identificación básica que existía entre Lula y una parte muy mayoritaria de la sociedad brasileña.

Para Flavia Freidenberg (2007, 74), la gran referencia del populismo brasileño, Getúlio Vargas, había creado un estilo de liderazgo directo, personal y paternalista, basado en sus cualidades personales y no en su programa de gobierno. Además de esas cualidades, lo esencial de Vargas fue que en su primera época asumió la posibilidad de que ese liderazgo personalista le permitiera salirse de los marcos institucionales impuestos para crear su propia estructura autoritaria de poder. Por el contrario, el liderazgo carismático de Lula, personalista, directo, emocional más que institucional y con un cierto tono paternalista, sí se basaba en el desarrollo de un programa de gobierno y, además, jamás contempló abandonar los límites institucionales asumidos (Panizza, 2008). Ni siquiera para ampliar los periodos de reelección del presidente, tal y como hicieron otros mandatarios latinoamericanos enfrentados a restricciones constitucionales similares. Lula da Silva aunó la doble condición de *outsider* del sistema y de líder institucional, lo que le permitió representar tanto la idea de pertenencia y reconocimiento del sistema, esto es, la idea de estabilidad, como las aspiraciones de trasformación y cambio que millones de brasileños demandaban.

El sesgo populista de la retórica discursiva lulista es también visible en el ámbito de la política exterior (Sáenz de Tejada, 2007: 306), utilizada en muchos casos para contrabalancear el giro hacia la moderación experimentado por la acción de gobierno del presidente. Rubens Ricupero califica esta política como fuertemente personal y carismática, inseparable de la propia trayectoria vital y política de Lula. En su opinión, fue ante todo nacionalista, al basarse en la búsqueda del prestigio y el reconocimiento internacional de Brasil, aunque lastrada por un marcado carácter partidario que supuso el fin del consenso básico existente hasta esos momentos (Ricupero, 2010).

Pero el aspecto más visible de la utilización de recursos populistas en la política exterior residió en esa pretensión de situarse como eje de impugnación de los centros de hegemonía del sistema internacional, apostando por un nuevo eje de relaciones Sur-Sur que llevó a Brasil a aparecer como interlocutor cercano de los populismos reales latinoamericanos del momento, especialmente el bolivarismo chavista y la Argentina de Néstor Kichtner, en un intento de articulación alternativa de un latinoamericanismo contrario a la tradicional influencia de Estados Unidos, cuyo exponente básico fue la incorporación a UNASUR en 2011, es decir ya con Dilma Roussef en la presidencia, y la aceptación de la expansión de Mercosur tras la inclusión de Venezuela y Bolivia. En este giro fue evidente la creciente ideologización de la política exterior brasileña introducida por Lula. O de forma más precisa, el creciente mimetismo ideológico que asume ésta debido a la progresiva presencia del Partido de los Trabajadores, y otros actores ideológicamente afines, en la confección y gestión de la agenda internacional del país (Lopes, 2011). Con todo, el evidente recurso populista a una diplomacia de «contenido social», bajo el eslogan de «otro mundo es posible» y el alineamiento con países bajo gobiernos de nítido corte populista no puede borrar el carácter equilibrado y en cierta medida pragmático de la política exterior lulista, traducida en un indudable aumento del prestigio y el reconocimiento internacional del país, su conversión en líder regional con proyección global, y la consideración del propio Lula da Silva como un líder de dimensión e influencia global (Lechini y Giaccaglia, 2010).

Cabe tratar un último aspecto en torno a la relación entre Lula y la dialéctica populismo/democracia. Desde los años ochenta del siglo XX surgió con fuerza el concepto de democracia deliberativa (Barber, 2004; Mansbridge, 1983) o, en palabras de Adela Cortina, democracia radical (Cortina, 2008) como propuesta de superación de lo que se consideraba como limitada democracia liberal representativa. Evidentemente, estos conceptos no suponían ninguna reinvención de la democracia, pues básicamente lo que hacían era reivindicar aspectos perfectamente incluibles en ella dentro de la democracia clásica, pero sí coadyuvó a que se tomaran en consideración otros elementos diferentes a los puramente formales. Entre ellos el de acceso en igualdad de condiciones al espacio público. Esto es, la democracia se construye no sólo en razón de la existencia del reconocimiento de las mismas libertades básicas para todos los ciudadanos, y que todos ellos tengan y puedan expresar un voto igual, sino en razón de que todos esos ciudadanos puedan participar con iguales oportunidades en la escena pública. Por tanto, es necesario que la desigualdad de recursos no impida radicalmente la participación de todos. Es obligado que esa desigualdad material no genere una dinámica de exclusión real de unos ciudadanos por el hecho de no tener esos recursos, o que no permita igual posibilidad de acceso a los mecanismos de poder de esa sociedad. En consecuencia, la consideración de la democracia desde esta óptica asume un rasgo inclusivo, participativo y de democratización de los procesos de toma de decisiones y del acceso a los distintos ámbitos de poder públicos. La desigualdad, en fin, no es un mero problema de redistribución de la renta, sino de apertura del sistema en un sentido verdaderamente participativo e inclusivo, única manera en la que todos pueden ser tratados de igual forma. Desde esta perspectiva, la democracia puede considerarse un marco de igualdad de oportunidades para el acceso al espacio público en sus diferentes niveles, lo que supone cuestionar los principios elitistas en los que éste se ha basado en muchas ocasiones.

Lula es buen ejemplo de ello, ya que el avance democrático decisivo no estuvo en el proceso electoral que le llevó al poder, sino en el propio candidato y en el partido ganador, pues ninguno de ellos era representativo de las élites políticas, económicas, intelectuales o sociales tradicionales. Al contrario, Lula era un líder de origen obrero dentro de un partido de izquierda que, aunque dirigido mayormente por cuadros de la clase media urbana, reivindicaba representar los intereses de los trabajadores, e incluso incorporaba a un gran número de ellos a su organización. Lo notable de las elecciones ganadas por Lula fue que demostraban el proceso de ampliación definitiva de los espacios de deliberación y participación públicas sin exclusiones en razón de los recursos disponibles. El pueblo no era incorporado al sistema como un sujeto abstracto tal y como hizo el viejo populismo, sino como un ente real y nítido en referencia al conjunto de los ciudadanos del país. El pueblo era identificable en cuanto había incorporado definitivamente a las clases populares en pie de igualdad al resto de estratos de la sociedad. El pueblo dejaba de ser un simple recurso populista para convertirse en una realidad tangible, en un conjunto de ciudadanos libres e iguales. Lula da Silva y el Partido de los Trabajadores no gobernaron bajo la típica fórmula populista maniquea del pueblo y el antipueblo, sino recurriendo al compromiso y al consenso, que eran algo más que una necesidad pragmática. Por eso no tuvo que recurrir al clásico discurso populista de la felicidad inmediata del pueblo:

> Tenemos que mantener el control sobre nuestras muchas y legítimas ansiedades sociales, para que puedan ser atendidas al ritmo adecuado y en el momento justo; tenemos que pisar el camino con los ojos abiertos y caminar con los pasos pensados, precisos y sólidos, por la simple razón de que nadie puede recoger los frutos antes de plantar los árboles (Silva, 2002).

El populismo crece en entornos institucionales frágiles que desarticulan la relación entre el ciudadano y el Estado y permiten la cosificación utilitaria y demagógica del concepto de pueblo. Lula da Silva presidió un Brasil fuertemente institucionalizado, e hizo de la mejora de esa institucionalización un objetivo básico de su acción de gobierno.

III. OBJETIVOS PROGRAMÁTICOS Y REALIZACIONES POLÍTICAS

La acción de gobierno del presidente Lula da Silva basculó en torno a tres ejes esenciales. El primero fue establecer un mecanismo de diálogo y consenso político que le permitiera dar estabilidad a su gobierno, habida cuenta de la limitada fuerza parlamentaria del Partido de los Trabajadores. En segundo lugar, mantener la disciplina fiscal y el control de la inflación, lo que suponía aceptar la ortodoxia macroeconómica de raíz liberal de su predecesor. Y, finalmente, poner en marcha políticas de redistribución que satisficieran las principales demandas de la población más vulnerable, pero desde la óptica de una política social general del Estado y no como medidas aisladas de tipo asistencial.

Lula da Silva tuvo que optar por las alianzas parlamentarias, ya que la fuerza del Partido de los Trabajadores en ambas cámaras siempre fue muy limitada. Para las elecciones de 2002, la alianza preelectoral establecida con el Partido Liberal se amplió hasta conformar la Coalición Lula Presidente, integrada por el Partido de la Movilización Nacional, por el Partido Comunista Brasileño (PCB) y por el Partido Comunista de Brasil (PCdoB, escisión estalinista del anterior). Sin embargo, su principal sustento parlamentario lo constituyó el PMDB (Partido del Movimiento Democrático de Brasil), un partido de derecha que había apoyado con anterioridad al gobierno de Fernando Henrique Cardoso. Pero la prueba más evidente de este obligado recurso al acuerdo fue la composición del primer gobierno, en el que el Lula dio entrada a ministros del PT (18 de 34 carteras), del Partido Liberal, del Partido Comunista de Brasil, del Partido Popular Socialista, del Partido Socialista Brasileño, del Partido Democrático Laborista, del Partido Laborista brasileño y del Partido Verde. Esta verdadera amalgama partidaria le permitió disponer de una amplia mayoría en las Cámaras que le aseguró la aprobación de las principales iniciativas gubernamentales. Pero también obligó al Partido de los Trabajadores a un difícil equilibrio. Primero, de moderación y renuncia a sus postulados más radicales. Segundo, y más importante, generó en el partido la idea de recurrir a la compra de esos parlamentarios añadidos a fin de asegurarse su fidelidad. Es el origen del gran escándalo de corrupción que estalló en 2005, el ya señalado *mensalão*, que acabó definitivamente con la creencia generalizada de que el PT era un partido naturalmente honesto e incorruptible.

En el segundo mandato se repitió idéntica dinámica, aunque con una base partidaria diferente. La coalición llamada Fuerza del Pueblo, formada por el PT, el PCdoB y el Partido Republicano Brasileño, fue indirectamente apoyada, primero por siete partidos más, a los que luego se sumaron otros cuatro. Esta confusión tendió a aminorar la importancia de las estructuras partidarias en beneficio de una fuerte personalización del gobierno en la figura del presidente Lula, lo que reforzó los elementos carismáticos de ese liderazgo presidencial.

A pesar de la fuerte oposición de los sectores más radicales del PT, la política económica del gobierno Lula se basó en la estabilidad macroeconómica, lo que permitió mantener controlada la inflación, el principal problema del país durante los últimos años. La evolución del desempleo también fue positiva en su conjunto, pasando del 10,5 en 2002 al 5,7 en 2010. A pesar de algunas fluctuaciones importantes, también lo fue la del Producto Interior Bruto, ya que para el conjunto de los dos mandatos el promedio de crecimiento fue del 3,4 por 100. Este crecimiento sostenido y la política de control del gasto público permitieron al país liquidar en 2005 el pago del crédito solicitado al FMI durante el mandato de Cardoso, aunque para mantener la estabilidad financiera tuvo que afrontar un importante recorte del sistema de pensiones de los empleados públicos, compensada por una reforma fiscal que permitió aumentar la progresividad impositiva y un significativo incremento de la recaudación.

Durante el segundo mandato fue más visible la concepción desarrollista típica de la izquierda brasileña, basada en la idea de que el mercado no distribuye bien la riqueza, por lo que el Estado debe intervenir para repartir equitativamente los recursos. Esta vuelta al desarrollismo tuvo su principal manifestación en la aprobación en

2007 del Programa de Aceleración del Crecimiento (PAC), un plan de desarrollo bastante clásico, basado en la inversión pública en infraestructuras públicas y sociales por valor de 504.000 millones de reales en cuatro años. El PAC se basaba en una previsión de crecimiento del PIB del 5 por 100 anual, lo que en opinión del gobierno permitiría profundizar en las políticas sociales redistributivas. Al PAC le siguieron el Plan de Desarrollo de la Educación, cuyo objetivo era alcanzar en 2021 el nivel educativo de los países desarrollados, y el Programa Nacional de Seguridad Pública con la Ciudadanía (PRONASCI), cuya pretensión era reducir los altísimos índices de delincuencia en las áreas metropolitanas más violentas del país.

En cuanto a las políticas sociales sobresale el Programa de Hambre Cero, concebido como una verdadera política pública de inserción social. Por ello combinaba políticas estructurales con acciones de emergencia, abarcando varias áreas esenciales. La primera se basaba en la transferencia directa de rentas a las familias pobres, y su principal exponente fue la llamada Beca Familia, es decir, el pago directo a las familias con unos ingresos mensuales inferiores a 60 reales, o 120 si tenían hijos, a cambio de un compromiso familiar en materias de alfabetización, escolarización de los hijos y cuidado de la salud. Esta Beca Familia llegó a alcanzar a 12,5 millones de familias de renta baja y muy baja, y junto a otras acciones de inserción complementarias fueron decisivas para sacar de la pobreza a unos 29 millones de personas en los ocho años de presidencia de Lula da Silva. La segunda fue el mantenimiento y desarrollo de una red de protección social amplia bajo el principio de la universalidad. En tercer lugar, el incremento del valor del salario mínimo, en más de un 8 por 100 acumulado. Y, finalmente, los programas de acción en el ámbito de la agricultura familiar, como, por ejemplo, el Programa de Adquisición de Alimentos, por el que el Estado compraba directamente la producción a las familias agricultoras para asegurarles una renta mínima. Aunque el instrumento en principio más ambicioso fue el Plan Nacional de Reforma Agraria, cuyo objetivo fue asentar como granjeros a medio millón de familias de campesinos sin tierras en cuatro años, y la entrega de títulos de propiedad a otras 500.000 familias ya asentadas, pero que nunca habían recibido acreditación oficial de su propiedad.

En realidad, esta reforma agraria fue muy modesta, ya que solamente benefició a un 10 por 100 de las familias sin tierras. Tampoco fueron efectivos los proyectos de alfabetización ya que en 2011 todavía existían 14 millones de analfabetos, es decir que entre 2002 y 2009 la tasa de analfabetismo apenas había bajado de un 11,8 al 9,7 por 100. Lo mismo se puede decir de la tasa de escolaridad, pues la media de 7,2 años de estudio era muy similar a la de los países africanos más atrasados, o de la lucha contra la criminalidad, uno de los grandes fracasos de los mandatos de Lula. En realidad, el balance de los gobiernos lulistas es complejo, porque como sucede siempre, las cifras pueden utilizarse de forma parcial, al arrojar siempre elementos de contradicción. Por ejemplo, siendo indudable que en diez años el número total de pobres se redujo significativamente, los índices de desigualdad siguieron siendo extraordinariamente altos. Es decir, si tomamos en consideración el índice de desigualdad de forma aislada, el balance sería poco apreciable (Souza y Medeiros, 2015), pero si nos centramos en el dato más fundamental de reducción de la pobreza, este balance cambia notablemente en un sentido mucho más positivo (Salama, 2010).

Sin embargo, todos estos datos quedan en segundo plano frente a la generalizada popularidad del presidente Lula. Con un grado de aprobación popular de casi el 80 por 100 al finalizar su mandato, Lula ocupa en el imaginario colectivo de los brasileños un lugar de privilegio, siendo considerado uno de los grandes presidentes de la historia del país. Este amplio consenso interno se combina con un reconocimiento internacional también generalizado, lo que permite hablar de Lula como uno de los grandes líderes globales del siglo XXI. Lula ha sido mucho más que un líder partidario. De hecho, su reconocimiento de autoridad siempre ha sido mucho mayor que el de su partido, lo que explica que hasta ahora Lula haya sido capaz de sortear los gravísimos problemas de corrupción que lleva años afrontando su partido y que pueden incluso acabar con el procesamiento de su sucesora en la presidencia del país.

El lulismo vivió dos fases diferenciadas, pues si el primer mandato fue claramente continuista en relación a las políticas de equilibrio macroeconómico del presidente Fernando Henrique Cardoso, el segundo asumió las ideas típicas del desarrollismo basadas en la expansión del gasto público y de la intervención del Estado, justificadas como instrumentos de redistribución de la renta hacia la población con menores recursos disponibles. Sin embargo, nunca consiguió desprenderse de esa voluntarista e ideologizada creencia de que su gobierno iba a cambiar drásticamente el país y que impregnó a numerosos intelectuales y analistas latinoamericanos (Boron, 2003). Lula da Silva siempre apostó por el posibilismo institucionalizado, es decir, por el reformismo democrático, de ahí la idea de enigma con la que Emir Sader analiza en términos acríticamente positivos el gobierno del presidente Lula, en cuanto lo considera el representante más destacado de un nuevo ciclo histórico de superación de lo que despectivamente denomina con el tópico de «neoliberalismo» (Sader, 2008).

Seguramente, el aspecto más negativo del presidente Lula fue su incapacidad para aceptar la crítica y sobre todo el papel de los medios. A pesar de la evidente dimensión política de éstos en un contexto de fuerte concentración de la propiedad (Córdula, 2003) la relación de Lula con la prensa siempre fue compleja, sobre todo desde 2005, cuando comenzaron a publicarse los muy extendidos casos de corrupción que se habían desarrollado en la administración lulista y muy especialmente, en el ámbito del Partido de los Trabajadores. Incluso después de abandonar la presidencia y en plena campaña para la elección de su sucesora mantenía la acusación de golpismo mediático, justificado con las siguientes palabras:

> [...] vamos a derrotar a algunos periódicos y revistas que se comportan como si fueran un partido político y no tienen el valor de decir que son un partido y tienen un candidato [...] Cuando estoy equivocado lo admito porque la libertad de prensa es sagrada para fortalecer la democracia. Pero esa libertad no significa que se puedan inventar cosas todo el día. Significa que se puede informar correctamente a la opinión pública, hacer las críticas políticas y no lo que estamos viendo.
>
> Fuente: *El Mundo*, 26 de septiembre de 2010.

Y es que, seguramente, el aspecto más negativo de la presidencia de Lula da Silva haya sido su incapacidad para hacer frente a los grandes casos de corrupción que estallaron en el país, concentrados sobre todo en torno al PT y la empresa estatal Petrobras. La corrupción ha acabado sin duda con el prestigio del partido del presidente Lula, no con su figura. Pero lo esencial es que su consideración invita a abrir una nueva perspectiva crítica acerca de lo que ha sido y ha representado, tanto en términos reales como simbólicos, la presidencia de Lula da Silva en Brasil y, por extensión, en toda América Latina.

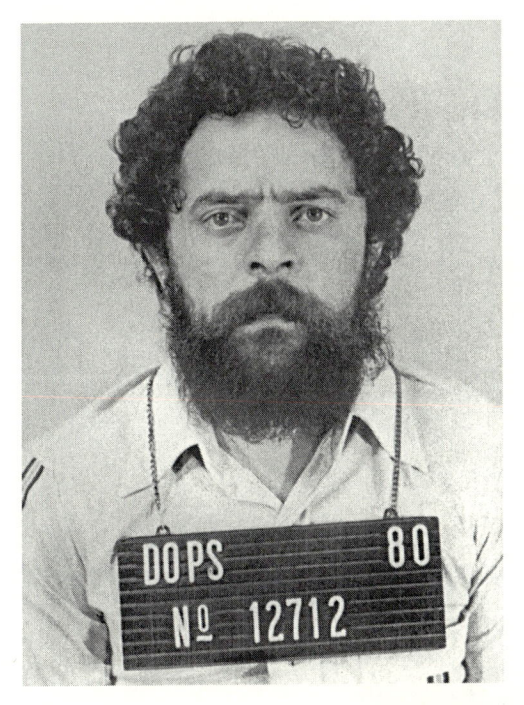

Tras formar el Partido de los Trabajadores (PT) Lula organizó una huelga en Sao Paulo en la que participaron más de 300.000 trabajadores y que duró 41 días. La protesta fue reprimida con dureza y Lula fue detenido, juzgado y condenado por un tribunal militar a tres años y seis meses de prisión que no llegó a cumplir al ser anulada la sentencia.

«Lula de nuevo con la fuerza del pueblo», eslogan de campaña y título de una pegadiza cancioncilla electoral que loaba la figura del presidente en las elecciones de 2006.

CAPÍTULO 13

LOS GOBIERNOS POPULISTAS EN MÉXICO: LA PRIORIDAD DE LA INCLUSIÓN DE LAS MASAS FRENTE AL DESARROLLO DEL PAÍS

Juan Ignacio Hernández Mora

SUMARIO: I. Lázaro Cárdenas, ¿pionero del populismo? II. La aparición de los gobiernos populistas en América Latina. III. El populismo en México. IV. Conclusiones.

Este capítulo tiene por objeto realizar una aproximación al surgimiento de los gobiernos populistas en México en perspectiva comparada con América Latina, encuadrando el análisis dentro del marco democrático creado por los cambios de Gobiernos sexenales en México. En particular, quiero abordar la forma en que este complejo fenómeno llegó a ser parte de la política mexicana durante todo el siglo xx; cómo sus protagonistas lograron consolidar un aparato político-burocrático basado en la figura de un líder carismático y nacionalista, generalmente vinculado a la clase alta o militar; y cómo la inclusión de las masas populares funcionó, y funciona aún hoy, como sustento de su poder hegemónico y da respaldo a medidas político-económicas paliativas, a corto plazo, que sumadas al poco respeto institucional, llevaron a México, y a buena parte de América Latina a continuar siendo, en el siglo xxi, países pobres, dependientes y desindustrializados.

I. LÁZARO CÁRDENAS, ¿PIONERO DEL POPULISMO?

La importancia de Lázaro Cárdenas (1895-1970) en este proceso resulta básica, y aunque pueda parecer controvertido, particularmente en México, su obra política toma asiento en el tiempo mismo del nacimiento del populismo en la América Latina. Es más, puede realizarse una comparación provechosa entre él, Vargas y Perón.

Nacido en Jiquilpán, Michoacán, como Lázaro Cárdenas del Río, el 21 de mayo de 1895. Desde el año 1913 tuvo una intensa participación en el movimiento revolucionario y durante el año 1914 se incorpora a las fuerzas del general Plutarco Elías Calles, entonces jefe de la guarnición leal al gobierno, quien lo promueve al grado de teniente coronel.

En 1928 es nombrado gobernador de Michoacán, su estado natal, aunque en el año 1930 pidió licencia para asumir el cargo de presidente del Partido Nacional Revolucionario (PNR) y dirigir la campaña del Ingeniero Pascual Ortiz Rubio; por esos años también fue Secretario de Guerra y Marina del presidente Abelardo Rodríguez.

En 1934 fue elegido presidente de la República de México con el respaldo del general Calles. Poco a poco fue construyendo una sólida y poderosa base popular basada en un amplio reparto agrario y en la nacionalización de las industrias extractivas, energéticas y de comunicaciones. Cárdenas se hizo un nombre internacional por la apertura de las puertas de México a relevantes perseguidos políticos, como Trotsky y los exiliados republicanos españoles, pero al poco de llegar a la presidencia de la república, en 1936, había usado la fuerza armada para poner en un avión a Plutarco Elías Calles, su mentor y fundador del PNR (que luego vendría a ser el PRI) y mandarlo al exilio a California.

Entre las medidas más notorias realizadas durante su presidencia se encuentran las de desarrollo social, que le valieron el apoyo popular logrado, como el reparto de tierras, apoyo a los obreros, creación y fortalecimiento de sindicatos, etc.

Otro dato significativo de su mandato fue la estatización, primero de la empresa de ferrocarriles en el año 1937 y un año más tarde de la empresa petrolera para fundar Petróleos Mexicanos (Pemex), lo que causó la ruptura de relaciones con Gran Bretaña por la confiscación de bienes a empresas de capital británico. Durante ese periodo se da una importante devaluación de la moneda, pasando de una cotización de $ 3,50 a $ 6 por dólar americano, provocando el retiro del Banco de México del mercado internacional.

Resulta destacable que su ascenso y consolidación en el poder se cimentó en decisiones que buscaban debilitar a sus enemigos dentro de la política, como la tomada en el año 1935, cuando pidió la renuncia de todo su gabinete para deshacerse de funcionarios *callistas*, paso previo a la expulsión del expresidente que lo había patrocinado.

Sufrió de varios intentos de golpe de Estado y maniobras de desestabilización, que supo sobreponer y acabó su mandato postulando para las elecciones presidenciales (en México no hay reelección del presidente) como candidato de su partido a un general del ejército, Ávila Camacho, que se proclamó ganador de las elecciones presidenciales en 1940; eso sí, no sin que el Partido de Acción Nacional (PAN) denunciara fraude electoral, lo que desató un grave conflicto.

Tras dejar la presidencia, ocupó diversos cargos públicos, entre los cuales es particularmente reseñable el de Secretario de Guerra y Marina, que ejerció durante la presidencia de Manuel Ávila Camacho, durante el convulso periodo de la Segunda Guerra Mundial.

Murió en la ciudad de México el día 19 de octubre de 1970 y sus restos descansan en el Monumento a la Revolución, el mismo que se construyó durante su mandato presidencial (Montes de Oca Navas, 1999).

II. LA APARICIÓN DE LOS GOBIERNOS POPULISTAS EN AMÉRICA LATINA

El populismo es un fenómeno de carácter histórico, controvertido y complejo, que surge como un endemismo en América Latina, aunque tiene manifestaciones en otros lugares, y que se puede correlacionar con otros fenómenos fundamentales conexos, como son el nacionalismo económico, la urbanización, las migraciones, la política exterior afirmativa y el sentimiento antiimperialista, etc. Todos estos hechos sociales, políticos y económicos, se entretejen para conformar el entramado sobre la que se va a sostener el surgimiento del populismo del siglo XX, más precisamente entre las crisis de 1930 y la Segunda Guerra Mundial, en lo que concierne a la realidad de América Latina (Weffort, 1970).

Tras la crisis política del modelo liberal poscolonial de principios del siglo XX, a la que se suma el nuevo posicionamiento político alcanzado por las Fuerzas Armadas (FFAA), el populismo va a comenzar a encontrar su lugar dentro de las sociedades latinoamericanas de la mano de la aparición de líderes carismáticos. Estas figuras, tal como hemos visto en los casos de Vargas y Perón, personificaban la voz de la nación, los deseos y las voluntades del pueblo en el imaginario de las nuevas clases obreras, postulando una política de democracia «social» y forjando como base una alianza entre las clases bajas y el sector de poder hegemónico. Prospectivamente, el objetivo sería el de consolidar un desarrollo nacional pleno, independiente de poderes extranjeros, dando curso de esta manera a una rebelión contra el sistema liberal tradicional, tanto en el plano político, como en el social y el económico. Este proceso vendría alimentado en el terreno ideológico por doctrinas muy diversas, que le permiten dialogar con aspectos del fascismo, el socialismo, el liberalismo moderno y la doctrina social de la iglesia (Ravina, 2002).

De modo que en América Latina se puede establecer un paralelismo entre los gobiernos populistas de Getúlio Vargas en Brasil, de Juan Perón en Argentina y, como veremos, de Lázaro Cárdenas en México. Todos surgen en un contexto manifiestamente autoritario; todos alcanzan influencia gracias al apoyo que consiguen de las masas populares, esto es, de aquellos que se sienten excluidos tanto política como económicamente; en todos los casos se produce la incorporación simbólica de elementos nacionalistas; y aunque el resultado más perdurable es el autoritarismo, algunos analistas sostienen que esta inclusión de las masas en el poder ha de considerarse como una fuerza de democratización (Freidenberg, 2007).

También es notorio que este tipo de movimiento contiene entre los ingredientes de su ideología una posición *anti statu quo* y, al tiempo, se encuentra construido sobre el apoyo que recibe una élite ubicada en los niveles más altos de la estratificación social de una masa de seguidores movilizada por la conexión ideológica o emocional con el líder. Algo muy característico de países en desarrollo, a lo que se suma el deseo de las masas de contar con una representación aun cuando no tributen impuestos (Di Tella, 1969).

Siguiendo con el tema de la primera aparición del populismo en América Latina, ha de enfatizarse que, a diferencia del caudillismo, donde los seguidores no votan, el populismo se autodefine como movimiento popular. Así, un rasgo característico del populismo en países como México, y en algunos países andinos, es el lazo que se establece con la gran masa de la población indígena, reviviendo formas tradicionales o folklóricas, dando a las mismas un sentido político, haciendo que estas formas de participación excedan los canales formales institucionalizados de participación, y generen de esta manera una participación directa de las masas que se subyugan ante la figura del líder. Esto hace indistinto que el movimiento sea democrático o autoritario, aunque requiera de una base electoral para poder legitimarse (Conniff, 1982).

Coincidiendo con lo anterior, el populismo puede emparentarse con un estilo de liderazgo, un movimiento popular o un discurso político, pero en América Latina se encuentra tan arraigado que comienza a ser visto y analizado como un régimen político propio. Su situación entre la democracia y el autoritarismo lo coloca en un lugar pendular donde la ausencia de un programa político se puede sanear a través de una comunicación estructural y vertical entre el líder y el pueblo; por otro lado, la llegada al poder se realiza mediante un discurso antioligárquico, y los altos niveles de apoyo popular y marginal vienen típicamente acompañado de un debilitamiento de las instituciones y, particularmente de los *checks and balances*.

Otro punto de coincidencia de los populismos en la región es la fragilidad de los sistemas de partidos políticos que históricamente han aflorado en toda Latinoamérica, la alta fluctuación entre sus élites y cuadros ha creado un marco ideal para la aparición de «súper presidentes» o de populismos carismáticos. Esto se debe a que no son partidos políticos consolidados, sino, salvo excepciones, movimientos que se forman en torno a un líder fuerte, sea en el ámbito nacional, regional o local. Otro rasgo a tener en cuenta para explicar el surgimiento de estos movimientos es la transición del medio rural, del campo, al medio urbano, a la ciudad, que se da en los países pioneros del populismo en el continente alrededor de la década de los años treinta, con la industrialización y la aparición de los asentamientos urbanos en torno a los grandes centros industriales. Las condiciones de marginalidad que produjeron estos movimientos migratorios crearon el nicho justo, ante la tardía reacción del Estado liberal, para que el germen del populismo prendiera en suelo americano. La promoción del voto universal, la inclusión de los obreros y la creación de sistemas de salud y seguridad social, junto con medidas económicas, como la sustitución de importaciones y las expropiaciones a manos del Estado, fueron las medidas sobre las que los líderes populistas edificarían su poder (Gratius, 2007).

III. EL POPULISMO EN MÉXICO

El régimen de Cárdenas, como los de Vargas y Perón, participa de todos estos rasgos y puede por tanto ser calificado de populista. Aunque esta calificación no está libre de controversias. Krauze le califica de popular, no de populista, y sostiene que la dominación inamovible del PRI tuvo como resultado la quiebra de la democracia, pero también la imposibilidad del populismo (Krauze, 2012). En palabras del insigne historiador, Cárdenas no fue populista porque le faltaba el don de la palabra. Sin embargo, este diagnóstico debe ser matizado. Su presidencia significó la cancelación de cualquier atisbo de individualismo, como también de cualquier tipo de disenso. Su dicho de que «todo está contenido en la masa y nada por fuera de ella» puede tener su razón de ser, pero le otorgaba un bien ganado mote de antidemocrático y antiliberal. Esta masa que invocaba era la que le otorgaba la legitimidad necesaria para ejercer el poder o la misma que, bajo sus órdenes, se transformaba en fuerza para la acción cuando las circunstancias lo demandaban; esta misma masa, por la dinámica que se le otorgaba, tenía inscrito el carácter de sujeto político, pero sin autonomía alguna, algo que se convertirá en un legado, con forma de pesado lastre, durante las décadas posteriores de la política mexicana, bajo la denominación de corporativismo.

En suma, Cárdenas concentró en su figura una personalización excesiva del poder, que llevaría a su transformación en una figura de culto autóctono, que le otorgaba la capacidad de tomar decisiones al margen de las reglas impersonales que impone el juego político democrático, aunando esas capacidades con una legitimidad abierta, carismática y tradicional, elementos que posteriormente van a caracterizar al presidencialismo mexicano: una forma demagógica de gobierno presidencialista. Otra característica del cardenismo es obviar los efectos perniciosos que dejó a largo plazo para la nación por su forma precipitada y descontrolada de concentrarse en los efectos positivos de las medidas a corto plazo, por no entrar en los detalles del esquema bolchevique-fascista que otorgó al Estado mexicano (Aguilar Rivera, 2003).

Cárdenas, fue una persona poco cultivada e incapaz de resolver problemas; estaba rodeado de un gabinete de gobierno integrado por gente atropellada y muchas veces deshonesta, cuyo mayor capital era ser un grupo de demagogos. Estuvo siempre vocalmente con los pobres, pero ni él ni sus amigos fueron pobres. Era una persona que buscaba resolver todos los problemas en el estilo del cacicazgo, sin tener en cuenta los procesos constitucionales. Ciertamente, fue un destructor y, como todo revolucionario, había nacido para derribar. Negar que el presidente Cárdenas terminó su mandato con una notoria y generalizada impopularidad sería imposible. Las medidas que tomó, desde el punto de vista económico, estuvieron lejos de colmar las aspiraciones populares, como el reparto agrario o el déficit fiscal devenido del excesivo gasto público. Y a esto hay que sumar una alta inflación y una caída estrepitosa de la producción industrial y agrícola. En términos políticos, la reforma agraria fortaleció un Estado que no hubiera podido mantenerse sin esas medidas. Había hecho desaparecer al amo o al patrón de los latifundios, pero no transformó al campesino en un agente eficiente, sino que se limitó a sustituir a los de arriba por una enorme red burocrática, sin compromiso con la producción y que no se sentía orgullosa al llegar el desenlace.

Su ideal de nación era otro, no el que él mismo produjo. Soñaba con un gobierno autónomo e independiente, libre de la explotación y atento a los problemas comunitarios. Si este sueño no se alcanzó fue, como en todos los gobiernos populistas, porque su realización necesitaba que fuera vinculado al control y a la transparencia en relación al gobierno y al ejercicio del poder por las autoridades. El paternalismo del Estado se tornó muchas veces en sujeción y, de esta forma, el campesino libre fue con frecuencia sólo capital político (Krauze, 1997).

Las protestas y críticas durante la presidencia de Cárdenas muestran de forma meridiana la oposición de gran parte de la clase media y explican que buena parte de su legado presidencial, como la educación de corte socialista, fuera revertida al finalizar su mandato. La política religiosa también generó divisiones inmediatas y, a diferencia del tema educativo, aquí no se limitó la oposición a la clase media, sino que el clero y las clases populares devinieron actores activos en las protestas, a lo que el gobierno respondió con la expulsión de sacerdotes por considerarlos perniciosos para la moral pública. Además, la violencia gubernamental, durante su mandato, no sólo fue una amenaza, sino que se convirtió en una realidad, tanto en escenarios urbanos como rurales: la mano del gobierno populista alcanzaba todos los rincones del territorio nacional (Ankerson, 1994).

Las palabras de Ludwig von Mises, el gran historiador económico y escritor liberal del siglo XX, suenan más que claras al referirse a la economía mexicana en un ensayo realizado durante su visita al país, durante la presidencia de Ávila Camacho. Mises verbaliza su desacuerdo con las políticas de fuerte intervención del Estado en la economía y de proteccionismo frente a la concurrencia exterior justamente porque México es un país atrasado:

> Lo que más necesita México es capital, ya sea propio o extranjero. El repudio a la deuda nacional y la expropiación de las inversiones extranjeras desaniman al capitalista externo, y los métodos impositivos frenan la acu-

mulación de capital interno. El abandono total de esas prácticas es el primer requisito para la regeneración económica del país. No hay esperanza de construir una industria próspera en un país que considera a cada empresario como un explotador y trata de castigar su éxito. La política de acortar las jornadas de trabajo, de elevar costos forzando al empresario a proveer de vivienda a los trabajadores y de fijar tasas de salario mínimo, ya sea por interferencia directa del gobierno o por dar mano libre a las presiones sindicales, es vana en un país cuya producción industrial aún está por crearse. Es una triste realidad que un país cuyas condiciones naturales para la producción son menos favorables que las de otros, que padece de una comparativa escasez de capital, sólo tenga una forma de competir con otros, más bendecidos por la naturaleza y más ricos en capital: con su mano de obra más barata.

Y continúa:

En un mundo sin barreras migratorias, prevalece la tendencia a igualar los sueldos entre los diferentes países. Si no existe libertad de movimiento para la mano de obra, los salarios tienen que ser más bajos allí donde los recursos naturales sean más pobres y el capital más escaso. No hay modo de cambiar esta situación. Si el gobierno o los sindicatos no están dispuestos a aceptar esta realidad, no sólo no lograrán mejorar las condiciones de las masas, sino que las empeorarán. Impedirán el desarrollo de las industrias procesadoras, obligando a los trabajadores a seguir siendo peones extremadamente pobres, cuando podrían tener un empleo mejor remunerado en las fábricas. La única manera de mejorar la situación económica de México es mediante el liberalismo económico: es decir, una política de *laissez faire* [...] envidiar el éxito de los compatriotas más afortunados es una debilidad común del hombre. Pero un patriota honrado no debería ver con disgusto la fortuna de empresarios eficientes. Debe entender que, en una sociedad capitalista, la única forma de acumular riquezas es mediante el suministro a los consumidores de las mercancías que demanden, al mínimo costo. El que mejor sirve al público, más se beneficia. Lo que México necesita es libertad económica (Mises, 1998: 12-13).

Este discurso, realizado a mediados del siglo XX, goza hoy de una actualidad indiscutible en los países americanos que han pasado por procesos populistas. Estas naciones tienen pendiente la realización de un recuento de los daños producidos por aquellas políticas que retrasaron la inversión y la industrialización. Lamentablemente, en su ejercicio y no en sus ideales, estos gobiernos populistas, como el de Cárdenas, se afanan en alcanzar la hegemonía política a cualquier precio, con el ánimo de convertirse en los reguladores de la economía y en árbitros incuestionables en todos los conflictos sociopolíticos, con el prurito de que al hacerlo resolverán todos los problemas; pero la imagen que nos trasladan es la de los monarcas déspotas que identifican a su pueblo con sus propios caprichos: el gobierno, confundido con el Estado, se convierte en juez y parte, y no siendo un árbitro neutral, se aboca a silenciar y erosionar las voces de la sociedad, desde los meros ciudadanos a los empresarios, creando un clima de inseguridad jurídica en el que todos los miembros de la sociedad pierden.

La moderación que caracterizó en materia económica al siguiente sexenio presidencial, el de Ávila Camacho, y el bajo perfil que adoptó en relación a la justicia social y a las diferencias y conflictos entre clases, muestran cómo, al término de un mandato populista, lo que resta es una imperiosa necesidad de consenso y de acuerdo. Así, la estabilidad y la moderación caracterizaron a los gobiernos mexicanos de las tres décadas siguientes. Situación que cambió en el momento en el que el país comenzó a entrar en crisis de manera recurrente, sobre todo a partir de la década de los setenta (González Compeán y Lomelí, 2000).

Así, intentando una reconstrucción nacional, un grupo de empresarios interesados en proporcionar una salida alternativa al *impasse* del modelo económico priista, impulsaron el proyecto denominado Asociación Mexicana de Cultura, que consideraba urgente que se promoviera la enseñanza técnica, con la finalidad de formar jóvenes con orientación profesional bancaria, industrial y comercial. Para ello decidieron establecer:

a) La Escuela de Ingeniería Industrial: que comprendía las carreras de ingeniería: mecánica, electricista, química, e ingeniería administrativa.

b) El Instituto Mexicano de Economía: donde se podría estudiar la carrera de Economista en sus grados de licenciatura y doctorado, la de estadígrafo y la de actuario.

c) La Escuela de Administración: que abarcaba las carreras de Contador Público Titulado y de Administración de Negocios, la de Contador Privado en sus ramas bancaria, industrial y comercial (Morales, 2014).

Las diferencias entre el populismo clásico, llevado adelante por el presidente Cárdenas, y el de los años setenta, el propio de los dos mandatos protagonizados por Luis Echeverría y José López Portillo, resultan evidentes en el análisis político.

El populismo de los años setenta no estuvo caracterizado por ser un proceso totalmente orientado a integrar las masas populares al sistema político, pero sí por realizar una expansión enorme en el gasto público, producto del agrandamiento del Estado, para asegurar el control político. Por este motivo se los considera populismos clásicos tardíos y mostraron una maleabilidad y oportunismo nunca vistos en la escena política mexicana.

El nuevo eje discursivo se centró en la democratización del sistema político. En una época en que América Latina se encontraba marcada por las dictaduras militares, los gobiernos de Luis Echeverría Álvarez y José López Portillo enarbolaron la bandera del socialismo y se ubicaron, cada vez que pudieron, mostrando su afinidad con la izquierda, como ilustran la apertura de fronteras a los exiliados de las dictaduras latinoamericanas y los reiterados encuentros y expresiones de simpatía para con Fidel Castro y Salvador Allende.

El punto de coincidencia de estos populismos con el instalado por Cárdenas fue el nacionalismo y la utilización de paliativos o soluciones políticas a corto plazo, que determinaron las condiciones desastrosas en que quedó el país, con crisis económicas y atraso social (Cansino, 2000).

El último tramo del siglo XX y los principios del siglo XXI fueron testigos en la región del resurgimiento de fórmulas populistas de nueva cepa, el neopopulismo, cuya particularidad fue promover la globalización de sus respectivos países para insertarlos en el primer mundo mediante la liberalización económica y la limitación del Estado. Pero al mismo tiempo surgieron otros populismos de carácter abiertamente antiliberal, como Carlos Palenque y Max Fernández en Bolivia, precursores del numeroso grupo encabezado por Hugo Chávez en Venezuela, Correa en Ecuador y Evo Morales en Bolivia. En México, el gobierno de Vicente Fox, iniciado en 2000, puede verse, con su componente de retórica populista, como sello personal con el que encarar negociaciones y polémicas, junto a su incipiente devoción por la tribuna pública, como un ejemplo parcial de esta vuelta del populismo. Estos rasgos quedaron ratificados por su cercanía a la gente, enfatizada por su tolerancia a la hora de aceptar errores y críticas y por la percepción de la ciudadanía, sinceramente convencida de su honradez, lo que permite enmarcar su populismo en una mezcla confusa de antipolítica recubierta por la democracia (Aguilar Rivera, 2003).

IV. CONCLUSIONES

La alternancia política inaugurada en México con el final del siglo XX y reiterada en el siglo en el que vivimos muestra que lejos de avanzar en la democratización, las circunstancias que hicieron posible el populismo y el neopopulismo se encuentran intactas, listas para ser usadas por el próximo político oportunista. Pero el terreno allanado no basta para que se produzca de nuevo el fenómeno: hace falta la aparición de un líder con alma de caudillo, oportunista, sin ninguna estructura, pero con la audacia y el carisma suficientes para montar la escena y dirigir la dramaturgia. En esta combinación siniestra, los contextos desempeñan un papel fundamental, las crisis económicas brotan y resurgen con fuerza en un mundo globalizado y la necesidad de contar con una opinión pública favorable hacen que cierto porcentaje de populismo sea necesario en la estrategia de cualquier gobierno que quiera mantenerse en pie sobre un terreno que resulta inestable.

Quizás, como escribe Cansino:

> Estamos frente a una paradoja: Tan grande es hoy el malestar social hacia la clase política en general, tan evidente el desencanto por las promesas incumplidas por parte de los gobiernos de la alternancia, tan dramática la parálisis nacional inducida por una casta política cínica y corrupta, que quizá lo que México necesite hoy más que nunca es precisamente un vuelco que reposicione a la sociedad como principio y fin del quehacer gubernamental, un terremoto que estremezca la política institucional, restituyéndole algo de decoro y legitimidad, que reconcilie a la sociedad con sus representantes. ¿Una sacudida populista? (Cansino, 2002: 27).

No sería el mejor camino, pero la amenaza continúa representada esta vez de manera particularísima por Andrés Manuel López Obrador y «su» partido político *Morena*, MOvimiento de REnovación NAcional, que levanta sugerencias guadalupanas, que medirá su fuerza primero frente al PRD (Partido de la Revolución Democrática), al cual le quitó gran parte de su estructura electoral, para después batirse en la anunciada gran elección Presidencial de 2018. Así pues, la suerte está echada y nuevos populismos acechan a una realidad mexicana siempre tentada de escuchar grandes soluciones, sin el esfuerzo y dedicación que se requiere para tornarlas en realidad. Porque los problemas de México requieren reflexión y tiempo, y no hay soluciones mágicas instantáneas, pero se intuye que la paciencia no es precisamente una característica del pueblo mexicano.

Lázaro Cárdenas fue elegido presidente en 1934. En 1937 nacionalizó los ferrocarriles y al año siguiente la industria petrolera para fundar Petróleos Mexicanos (Pemex), lo que causó la ruptura de relaciones con Gran Bretaña por la confiscación de bienes a súbditos y compañías británicas.

Andrés Manuel López Obrador (AMLO), el candidato de MORENA (MOvimiento de REgeneración NAcional, obsérvense las resonancias guadalupanas) es un político del viejo sistema que ha sido capaz de capitalizar el populismo en su propio provecho. Imagen de un cartel de su campaña para bloquear cualquier privatización del sector energético.

CAPÍTULO 14

EL POPULISMO EN EL PERÚ

Martín Santiváñez Vivanco

SUMARIO: I. Crisis y sultanato estatal. II. La dictadura velasquista y Sendero Luminoso: un populismo marxista y una desviación terrorista. III. Alan García y el APRA: un discurso populista en un partido tradicional. IV. El fujimorismo, del populismo desideologizado al centro pragmático. V. A modo de conclusión.

I. CRISIS Y SULTANATO ESTATAL

La crisis histórica del Estado peruano está ligada a la calidad de su clase dirigente. La denuncia de los errores y defectos de la élite peruana ha sido una constante en la ciencia política nacional y gran parte de los populismos que tamizan nuestro sendero republicano surgen en contraposición directa a la ineficacia de una élite que no ha sabido conducir al país a niveles sostenibles de desarrollo.

Si bien es comprensible que radicalismos marxistas (como el de José Carlos Mariategui) o aproximaciones teñidas de socialdemocracia (como la de Jorge Basadre) ensayen críticas sobre el papel de la élite peruana, la realidad del problema supera al prisma ideológico. Por eso es posible sostener que, en diversos ámbitos, el populismo es omnipresente (Mastropaolo, 2014: 65) y de difícil definición (Weyland, 1996: 5; 2001). En este sentido, es sugestivo el caso de José de la Riva Agüero, epítome del pensamiento reaccionario peruano y conspicuo miembro de la clase dirigente de su tiempo. En muchos extremos, el diagnóstico que Riva Agüero esbozó sobre la élite peruana se mantiene vigente:

> [...] Por bajo de la ignara y revoltosa oligarquía militar, alimentándose de sus concupiscencias y dispendios, y junto a la menguada turba abogadil

de sus cómplices y acólitos, fue creciendo una nueva clase directora, que correspondió y pretendió reproducir a la gran burguesía europea. ¡Cuán endeble y relajado se mostró el sentimiento patriótico en la mayoría de estos burgueses criollos! En el alma de tales negociantes enriquecidos ¡qué incomprensión de las seculares tradiciones peruanas, qué estúpido y suicida desdén por todo lo coterráneo, qué sórdido y fenicio egoísmo! ¡Para ellos nuestro país fue, más que nación, factoría productiva; e incapaces de apreciar la majestad de la idea de patria, se avergonzaban luego en Europa, con el más vil rastacuerismo, de su condición de peruanos, a la que debieron cuanto eran y tenían! Con semejantes clases superiores, nos halló la guerra con Chile; y en la confusión de la derrota, acabó el festín de Baltasar. Después, el negro silencio, la convalecencia pálida, el anodinismo escéptico, las ínfimas rencillas, el marasmo, la triste procesión de las larvas grises [...] (Riva-Agüero, 2010: 133).

La crisis de la élite está en el origen del populismo peruano. No se trata de una crítica antidemocrática, pues, como hemos visto, incluso desde el conservadurismo institucionalista como el de Riva Agüero se reconoce la debilidad de la clase dirigente peruana, comprometida con su propia supervivencia por encima de los problemas nacionales. Esta crisis de las clases dirigentes ha originado diversos populismos, con mayor o menor intensidad. Ciertamente, el primer gobierno aprista puede enmarcarse en este parámetro y también la génesis del fujimorismo. Pero la crítica fundamental tiene que partir por analizar el rol de una clase dirigente que, aunque ya no se alimenta de la clase militar, como señalaba Riva Agüero, sí continúa medrando de los despojos del caudillismo político. El ausentismo de la clase dirigente también se ha plasmado en la emulación de la gran burguesía norteamericana y europea manteniendo el mismo vicio mefistofélico: la relajación del sentimiento patriótico. A pesar de los cien años que han transcurrido entre el diagnóstico de Riva Agüero y nuestro tiempo, el Perú continúa siendo un país invertebrado.

La frivolidad propia del relativismo favorece que sucesivos gobiernos mantengan al país como una «factoría productiva». En realidad, la clase dirigente peruana se ha conformado con el estatus de «factoría productiva» y por eso el país carece de un objetivo nacional concreto. Parafraseando a un contemporáneo de Riva Agüero, su amigo el arielista Víctor Andrés Belaúnde, es imposible lograr la grandeza cuando se carece de una mínima noción de destino, e incluso cuando se cae en una suerte de fatalidad populista (Pipitone, 2015: 291-297). El populismo es el resultado de este ausentismo elitista. El fracaso de la clase dirigente peruana ha favorecido que incluso partidos políticos con credenciales democráticas se inclinen por apelar a la estrategia populista, algunas veces animados por ciertas desviaciones ideológicas y en otros casos impulsados por la ineficacia de un Estado dirigido torpemente por la élite de turno.

El populismo peruano no es patrimonio de un solo sector de la ideología. Movimientos de derecha y sectores de izquierda han apelado a él como un recurso extremo ante la anomia social. Al ser una estrategia transversal forma parte de nuestra cultura política y se intensifica desde lo que podemos llamar «la ampliación del *demos*» que se inicia con el primer centenario de la República. La emergencia de partidos de masas (que sustituyen a la República Aristocrática donde la élite se repartía el poder sucesivamente) también favorece esta paulatina consolidación. Con todo, en tanto estrategia electoral, el populismo se expande al margen de la institucionalización de los partidos y muchas veces se incorpora en el ámbito programático. La antipolítica y el maniqueísmo forman parte de diversos movimientos con independencia de su posición en el espectro ideológico, aunque normalmente mantengan una carga políticamente negativa (Delsol, 2015: 57).

La precariedad institucional de la política peruana ha favorecido la expansión del populismo. Ante un Estado disfuncional o plenamente ausente en diversas áreas, ante la carencia de una administración pública profesional capaz de frenar los apetitos partidistas y el clientelismo, el *ethos* populista también ha impregnado la esfera institucional. El populismo institucional es también un populismo de Estado. Semejante Sultanato estatal, proclive a fomentar el caudillismo, alimenta el discurso demagógico y la violencia verbal. El Perú es un país de instituciones en formación. De hecho, la calidad del liderazgo influye en este proceso formativo. Sin embargo, el populismo ha ralentizado la consolidación de las instituciones proyectando una imagen de ineficacia sobre ellas y sirviéndose de esta debilidad para la proyección del mesianismo caudillista.

El populismo peruano, por tanto, empleando un discurso mesiánico (que va desde el mito de Inkarrí hasta la restauración marxista del incanato), ha logrado que un estado permanente de precariedad institucional favorezca el surgimiento de sucesivos clientelismos de derecha e izquierda. Y también, infelizmente, el terrorismo ideologizado de Sendero Luminoso, cuyo discurso populista condujo al país a una guerra encarnizada en la que el proletariado maoísta era el agente revolucionario escatológicamente preparado para redimir al país. Estos populismos, distintos en tiempo y circunstancia, han deformado la historia peruana, imprimiendo su sello en nuestra esfera pública hasta formar parte de la psicología nacional.

II. LA DICTADURA VELASQUISTA Y SENDERO LUMINOSO: UN POPULISMO MARXISTA Y UNA DESVIACIÓN TERRORISTA

La historia del terrorismo senderista está íntimamente vinculada al desarrollo de la dictadura velasquista en el Perú. El general Juan Velasco Alvarado (1909-1977), siendo jefe del Comando Conjunto de las Fuerzas Armadas, fue el autor del golpe de Estado del 3 de octubre de 1968 contra el Presidente Fernando Belaúnde Terry. Desde 1968 hasta 1975, Velasco lideró el gobierno revolucionario de las Fuerzas Armadas e impulsó un proceso de transformación radical dominado por la matriz izquierdista (Contreras y Cueto, 2014: 340-366). La reforma agraria, que destruyó la agricultura peruana; la confiscación de los principales medios de comunicación, que pasaron a formar parte del aparato de propaganda de la revolución; la persecución de los partidos políticos tradicionales, con una política selectiva de exilios y encarcelamientos; y la promoción de un discurso de odio hacia la clase dirigente y las oligarquías produjo un populismo militarista que enarboló la bandera de la reivindicación basándose en los postulados ideológicos del marxismo.

De esta forma, el lugar que el proletariado ocupa en el proceso revolucionario ortodoxo fue ocupado por el «campesinado». De allí el lema «campesino, el patrón no comerá más de tu pobreza» que fue promovido por el aparato velasquista y que contribuyó a la popularidad inicial de la revolución. Velasco Alvarado ejerció un populismo autoritario en una época en que las democracias liberales todavía se enfrentaban en un mundo bipolar al comunismo soviético. Cuba era un referente de independencia frente al «imperialismo norteamericano» y el Perú revolucionario intentó fomentar un movimiento de no alineados capaz de equilibrar el precario orden mundial.

Los rasgos clásicos del populismo se impusieron inmediatamente en el discurso y en la práctica. El velascato construyó barreras artificiales y divisorias como parte de su diagnóstico nacional y tuvo como objetivo fundamental la destrucción de la clase dirigente a la que consideraba la principal responsable de la postración nacional. La alianza entre la *intelligentsia* progresista y los militares desarrollistas del Centro de Altos Estudios Militares-CAEM (en el que se formaron varios colaboradores del régimen) forjó un programa que mezclaba el nacionalismo estándar con el marxismo revolucionario. Con esta amalgama se impulsaron las reformas de la dictadura y se logró crear el clima necesario para que se impusiera el discurso de la antipolítica. Sobre este discurso y sobre la ineficacia de un Estado dictatorial construyó Sendero Luminoso toda su estrategia «del campo a la ciudad».

El surgimiento de Sendero Luminoso, el grupo terrorista más sanguinario de Latinoamérica, es incomprensible sin la primavera marxista del velascato. La dictadura velasquista sentó las bases para la irrupción de Sendero Luminoso. La propagación nacional de la utopía ácrata revolucionaria, la educación infiltrada por el pensamiento marxista y la frustración que produjo el fracaso de las reformas velasquistas sirvieron de caldo de cultivo para el surgimiento del terrorismo y para el retorno del populismo. La relación entre el populismo y una educación ideologizada es un extremo sostenido por la literatura liberal (Sardón, 2013: 165). Ciertamente, existe una relación causal entre el autoritarismo y los problemas de la educación pública.

Sendero Luminoso irrumpe en la política peruana desafiando las elecciones de 1980 de retorno a la democracia. Su ideología (marxismo-leninismo-maoísmo-pensamiento Gonzalo) estaba basada en la particular interpretación pseudo-científica de Abimael Guzmán que presentaba similitudes con la táctica de conquista territorial del maoísmo durante la «larga marcha». Con todo, los particularismos del Perú fomentaron una interpretación heterodoxa del maoísmo, aunque siempre reconociendo la importancia fundamental de la violencia política. El populismo de Sendero Luminoso, en un inicio discursivo y escatológico, como todos los populismos peruanos, muy pronto se transformó en terrorismo cuando la organización fue ampliándose y apelando al asesinato selectivo. El terrorismo fue la consecuencia material de un discurso mesiánico y rupturista con el pasado. Sendero Luminoso buscaba no sólo la liquidación real de la clase dirigente, sino también aspiraba a establecer una dictadura del proletariado capaz de construir la sociedad comunista. Para ello, Abimael Guzmán apeló a un lenguaje cientifista, como todo marxismo, pero también al populismo andino que redituaba mitos de resurrección indigenista.

Así, el populismo indigenista de Sendero Luminoso fue la continuación violenta del indigenismo de Luis E. Valcárcel y de José Carlos Mariátegui al intentar dar al problema del indio una solución bélica. El indigenismo es un discurso esencialmente populista porque convierte al indio en la categoría interpretativa de la realidad peruana por excelencia, en problema y solución a la vez. Este populismo, que nace como un discurso reivindicador y proletario, deviene tácticamente en una operación de asesinatos selectivos y luego avanza hacia el terrorismo revolucionario clásico. Esto sucede así porque el propio discurso revolucionario marxista puede enmarcarse dentro de los populismos clásicos al optar voluntariamente por el maniqueísmo político y la persecución del opositor.

Por lo demás, históricamente los procesos revolucionarios latinoamericanos, también los peruanos, han tenido una poderosa impronta caudillista siguiendo la lógica amigo-enemigo (Zanatta, 2014: 191-193). El velascato y Sendero Luminoso elevaron a la categoría de supremo líder, en distinto grado, al propio Velasco y al «Presidente» Gonzalo. El pensamiento revolucionario no sólo intenta crear un nuevo hombre marxista. En el camino, también forja un liderazgo arquetípico destinado a destruir la democracia en nombre de la revolución.

III. ALAN GARCÍA Y EL APRA: UN DISCURSO POPULISTA EN UN PARTIDO TRADICIONAL

De todos los casos de estudio, el del primer gobierno de Alan García presenta una dicotomía particular e interesante: la existencia de un discurso populista esgrimido por el líder de un partido tradicional. Si bien es cierto que el APRA no forma parte de la nomenclatura conservadora, el populismo del primer gobierno de García se inserta mucho más en la época fundacional del aprismo antes que en la posterior evolución ideológica vinculada al *ethos* político del «perro del hortelano». García ha sido el hilo conductor de esta mutación programática, aunque la distinción con otros populismos peruanos es que, en este caso concreto, el responsable del discurso populista fue también su impugnador. Hay una distancia fundamental entre el populismo aprista de 1985-1990 y la praxis política del presidente García durante su segundo gobierno (2006-2011).

El populismo del joven García se nutre del radicalismo cepaliano, del romanticismo político revolucionario aprista y del izquierdismo socialdemócrata europeo y latino (Pareja, 2006 y Stein, 2012). García fusiona todas estas tendencias amparado en la amplitud conceptual del propio pensamiento hayista. Víctor Raúl Haya de la Torre (1895-1979), el fundador del aprismo, realizó una síntesis ideológica en la etapa fundacional del aprismo que luego fue mutando desde el ámbito revolucionario hasta la apuesta por la democracia institucional y el respeto a las elecciones. Ciertamente, la agitada historia del aprismo favoreció esta transformación ideológica, lo que permitió de manera sucesiva el triunfo del APRA sobre la izquierda, su Némesis, y la alianza táctica con la derecha empresarial. Conforme el APRA, liderado por García, giraba hacia el centro-derecha, diluía también el discurso populista hasta prácticamente mimetizarlo con posiciones propias del centrismo.

El aprismo ha ocupado, los últimos años, el centro del espectro ideológico, y ello ha permitido que la izquierda no gane elecciones directamente, aunque sí ha logrado infiltrarse sucesivamente en los gobiernos de Valentín Paniagua (2000-2001), Alejandro Toledo (2001-2006) el propio Alan García (2006-2011) y Ollanta Humala (2011-2016). Con todo, el aprismo ha sido un factor fundamental para comprender la baja *performance* electoral de las izquierdas a lo largo del siglo XX peruano porque su discurso pactista fue capaz de convocar en distintas ocasiones a sus antiguos contrincantes electorales e incluso a sus perseguidores democráticos y dictatoriales. El populismo, por tanto, fue un instrumento fundacional, ligado a la extracción revolucionaria del APRA auroral. Lo paradójico es que éste vuelve a manifestarse plenamente cuando el partido accede al gobierno por primera vez (1985). El discurso populista aprista del primer quinquenio de García se caracteriza por el sesgo estatista y el cesarismo voluntarista que marcaron la gestión de su primer gobierno.

El liderazgo carismático de García buscaba legitimar su toma de posición ideológica frente a los problemas reales a los que se enfrentaba el gobierno (Barnechea, 1995: 45-49). Así, el pensamiento de Haya de la Torre empleado profusamente para la legitimación de la acción política se circunscribe, en esencia, al libro fundacional *El Antiimperialismo y el APRA* (1935), en el que Haya muestra posiciones más radicales por su proximidad a la violencia de los primeros levantamientos revolucionarios apristas. García, a pesar de la distancia temporal, regresa a este pensamiento cuando plasma las ideas principales de su gobierno en *El futuro diferente* (1987). Con el fin de validar estos principios radicales estatistas, Alan García apela al populismo discursivo, en el que incluso se perfilan ciertos elementos mesiánicos.

El populismo estatista aunado a un escenario de hiperinflación y terrorismo senderista produjo uno de los gobiernos más sombríos del siglo XX peruano. El populismo de García liquidó una moneda (el inti), provocó la hiperburocratización del Estado, fomentó un liderazgo errático del Perú en el plano global, promovió la rebeldía frente al sistema financiero internacional y preparó el surgimiento del populismo fujimorista, así como la irrupción de la cleptocracia montesinista. Todo esto produjo un cambio de percepción en el propio Alan García, que supo convertir su segundo gobierno en una fe de erratas del primero.

En efecto, el desarrollo posterior del aprismo se ha alejado del discurso populista. Para eso ha sido necesario que el propio Alan García cambie su manera de pensar y ejerza el poder de una manera distinta durante su segundo gobierno (2006-2011). El segundo quinquenio del APRA dista del primer gobierno ideológicamente y estratégicamente. La alianza con la derecha empresarial y el temor a repetir los errores hicieron de Alan García un presidente tan conservador y ortodoxo en materia económica como cauto en la reforma política. Con todo, el aprismo, al llegar por segunda vez al poder, logró eliminar la percepción de inestabilidad radical que legó prematuramente, aunque los escándalos de corrupción del partido en el poder terminaron pasando factura al liderazgo de García.

Alan García es uno de los actores fundamentales de la política peruana. Ha sido capaz de conducir a su partido dos veces al poder, una desde la matriz izquierdista clásica y otra desde el centrismo aliado a la ortodoxia demo-liberal. Consciente de su capacidad de adaptación a la realidad peruana, García llevó al aprismo a una cuarta elección bajo su liderazgo. Esta vez, en unión con el partido representante del pensamiento social cristiano, un movimiento con el que el APRA pactó previamente durante la Asamblea Constituyente de 1978: el Partido Popular Cristiano. La lideresa de dicho movimiento, Lourdes Flores Nano, derrotada anteriormente por García en 2011 y una de sus grandes contrincantes ideológicas, ha fortalecido la percepción de centro-derecha de García, cerrándose así un círculo que se inició en un populismo estatista para transformarse en un discurso de responsabilidad, experiencia y ortodoxia democrática y económica (sobre la alianza, Zapata, 2016). Un discurso que, por cierto, sólo recibió el respaldo del 6 por 100 del padrón electoral.

IV. EL FUJIMORISMO, DEL POPULISMO DESIDEOLOGIZADO AL CENTRO PRAGMÁTICO

Yerran los que identifican al fujimorismo con un populismo de derechas. Ni el primer fujimorismo, un pragmatismo sin ideología, ni el segundo fujimorismo, un centrismo que intenta consolidar un partido político, pueden calificarse de movimientos estrictamente derechistas. El fujimorismo del fundador, Alberto Fujimori, fue una gran coalición de clases populares y clases medias (Cambio 90) con presencia y respaldo nacional. Esta coalición empleó un discurso sencillo («honradez, tecnología y trabajo») fácilmente asumible por el pueblo y se mantuvo en el poder gracias al apoyo transversal de varios sectores, entre ellos, fundamentalmente, los militares y el empresariado (Klarén, 2005: 510; Weyland, 2000; Kay, 1996).

El lenguaje populista se manifestó en los ataques que Alberto Fujimori desarrolló contra la clase política («los políticos tradicionales»), a la que señaló directamente como la responsable de la crisis que atravesaba el país. Su primer rival, Mario Vargas Llosa, al ser identificado como un miembro de esa clase dirigente, perdió las elecciones ante esta gran coalición. Ciertamente, la grave crisis que atravesaba el Perú desde el velascato facilitó el surgimiento de un populismo clientelar que supo aprovechar dos factores fundamentales: la derrota del terrorismo de Sendero Luminoso y un escenario económico favorable. Alimentados mutuamente por la conquista de la paz, estos factores son determinantes para comprender el primer fujimorismo. Derrotado Sendero Luminoso, el Estado fue capaz de recuperar el territorio perdido y avanzar en las provincias. La estrategia cívico-militar, apuntalada por la unión entre las Fuerzas Armadas y el gobierno de Alberto Fujimori, fortalecida por el propio temor de la población al terrorismo, facilitó la implantación de un fujimorismo popular que supo emplear asiduamente el lenguaje populista para conseguir sus objetivos, mientras se intentaba cerrar la brecha de infraestructura.

La demonización de la clase dirigente y de los políticos tradicionales (Weyland, 2002: 171) surtió efecto y así el fujimorismo se impuso durante una década en que las instituciones se vieron debilitadas por el poder real y expansivo del asesor del Presidente, Vladimiro Montesinos. El montesinismo corrompió al Estado y debilitó el equilibrio de poderes. El intento de estabilidad jurídica que se buscó mediante la nueva Constitución de 1993 fue socavado por la praxis montesinista que cooptó el Estado hasta el punto de convertirlo en una extensión de los objetivos del sistema de inteligencia nacional, en manos del asesor de Fujimori.

Mientras el discurso populista se mantuvo como eje del fujimorismo, el clientelismo se apoderó de la política social. El clientelismo devino así en la concreción material del populismo y se fusionó con una compleja red de asistencia social necesaria para un país postrado por el terrorismo y la crisis económica. El primer gobierno de Alan García generó las condiciones para un Estado clientelista, por su ausencia e ineficacia en diversas zonas del país. El Estado clientelar del primer fujimorismo logró cubrir las necesidades de amplios sectores de la población con el añadido de la derrota de Sendero Luminoso y la captura de Abimael Guzmán. El clima de confianza en el Estado fujimorista y el respaldo masivo a la gestión de Alberto Fujimori permitieron que el discurso populista se fuera diluyendo hasta concentrarse, antes que un mesianismo del pueblo, en un ataque al antiguo régimen basado en una supuesta partitocracia de cuño oligárquico. El desprestigio de la clase política tras el primer alanismo y el segundo gobierno de Fernando Belaúnde facilitó la aceptación de este discurso por parte de las masas (Murakami, 2012).

El nuevo fujimorismo liderado por Keiko Fujimori no cae en este discurso maniqueo. En sentido estricto, no es un neopopulismo. Una de las grandes distinciones del nuevo fujimorismo de Fuerza Popular es la propia existencia institucional de un partido político. Keiko Fujimori ha decidido que su agrupación política se institucionalice y como parte de su estrategia política surge un partido (Fuerza Popular) que tiene como objetivo captar votos no sólo de las derechas, sino también del centro del espectro ideológico. El nuevo fujimorismo se ubica en el centro de la política peruana, continúa apelando al pragmatismo y aspira a institucionalizarse.

Tanto el nuevo como el antiguo fujimorismo comparten una aproximación pragmática al Estado y a la esfera pública. El principio sobre el que se fundan, uno en base a coaliciones electorales y el otro a un partido institucionalizado, siempre es el mismo: el pragmatismo en la solución de los problemas de la realidad nacional. Este pragmatismo en la acción política ha permitido la supervivencia del fujimorismo apelando a una trasformación en el discurso y en la estrategia. De esta forma, el nuevo fujimorismo ha abandonado el ataque a la política tradicional y, paradójicamente, apuesta por construir un partido político tradicional. Fuerza Popular es la expresión partidista del reformismo de Keiko Fujimori. Y el centrismo es su posición en el espectro ideológico, lo que permite reforzar el pragmatismo político que caracteriza al fujimorismo desde su fundación.

El populismo antielitista de los inicios del fujimorismo ha sido reemplazado por una estrategia que aspira a mantener su esencia popular (demofilia) sin denunciar a las élites y colocando el acento en la necesidad de un Estado inclusivo que logre una acción eficiente en todo el territorio nacional. Para eso Fuerza Popular busca establecer un gran partido de alcance nacional. El proceso de institucionalización está ligado a la fortaleza de la voluntad formalizadora y esto se circunscribe, en última instancia, al liderazgo político.

Fuerza Popular tiene un activo a favor: la voluntad de Keiko Fujimori de legar al país un partido político institucionalizado.

Como toda larga marcha desde el caudillismo hasta la formalización, construir un partido forma parte de un decisionismo muy concreto, es una estrategia de poder institucional. Lo que no está organizado, se pierde. El poder sin forma, el poder que no está formalizado en una estructura de alta *performance*, con principios claros y cuadros educados de manera permanente, termina sucumbiendo frente a la realidad. Ahora bien, para el nuevo fujimorismo, el agente de esta transformación expansiva no es ya el caudillo fundador, Alberto Fujimori, sino un partido, Fuerza Popular, el legado de su hija.

V. A MODO DE CONCLUSIÓN

Existe una continuidad en el discurso y la praxis populista a lo largo de la historia peruana. Esta continuidad define grandes periodos de la política y trasciende ideologías y liderazgos concretos. El estilo populista forma parte de la cultura política latina (De la Torre, 2000), aunque también es posible encontrar una evolución democrática que se desvincula del populismo, incluso en movimientos que parten de un origen que reconoce el elemento mesiánico en su origen (Sánchez-Cuenca, 2010: 119). Éste es el caso del aprismo. El discurso populista, unido indefectiblemente a la demagogia (Todorov, 2012: 150) sólo es comprensible en un entorno de precariedad institucional (Rodríguez, 2012).

Con todo, el caudillismo que origina Estados populistas también puede convertirse en un agente democratizador cuando el líder se convence de la necesidad de abandonar el estilo personalista y homogeneizante para optar por un sistema de controles de poder con jerarquía funcional. Este extremo, de difícil concreción en el sistema político latino, ha sucedido dos veces en la historia reciente del Perú. Tanto el aprismo como el fujimorismo han encontrado sus senderos particulares (*sonderweg*) hacia la ortodoxia económica y la democratización partidista, respectivamente. No cabe duda que de la estabilidad de estos cambios depende, en gran medida, el futuro político del Perú.

El populismo peruano y su mesianismo han dado lugar a movimientos de mixtificación como el del terrorismo de Sendero Luminoso, cuyo discurso populista condujo al país a una guerra encarnizada en la que el proletariado maoísta se consideraba agente escatológico revolucionario cuya función era redimir el país.

El fujimorismo del fundador, Alberto Fujimori, fue una gran coalición de clases populares y clases medias (Cambio 90) con presencia y respaldo nacional. Esta coalición empleó un discurso sencillo («honradez, tecnología y trabajo»), fácilmente asumible por el pueblo, y se mantuvo en el poder gracias al apoyo transversal de varios sectores, entre ellos, fundamentalmente, los militares y el empresariado. El lenguaje populista se manifestó en los ataques que Alberto Fujimori desarrolló contra la clase política («los políticos tradicionales») quienes fueron señalados directamente como los responsables de la crisis que atravesaba el país. Su primer rival, Mario Vargas Llosa, al ser identificado como un miembro de esa clase dirigente, perdió las elecciones ante esta gran coalición.

IV. LOS NUEVOS POPULISMOS EUROPEOS

El populismo en Europa es una realidad insoslayable que ha venido para permanecer. El fenómeno es novedoso y, hasta cierto punto, inesperado. Por ejemplo, si atendemos al libro clásico sobre el populismo de Ionescu y Gellner, publicado en 1969, el populismo es allí caracterizado como un fenómeno que encuentra su hábitat natural en Estados Unidos, Rusia, América Latina y se discute si puede llegar a asentarse en África. Pero en relación a Europa, el populismo es una paradoja porque si bien en ella se sembraron algunas de sus raíces intelectuales, nunca fructificó plenamente, salvo en momentos episódicos como nuestro presente. Sus atisbos, sin embargo, los encuentran algunos de estos autores en el catolicismo político de un Chesterton y en su defensa de una utopía conservadora, y en los ejemplos parciales de la Irlanda insurgente o de la España de los pueblos anarquistas. Sin embargo, cuando se escribió la obra clásica que acabamos de referir, no existía mas que uno de los partidos populistas hoy existentes, el FPÖ austríaco, y entonces no era un partido populista. Los más antiguos partidos populistas hoy presentes en Europa nacen con la crisis de los setenta, que pone en entredicho el consenso de posguerra (así el FN francés, el Partido del Progreso noruego, el Partido del Progreso danés) y todos ellos, en su momento fundacional son partidos de extrema derecha y no propiamente populistas. Paradójicamente, estos partidos eran entonces profundamente conservadores en su orientación moral, pero liberales en su orientación económica, es decir, eran críticos del estatismo inscrito en el modelo social y político de la segunda posguerra europea.

La inmensa mayoría de los partidos populistas hoy presentes en el panorama europeo nacen en torno a las últimas décadas del siglo XX, en el tiempo del derrumbe del socialismo real y, como los de la generación anterior, muchos son en el tiempo de su nacimiento partidos de extrema derecha, aunque otros, los menos, son liberal populistas. Esto queda ilustrado por sus fechas de fundación: el belga Vlaams Blok, de 1985; el Partido Popular Danés DF, de 1995; La Liga Norte LN es de 1989, *Forza Italia* FI de Berlusconi es de 1994; el partido del pueblo suizo SVP-UDC es de 1991; los (verdaderos) finlandeses, de 1995; y el británico UKIP, de 1993. Sin embargo, con la crisis iniciada en 2007 todos estos partidos, también los de la generación anterior, y algunos nuevos que se han sumado, alcanzan un apoyo electoral relevante. De alguna manera, tras el hundimiento del socialismo, todos estos partidos pasan a capitalizar una crítica al sistema político de la posguerra que, inicialmente, los había condenado a la marginalidad, pero que llegada la crisis y su persistencia, les otorga una legitimidad sobresaliente: se convierten en los críticos del *establishment* y al mismo tiempo, de forma paradójica, en los defensores vocales del sistema de bienestar de la posguerra europea (que antes habían criticado). Eso sí, esta defensa del modelo bienestarista la contraponen a la globalización y la combinan, con distintos grados de rechazo, con una recusación del proyecto de la Unión Europea.

Como veremos, es en medio de la crisis cuando estos partidos devienen populistas y bajo la bandera de la defensa de la soberanía del pueblo despliegan la promesa de la recuperación del bienestar y la seguridad perdidos, vilipendiando a los enemigos del pueblo (que van desde el capitalismo a los extranjeros o las minorías). En general, el crecimiento del apoyo electoral a estos partidos ha venido acompañado de una matización de su discurso maniqueo y demagógico, pero las consecuencias para la democracia europea no pueden desestimarse: su discurso político dirigido a la confrontación y no al acuerdo se ha extendido a todas las sociedades europeas. De manera que más que discutirse proyectos políticos, Europa se ha embarcado en una estéril búsqueda de culpables; y el proyecto europeo mismo, como muestra el BREXIT (2016) y su apoyo desde la presidencia de Trump (2017) en Estados Unidos, ha quedado debilitado y seriamente en entredicho.

Además, estos partidos se retroalimentan en el espacio europeo: las demandas insaciables de los populismos meridionales son utilizadas por los populismos septentrionales para pedir la recuperación de la soberanía nacional. Los primeros, por su parte, también piden recuperar la soberanía nacional frente a las demandas de los acreedores europeos. Se ha calificado de populismos de derechas a los septentrionales y de populismos de izquierda a los meridionales. Los primeros buscarían excluir de los beneficios sociales a los que no forman parte de la nación; los segundos buscarían la inclusión de todos (incluidos inmigrantes irregulares y refugiados) en estos beneficios. Pero tales posiciones diferenciadas no tienen que ver con la derecha o la izquierda de unos o de otros, sino con las circunstancias distintas en que se encuentran los países sobre los que operan: los populismos de los países acreedores son de derechas y los populismos de los países deudores son de izquierdas: unos no quieren prestar y otros no quieren pagar sus deudas.

Capítulo 15

DE LA EXTREMA DERECHA AL POPULISMO SOCIAL: EL VIAJE DEL *FRONT NATIONAL* DE LA MANO DE MARINE LE PEN

Ángel Rivero

SUMARIO: I. Del extremismo marginal a la vocación de partido mayoritario: la evolución del FN. II. La socialización del mensaje del FN. III. Las razones del éxito del FN y el futuro de la democracia en Francia.

A diferencia de otros partidos populistas europeos que han encontrado su oportunidad política en el escenario creado por la crisis económica iniciada en 2008, el *Front National* (FN) francés no es un partido nuevo, ni tampoco es una marca nueva bajo la que se amparan viejos partidos. El FN es un partido veterano de la política francesa, pues fue fundado en 1972, y desde entonces, con altibajos, no ha dejado de ampliar su peso electoral. Lo novedoso hoy del FN no es su existencia, sino su crecimiento y, vinculado a éste, su mutación como partido. En estos más de cuarenta años de vida partidaria ha transitado desde una extrema derecha sectaria y con vocación de marginalidad hasta definirse en el presente como un partido que, «más allá de la izquierda y la derecha», representa «la voz del pueblo» y «el espíritu de Francia», es decir, se ha convertido en un partido netamente populista y al hacerlo ha ensanchado enormemente su base social.

En las líneas que siguen mostraré de manera sintética *a)* la historia del FN desde su fundación a nuestros días; *b)* el contraste entre su discurso político original y su populismo presente; *c)* las razones, con matices, del éxito del FN en relación a los partidos políticos tradicionales en Francia. En particular, abordaré este último aspecto en relación a su capacidad para acercarse a los sectores de la población francesa que eran reticentes al FN original y que, sin embargo, hoy día lo apoyan o, cuanto menos, lo «consideran un partido como los otros». Hasta el punto, por ejemplo, que se discute hoy día si el FN es el partido obrero de Francia. Por último, señalaré algunas consideraciones prospectivas sobre el futuro electoral del FN y sus consecuencias para la democracia y la Unión Europea.

I. DEL EXTREMISMO MARGINAL A LA VOCACIÓN DE PARTIDO MAYORITARIO: LA EVOLUCIÓN DEL FN

Como ha explicado acertadamente Dominique Reynié (2013: 212) el periodo que va desde 1972, fundación del FN, hasta la década de 1980 se debe calificar de éxito. Evidentemente, el FN es entonces un partido marginal, que vive en el mundo espectral y paralelo del extremismo que acompaña a las sociedades democráticas. Sin embargo, desde el punto de vista de la organización, la fundación del FN es un éxito sin paliativos porque es capaz de integrar en un único partido a una constelación de grupúsculos cuya única ligazón era el rechazo de la Francia oficial, la Francia heredera de la revolución que monopoliza el poder del Estado, a la que contraponen una Francia *real* tradicional, rural, culturalmente homogénea, cristiana. Estos grupúsculos que se integran en el FN son, en la enumeración de Michel Wieviorka (2012: 9) monárquicos, colaboracionistas de Vichy, católicos tradicionalistas, maurrosianos, antiguos miembros de la OAS y contrarrevolucionarios. Como se señala en los documentos fundacionales del FN se trataba de una colección de grupúsculos aislados, totalmente desconectados de la realidad, encerrados en sus pleitos de capilla o personales, y donde las rencillas mezquinas predominan sobre la acción política (sobre los grupos que forman la extrema derecha francesa, véase Shields, 2007: 52 ss.). Pero si tras el FN se encuentra la Francia a disgusto con la modernidad, también es importante atender al momento oportuno en el que estas fuerzas se unen. El FN nace en el acto final de los «30 gloriosos», es decir, de las tres décadas de bienestar y prosperidad ilimitadas de la posguerra, que tocan al inicio de su fin con la crisis del petróleo de la década de 1970 y que empiezan a mostrar un paisaje social inquietante sobre el que el FN despliega un discurso basado en la restauración de la seguridad y el freno a la inmigración. En su visión, la Francia verdadera se enfrenta a su supervivencia amenazada desde el interior y el exterior. A medida que ha aumentado el pesimismo de Francia, ha crecido el FN. En su visión, los enemigos de Francia son los inmigrantes, en particular los del norte de África, musulmanes, pero también los judíos, cuya lealtad nacional siempre han puesto en entredicho los nacionalistas y los extremistas. Este discurso de extrema derecha del FN, racista y xenófobo, es el responsable de la «demonización» del FN, esto es, del señalamiento por los partidos democráticos franceses de una mácula de origen que justificaba un cordón sanitario que impidiera su entrada con responsabilidades de gobierno en las instituciones. Esto ha significado que siempre que la ocasión lo ha demandado, la derecha y la izquierda democráticas de Francia se han unido para frenar el crecimiento institucional del FN, esto es, han evitado siempre que han podido que el FN alcanzase cualquier tipo de gobierno: local, regional y, desde luego, nacional. Esta estrategia, lejos de perjudicar al FN, le ha servido, como veremos, para vehicular su discurso presente contra la «casta», es decir, contra el poder establecido en Francia.

El segundo FN, siguiendo a Reynié, es un «partido personal», el partido de Jean-Marie Le Pen. En 1981 la derecha es derrotada electoralmente por primera vez durante la V República y el Partido Socialista de François Mitterrand alcanza el poder. Este contexto ofrece la oportunidad al FN de desplegar un discurso que simultáneamente fustiga a la izquierda gobernante y a la derecha derrotada. Con las elecciones europeas de 1984 el FN alcanza por primera vez la visibilidad electoral al conseguir el 11 por 100 de los votos en las elecciones al Parlamento Europeo. Jean-Marie Le Pen, que había sido diputado pujadista, encontrará en la coyuntura de los años ochenta una sorprendente conexión con la nueva derecha que entonces encabezan Ronald Reagan y Margaret Thatcher. El poujadismo fue un movimiento populista que tuvo su momento de gloria entre 1953 y 1958. Debe su nombre a su líder, Pierre Poujade, y consistía en una «unión para la defensa de los comerciantes y de los artesanos», es decir, un movimiento corporativo reaccionario de las clases medias, que desplegó un discurso antiestatalista, antiinmigración y nacionalista. Como ha señalado Taggart, el éxito del poujadismo se debió en gran medida a la personalidad de su líder y a su capacidad para movilizar el apoyo de las masas, esto lo consiguió cultivando una imagen que lo identificaba con aquellos a los que representaba: utilizando un lenguaje simple y directo, y dirigiéndose a sus seguidores en mangas de camisa (2000: 77). El FN de Jean-Marie Le Pen, que tenía en su bagaje esta experiencia política, la moviliza en el contexto de la crisis del

Estado del bienestar y de la afirmación primera de un discurso que hoy se califica de neoliberal, para decantarse por un discurso político en el que la defensa de la Francia tradicional y sus valores se conjugan con el liberalismo económico frente a un Estado ineficaz, pero omnipotente. Para el Le Pen de entonces, la voracidad fiscal del Estado recordaba a la Gestapo. Este entusiasmo por el liberalismo económico vinculado al conservadurismo moral hicieron que Le Pen fuera invitado a la convención del Partido Republicano de Reagan como representante de la Nueva Derecha en Francia. Es entonces cuando el FN empieza a convertirse en una fuerza con cierta respetabilidad o al menos con la que ha de contarse gracias a su cada vez mejor desempeño electoral y a su visibilidad internacional. Eso sí, la incontinencia verbal de su líder, que no oculta su antisemitismo, sigue delatando el origen escasamente democrático del partido.

Esta progresión del FN se vio, además, animada por el apoyo nada desinteresado que el presidente socialista François Mitterrand le brindó al introducir en 1986 el sufragio proporcional en las elecciones, lo que permite al FN contar con 35 diputados en la Asamblea Nacional. La maniobra de Mitterrand iba destinada a maximizar el poder de la izquierda francesa, tradicionalmente anémica, dividiendo a la derecha. Como pasados los años se demostró, este tipo de maniobras de ingeniería política pueden convertirse en *boomerangs* muy difíciles de parar. Incluso cuando se anula la reforma electoral. En las elecciones presidenciales de 2002, Jean-Marie Le Pen se situó en el segundo lugar dentro de la contienda electoral, dejando fuera de la segunda vuelta al candidato socialista, Lionel Jospin, lo que produjo una profunda conmoción en el PS y la movilización del *establishment* democrático francés contra el demonizado FN. La etapa del FN como partido personalizado en Jean-Marie Le Pen comienza, tras alcanzar la cima en las presidenciales de 2002 un suave declive electoral que dará paso a la tercera época del FN y que inicia en 2012 con la elección de Marine Le Pen, hija de Jean-Marie, como secretaria general del partido.

Dominique Reynié señala como rasgo distintivo del tercer FN su conversión al «populismo patrimonialista». Con esta denominación se hace referencia a la defensa del Estado del bienestar creado en los «30 gloriosos» pero reservándolo para «los franceses». Más allá de las dificultades que revela cualquier intento de etiquetar un fenómeno tan voluble, y oportunista como el FN, esta calificación señala un cambio en profundidad relativo al discurso público del partido. Hace falta señalar, sin embargo, que este cambio viene precedido por otros no menos importantes. En primer lugar, la sociedad francesa había cambiado de forma radical en las últimas décadas del siglo XX. El poder de Francia ha declinado en el mundo, igual que su economía; y el feliz optimismo de la posguerra y del desarrollo de la Unión Europea han acabado con la percepción socialmente instalada de la decadencia. No es casual que uno de los libros de mayor éxito de los últimos años en Francia sea la obra de Éric Zemmour *Le suicide français* (2014), una voluminosa crónica en la que se busca deconstruir a los que han destruido Francia hasta llevarla al abatimiento. En segundo lugar, el propio FN ha demostrado a lo largo de su permanencia que no se trata de un mero grupo oportunista y sectario, sino que su sino es la perduración y que, para ello, ha asumido un pragmatismo impensable en los grupos de extrema derecha y una aceptación sistemática y consistente de la democracia. Francia ha cambiado y el FN se ha adaptado asombrosamente a esos cambios hasta el punto de que, haciendo abstracción de su pasado, ha emprendido una senda de acercamiento a la cultura republicana francesa, de la que se presenta ahora como único valedor legítimo. Esta «republicanización» del FN ha permitido en buena medida su des-«demonización» y, consiguientemente, la apertura del partido a votantes hasta ahora impensables. Esto explica que en las elecciones presidenciales de 2012 el FN se convirtiera en la tercera fuerza electoral con el 17,9 por 100 de los sufragios o que en las elecciones europeas de 2014 fuera el partido triunfador con el 25,41 por 100 de los votos, ocasión que sus dirigentes aprovecharon para publicitar con cierto exceso de triunfalismo «FN primer partido de Francia». Esta vía ascendente ha llevado a que el FN alcanzara un impensable 33,9 por 100 del voto en las presidenciales de mayo de 2017.

II. LA SOCIALIZACIÓN DEL MENSAJE DEL FN

Si el primer FN tenía un fuerte componente racista y una nostalgia no oculta por el autoritarismo político, el segundo FN se caracterizó por el personalismo de su líder y por la combinación inestable de conservadurismo moral, antisemitismo y liberalismo económico. A la vista de este pasado el discurso presente del FN no puede dejar de sorprender. Desde luego, puede establecerse una continuidad, al menos en el sentido de que hay un discurso privado, no público, de los dirigentes del partido que muestra que algunos de ellos, al menos, sienten todavía las viejas pulsiones de la Francia autoritaria, pero que en aras del pragmatismo y del *marketing* electoral están dispuestos a dejarlas en un segundo plano para utilizar con oportunismo los mensajes populistas que calan en una sociedad como la francesa que ha perdido sus viejos referentes políticos y sindicales; y a la que las antiguas indicaciones de izquierda y derecha, socialismo, comunismo, conservadurismo o liberalismo dicen ya poco o nada. En suma, que si Jean-Marie Le Pen fue el abanderado del reaganismo antiestatista en Francia, su hija se ha erigido como una defensora de un Estado francés fuerte, que gestione la industria del país bajo la óptica de la soberanía nacional; y que otorgue a los franceses la paternal protección del Estado mediante la provisión de bienestar y seguridad. En suma, un giro de 180 grados que ha dejado a muchos descolocados. Por ejemplo, Tzvetan Todorov, en un libro sobre los enemigos íntimos de la democracia publicado en 2012, es decir, dedicado a los enemigos de la democracia que surgen dentro de la democracia, ha señalado al populismo como una respuesta patológica al neoliberalismo. Si así fuera, el FN habría sido problema y respuesta al mismo tiempo. Primero, por su defensa de la utopía del mercado y después por la defensa de un populismo patrimonialista centrado en el Estado del bienestar bajo la invocación de la soberanía del pueblo.

Este discurso puede verse, por ejemplo, en el elocuente documento que Marine Le Pen presentó con motivo de su candidatura a la Presidencia de Francia en las elecciones de 2012. Lo primero que destaca es el personalismo del texto que lleva por título «Mi proyecto para Francia y para los franceses» y donde su nombre, Marine Le Pen, va subtitulado como «la voz del pueblo, el espíritu de Francia». Esta identificación entre la candidata y Francia puede verse también en los carteles de la campaña donde Marine Le Pen es retratada en un primer plano de su cara bajo las palabras *OUI! la France* de manera que la personificación del país en su persona se hace inevitable. El programa de este documento queda resumido en doce compromisos finales que son elocuentes en relación al discurso social, soberanista, nacionalista y, sin duda, populista, del FN que contrasta vivamente con lo que esta organización mantuvo en sus orígenes:

1) Revalorización de los salarios más modestos y de las pensiones para mejorar el poder de compra e instaurar una verdadera justicia fiscal.
2) Detener la inmigración y establecer la prioridad nacional en relación al empleo, la vivienda y las ayudas sociales.
3) Garantizar la seguridad de los franceses.

4) Restaurar la moralidad pública y devolver la palabra al pueblo francés mediante referéndums sobre las cuestiones políticas importantes.
5) Restablecer unos verdaderos servicios públicos de calidad.
6) Ayudar a las familias mediante el establecimiento de una renta parental.
7) Reorientar la escuela hacia su papel como transmisora de saber y restablecer la autoridad y la meritocracia.
8) Reindustrializar Francia restableciendo los controles de aduanas.
9) Liberarse de los mercados financieros para escapar de la espiral de la deuda.
10) Renegociar los tratados europeos para restaurar la soberanía nacional.
11) Imponer la laicidad republicana frente a las reivindicaciones político-religiosas.
12) Recuperar la independencia diplomática y militar de Francia.

En suma, si hubiera que sintetizar la ideología de este programa podríamos hablar de un estatismo nacionalista y social en el que la defensa de la soberanía del Estado en todos los ámbitos (militar, económico, político) se combina con la protección de la nación francesa en su dimensión social y cultural. Taguieff ha denominado este programa de «nuevo nacional-populismo» queriendo significar con ello un tipo de movimiento político que combina la dimensión carismática y autoritaria con la dimensión nacionalista y populista (Taguieff, 2012: 57; y 2007: 231-243) y que encuentra un ejemplo próximo en la categoría de «bonapartismo». Es decir, el FN ha acabado por conectar con el estatismo republicano que constituye la marca de la Francia contemporánea, pero al hacerlo, sin embargo, lo ha interpretado en un sentido no universalista, sino particularista, haciendo del proyecto de la república la expresión de un grupo particular, esto es, el proyecto de los «franceses de pura cepa».

He señalado que el FN ha evolucionado desde la extrema derecha al populismo, pero esto necesita alguna justificación. Al comienzo de este libro se ha definido el populismo como un instrumento de maximización del poder político que despliega un corpus de creencias muy básicas que, en condiciones de malestar democrático, arraigan en la opinión pública otorgando una importante oportunidad política a quienes las instrumentalizan. Hoy por hoy el populismo del FN es un discurso de oposición, aunque, eso sí, enormemente trabajado y que tiene tras de sí un enorme esfuerzo de diseño y ejecución, que se sustancia en la coherencia con la que es expresado por sus líderes y la congruencia entre su enunciación pública y su producción documental en discursos, programas y argumentarios. Es por ello que en las líneas que siguen voy a sintetizar el populismo del FN de Marine Le Pen utilizando algunos ejemplos tomados de sus discursos, textos programáticos y manifiestos, pero, aunque me voy a referir a unos pocos documentos, éstos son representativos de una ideología diseñada al detalle por el partido y en la que son socializados candidatos, militantes y votantes. Esto es, que se podrían referir muchísimos ejemplos como muestra de la coherencia con la que se despliega este discurso populista y que los pocos ejemplos que pondré no son muestra en ningún caso de una selección tendenciosa o parcial.

Como se ha señalado al comienzo de esta obra, el populismo se construye sobre un esquema maniqueo en el que se señala una división fundamental de la sociedad, que se presenta como un antagonismo, entre una clase minoritaria e inmoral, las élites, calificadas generalmente de casta, esto es, de defender su ilegítimo interés particular; y un pueblo, que sufre la explotación de las élites y que, al contrario que éstas, es caracterizado como un sujeto colectivo virtuoso que necesita protección, pues sufre el maltrato por parte de los enemigos del pueblo. El político populista, en esta representación del espacio político, se identifica con el pueblo y se contrapone a las élites políticas. Por eso no se define como de izquierda o derecha, sino que se identifica con un sujeto único: el pueblo. Esta espacialidad tiene consecuencias sobre la democracia. La primera es la degradación de la democracia representativa porque ésta señala como esencial una división entre representantes y representados, y acabo de señalar que en la visión populista el representante es el enemigo del pueblo y, por tanto, de la democracia. Esta visión maniquea lleva pareja un programa antipolítico, puesto que la política es vista siempre como un instrumento de negociación de los intereses de las élites frente a los intereses del pueblo. De modo que la legitimidad del político populista no se funda en su participación en el sistema político, sino en su identificación con el sujeto político mítico llamado pueblo que, por definición, ha sido expulsado del sistema político. Así, el político populista buscará defender una democracia más real, típicamente la democracia directa, para socavar una democracia calificada de inmoral, la democracia representativa. En el discurso del populista, si la democracia directa sustituyera a la democracia «secuestrada por las élites», la representativa, entonces, como por ensalmo, todos los problemas que angustian a la sociedad se verían inmediatamente resueltos. Esto es lo que se ha calificado como el «simplismo» del populismo.

Este esquema es utilizado de forma amplia y sistemática por el FN de Marine Le Pen. Así en su discurso del 10 de diciembre de 2015 en París, con motivo de las elecciones regionales francesas, señaló que «igual que cuando se produjo el hundimiento del mundo soviético en 1989, nos hemos dado cuenta [el FN] de las grietas de un muro que se quiebra, de un muro tras el cual un sistema arcaico se creía protegido del tiempo y del mundo, un muro tras el cual la casta dirigente esperaba sobrevivir generación tras generación hasta la eternidad» (Le Pen, 2015). Obsérvese que al igual que en otros populismos europeos el tono de agonía dramática en el que vive el pueblo, como veremos más adelante, se combina con el anuncio profético de la quiebra del régimen de la democracia secuestrada. Así, Marine Le Pen anuncia líneas más adelante, en el mismo discurso, que «nuestro pueblo, ese pueblo que las élites desprecian profundamente y que ignoran de forma soberana, este pueblo que los gobernantes únicamente reivindican para hacer perdurar sus privilegios exorbitantes, el pueblo de Francia, ha sacudido a la oligarquía, sus certidumbres, su indiferencia, su arrogancia». Frente a esta élite odiosa que desprecia a su pueblo, el FN se presenta como la verdadera voz del pueblo. En el mismo discurso nos dirá que si el FN quiere «el poder no es para nosotros, no es para jugar como los notables instalados en el sistema, no es para delegarlo en otras instancias como los reyes perezosos que nos gobiernan, sino para devolvérselo al pueblo que es, en nuestra democracia y a nuestros ojos, el único soberano que hay en el país».

Esta idea de la soberanía nacional es interpretada por el FN no en el sentido de que la democracia se funda en un acuerdo constitucional que reúne a los ciudadanos, sino en términos del ejercicio de la voluntad incondicionada por parte de un sujeto colectivo que constituye la nación francesa, de modo que toda limitación a esa voluntad se define como pérdida de libertad. Así, en el terreno de la libertad económica, el FN habla de su recuperación como programa de su acción. Esto puede verse, por ejemplo, en el manifiesto presidencial de Marine Le Pen de 2012 (y estas ideas son reiteradas en el manifiesto presidencial de 2017, como veremos más adelante). Tal recuperación de la libertad económica perdida tiene una dimensión individual, que consiste en la realización de una «solidaridad reservada prioritariamente» a los franceses que se sustancia en el incremento del salario mínimo, la subida de las pensiones y la bajada de los combustibles. Pero tiene también una dimensión colectiva centrada en la recuperación de la libertad económica de Francia como sujeto colectivo. Esta libertad como recuperación de la soberanía significa la realización de un referéndum sobre la permanencia en el euro, algo necesario para que el pueblo pueda «escapar a la muerte a fuego lento» a la que se somete a Francia que, por ejemplo, ha tenido que endeudarse por 60.000 millones para rescatar a Grecia, Irlanda y Portugal. La recuperación de la libertad económica como soberanía nacional exige también un «patriotismo económico» que restablezca las aduanas como mecanismo con el que acabar con la competencia desleal, las deslocalizaciones y la opresión que sobre comerciantes y campesinos ejercen las grandes cadenas de distribución comercial. Implica también emanciparse de la dominación de los «mercados financieros» que parasitan a través del crédito a la nación. El FN propone acabar con el «monopolio» de los bancos «desprivatizando» el dinero público. Es decir, que el Banco de Francia podría prestar dinero al Tesoro público sin intereses. La libertad económica de Francia también vendrá atajando el gasto: «El tren de vida del Poder [sic] será profundamente reducido. Se acabará con los gastos suntuosos, con las indemnizaciones excesivas a los cargos electos y se eliminarán los privilegios injustificados». También se acabará con las subvenciones a grupos y asociaciones que no representan el interés general «y se acabará con el coste excesivo que la inmigración ilegal imprime sobre el presupuesto social» (FN, 2012).

En línea con la recuperación de la soberanía, la política migratoria ocupa un capítulo central del FN. El objetivo más importante es «invertir la tendencia». Esto es, que en lugar de que Francia sea un destino de migración, de lo que se trata es que los indeseables abandonen Francia. A pesar del intento del FN de normalizar su discurso aquí sigue hablando con una claridad meridiana que enlaza muy bien con la crisis social instalada en muchos barrios de Francia. La inmigración legal será reducida desde las 200.000 entradas actuales a 10.000, privilegiando de forma selectiva «a los talentos que permitan dar lustre al país y la innovación». Se expulsará a todos los inmigrantes en situación ilegal; se prohibirán las «manifestaciones de apoyo a los clandestinos» y se eliminará la posibilidad legal de regularizar a los inmigrantes en situación ilegal. Asimismo se suprimirá la asistencia médica gratuita a este colectivo. Además, los empresarios, en igualdad de condiciones, habrán de dar prioridad en la contratación laboral a los franceses frente a los extranjeros. Se suprimirá el derecho de suelo que hace que todo aquel nacido en suelo francés tenga derecho a su ciudadanía. Los procesos de naturalización serán más exigentes, se demandará una probada asimilación a lo francés y sólo se permitirá la doble nacionalidad «con otros países europeos». Además, se invitará a los extranjeros en situación de desempleo a abandonar el país (FN, 2012).

Por último, también se proponen una serie de políticas activas para acabar con la inmigración indeseable. Por ejemplo «el racismo antifrancés» en la motivación de un crimen se considerará como agravante; los presos extranjeros cumplirán sus condenas en su país de origen; y toda la política de cooperación estará ligada a acabar con los flujos migratorios en dirección a Francia.

En este movimiento de reapropiación particularista de los valores republicanos, el FN ha enfatizado mucho su defensa sobrevenida de la «laicidad». Si en países como España el asalto a capillas católicas se ha justificado en nombre de la «defensa de la laicidad», el FN ha hecho de la defensa de la laicidad republicana un instrumento con el que hostigar el crecimiento del pluralismo religioso. Para el FN la laicidad está unida a la afirmación de la república una e indivisible. Esto quiere decir que la soberanía nacional se sustenta en la igualdad de los ciudadanos y, por tanto, toda forma de discriminación positiva debe eliminarse por no ser congruente con los valores de la democracia. Además, como forma de refuerzo frente al «multiculturalismo», se añadirá a la Constitución la frase «la República no reconoce ninguna comunidad»; se prohibirá la financiación por parte de los gobiernos locales de lugares de culto o de actividades de culto; se restaurará la aplicación rigurosa de la ley de 1905 de separación entre las iglesias y el Estado que, dirigida en su día contra el poder social de la Iglesia católica, servirá hoy en día para atacar el crecimiento de la influencia del Islam: «Los fieles deberán costearse sus lugares de culto con su propio dinero, sea cual sea la religión que profesen»; «Al objeto de limitar toda infiltración de una ideología político-religiosa, no será posible recurrir a dinero procedente de países extranjeros»; se prohibirá el uso de signos religiosos «ostentosos» por parte de los funcionarios y de los usuarios de los servicios públicos (FN, 2012).

En la lógica del populismo, esta particularización de la república vendrá acompañada del desarrollo de una verdadera democracia, esto es, de la democracia directa. Para ello se introducirá en la constitución el «referéndum de iniciativa popular» que tendrá como objeto permitir «el ejercicio real de la democracia directa». Además, en el terreno de la democratización de Francia, se limitará el mandato del presidente de la república a siete años sin reelección porque «el electoralismo se ha convertido en una verdadera plaga para nuestro país. El jefe del Estado ha de ocuparse únicamente de los franceses y no de su reelección». En esta misma línea «la constitución sólo podrá reformarse por referéndum, de modo que sólo el pueblo enmiende lo que el pueblo ha decidido». Y, cómo no, se reformará el sistema electoral de modo que «el sistema proporcional será el único válido en todas las elecciones» al objeto de que «todas las sensibilidades estén representadas» (FN, 2012).

Por último, este programa de 2012 de recuperación de la soberanía nacional y de la democracia del pueblo exige que el proceso de «degradación nacional» realizado por la Unión Europea sea abolido: «la lógica ultraliberal que dirige la Unión Europea se ha impuesto sobre los gobiernos nacionales» y los ha convertido en sus cómplices (FN, 2012). En su lugar, el FN defiende una «Europa de las naciones libres», lo que pasa por recuperar la soberanía nacional en una Europa, ahora sí, respetuosa de la soberanía popular; de la identidad nacional; de las lenguas y de las culturas. Se propone también el desarrollo de una Unión Paneuropea, que incluiría a Rusia y a Suiza y de la que explícitamente estaría excluida Turquía (FN, 2012).

Como ha señalado acertadamente Maël de Calan, lo mejor del programa del FN es que hay un programa que puede ser leído y juzgado. Lo peor, que se trata de una colección de supercherías y de promesas clientelares, propias del partido protesta que fue en su origen, que no articula sino «propuestas ridículas e inoperantes, pero sencillas de entender, fáciles de repetir y, por tanto, temibles» (2016: 17).

III. LAS RAZONES DEL ÉXITO DEL FN Y EL FUTURO DE LA DEMOCRACIA EN FRANCIA

Cuando se habla del éxito del FN los matices son necesarios. Ciertamente, el FN se ha convertido en una presencia que ya no se puede ignorar en la política francesa. También es cierto que tiene una docena de ciudades y que ocupa un lugar permanente en la opinión pública. Pero todavía está lejos de ser una fuerza de gobierno y su discurso sigue siendo de oposición. Esto quiere decir que los méritos del FN en su proceso de desdemonización no pueden desdeñarse, pero tampoco se puede olvidar que el FN se ha visto favorecido por una coyuntura de crisis global, europea y nacional de unas dimensiones extraordinarias. Ahora bien, mientras en el plano de la agenda nacional no se aborden seriamente los problemas que alimentan la ansiedad social sobre la que cabalga el FN, el apoyo al mismo no dejará de crecer. El FN no tiene una propuesta para resolver estos conflictos (desempleo, inseguridad, gestión del Estado del bienestar, conflictos culturales), pero tiene un discurso bien trabado que le permite atizar el debate público y generar una cultura política adversaria sobre la que instalarse cómodamente. Si la verdad del populismo no se atiende, el FN será el único partido popular en Francia. Otro tanto de lo mismo ocurre en relación a la Unión Europea. Si la gestión tecnocrática de la crisis no se explica por parte de los responsables políticos europeos, partidos como el FN que atizan el nacionalismo de la soberanía popular vinculada a un bienestar declinante y amenazado encontrarán cada vez un eco mayor, y desde luego el proyecto de la Unión Europea peligrará. Si Francia, un socio fundador y uno de sus pilares básicos, llegara a desentenderse de la UE, el proyecto completo de integración europea quedaría herido de muerte. En suma, que tal como ocurre con otros movimientos populistas, el FN puede ser un instrumento positivo de repolitización de un sistema democrático rutinario, perezoso y poco explicado. Pero también podría ocurrir que, lejos de regenerarse, el sistema democrático acabara por *lepenizarse*, esto es, que el discurso político del FN se volviera hegemónico y que en lugar de regenerar degradara la democracia francesa. Este escenario, como se ha señalado, no puede desestimarse (Balent, 2013: 180-181).

Un caso llamativo y relevante en ese sentido es el de Jean-Luc Mélenchon, antiguo socialista, primero al frente del Parti de Gauche fundado en 2009 y que, unido a comunistas y otros grupos, constituyó un Front de Gauche (FG), un verdadero hermano gemelo del FN, y ahora como candidato del movimiento, ya no partido, «La Francia insumisa» a la presidencia de Francia en las elecciones de 2017. El antiliberalismo de los dos frentes, el nacional y el de izquierda, dio lugar a un discurso sorprendentemente intercambiable: «¡el pueblo destronará a la pequeña oligarquía de los ricos, a la casta dorada de los políticos que sirven sus intereses y a los mediócratas que engañan a los espíritus!», brama Mélenchon en la misma lengua que Le Pen (Mélenchon, 2016: 12). En su sorprendente diatriba, el candidato de la Francia insumisa reivindica la universalidad benigna de una Francia universal, que ofrece al mundo el ejemplo de civilización en los cinco continentes gracias a sus territorios ultramarinos y al regalo generoso de la lengua francesa, el mejor vehículo de comunicación universal. En una frase que podría ser del FN nos condensa su programa: «El tiempo del pueblo, nuestra época, es la de la lucha del pueblo contra la oligarquía y contra la casta de sus beneficiados», «la multitud deviene pueblo a través del acto de la soberanía» (Mélenchon, 2016: 95). Si dejamos al margen las referencias positivas a Bolivia, Ecuador y Venezuela, encontramos exactamente el mismo discurso político que hemos visto en el FN.

Esto muestra, sin duda, la extensión del populismo originado en la extrema derecha al extremo izquierdo del espectro político, un contagio que los intelectuales orgánicos del populismo de izquierda no califican de tal, sino de la respuesta eficaz frente al populismo de derechas. En Francia tal eficacia todavía no se ha acreditado. Ahora bien, aún peor, si la regeneración del sistema democrático no se produce y el FN llega a convertirse en un partido de gobierno, la democracia francesa y el proyecto mismo de la Unión Europea recibirán un daño irreparable. El desenlace del Brexit a pesar del escenario confuso que pinta para Gran Bretaña ha sido recibido por el FN como una confirmación de que están en el camino del futuro frente a los defensores de una democracia representativa y europeísta que califican de periclitada. El tiempo dirá quién acaba acomodándose mejor a las mudanzas del presente.

De momento, el programa de Marine Le Pen para las elecciones presidenciales de 2017 reitera de forma más clara y efectiva el discurso ya sistematizado en el programa de 2012. Así, anuncia que su compromiso presidencial será «poner en orden Francia en cinco años» y para ello sitúa a este país en una encrucijada de civilización que señala dos únicas alternativas: o la disolución de la nación en una sociedad fragmentada por el «multiculturalismo y el comunitarismo, una entidad sin unidad, expuesta a todos los vientos de la globalización salvaje y de la Unión Europea»; o una defensa de la nación francesa que implique «la reconquista de nuestra independencia, de nuestros territorios, de nuestros valores, de nuestras libertades, de nuestro orgullo nacional», lo que únicamente puede hacerse por medio de un Estado al servicio de la prosperidad y la protección de todos. Se trata, en suma, de volver «a poner en nuestras manos nuestra existencia en tanto que pueblo» y de la «reafirmación de Francia como comunidad de destino transformada por un gran proyecto colectivo». El obstáculo para esta regeneración son las denostadas élites; y el impulso transformador «como siempre en la convulsa historia de Francia, vendrá del pueblo, esto es, del corazón del país» (FN, 2017).

Es por ello que, esta «puesta en orden en nombre del pueblo» se realizará mediante una «república reforzada», esto es, una república más democrática, donde «el referéndum permitirá a los ciudadanos dar su aprobación, a lo largo del quinquenio, a las grandes decisiones presidenciales», sustanciadas en ocho grandes rúbricas:

1. Recuperación de la independencia territorial, monetaria, económica y legislativa.
2. Restauración de un Estado fuerte y restablecimiento del orden republicano en todas partes.
3. Reafirmación de los valores franceses y de las normas de la laicidad.
4. Valorización del trabajo, defensa del poder de compra y desarrollo del empleo francés.
5. Mejora de la justicia fiscal y de la eficacia en la gestión del dinero público.
6. Salvar la Seguridad Social y garantizar las pensiones.
7. Promoción de una escuela y una formación de gran calidad.
8. Recuperar una diplomacia influyente al servicio de la potencia del país.

Como se ve, el programa de 2017 ha suavizado muchas de las aristas del de 2012, en un proceso de moderación del discurso público del FN que hace que sus propuestas resulten de «sentido común» para una parte de la población francesa que vive la crisis económica, cultural y de identidad como un proceso de decadencia frente al que las élites tradicionales parecen no reaccionar, por incomparecencia o porque sus preocupaciones son muy distintas a las de la «gente» (FN, 2017). Si a esto se suma el caos en las candidaturas presidenciales promovidas desde los partidos tradicionales, debilitados y enfrentados por los procesos de primarias y de corrupción, el triunfo del FN, inimaginable en el pasado, por ser un partido estigmatizado en el espacio democrático, adquiere hoy día una verosimilitud que siembra la inquietud en relación al futuro de la Unión Europea.

Finalmente, Marine Le Pen quedó segunda en la primera vuelta de las presidenciales francesas de 2017. Lo que hasta cierto punto es un fracaso. Y perdió (con el 33,90 por 100) de los votos en la segunda vuelta. Emmanuel Macron resultó triunfador con el 66,10 por 100 de los votos.

El FN no es la primera fuerza política de Francia, pero nunca cosechó antes tanto apoyo.

Tabla
Consenso y división entre los votantes del FN

	¿En qué están de acuerdo los votantes del FN?
Extranjeros	— Hay demasiados extranjeros en Francia: 99 por 100 — No hay demasiados extranjeros: 1 por 100
Islam	— El Islam persigue imponerse sobre los demás: 95 por 100 — El Islam no busca imponerse: 5 por 100
Proteccionismo	— Francia debe protegese del mundo de hoy: 89 por 100 — Francia debe abrirse al mundo de hoy: 11 por 100
Seguridad	— Hay que restablecer la pena de muerte en Francia: 89 por 100 — No hace falta restablecer la pena de muerte en Francia: 11 por 100
	¿En qué discrepan los votantes del FN?
Economía	— Para relanzar el crecimiento hace falta limitar al máximo el papel del Estado en la economía: 70 por 100 — Para relanzar el crecimiento hace falta reforzar el papel del Estado en la economía: 30 por 100
Justicia social	— Para establecer la justicia social hace falta dar a los pobres de lo que tienen los ricos: 56 por 100 — Para establecer la justicia social no hace falta quitar a los ricos para dar a los pobres: 44 por 100
Autoritarismo	— El régimen democrático es irremplazable, es el mejor sistema posible: 50 por 100 — Hay otros sistemas políticos que son tan buenos como la democracia: 50 por 100
Europa	— Desea que Francia continúe en la zona euro: 44 por 100 — Desea que Francia abandone la zona euro y regrese al franco: 56 por 100

FUENTE: *Le Figaro*, miércoles 11 de mayo de 2016.

¡Derecha/Izquierda, se lo han cargado todo! Nacionalidad; Asimilación; Movilidad social; Laicidad. Esta imagen es particularmente interesante porque muestra cómo Jean-Marie Le Pen ya inició en su campaña presidencial de 2007 un giro discursivo notable en el FN que ha continuado su hija. Una chica mestiza ilustra el mensaje de que tanto la izquierda como la derecha han destruido los valores de la república: la nacionalidad, la asimilación, la movilidad social y la laicidad.

¡Basta de racismo anti-francés, estamos en nuestra casa! En la inversión del significado de las palabras tan querido al populismo, el racismo pasa a identificarse con aquellos que atacan la manera en la que el FN entiende Francia. En la misma línea, el FN redefinirá el discurso y los valores republicanos en términos particularistas, de modo que la república de los ciudadanos se convertirá en la república de los franceses de pura cepa.

CAPÍTULO 16

EL POPULISMO EN ITALIA: EL BERLUSCONISMO Y SU LEGADO

Jorge del Palacio Martín

SUMARIO: I. Introducción. II. El nacimiento del berlusconismo: la crisis del sistema político italiano. III. La consolidación del berlusconismo: la personalización de la política. IV. El berlusconismo como populismo. V. Conclusión: el legado del berlusconismo.

I. INTRODUCCIÓN

La Italia contemporánea ha sido una tierra de promisión para el populismo. Su principal característica histórica ha sido la fuerza de su elemento antipolítico. No entendido como aversión a la política como fenómeno, sino como discurso que integra la crítica a los partidos políticos —la *partitocrazia*— y los políticos de profesión. Este elemento está presente en la experiencia de la dictadura fascista —«Se fossero di più i grandi uomini di stato in Europa, ci sarebbero meno partiti», diría Mussolini— y atravesará la vida política italiana de posguerra como discurso minoritario hasta su eclosión tras a implosión del sistema de partidos, en el periodo 1992-1994. Por tanto, la antipolítica es un rasgo que caracteriza al populismo italiano y, como se verá a continuación, tiene un efecto potenciador sobre el resto de ingredientes que comparte con el populismo genérico expuesto en la introducción.

En este capítulo el interés se centrará en la figura de Silvio Berlusconi y, sobre todo, en el berlusconismo como populismo italiano contemporáneo por excelencia. Entendido como cultura política que ha determinado el desarrollo de la llamada Segunda República italiana. Obviamente, *Il Cavaliere* no inventa el populismo en Italia.

Sus orígenes, al menos en democracia, habría que buscarlos en el movimiento «L'uomo qualunque» fundado por el periodista Guglielmo Giannini en la inmediata posguerra. Movimiento con un discurso fundado sobre la desconfianza en los partidos y los políticos profesionales (Tarchi, 2013: 171-190). Sin embargo, ningún líder italiano ha sabido explotar y elevar a la categoría de discurso hegemónico el populismo como lo ha hecho el empresario milanés. Berlusconi ha sido capaz de recoger toda la tradición populista italiana, fundada sobre un fuerte antipoliticismo, y formularla de manera clara y eficaz en el momento histórico adecuado hasta hacer del berlusconismo parte de la cultura política italiana actual, compartida por la izquierda y la derecha.

II. EL NACIMIENTO DEL BERLUSCONISMO: LA CRISIS DEL SISTEMA POLÍTICO ITALIANO

El 26 de enero de 1994 es una fecha clave para el berlusconismo: el magnate italiano anunció por televisión su intención de dejar su actividad empresarial y saltar a la política para presentarse a las elecciones generales que tendrían lugar sólo tres meses después. Berlusconi ganó dichas elecciones al frente de una doble coalición de centro-derecha que hizo pivotar sobre su recién fundado partido, *Forza Italia*. Este éxito sin precedentes, que el propio Berlusconi alimentó para presentarse como el hombre enviado por la providencia para salvar a su país, no hubiese sido posible sin el concurso de un contexto político marcado por dos hechos excepcionales: el colapso del sistema de partidos fundado en la posguerra y el ascenso de un estado de opinión beligerante contra la política. Si los populismos explotan el malestar de las democracias, el berlusconismo vendría a confirmar este principio de forma clara.

El fulgurante ascenso de Berlusconi, un *outsider* capaz de fundar un partido *ex novo* y ganar unas elecciones en tres meses, hecho insólito en las democracias occidentales consolidadas, sólo puede explicarse atendiendo al desmoronamiento del sistema de partidos italiano entre 1992 y 1994 (Ignazi, 2008: 60). De hecho, los politólogos e historiadores interpretan este pasaje histórico como un particular proceso de transición hacia una Segunda República italiana (Grilli di Cortona, 2007). Uno de los datos fundamentales que ayuda a entender el aire de fin de ciclo que presidió el periodo 1992-1994 fue la desaparición de los tres principales partidos sobre los que se fundó la competición política en Italia desde la posguerra. A saber, la Democracia Cristiana (DC), el Partido Socialista Italiano (PSI) y el Partido Comunista Italiano (PCI). Acompañando este proceso y abundando en la experiencia de fin de ciclo, otros partidos menores, aunque no menos históricos, también desaparecieron o se refundaron en ese preciso momento. Fue el caso del Partido Liberal Italiano, el Partido Republicano Italiano, el Partido Socialista Democrático Italiano y el posfascista Movimiento Social Italiano (Cotta y Verzichelli, 2007: 35-65). En el caso del PCI, el partido comunista más poderoso de Occidente, la razón de su desaparición tuvo una causa exógena a la política italiana: la caída del muro de Berlín, la desaparición de la URSS y la lógica de cambio que se impuso en todos los partidos comunistas europeos. En los casos de la DC y el PSI la razón de su disolución fue endógena: se produjo a causa de los graves casos de corrupción que afloraron a principios de los noventa y que dieron lugar al proceso judicial *Mani pulite*, más conocido como *Tangentopoli*.

En febrero de 1992 el socialista Mario Chiesa, presidente de la residencia para ancianos Pio Albergo Trivulzio de Milán, fue víctima de una operación policial que pretendía, como así fue, descubrir un sistema de sobornos establecido para todas las empresas que prestaban servicios a la residencia. Este caso de corrupción resultó ser sólo la punta del iceberg de un sistema de financiación ilegal que había permitido a los partidos ejercer un control casi absoluto sobre la vida pública italiana a través de la administración del Estado. El fiscal anticorrupción de Milán, Antonio di Pietro, y su equipo se convirtieron en los nuevos héroes del país, animados por el público en su cruzada contra los políticos. El proceso *Mani pulite* desató un vendaval judicial sobre la vida política italiana que se saldó con 2.565 imputados hasta el año 2000 (Colarizi/Gervasoni, 2012: 31-32).

Entre 1992 y 1994 los italianos cenaron cada noche con una incesante marea de noticias sobre nuevas imputaciones y detenciones de políticos y empresarios, al más alto nivel. En definitiva, asistieron a un espectáculo sin parangón en el que la élite que había gobernado el país desde los ochenta fue desarticulada a golpe de investigación judicial y humillada en el banquillo de los acusados frente a la mirada atónita de millones de espectadores, como en el famoso caso de corrupción Enimont (Campus, 2006: 140). El resultado, como se ha dicho, no sólo fue la desaparición efectiva de los principales partidos que articularon la vida política italiana desde la posguerra, sino la consolidación de un fuerte sentimiento antipolítico en la sociedad.

Lo cierto es que la cesura entre los partidos italianos y la sociedad no emergió de un día para otro como efecto del proceso *Mani pulite*. Al contrario, venía gestándose tiempo atrás, como señalaba el progresivo descenso del apoyo electoral de los partidos en los años ochenta. Nótese que desde 1981 el país transalpino fue gobernado por un *pentapartito*, como coalición de centro-izquierda, que era el mejor exponente de una praxis política orientada exclusivamente a la ocupación de las instituciones del Estado. La buena marcha de la economía italiana durante la década de los ochenta amortiguó el impacto público de noticias como la publicada por el diario *La Repubblica* en 1989, donde una encuesta realizada a 200 empresarios sacó a la luz que el 70 por 100 incorporaba de manera habitual a su actividad el pago de sobornos. Según la noticia los empresarios repartían sus sobornos con el siguiente criterio: un 27 por 100 para los partidos, un 15,5 por 100 para la Administración pública, un 11,5 por 100 para otras sociedades y el 9 por 100 para la criminalidad organizada (Colarizi/Gervasoni, 2012: 16). Sin embargo, la coincidencia de la crisis económica italiana de comienzos de los noventa —a la que se unía el reajuste económico del país para cumplir con el Tratado de Maastricht— con el proceso *Mani pulite* llevaron a un divorcio definitivo entre la sociedad italiana y su clase dirigente. La imagen del líder socialista Bettino Craxi saliendo del lujoso hotel Raphaël de Roma bajo una intensa lluvia de monedas y billetes lanzados por una multitud que gritaba «Vuoi pure queste, Bettino?» ilustraba a la perfección el lugar que los políticos pasaron a ocupar en el imaginario público.

Para entender el ascenso de Silvio Berlusconi y el escenario que permite su victoria no sólo vale reconstruir el proceso de deslegitimación de la clase política italiana *in toto*, sino que debe incidirse en el poder desarticulador que el proceso *Mani pulite* tuvo para el centro derecha italiano. El PCI quedó al margen de los casos de corrupción. Lo que le permitió reformularse en un proyecto post comunista que heredó las bases organizativas del viejo comunismo al completo. Por el contrario, el centro derecha quedó deshecho en pequeños partidos y movimientos —muchos herederos de las diversas corrientes democristianas— los cuales carecían de los recursos, el personal o el nivel organizativo suficiente como para hacer frente a la izquierda.

A este dato hay que añadir otro no menos importante. Desde finales de los años setenta, el centro de gravedad de la política italiana fue escorándose hacia el centro-izquierda, con el *compromesso storico* firmado por la DC de Aldo Moro y el PCI de Enrico Berlinguer como mejor ejemplo. El efecto inmediato de esta inclinación de la cultura pública italiana hacia la izquierda fue que el antifascismo se fue imponiendo al anticomunismo como mecanismo de legitimación democrática. Este hecho complicó la integración en la vida política del país de muchos votantes conservadores y moderados. La derecha italiana había votado históricamente a la DC como un mal menor. Esta actitud la expresaba a la perfección el lema del célebre periodista Indro Montanelli, quien veía el voto de la derecha a los democristianos como un voto estratégico para evitar el fortalecimiento del comunismo: «Turiamoci il naso e votiamo DC». Pero en los años ochenta la DC se había convertido de facto en promotora principal del *pentapartito* que llevó a socialistas, republicanos y liberales al gobierno. Así las cosas, el desarrollo en paralelo del desplazamiento del centro de gravedad de la política italiana hacia la izquierda y la progresiva degradación de la vida política puso en bandeja a una parte de la derecha italiana la posibilidad de asociar directamente el monopolio del Estado y sus administraciones por parte de la izquierda con la corrupción del sistema (Orsina, 2013: 115-116).

En 1994 Berlusconi encontró una derecha fragmentada y desarticulada, sin una clase dirigente histórica disponible, sin estructuras organizativas fiables y sin el recurso a una cultura política preexistente (Ignazi, 2008). En definitiva, *Mani pulite* dejó sin representación natural al electorado moderado, al tiempo que lo predispuso a simpatizar con un discurso antipolítico. Es decir, a asumir como axioma que la tendencia natural de los partidos y políticos profesionales es colonizar todas las esferas de la vida pública y ponerlas al servicio de sus agendas personales. Estos sectores del centro-derecha articulaban su discurso antipolítico de manera heterogénea. Por ejemplo, si para los liberales la política debía emancipar a la sociedad civil de los partidos que la amordazaban, para los postfascistas lo que los partidos habían secuestrado era el Estado. Sin embargo, para este electorado la implosión del sistema de partidos bajo la acción del proceso *Mani pulite* no hizo sino confirmar su convicción de que el sistema de partidos nacido de la posguerra había terminado por convertirse en un sistema degenerado, ineficaz, voraz, costoso y dañino para la sociedad. Y, lo que era peor para un votante escorado a la derecha, el terremoto judicial había reducido a escombros a todos los partidos, menos al heredero de los comunistas.

El populismo, como se ha explicado, explota el malestar democrático de las sociedades y la falta de legitimidad de las instituciones. En concreto, el populismo aprovecha la brecha abierta entre la clase política y los electores para colocar su discurso y prosperar en su empeño por hacerse con un espacio propio explotando una retórica que permite visualizar la distancia entre la democracia real y una democracia imaginada (Zanatta, 2013: 144). El fenómeno del berlusconismo ilustra a la perfección el caso de un populismo que percibe la distancia entre pueblo y élite gobernante y sabe leer en ese contexto una oportunidad única para colocar su proyecto político: «Mai, in Italia, c'era stata tanta distanza dalla politica. Mai, in Italia, ci si era trovati in questa situazione di disprezzo da parte dell'Italia vera, che lavora, nei confronti dell'Italia che chiacchiera»[1] (Berlusconi, 2000: 176-177).

III. LA CONSOLIDACIÓN DEL BERLUSCONISMO: LA PERSONALIZACIÓN DE LA POLÍTICA

Como se ha explicado, la crisis política del sistema de partidos italiano de los años noventa resulta determinante para entender la explosión de la antipolítica como un sentimiento generalizado de desconfianza hacia los partidos y, en general, la élite política tradicional. Al mismo tiempo, la crisis del sistema resultó la catalizadora de un proceso de personalización de la política. Sería difícil entender el éxito de Silvio Berlusconi y su proyecto sin atender a la importancia de este proceso, que en última instancia viene a reforzar la fuerza de la antipolítica.

Ciertamente, la salida a la crisis política de 1992-1994 se hizo a través de un proceso de personalización de la política de gran intensidad que vino a llenar el vacío dejado por la desaparición de los principales partidos. Sobre todo a través del advenimiento de un nuevo tipo de liderazgo carismático ajeno a los círculos de la política tradicional que puso en cuestión la centralidad de los partidos como instrumentos de representación política. Proceso que recibe un impulso definitivo con su Ley de 25 de marzo de 1993 número 81, que en plena crisis política vino a establecer la elección directa de los alcaldes, multiplicando las listas de candidatos independientes y poniendo en marcha un mecanismo para la producción de una nueva clase política cuya relación con el electorado se producía de manera directa, sin la intermediación de los partidos tradicionales (Calise, 2010: 62-63).

Como ha señalado el profesor Gianfranco Pasquino, casi la totalidad de los partidos que nacen tras el colapso de la Primera República italiana responden a la lógica de la personalización. Del mismo modo en que no podemos entender *Forza Italia* sin Silvio Berlusconi, tampoco podríamos concebir la historia de la *Lega Nord* sin Umberto Bossi, ni *Italia dei Valori* sin el juez Antonio di

---

[1] «Jamás, en Italia, ha habido tanta distancia para con la política. Nunca, Italia, se ha encontrado en esta situación de desprecio por parte de la Italia de verdad, la que trabaja, frente a la Italia que parlotea».

Pietro, ni *Scelta Civica* sin el economista Mario Monti, ni *Sinistra Ecologia e Libertà* o *Rivoluzione Civile* sin Nichi Vendola o Antonio Ingroia (Pasquino, 2014: 221-222). Se trata de una lógica que encuentra su cima en el nacimiento del partido personal. Un tipo de partido que genera una adhesión *ad personam* y cuya vida política y organizativa dependen en exclusiva del líder (Calise, 2010).

La personalización de la política italiana no es un fenómeno ajeno a la lógica de funcionamiento de las democracias occidentales, pues forma parte de un proceso más general que la ciencia política ha denominado «presidencialización» de la política. Un proceso que pone de manifiesto un progresivo oscurecimiento de los partidos frente a la creciente importancia de los candidatos (Poguntke y Webb, 2005). En este punto puede afirmarse que el proceso de desintegración de los principales partidos que desató el proceso *Mani pulite* potenció el proceso de personalización de la política en Italia, hasta el punto de convertirla en una de las principales claves explicativas para entender la evolución de su sistema político.

Dentro de las características que comprende el estilo de liderazgo personalista los teóricos han destacado: *a*) su tendencia a considerarse por encima de la división ideológica clásica izquierda/derecha; *b*) su retórica antipolítica, entendida como recurso contra las élites políticas tradicionales; *c*) su tendencia a situarse por encima del partido al que representa; *d*) su predisposición a presentarse como un *outsider* ajeno a los circuitos tradicionales de reclutamiento de la clase política; *e*) el recurso a un tipo de liderazgo carismático que busca la movilización emocional y la relación directa con su público por encima del partido y/o instituciones representativas; *f*) su tendencia a presentarse como un potencial refundador del sistema político haciendo hincapié en reformas que fomentarán la participación popular y reducirán la mediación de la política (Bordignon, 2014).

La personalización de la política resulta crucial a la hora de entender el desarrollo del populismo en Italia. Ahora bien, es necesario advertir que la personalización de la política no agota, ni mucho menos, la explicación del populismo italiano. Como también resulta necesario subrayar que personalismo y populismo no pueden tomarse como sinónimos. Por ejemplo, habría pocas dudas a la hora de calificar al partido *Scelta Civica* de Mario Monti como un ejemplo de política personalista. Sin embargo, definir al proyecto de Monti como populista no se ajustaría a la realidad. Ello no es óbice para afirmar que la personalización de la política, dada la centralidad que otorga al liderazgo carismático, fomenta un estilo de política que resulta funcional al éxito del populismo. Por tanto, la normalización de la política personalista en Italia ha sido un fenómeno que ha potenciado el desarrollo del populismo. El berlusconismo, como veremos, es uno de los mejores ejemplos.

IV. EL BERLUSCONISMO COMO POPULISMO

Como se ha señalado, la principal características histórica del populismo italiano ha sido, y sigue siendo, la fuerza de su elemento antipolítico. Un elemento que la crisis 1992-1994 potencia y que la personalización de la política refuerza. La veta antipolítica propia del populismo italiano no debe entenderse como un intento de terminar con la política, como podría ser el caso del anarquismo u otras opciones de corte libertario. Al contrario, se trata de una posición que no busca destruir la política, sino colonizarla para subordinarla a otros criterios de actuación. A saber, se trata de una afirmación de la política, no una negación, pero de una política que se reclama distinta. La antipolítica se convierte así en un elemento diferenciador de nuevos movimientos políticos que buscan aparecer como fuerzas de naturaleza distinta a la clase política profesional o la élite en el poder (Campus, 2006: 22-25).

En este sentido, y como ya se ha avanzado, el discurso antipolítico es instrumental a la lógica del populismo. En primer lugar, en tanto que discurso orientado contra el *establishment* político trabaja sobre la división pueblo/élite propia del populismo. En segundo lugar, la fuerza del discurso antipolítico actúa como un potenciador de las características del populismo genérico establecidas en la introducción de la obra. Este preciso sentido de la antipolítica se hace central para entender el berlusconismo como populismo, pues la clave de su discurso no es otra que la idea en virtud de la cual los problemas de Italia no se solucionan con más política, sino con menos política y, sobre todo, con otra política (Orsina, 2013).

El proyecto de Berlusconi se ajustó con precisión a la demanda social de transitar de una Primera República dominada por la partitocracia a una Segunda República en la que los italianos recuperarían la influencia directa sobre la política. «Noi vogliamo che il popolo diriga lo stato, non che lo stato diriga il popolo»[2] (Berlusconi, 2001: 174). Para ello Berlusconi no sólo se aprovechó del descrédito de la clase política, sino que diseñó todo un mundo de nuevas referencias políticas al servicio de un centro derecha sin clase diri-

---

[2] «Nosotros queremos que el pueblo dirija al Estado, no que el Estado dirija al pueblo».

gente, sin recursos y sin bases organizativas. La legitimidad de este nuevo universo político berlusconiano se basó en su capacidad para desafiar radicalmente todas las categorías propias del modo de hacer política de los partidos nacidos en la posguerra. Es decir, se trataba de una propuesta para canalizar la participación en la política sin andar por el mismo camino transitado por la llamada vieja política. El berlusconismo, por tanto, generará un populismo que pivotará esencialmente sobre un nuevo paradigma de la política, del político y del partido. Todo ello al servicio del mito palingenésico de regeneración de la sociedad civil italiana (Tarchi, 2013: 281).

En la redefinición de la actividad política que realiza el berlusconismo el mundo empresarial aparece como la nueva esfera de influencia a cuyo criterio de actuación debe subordinarse el quehacer político. El berlusconismo, por tanto, trabajará a fondo para desarrollar una nueva visión de la política adornada con las virtudes del mundo de la empresa privada. De este modo, frente a la imagen corrupta, hipertrófica y anquilosada de la vieja política Berlusconi contrapondrá el carácter ágil, eficaz, eficiente, transparente y pragmático de la nueva política, sintetizado en la fórmula «Azienda Italia», como metáfora de su ideal de administración pública (Campus, 2006: 28-29). Ciertamente, para este punto Berlusconi hizo suyo buena parte del arsenal del liberalismo que ponía el acento en la necesidad de reducir el Estado, simplificar la Administración pública, fomentar la vinculación necesaria entre libertad y responsabilidad, así como devolver el protagonismo a la sociedad civil. Sin embargo, como se verá a continuación en el berlusconismo el componente liberal siempre fue epidérmico frente al poder del elemento populista.

La clave de bóveda sobre la que se sostiene el discurso antipolítico del populismo berlusconiano es su propuesta de un nuevo modelo de político: el empresario. En el imaginario político que propone el berlusconismo el empresario es el hombre hecho a sí mismo contra las zancadillas del Estado y que demuestra con su éxito una probada capacidad de trabajo y sacrificio, a la par que experiencia en la gestión y administración de equipos profesionales. En este sentido, Berlusconi, uno de los empresarios de mayor éxito de Italia y presidente de uno de los clubes de fútbol más importantes de Europa —el AC Milán— ejemplificaba a la perfección la figura del *outsider* que sacrifica una carrera exitosa para ponerse al servicio de su país. La idea del líder de un grupo de profesionales del mundo empresarial dispuestos a remangarse y meterse en política temporalmente para salvar el país del atolladero al que lo había llevado la vieja clase política es un *ritornello* que atraviesa todos los discursos de Berlusconi, desde su célebre intervención pública en la que anuncia su decisión de presentarse a las elecciones de 1994. «Non faccio, non ho fatto e non farò mai nulla che sia motivato da pure ragioni di professionismo politico o partitico»[3] es otra de las ideas más repetidas por Berlusconi en sus intervenciones y que proyecta la idea de un hombre que no entra en la política porque no tiene en qué trabajar, sino porque cree en una misión particular (Berlusconi, 2001: 13). Nótese aquí que el populismo berlusconiano revierte el razonamiento común sobre la dedicación a la política: no haber tenido trato alguno con la política no es un déficit para un candidato, sino que se convierte en la mejor carta de presentación y, aún más, garantía de éxito (Tarchi, 2013: 281).

No obstante, resulta interesante observar que tras la idealización del «uomo del fare» no hay una simple puesta en valor de las características positivas del empresario para gobernar un país. De un lado, la idealización del emprendedor proyecta un prejuicio cuasi antropológico contra la clase política profesional, que sirve, a un tiempo, para justificar el acceso al poder de una nueva clase dirigente (Tarchi, 2013: 284-285). De otro lado, la idealización del emprendedor lleva inscrita una conexión directa con el pueblo, al que el empresario dice pertenecer. «Sono uno di voi» es una de las frases predilectas con las que Berlusconi remarca su condición de extraño a la élite gobernante del país. Aquí dos ejemplos: el primero, en su célebre discurso de 1994 en el que anunciaba su entrada en política, «Io sono semplice, non conosco la política con le sue trappole e i suoi arabeschi»[4]; el segundo, de su libro recopilatorio *Discorsi per la democrazia*, «Vi dicho che è possibile farla finita con una politica di chiacchiere incomprensibili, di stupidi baruffe e di politicanti senza mestiere»[5] (Berlusconi, 2001).

La insistencia del berlusconismo en mostrar a su líder como un ciudadano más funciona proyectando una imagen mitificada del hombre de a pie, al que idealiza como una copia a menor escala del empresario. Para Berlusconi el pueblo es emprendedor, laborioso y rezuma sentido común, razón por la cual él mismo se ofrece para interpretarlo, dirigirlo y redimirlo. Siguiendo la distinción clásica de Canovan sobre los tipos de pueblo a los que apelan los movimientos populistas, el berlusconismo opera sobre el pueblo concebido como «gente normal» y, por ende, trabaja sobre un discurso que se sitúa por encima de las diferencias de clase para proyectarse contra la

---

[3] «No hago, no he hecho, ni haré jamás nada que sea motivado puramente por razones de profesionalismo político o de partido».

[4] «Soy simple, no conozco la política con sus trampas y sus arabescos».

[5] «Os digo que es posible terminar con una política de cháchara incomprensibles, de disputas estúpidas y de politicastros sin oficio».

clase política, a la que describe como *fons et origo* de todos los males (Canovan, 1993). Por tanto, el berlusconismo se presenta con una misión salvífica para la sociedad italiana, que no es otra que liberar al pueblo, enérgico, honrado e industrioso, de su condición de víctima de las ataduras a las que ha sido sometido por la «vieja política»: la clase política, la administración pública y la burocracia.

Con esta conexión entre el líder y el pueblo Berlusconi ha tratado, con cierto éxito, de instituir una relación de identidad entre ambos, pues se presenta a sí mismo como el mejor ejemplo de lo que todos los italianos pueden llegar a hacer: «Io ho l'orgoglio di aver creato dal nulla, io sono stato povero e non ho avuto nessuno che mi ha fatto regali, io ho lavorato, ho lavorato, ho lavorato»[6] (Moroni, 2008: 171). Pero, aún más, con el mismo argumento se desliza a la opinión pública una nueva narrativa sobre el origen de la futura clase política. Presentándose como «uno di voi» lo que Berlusconi está transmitiendo es que su victoria señala el camino que asegurará el nacimiento de una nueva clase política, la cual emergerá de la sociedad civil y pondrá fin a la dinámica de autorreproducción de la élite política del país (Orsina, 2013; Tarchi, 2012).

Como todos los populismos, el berlusconismo también incorpora una visión crítica ante todo tipo de mediación política. A diferencia de otros populismos, el berlusconismo no elabora ni pone sobre la mesa una visión de la democracia alternativa a la democracia liberal representativa. Sin embargo, merece la pena analizar el rastro de la crisis de la mediación en el berlusconismo a través de su concepción del partido político, instrumento imprescindible para la participación política en las sociedades contemporáneas, porque en el diseño de *Forza Italia* prevalece la huella de una posición antipolítica. De hecho, los estatutos de *Forza Italia* no hablan de partido, sino de «Movimiento», lo definen como «asociación de ciudadanos», y lo estructuran en torno a una red de «clubs» que se dicen para la difusión de la cultura liberal (Ignazi, 2008: 61-64). En definitiva, Berlusconi, en plena apoteosis de la antipolítica, lo que pone a disposición de sus simpatizantes es un antipartido que desafía la forma tradicional de integrar y movilizar a a los militantes en una fuerza política, pues *Forza Italia* nace sin órganos colegiados, sin afiliados, sin cuadros locales, ni una implantación nacional sobre el terreno (Ignazi, 2014: 68-69). El siguiente fragmento de un discurso, sintetiza a la perfección su idea de partido, que encaja sin fisuras con todo un despliegue de rechazo a la vieja política:

---

[6] «Tengo el orgullo de haber creado de la nada, he sido pobre y nadie me ha regalado nada, he trabajado, he trabajado, he trabajado».

> Mi piacerebbe sempre che di Forza Italia non si parlasse come di un partito ma di un movimento, perché c'è dentro di me e dentro tutti voi una tale avversione [*applausi*] per la politica dei partiti, per questa partitocrazia che vediamo tutti i giorni rappresentata sulla televisione italiana, con tutti questi pastoni che presentano politicanti che parlano di tutto, si interessano di tutto, senza mai dire nulla. Francamente, quando sento dire che Forza Italia è un partito, ho dei brividi alla schiena [*applausi*]. Dobbiamo restare una forza viva della società, non dobbiamo diventare un partito, un partito burocratico (Berlusconi, 2000: 140)[7].

Al mismo tiempo, no debe perderse de vista que este partido antipartido, diseñado sobre los canales organizativos de la empresa Fininvest, devino en una potente máquina de guerra electoral, dotada de una estructura ligera y ágil que resultó funcional al liderazgo personalista y de estilo decisionista del propio Berlusconi. En la lógica del berlusconismo los partidos tradicionales aparecían atrapados en un torpe juego de espejos con el Estado, reproduciendo progresivamente, y con mayor intensidad, los problemas de la burocracia de la administración pública. En cambio, *Forza Italia* se presentaba como el instrumento de participación política del futuro, que no se fundaba sobre ninguna de las fracturas sociales clásicas, que estaba diseñado sobre un patrón empresarial, y contaba con fuerza organizativa y recursos económicos y humanos al servicio de un líder carismático (Calise, 2010: 82-84).

V. CONCLUSIÓN: EL LEGADO DEL BERLUSCONISMO

El historiador Giovanni Orsina ha definido el berlusconismo como una emulsión entre liberalismo y populismo. Y aquí el término «emulsión» dice mucho, porque señala la imposibilidad última de mezclarse de dos elementos que se repelen (Orsina, 2013: 125). Ciertamente, el berlusconismo hizo bandera de muchas ideas liberales que a efectos de ubicación ideológica permitió a *Forza Italia,* y luego al *Popolo della Libertà,* formar parte de la familia europea de fuerzas liberal-conservadoras. Sin embargo, en el berlusconismo el liberalis-

---

[7] «Me gustaría que no se hable jamás de *Forza Italia* como si fuera un partido, sino como de un movimiento, porque hay en mí, y en vosotros, una aversión tal (aplausos) por la política de partidos, por esta partidocracia que vemos todos los días representada en la televisión italiana, con todos estos politicastros que hablan de todo, se interesan por todo, sin decir nada nunca. Francamente, cuando escucho decir que *Forza Italia* es un partido siento escalofríos por la espalda (aplausos). Debemos ser una fuerza viva de la sociedad, no tenemos que convertirnos en un partido, un partido burocrático».

mo siempre fue epidérmico y, en todo caso, instrumentalizado a favor de un contexto marcado por el progresivo distanciamiento entre la sociedad y la clase política del país. Por tanto, el análisis detenido de los discursos de Berlusconi, unido al contexto en que se integra en la vida política italiana, hacen emerger una fuerte pulsión populista, que se vehicula a través de un discurso de clara factura antipolítica.

En todo caso, el presente capítulo no podría concluir sin señalar que el berlusconismo queda muy lejos de haber sido una anécdota en la vida política italiana. Las elecciones italianas de febrero de 2013 —marcadas por el contexto de la crisis económica y política, la desafección producida por el gobierno técnico de Mario Monti y la ruptura del bipolarismo clásico de la Segunda República por la irrupción espectacular del M5S (MoVimento Cinque Stelle)—, demostraron que la huella del berlusconismo en la cultura política italiana es profunda. De un lado, debido a que la coalición de centro-derecha guiada por Berlusconi estuvo a punto de ganar de nuevo las elecciones. A pesar de que *Il Cavaliere* se encontraba en uno de los momentos de menor popularidad, su coalición consiguió el 29,11 por 100 de los votos frente al 29,55 por 100 conseguido por coalición de centro-izquierda liderada por Bersani. De otro, porque los líderes que emergieron en el nuevo escenario político generado por las elecciones de 2013 —Beppe Grillo, Matteo Salvini y Matteo Renzi, principalmente—, trabajan, con más o menos intensidad, mayor o menor originalidad, sobre el consenso antipolítico introducido en la vida política italiana por el berlusconismo. A pesar de que el caso de Matteo Salvini y el proyecto de «lepenización» de la *Lega Nord*, el otrora partido regionalista/secesionista padano, merece un capítulo aparte (Del Palacio, 2015).

En el caso del M5S de Beppe Grillo resulta un ejemplo paradigmático. El líder del M5S se declara orgulloso de ser un populista[8]. Al margen del proyecto de crear una democracia directa alternativa a través de la red —a través de una plataforma llamada, no por casualidad, Rousseau—, elemento ausente en el discurso de Berlusconi, Grillo ha jugado a potenciar las demás propuestas populistas inscritas en el berlusconismo. La idea de un partido que se declara movimiento o libre asociación de ciudadanos, la propuesta de una carta fundacional reconocida como «Non-statuto», la prohibición de ser candidato de M5S si se ha pertenecido a algún otro partido, la mitificación de la sociedad civil y su capacidad de gobernarse sin mediación de la política, o la institución del «Vaffanculo Day» —cuya V mayúscula va incorporada al nombre

---

[8] Véase el documental de la BBC, *After Brexit: The battle for Europe*.

del M5S (MoVimento)— como día que representa su oposición radical a la clase política profesional, ilustran a la perfección la intensidad con la que el grillismo participa de la cultura política del berlusconismo. No resulta casual que Grillo, por aquel entonces uno de los cómicos con más éxito en Italia, celebrase la aparición en política de Berlusconi en 1994 (Biorcio y Natale, 2013).

Cabe decir que incluso el propio Matteo Renzi ha participado del estilo berlusconiano de hacer política, al punto de haber sido calificado por algunos académicos como un «Berlusoni de izquierdas» o representante de cierto «populismo institucional» (Bordignon, 2014; Tarchi, 2015). Su candidatura a la secretaría del Partido Democrático (PD) se basó en una narrativa que le presentaba como ajeno a la élite dirigente de su partido y a las servidumbres corporativas de la izquierda tradicional. Su campaña se basó en la promesa de renovación radical de la política cuya condición primera era enviar al desguace, literalmente, a la vieja clase política. Incluida la de su propio partido. De hecho, en su carrera a la secretaría del PD jugó con el apodo «il rottamatore» (el desguazador) (Ventura, 2015). Su ejecutoria como Primer Ministro italiano (2014-2016) acreditó a Renzi como un reformista, en sentido liberal. Pero, al mismo tiempo, su praxis se ha asociado a un estilo de liderazgo intensamente personalista y cuasi plebiscitario. Y ambas características le han convertido en un cuerpo extraño a la tradición de la cultura política de la izquierda italiana (Del Palacio, 2017). Un buen ejemplo del «renzismo» fue la decisión de someter, en todo caso, el proyecto de reforma constitucional del Gobierno a referéndum para dar voz al pueblo. Ello a pesar de que en función del artículo 138 de la Constitución italiana el Gobierno podría haber intentado aprobar la reforma a través de una mayoría cualificada en el parlamento (Pasquino y Valbruzzi, 2017).

A modo de conclusión, a la hora de valorar el verdadero calado de los consensos introducidos en la vida política italiana por el berlusconismo merece la pena observar la creciente distancia entre la ciudadanía y los partidos políticos, que no ha dejado de crecer en la última década. A tenor del último informe anual «Rapporto tra gli italiani e lo Stato» dirigido por el politólogo Ilvo Diamanti y publicado por *La Repubblica*, para el 48 por 100 de los italianos la democracia podría funcionar sin partidos. En el año 2008, la cifra era del 38 por 100 (Diamanti, 2016). Estos datos ofrecen una buena pista sobre la gran posibilidad de éxito de todo discurso populista en la Italia actual.

«Ancora in campo»: la metáfora futbolística que siempre acompaña el discurso populista del berlusconismo.

Apropiación del discurso xenófobo de la *Lega Nord* por parte de *Forza Italia*: «Con la izquierda en el gobierno la inmigración está fuera de control».

Capítulo 17

REINO UNIDO: EL POPULISMO ANTIEUROPEO DE UKIP

José Ruiz Vicioso

SUMARIO: I. Trayectoria de UKIP: de Maastrich al referéndum sobre el Brexit. II. La base social del populismo. III. Características del populismo de UKIP. IV. Conclusión.

Siempre se ha considerado que el sistema político británico, resultante de una larga evolución histórica era un paradigma de estabilidad. La continuidad de instituciones como la Corona, el Parlamento y el Gobierno responsable, los *checks and balances* entre los distintos poderes y la centralidad del procedimiento en el proceso político garantizaban la moderación en un modelo poco menos que inmune al radicalismo, viniera éste de la izquierda o de la derecha. El sistema de partidos reflejaba también esa estabilidad, protegida por una ley electoral mayoritaria —*first-past-the-post* o *winner takes all*— que penaliza enormemente la dispersión del voto y hace muy difícil la obtención de representantes a formaciones distintas de las tradicionales. La clave de la competición electoral entre conservadores y laboristas estaba en la búsqueda del centro para alcanzar mayorías suficientes de gobierno: los votantes eran fieles a los grandes partidos, castigando en cada caso a aquel que se alejaba de postulados moderados.

Durante las últimas décadas del siglo xx comenzaron a abrirse algunas brechas en la estabilidad de este sistema. Por un lado, con la integración en la Comunidad Europea se introducían las elecciones al Parlamento Europeo; por otro, la descentralización que llevó a cabo el gobierno de Blair en 1997-1998 supuso la restitución de los parlamentos regionales en Escocia y Gales, lo que daría un nuevo protagonismo a los nacionalismos. La dinámica de la política multinivel y el cambio de valores asociado a las transformaciones sociales ha erosionado las lealtades partidistas tradicionales, debilitando progresivamente al bipartidismo: si en 1951 la suma de conservadores y laboristas representaba un 96,8 por 100 del total de votos, en 1979 se había reducido al 80,9 por 100, hasta el 67,3 por 100 de las elecciones de 2015 (Clark, 2012: 1-16)[1]. Sin embargo, pese a la entrada en el debate público de nuevos actores y discursos (ecologistas, nacionalistas, radicales de izquierda o derecha) sólo el *United Kingdom Independence Party-UKIP* ha sido capaz de cuestionar verdaderamente el *statu quo* político del Reino Unido.

UKIP representa, de hecho, el cambio más sustancial en el sistema de partidos británico desde que éste quedó consolidado a primeros del siglo XX (Ford y Goodwin, 2014). Formación de corte típicamente populista, fue a partir de 2012-2013 cuando comenzó a registrar un creciente éxito electoral: ganó las europeas de 2014, siendo el primer partido distinto de los dos grandes que vencía en unos comicios de carácter nacional desde 1906; ha competido en el nivel local con resultados destacables a lo largo y ancho del país; y en las elecciones generales de 2015 logró cerca de cuatro millones de votos, convirtiéndose en la tercera fuerza política del país.

Ahora bien, más allá de los hitos referentes a su ascenso electoral, el verdadero triunfo de UKIP lo constituye la victoria del *Brexit* —o salida— en el referéndum sobre la permanencia del Reino Unido en la Unión Europea, celebrado el 23 de junio de 2016. Este referéndum marca un antes y un después en la historia política de Gran Bretaña y del conjunto de la Unión Europea, abriendo una etapa de incertidumbre cuyas consecuencias tardarán tiempo en vislumbrarse.

Para entender el arraigo del discurso populista en el Reino Unido debemos estudiar el origen y la trayectoria del *United Kingdom Independence Party*, el contexto en el que se han producido sus victorias políticas, los cambios sociales que han hecho posible una amplia recepción de su mensaje y las peculiares características del mismo. Concluiremos con una serie de cuestiones acerca del futuro del populismo británico una vez ha logrado su objetivo fundacional.

---

[1] Salvo que se indique lo contrario, todas las referencias a resultados electorales (tanto de elecciones como de referendos) proceden del archivo de la BBC. Véase www.bbc.co.uk

I. TRAYECTORIA DE UKIP: DE MAASTRICHT AL REFERÉNDUM SOBRE EL BREXIT

El origen de UKIP se remonta a la Liga Anti-Federalista, un pequeño grupo de presión fundado en 1991 que se oponía frontalmente al Tratado de Maastricht. El nuevo marco jurídico iba a suponer un gran salto cualitativo en el proceso de integración europea, pues ampliaba las competencias comunitarias y planteaba la creación de una moneda única. Una vez que el gobierno conservador de John Major consiguió la ratificación del Tratado, algunos de los miembros de la Liga decidieron constituir un partido político con el único objetivo de lograr la salida de Gran Bretaña de la Unión Europea. UKIP nacía en 1993 como partido protesta antieuropeo, formado por personas de diversa procedencia que nada tenían que ver con la política profesional y sin apenas medios para llegar al electorado.

Tras unos primeros años de dificultades, UKIP consolidó un patrón electoral que se mantuvo vigente hasta el gran *boom* de la formación: En las sucesivas elecciones europeas recibiría cada vez más apoyos, pero era incapaz de fidelizar a sus votantes en las elecciones nacionales. Este fenómeno se debía a tres factores: su naturaleza de *single-issue party* —partido de mensaje único—, las diferentes características de cada cita electoral —los comicios europeos, como elecciones de segundo orden, se prestan más al voto protesta que las nacionales, en las que prevalece el voto útil (Reif y Schmitt, 1980)— y a la distinta norma electoral aplicada —mayoritaria en Westminster y proporcional en Europa—. UKIP quedaba como una especie de vehículo de expresión del euroescepticismo que reaparecía cada vez que había elecciones al Parlamento Europeo y se hundía luego en las elecciones nacionales. La comparativa de porcentajes de voto de estos años habla por sí sola: En las europeas de 2004 obtenía el 16,1 por 100 de los votos y en las generales del año siguiente tan solo el 2,2 por 100; del 16,5 por 100 de las europeas de 2009 pasaba al 3,1 por 100 de las generales de 2010 (Ford y Goodwin, 2014: 20-106).

Esta divergencia entre resultados europeos y nacionales exigía a UKIP una mayor profesionalización y la elaboración de un discurso capaz de movilizar a los votantes en elecciones internas si pretendía consolidarse como fuerza política (Abedi y Lundberg, 2009; Hayton, 2010). Este proceso fue dirigido por Nigel Farage, elegido líder en 2006. A partir de entonces, UKIP fue centrando su discurso en dos asuntos clásicos de la retórica populista: el ataque a la clase política y la inmigración. Preocupaciones ambas en clave nacional, sí, pero directamente relacionadas con la pertenencia a la Unión Europea, pues el *establishment* político era responsable no sólo de la corrupción relacionada con los gastos parlamentarios, sino de haber alienado la soberanía británica ante las instituciones comunitarias; y las crecientes cifras de inmigrantes eran en gran parte consecuencia del principio de libre circulación de personas dentro de la Unión. Esta oposición a la inmigración, que pretendía atraer también a los ciudadanos preocupados por el fundamentalismo islámico —no olvidemos el atentado de Londres de 2005— le ha valido al partido constantes acusaciones de racismo y xenofobia (Farage, 2014).

El auténtico despegue electoral de UKIP se produjo durante la legislatura 2010-2015. Las consecuencias de la crisis mundial crearon, por un lado, una coyuntura política oportuna para captar a los cada vez más numerosos descontentos de la política convencional. Por otro, la coyuntura económica, determinada por la política de austeridad del gobierno de coalición, coincidía con unas cifras de inmigrantes procedentes del este y del sur de Europa que se situaban en máximos históricos. El clima no podía ser más favorable y UKIP iba a aprovecharlo en sucesivas elecciones locales y *by-elections*.

Este ascenso ejerció una gran presión sobre el Partido Conservador, que veía amenazadas sus expectativas electorales. En realidad, la cuestión europea ha sido una fuente de polémica interna entre los conservadores desde el mismo momento de la incorporación del Reino Unido a la Comunidad en 1973. Fue Margaret Thatcher quien fijó con precisión las razones del euroescepticismo en su célebre *Discurso de Brujas* (Thatcher, 1988). Así, el empuje de UKIP no hizo más que desatar, con toda virulencia, el enfrentamiento latente entre los conservadores euroescépticos (mayoritarios) y los proeuropeos. En ese contexto, preocupado por los datos de las encuestas de cara a las elecciones generales y presionado por una parte considerable de su propio partido, el primer ministro Cameron se comprometió a convocar un referéndum que resolviera definitivamente el debate sobre la permanencia en la Unión Europea: «Ha llegado el momento de que el pueblo británico se pronuncie. Ha llegado el momento de resolver esta cuestión europea en la política británica» (Cameron, 2013).

Con la campaña del referéndum Gran Bretaña vivió el periodo de mayor tensión político-social de los últimos años. Los partidarios de la salida dieron rienda suelta a sus pulsiones populistas más exacerbadas y la serenidad del debate público propio de las democracias parlamentarias se vio sustituida por la violencia verbal de los mítines y los platós de televisión, por la guerra virtual de las redes sociales. Como era previsible, UKIP extremó el carácter de sus consignas —antiinmigración y antipolítico— prometiendo un utópico futuro fuera de Europa dudosamente sostenible por los datos. También algunas de las figuras más destacadas del Partido Conservador, como Boris Johnson o Michael Gove, asumieron una retórica auténticamente populista, llevando el desgarro interno de los *tories* —y del propio gobierno— a su clímax. La campaña provocó también una polarización social sin precedentes, lo que ha dejado una sociedad menos cohesionada, caracterizada por las fracturas internas.

El resultado del referéndum fue contundente: con una participación del 72,2 por 100 del censo, una mayoría del 51,9 por 100 votaba a favor del *Brexit*. Cameron, primer ministro elegido con mayoría absoluta un año antes, anunciaba su renuncia de inmediato. Finalmente, el «*independence day*» soñado por UKIP había llegado[2].

II. LA BASE SOCIAL DEL POPULISMO

El potencial electoral de UKIP y el mensaje de protesta que arroja el resultado del referéndum europeo no responden a meras razones de coyuntura. Como han estudiado en detalle Ford y Goodwin, el auge del populismo tiene causas profundas derivadas de los cambios sociales ocurridos en las últimas décadas: «Durante los últimos cincuenta años se ha abierto una profunda división entre los votantes de clase trabajadora que han quedado abandonados por la transformación económica y social de Gran Bretaña, y las clases medias universitarias, que han ascendido y prosperado hasta predominar numérica y políticamente» (Ford y Goodwin, 2014: 137). La estrategia de los partidos políticos, que se han ido adaptando a este proceso de cambio social con el objetivo de captar a esas clases medias emergentes —incluido el Laborismo a partir de Blair— fue cimentando entre las capas populares un sentimiento de desafección creciente. Los votantes de clase trabajadora y valores tradicionales que en su día podían identificarse bien con el laborismo clásico —sobre todo en las ciudades del norte— o bien con el capitalismo

---

[2] Resultado: Votos por la salida: 17.410.742 (51,9 por 100); Votos por la permanencia: 16.141.241 (48,1 por 100). Votos nulos: 26.033. Véase: http://www.bbc.com/news/uk-politics-36616028. No podemos dejar de mencionar que, durante la campaña, se produjo el asesinato de una parlamentaria laborista, Jo Cox, que defendía la permanencia en la UE.

popular de Thatcher —sobre todo en las áreas rurales del sur— se sienten hoy ignorados por unos políticos con los que no se identifican. Son estos electores los que ven amenazada su insegura situación económica por la llegada de inmigrantes (cuestiones relacionadas con el empleo, las prestaciones sociales, los servicios públicos, la vivienda, etc.) y también su identidad (cultura y valores); y son estos también los que, en consecuencia, han desarrollado un fuerte sentimiento de rechazo hacia la política de Westminster y Bruselas.

El discurso populista de UKIP ha arraigado no sólo porque existiese un descontento puntual derivado de la crisis económica, sino porque ha dado nueva voz a esa base social que se sentía políticamente abandonada. Un votante mayor, no universitario, empleado en profesiones manuales y rutinarias, de escasos recursos económicos y opuesto al cambio porque cambio significa para él mayor inseguridad (Ford y Goodwin, 2014: 107-219; Goodwin y Milazzo, 2015: 57-103).

Así, UKIP es el reflejo de esa brecha existente en la sociedad británica entre las clases medias educadas y de valores cosmopolitas y esos grupos vulnerables que se sienten «perjudicados por la globalización». Una divisoria que ha quedado patente en el referéndum sobre el *Brexit*: El análisis del sentido del voto por grupos de edad, cualificación académica y nivel de ingresos muestra con claridad la existencia de esos dos perfiles de valores opuestos.

TABLA 1
Porcentajes de voto en el referéndum europeo por grupos de edad, cualificación académica y nivel de ingresos

Grupo	% Permanencia	% Salida
Edad 18-24 años	73	27
Edad 25-34 años	62	38
Graduados universitarios	57	43
Ingresos altos (directivos y profesionales)	57	43
Edad 55-64 años	43	57
Edad +65 años	40	60
Ingresos bajos	36	64

FUENTE: Lord Ashcroft Polls.

La receptividad al mensaje populista entre los que se consideran perjudicados por la apertura (representada por la Unión Europea) no es un fenómeno exclusivamente británico, sino común a diversos países del continente. En este sentido, UKIP se emparenta con otros partidos de derecha populista como el Frente Nacional francés, el Partido de la Libertad austriaco o el Partido Popular danés (Ford y Goodwin, 2014: 111-114).

III. CARACTERÍSTICAS DEL POPULISMO DE UKIP

Como ha indicado el profesor Pasquino, «cualquier experimento populista encuentra grandes obstáculos en un contexto institucional en el que el Parlamento funciona y en el que los liderazgos derivan su legitimidad del apoyo parlamentario de partidos sólidos» (Pasquino, 2015: 29). Efectivamente, según señalábamos al comienzo, el orden institucional británico ofrece pocas posibilidades al populismo.

El principio de soberanía parlamentaria y el sistema electoral mayoritario (con su poderoso efecto de voto útil) han actuado como frenos efectivos al acceso de UKIP al Parlamento de Westminster, que es el escenario central de la vida política. Pese a que el rendimiento electoral de la formación ha sido notable en los últimos años (tercera fuerza política en votos), este apoyo no se ha traducido en términos de representación parlamentaria equivalente. UKIP sólo consiguió un escaño en las elecciones generales de 2015, frustrándose todas sus aspiraciones a convertirse en fuerza decisiva para la formación de gobierno[3]. El sólido entramado institucional lograba así «mantener a raya» al populismo. Por ello resulta tan paradójico que su gran victoria haya sido propiciada por los propios *insiders* del sistema —el primer ministro y el Partido Conservador— recurriendo sin necesidad a una fórmula de participación directa como el referéndum, ajena a la tradición política británica.

En todo caso, aunque en UKIP se dan —en mayor o menor medida— las características básicas de todo partido populista, no se trata de un populismo destructivo: ni se advierten pulsiones autoritarias ni pretende el vaciamiento de las instituciones del Estado de derecho, como ocurre con los populismos latinoamericanos. UKIP pretendía un cambio del *statu quo* político relacionado con la perte-

---

[3] Entre 2014 y 2015 había contado con dos parlamentarios que abandonaron el Partido Conservador y fueron elegidos en sendas *by-elections* bajo las siglas de UKIP.

nencia a la Unión Europea, pero no cuestiona las instituciones del sistema político nacional.

Elemento fundamental de su mensaje ha sido desde su origen el discurso antipolítico (Abedi y Lundberg, 2009; Ford y Goodwin, 2014). Una narrativa tradicional de todo populismo, articulada en un antagonismo entre la gente («*the British people*» – «*the ordinary people of Britain*») y la clase política («*the establishment*»). Para UKIP no existe ninguna diferencia sustancial entre los partidos tradicionales, que forman una oligarquía al servicio de sus intereses y no al servicio del pueblo. Todos los políticos responden a un mismo patrón, «todos han ido a los mismos colegios, todos han estudiado lo mismo en las mismas universidades y todos han seguido la misma carrera dentro de sus partidos hasta convertirse en parlamentarios»; todos, «laboristas, conservadores y *libdems*, son iguales, todos dicen lo mismo» (Farage, 2014: 178).

El *establishment* aparece por tanto como el enemigo interno, responsable de haber alienado la soberanía británica a los burócratas europeos —el enemigo externo—, esos que hacían leyes sin rendir cuentas e impedían controlar la llegada de inmigrantes. Esta alianza de los enemigos del pueblo queda bien expresada en las despectivas palabras de Farage: «los Camerons, los Cleggs, los Milibands, los necios que no saben nada de la vida real, que nunca han tenido un empleo fuera de la aldea de Westminster y que han entregado alegremente el gobierno de nuestro país a los no-elegidos tecnócratas en Bruselas» (Farage, 2014: 245-246). De acuerdo a esa visión, el *Brexit* viene a representar el triunfo del pueblo sobre las oligarquías: «Es una victoria de la gente real, de la gente común, de la gente decente. Es una victoria contra los grandes bancos, contra las grandes empresas y contra la gran política»[4].

La identificación entre pueblo —entendido como entidad unitaria y virtuosa— y nación, es también un recurso típico. En UKIP, la retórica nacionalista impregna todo el discurso, desde el mismo nombre del partido. El Reino Unido debe recuperar su «plena independencia», perdida con la integración europea, y volver a ser un «país soberano», libre de injerencias políticas externas y de la intoxicación cultural que supone la inmigración masiva.

El éxito de UKIP se debe sin duda al liderazgo de Nigel Farage. De no ser por este hombre carismático y de gran habilidad dialéctica es muy improbable que UKIP hubiera tenido la misma visibili-

---

[4] Declaraciones de Farage una vez conocido el resultado del referéndum. Véase: http://www.bbc.com/news/uk-politics-eu-referendum-36613295

dad. Líder divisivo, muy admirado por sus seguidores y odiado por sus detractores, polémico, políticamente incorrecto hasta la saciedad, Farage es capaz de recordar verdades elementales a los votantes o de insultar al presidente del Consejo Europeo en sede parlamentaria. Acostumbrado al contacto directo con la gente, es normal encontrarle en los tradicionales pubs ingleses charlando con simpatizantes, pinta de cerveza en mano. De hecho, aunque UKIP nunca ha recurrido a grandes movilizaciones populares, Farage ha sabido explotar muy bien su imagen de «hombre de la calle» en oposición al esnobismo de la clase política londinense. Como él mismo ha escrito, siempre se ha preciado de no ser un político profesional —pese a llevar como parlamentario europeo desde 1999—, de su carrera en el sector privado en la *City* y de su carácter campechano (Farage, 2014). Recordemos que en los movimientos populistas la condición de *outsider* del líder es un requisito básico, pues sólo entonces se le considera investido de la legitimidad necesaria para erigirse en portavoz del pueblo. La capacidad que ha tenido Farage para identificar al partido con su propia persona —algo constatable en la opinión pública— y la gran dependencia de la formación en las cualidades personales del líder, permiten encuadrar a UKIP en el tipo de *partido personalizado* (Pasquino, 2016).

Por último, si para el populismo los problemas de la democracia se resuelven con más democracia, no puede sorprendernos que UKIP proponga la introducción de medidas de participación directa, como la *iniciativa popular* para la celebración de referendos sobre la legislación o el llamado *recall* para remover parlamentarios antes del término de su mandato (Programa electoral UKIP, 2015: 57). Evidentemente, los populistas encuentran en estas fórmulas de democracia directa el terreno abonado para la consecución de sus ambiciones políticas sin intermediarios ni procedimientos, a través de la apelación directa al pueblo y la simplificación extrema de problemas que suelen ser muy complejos.

IV. CONCLUSIÓN

El *United Kingdom Independence Party* fue fundado para lograr la salida del Reino Unido de una Unión Europea cada vez más integrada económica y políticamente. En poco más de 20 años, el discurso populista ha logrado arraigar en una amplia capa de la sociedad británica, de perfil socio-demográfico y valores culturales precisos. Si bien las especiales características del sistema político habían logrado prevenir la presencia parlamentaria de UKIP, su empuje electoral consiguió arrancar al primer ministro la celebración del ansiado referéndum sobre la pertenencia europea. El inesperado desenlace del *Brexit* deja un mensaje de profunda desafección del electorado con la política convencional, pero también abre algunos interrogantes sobre el futuro de esta formación y del populismo como narrativa: ¿Tiene sentido la existencia de UKIP ahora que ha logrado su objetivo fundacional? ¿Qué puede ofrecer a sus votantes más allá de la «supervisión» del proceso de salida? Por otro lado, ¿será capaz de sobrevivir a la sucesión de Farage esta organización tan caracterizada por el conflicto interno? ¿Resistirá la competencia del Partido Conservador de Theresa May, decidido a recuperar a los votantes más tradicionales y euroescépticos? En definitiva, ¿cómo evolucionará el discurso populista en un Reino Unido fuera de la Unión Europea? Las elecciones legislativas celebradas el 8 de junio de 2017 han mostrado la dificultad de UKIP para sobrevivir a la salida del Reino Unido de la Unión Europea.

Ha perdido su único escaño y tan sólo se ha hecho con el 1,8 por 100 de los votos. Su líder, Paul Nuttall, ha dimitido y el futuro del partido parece sombrío.

«Nigel Farage devolverá su voz a Gran Bretaña». Cameron (Partido Conservador), Miliband (Partido Laborista) y Clegg (Partido Liberal) están amordazados por Europa. Cartel de las elecciones europeas de 2014 que UKIP ganó en Gran Bretaña. Por primera vez en la historia del último siglo británico, un partido que no es el Conservador o el Laborista gana unas elecciones nacionales. Este triunfo de UKIP no hacía sino anunciar el resultado del referéndum sobre el BREXIT celebrado en 2016. El populismo antieuropeo de Nigel Farage ha conseguido una victoria inesperada y abrumadora al lograr la salida del Reino Unido de la Unión Europea; sin embargo, logrado su objetivo, la voz de UKIP se ha vuelto inaudible.

Cartel electoral de UKIP que vincula la UE con la llegada masiva de la inmigración.

CAPÍTULO 18

EL POPULISMO EN LA DEMOCRACIA ESPAÑOLA: DEL GIL A PODEMOS

Manuel Álvarez Tardío

SUMARIO: I. La relativa novedad del populismo en España. II. El precedente del GIL. III. El 15 M y el nacimiento y desarrollo de Podemos.

I. LA RELATIVA NOVEDAD DEL POPULISMO EN ESPAÑA

El populismo no es algo reciente en la política española de la era democrática. Durante los años de 1979 a 2011 el sistema de partidos se caracterizó por una relativa estabilidad en cuanto a la presencia de dos grandes grupos políticos de centroizquierda y centroderecha que se repartieron más del 80 por 100 de los escaños parlamentarios. Ninguno de esos dos grupos, fuera el PSOE en la izquierda, o UCD primero y luego AP-PP en la derecha, se caracterizaron por un discurso netamente populista; si bien no es difícil observar, sobre todo durante las campañas electorales y en determinados momentos de la labor de oposición, que todos ellos recurrían a elementos populistas para criticar al adversario y movilizar a sus simpatizantes. Así por ejemplo, en los años 2001 a 2010, cuando el PP arropaba la movilización callejera de los manifestantes antiabortistas o cuando el PSOE hacía lo mismo durante las movilizaciones y manifestaciones con motivo de la catástrofe medioambiental provocada por el hundimiento del *Prestige*, era más que evidente la presencia de un discurso que cargaba las tintas en el «no nos representan» o «nos mienten», desacreditando implícitamente la democracia representativa, y en virtud del cual un gobierno democrático y parlamentario era despachado como ilegítimo frente a la «verdadera» representación del pueblo español reunida en la calle.

En términos generales, ninguno de los dos soportes principales de la democracia parlamentaria española hizo del populismo una seña de referencia de su estrategia política. Sin embargo, los rasgos típicos del populismo, especialmente lo que tiene de apelación emocional al «pueblo» bondadoso y honrado frente a los representantes indignos y partidistas, y a una idea de liderazgo basada en la comunión y hasta fusión emotiva entre un líder-guía y la comunidad en nombre de la que éste habla y actúa, aparecieron en la política española antes de que empezara la movilización callejera conocida con la etiqueta de *15M*. Hubo dos representantes que no lograron agujerear ninguno de los pilares sustanciales de la democracia española, pero que tuvieron una presencia significativa en los medios de comunicación y consiguieron algunos éxitos en la política local, amén de algunas decenas de miles de votos en las elecciones europeas. Los dos compartían un rasgo inicial, por muy diferentes que fueran en otros aspectos: su condición de empresarios que daban el salto a la política supuestamente para representar la verdadera voz del pueblo que sufría la arbitrariedad y la corrupción moral y económica de sus representantes «tradicionales». Uno fue José María Ruiz Mateos, un experto en ingeniar operaciones inversoras con las que levantar imperios empresariales con los pies de barro y conexiones más que problemáticas con la ley, que logró dos escaños en las europeas de 1989. El otro era Jesús Gil y Gil, que combinaba su condición de presidente de un club de fútbol de primera división con una notable capacidad para representar un cierto estereotipo de español machista y repulsivo que hacía negocios pegado a un puro, una piscina y unas cuantas empleadas en bikini. A ambos tuvo el mérito de unirse años más tarde Mario Conde, un representante engominado del mundo financiero español que, molesto porque no podía obrar a sus anchas y por encima de la ley, decidió cobrar sus deudas con ciertos sectores de la política nacional haciendo frente al bipartidismo en su propio terreno y con armas características del populismo regeneracionista.

II. EL PRECEDENTE DEL GIL

De todos esos casos, el que tuvo más éxito, al menos medido en términos de poder político local, fue el grupo que fundó el presidente del Atlético de Madrid y al que denominó utilizando las siglas de su apellido: Grupo Independiente y Liberal o GIL. Además de cierta repercusión en los medios y de la utilización del equipo de fútbol como amplificador de su discurso, en la primera parte de los noventa Jesús Gil consiguió también controlar algunas alcaldías importantes de la muy turística costa del Sol malagueña, como Marbella, Estepona o San Pedro de Alcántara. Desde allí intentó algunas operaciones para extender su poder a otros lugares, como fue el caso del gobierno autónomo de Ceuta, donde uno de sus acólitos llegaría a ser presidente; y aquí pudieron verse en toda su efervescencia los elementos típicos del populismo: un líder con cierto carisma que parecía encajar bien con la actitud y las formas de algunos ciudadanos de a pie, una apelación constante a la seguridad ciudadana y a la falta de acción de los políticos tradicionales en la lucha contra la delincuencia, o incluso, en el caso ceutí, un lenguaje excluyente en el que los extranjeros se convertían en el chivo expiatorio de todos los problemas de esa franja de suelo español en el norte de África (Rontomé Romero, 2014). En el caso del GIL, todo esto, además, se adornaba con un discurso antipolítico, es decir, en el que se marcaban distancias con los rasgos tradicionales del debate ideológico entre izquierda y derecha y se apelaba directamente a la voluntad popular y a la superación de la división partidista; el GIL se presentaba como un grupo orientado a la buena gestión frente a los dos partidos clásicos, descalificados como una pantalla de seudorepresentación que, a juicio de los seguidores del líder «gilita», ocultaba la corrupción y el reparto clientelar del poder. El «tío Gilito» de la política española aspiraba así a proteger su cámara acorazada de negocios turbios irrumpiendo en la política con una apelación al pueblo trabajador y honesto y explotando, en clave populista, asuntos tan delicados como la seguridad ciudadana o la gestión de la emigración, en la línea de otros populismos ultraderechistas europeos.

Ya en su momento, a principios de los años noventa, Jesús Gil supo activar buena parte de los recursos retóricos con los que años más tarde volvería a criticarse a los dos partidos clásicos: especialmente aquello, muy propio de la tradición española del regeneracionismo costista, de que la política del bipartidismo era la de una España «oficial» podrida frente a otra España real e incorrupta. No es que Gil pretendiera levantar una Liga de regeneración nacional en la que le acompañaran paracaidistas del ámbito intelectual y académico, emulando aquella tan conocida de los Ortega, Marañón, De los Ríos o Azaña, allá por la época de la Primera Guerra Mundial. Las letras y el populismo regeneracionista son a menudo dos piezas complementarias en España, pero Jesús Gil no era, por razones obvias, compatible con las buenas formas y la pluma refinada. Sin embargo, aunque Gil fracasó o ni siquiera intentó una movilización cultural contra la política «oficial», ya exhibió maneras en televisión que luego habrían de hacer fortuna, aunque, eso sí, bastante depuradas. La telepolítica (Sartori, 2012), buena amiga del populismo, que en el siglo XXI ha irrumpido en las sesudas tertulias programadas por cadenas tan variopintas como *Intereconomía* o *La Sexta*, ya tuvo algunas de sus primeras manifestaciones en los años noventa. De hecho, Gil fue uno de esos figurantes que intentó, aunque sin el éxito de otros personajes posteriores, seducir al *televotante* español detrás de una cámara, en aquel entonces las de un programa llamado *Noches de Tal y Tal* que le brindó la Telecinco de Valerio Lazarov.

Las manifestaciones del populismo-gansterismo de los noventa fueron, en general, inapreciables si las medimos en términos de su impacto electoral, por lo que políticamente no tuvieron una repercusión sistémica. Sin embargo, en el contexto de la crisis económica que empezó en la segunda legislatura del gobierno socialista de José Luis Rodríguez Zapatero, aparecieron algunos ingredientes que, debidamente mezclados y utilizados, hacían más probable que un nuevo tipo de populismo irrumpiera en la política española y lo hiciera con una fuerza y un éxito hasta entonces desconocidos. Hizo falta no sólo que creciera el desempleo y se conocieran innumerables y lamentables casos de corrupción que afectaban a los partidos de siempre, fueran nacionales o nacionalistas; además de esos factores contextuales coadyuvantes, lo importante para impulsar hacia las alturas una nueva opción de corte populista fue que algunos se dieran cuenta de la oportunidad que les brindaba la situación y se presentaran ante los españoles con un lenguaje político alternativo. Si además los dos partidos nacionales mayoritarios, PP y PSOE, manifestaban una acusada desorientación y/o inacción ideológica, mejor que mejor.

III. EL 15 M Y EL NACIMIENTO Y DESARROLLO DE PODEMOS

Y así fue como, aprovechando el pequeño pero mediático incendio que provocó la movilización del 15M, apareció un movimiento —que ni siquiera quería ser partido en sus comienzos— que, partiendo de bases ideológicas antiguas, bien ancladas en el discurso de la extrema izquierda anticapitalista y contraria a la democracia liberal, se puso manos a la obra en el terreno del populismo, que para ellos no tenía connotaciones negativas, al contrario: se trataba de combinar un discurso seductor que apelara a la antipolítica (el sistema político en su conjunto como problema, fruto de las supuestas contradicciones de la democracia representativa) y llegara a tantos y tantos votantes desmovilizados y desencantados con la política del reparto clientelar y el torneo mediático del «y tú más» (referido a la corrupción) de los dos grandes partidos nacionales (Programa, 2014). Llevaban ya unos años trabajando con plataformas televisivas marginales, practicando el arte de la telepolítica, cuando de repente apareció el contexto propicio, resumido en cinco aspectos: primero, una crisis de identidad notable en el Partido Socialista (PSOE), que había ganado elecciones con Rodríguez Zapatero, pero que había perdido un rumbo ideológico preciso en términos de partido de izquierdas; segundo, una proliferación de oferta televisiva que quería explotar el beneficio económico derivado de la presencia de telepredicadores-regeneradores al estilo Berlusconi en sus pantallas; tercero, un deterioro tan brutal y tan rápido de la economía nacional que la caída de ingresos del Estado obligaba a realizar bruscos ajustes después de años de políticas expansivas de gasto y contratación pública; cuarto, una sensación nacional generalizada de que los dos partidos, PP (Partido Popular) y PSOE, estaban más en la democracia para repartirse el pastel que para defender el interés general; y quinto, la llegada al poder de la derecha en 2011 y, al igual que había sucedido años atrás, una especial motivación para volver a hacer política fuera de las instituciones y «echar» al Partido Popular. Porque, como dijo el líder comunista Joan Herrera durante la campaña electoral autonómica del otoño de 2012: «Nos hemos sentido muy solos en el Parlamento, pero muy acompañados en la calle» (Casals, 2013: 19).

De este modo, fruto de ese contexto y de esa combinación apareció y logró consolidarse durante la X legislatura, en pleno gobierno del Partido Popular, un nuevo protagonista: Podemos. Este empezó siendo un movimiento o un *nopartido*, pero con los meses se transformó en un partido en toda regla, con su estructura organizativa estable, sus simpatizantes y su dirección centralizada, que se presentó a las elecciones nacionales de 2015 y logró, sumando diversas candidaturas, en torno a un 20 por 100 del voto.

Podemos consiguió una importante implantación territorial, implicando a decenas de miles de seguidores en su organización y en la propaganda. En su origen más remoto, a la vez que importante para comprender su naturaleza ideológica, el grupo había nacido en un entorno universitario, el de la Facultad de Ciencias Políticas y Sociología de la Universidad Complutense de Madrid, donde un núcleo original compartía una concepción de la política similar (Errejón, 2014). Ésta se puede resumir así: la democracia no es un invento de alcance limitado que sirve para resolver pacíficamente los conflictos y garantizar el pluralismo; por el contrario, la democracia sólo es válida si permite conquistar el poder en nombre del pueblo para acabar con la desigualdad y, sobre todo, para devolver el poder (*empoderar*) a los de abajo.

Por consiguiente, el lenguaje de la cúpula fundacional de Podemos giraba en torno a una idea que, con un buen *marketing*, podía tener bastante eco social en un contexto como el descrito más arriba: la democracia no es un conjunto de garantías, sino un medio para la acción. O dicho de otro modo: si la política democrática no sirve para construir una sociedad nueva, más igualitaria, no es democrática sino liberal (lo que en su entorno ideológico quiere decir, sencillamente, derechista) (Iglesias, 2014a).

Hasta aquí nada era sustancialmente nuevo; eran aspectos ideológicos propios de la tradición de las izquierdas marginales que habían estado actuando en la democracia española desde 1978, criticando siempre y con dureza ese sistema político por considerarlo heredero de la dictadura franquista y encubridor de la desigualdad social. Ahora bien, esa marginalidad empezó a dejar de ser tal en la medida en que sus impulsores intentaron sacar ventaja de un contexto propicio: primero se las apañaron para instrumentalizar la movilización del 15M, argumentando que, como dijo el dirigente de Podemos Íñigo Errejón: «las gafas con las que vemos la realidad» cambiaron y se hizo posible «un relato alternativo» para movilizar a los españoles; y segundo aprovecharon el espacio que les brindaban algunas televisiones para hacer un trabajo lento, pero eficaz, de inoculación de ese «relato alternativo» sobre por qué había crisis económica y quiénes, a su juicio, estaban pagándola de verdad por culpa de las políticas de derechas.

Para pasar de la movilización marginal en la izquierda antisistema a la organización de un partido *vote-seeking* el camino no fue sencillo. Durante su primer año y medio de vida, Podemos experimentó una transformación considerable, fruto de la necesidad de convertir el movimiento protesta en una organización orientada al voto. Sin embargo, algunos de sus rasgos iniciales se mantuvieron inalterables, aun cuando las exigencias del *marketing* electoral llevaran a ciertas concesiones estéticas. Uno de estos rasgos es el que sitúa a este partido en la órbita de un populismo de izquierdas que combina elementos propios de la tradición antiliberal del obrerismo leninista con otros de la acción revolucionaria anticolonial; un rasgo que además es fundamental en la construcción de ese «relato alternativo»: consiste en considerar la democracia como una estación de llegada a la que arribar de forma beligerante; porque no se puede uno sentar y esperar que las élites que disfrutan de las ventajas del sistema vayan a tolerar un cambio gradual del *statu quo*. Porque Podemos nació entre personas que ven la democracia como una forma de movilización constante y de compromiso de los individuos con el grupo. Ellos no buscaban competir en democracia, sino «ganar la democracia», como se podía leer en sus eslóganes iniciales del año 2014.

En la línea de cualquier populista de izquierdas, los impulsores de Podemos partían de que la democracia verdadera no había existido realmente en España. Así, lo que estaba en juego no era una simple alternancia, sino la posibilidad de hacer realidad esa democracia inexistente, devolviendo al pueblo el poder que las élites habían secuestrado gracias a los pactos de la Transición (Monedero, 2013). Este último fue uno de sus grandes activos electorales; porque de la falta de democracia que denunciaban se deducía que lo que había pasado en España a partir de 2007 —crisis económica, desempleo, explosión de la burbuja inmobiliaria, desahucios, etc.— no era resultado de una mala gestión, sino de la falta de democracia. Ante esa situación, el 15M se explicaba como una respuesta a esa carencia, como un hartazgo del pueblo frente a un secuestro elitista de la política española. Ellos tenían la solución, es decir, una interpretación verosímil de la situación española, basada así en la idea de «crisis de régimen» y no simplemente de bache económico o crisis financiera. Así, el mencionado Errejón se refirió a que una de las «ideas clave» en el nacimiento de Podemos fue lo que ellos empezaron «a etiquetar como *crisis del régimen*», es decir, que este nuevo partido consideraba que los españoles no estaban «únicamente ante un conjunto de protestas sociales dispersas» o «ante mejores o peores resultados del bipartidismo en las elecciones», sino que se encontraban «ante el final de un ciclo político, el agotamiento de un modelo político y cultural» (Errejón, 2014).

Muchos partidos y movimientos populistas han compartido algunos rasgos centrales que tienen interés para comprender el caso de Podemos, si bien este partido no resulta comprensible solamente en clave populista. Uno es un reiterado antielitismo: un discurso en el que es prioritario identificar a los enemigos, normalmente un pequeño grupo que se diferencia del pueblo y que es el responsable de que la gente no tenga bienestar ni prosperidad. En el lenguaje de los dirigentes españoles de Podemos esta idea se sintetiza mediante el término «casta». Es lo que uno de los dirigentes madrileños del partido, Luis Alegre, ha caracterizado como un sistema político en el que existen unas «minorías privilegiadas» que «compran gobiernos». O bien, en una de las innumerables subidas de tono de Pablo Iglesias en su periplo mitinero del bienio 2014/2015, llamó, refiriéndose a los dirigentes madrileños del PP: ese grupo de «ladrones, corruptos, gentuza que ha metido la mano en la caja para destrozar lo público y entregarlo a sus amigos» (Iglesias, 2015).

A nadie puede escapársele la utilidad de ese lenguaje maniqueo que asocia la política del PP y el PSOE con una acción de minorías que secuestran el Estado para robar los recursos públicos en beneficio propio o de los poderosos capitalistas. Tiene la ventaja de librar a los ciudadanos de cualquier responsabilidad por su propio destino y poner toda la culpa en manos de una minoría egoísta, corrupta y despiadada. En esto, el lenguaje político de Podemos no es muy diferente al de otros populismos.

Otro rasgo típicamente populista que no es difícil encontrar en la dirección de Podemos es el rechazo del individualismo liberal. Desde que empezaron a elaborar lo que llamaban un programa «colaborativo» hasta que han ido perfilando mejor algunas de sus propuestas en el terreno de política económica, salarial o fiscal, se observa una evidente aspiración a sustituir libertad individual por seguridad. La idea no es nueva. La encontramos en el populismo latinoamericano de izquierdas, pero también en buena parte de los partidos de raíz marxista a los que les costó aceptar el compromiso de posguerra entre liberalismo y Estado del bienestar, esto es: gracias al montaje institucional para proteger el pluralismo democrático, lo que acaba ocurriendo es que la libertad que afirman las leyes no es tal; la verdadera libertad de la gente, la que depende de la posesión de medios materiales o de riqueza, sólo la disfrutan unos pocos, una élite que utiliza la democracia como sistema de garantías para perpetuar la desigualdad.

Por eso, de forma mucho más acusada que en otras opciones de izquierdas, en Podemos han predominado las propuestas que pretenden hacer del Estado un agente-tutor de los individuos. Porque se da por hecho que éstos no son libres en una democracia secuestrada por una casta al servicio de una élite de privilegiados por el mercado. Así, no es extraño que los simpatizantes de Podemos hayan respaldado medidas como: una renta básica universal; la tutela moral del Estado a través de una educación exclusivamente pública y completamente laica; la nacionalización de algunos sectores de actividad industrial o energética; incluso la idea de una vigilancia pública para que los ciudadanos tengan una «alimentación saludable».

Así, como tantos otros grupos del populismo de izquierdas crítico con el compromiso de los socialdemócratas clásicos con la democracia liberal, lo que los dirigentes de Podemos persiguen no es tanto profundizar en el Estado del bienestar, sino suplantarlo por algo que, tarde o temprano, se parecerá a una economía dirigida y estará basado en un alto grado de control público sobre la vida individual. Porque el individuo tutelado y dirigido es un individuo protegido, aunque sea un individuo que termine con una libertad de decisión mermada. En ese sentido, el populismo de Podemos propone una sociedad de individuos que alcanzamos a entender bien apelando al factor roussoniano: obliguémosles a ser lo que «todos» queramos que sean; lo que «todos» decidamos será lo que «todos» hagamos. Da igual que ese «todos» se llame pueblo, ciudadanos o gente; lo que en este caso significa es, sencillamente, que el poder —controlado por una minoría que detesta el pluralismo ideológico— dirá al resto cómo han de ser libres.

Finalmente, también puede observarse en Podemos otro rasgo presente en el lenguaje populista, lo que a veces se ha llamado «conspiracionismo». Siempre es más fácil sumar seguidores si se les convence de que no están luchando sólo para lograr la alternancia, sino que se enfrentan a un poder bien organizado que mantiene secuestrada la voluntad popular. En el lenguaje de los dirigentes de Podemos esto significa que los políticos del PP y del PSOE se han asegurado durante mucho tiempo que aquí no pudiese «pasar nada»; y lo han hecho porque lo tienen todo controlado gracias a que su poder se extiende por todo el sistema. Y además porque, y esta ha sido una idea recurrente en el discurso público de Podemos, hay un «capitalismo global» que maneja desde la oscuridad los sistemas democráticos y que ha «mercantilizado» la democracia.

No en vano, nada plasma mejor la idea de la democracia secuestrada por la perversa influencia del capital internacional que las palabras de Pablo Iglesias en el Parlamento Europeo el día de la presentación de su candidatura a la presidencia en julio de 2014. Los pueblos, aseguró, no son «colonias de fondos de inversiones»; no se puede tolerar, así, que la democracia consista en «incapacitar a la soberanía». Porque no se hicieron revoluciones ni se conquistaron derechos, afirmó el debutante, para que la libertad sea «entregada» a «una oligarquía financiera». En definitiva, la «democracia en Europa ha sido víctima de una deriva autoritaria», puesto que poderes «que nadie ha elegido» están destruyéndola y convirtiendo a los países del sur en «nuevas colonias». Por consiguiente, la deuda no es otra cosa que «un mecanismo de mando y saqueo a los pueblos del sur» (Iglesias, 2014b).

Es evidente, pues, que una parte sustantiva del núcleo dirigente de *Podemos* procede de un sector de la vieja izquierda comunista que no aceptó que la caída del Muro, las transiciones de la Europa del Este o el rápido desplome de la Unión Soviética eran la demostración del éxito de la democracia liberal. Mantuvieron su delirio antiestadounidense y anticapitalista y se aprestaron a hacer de la necesidad virtud. Una cosa era admitir que el estalinismo había muerto y otra muy diferente renunciar al horizonte de la revolución. Según ellos, el comunismo había permitido algo capital: alterar radicalmente el mercado, al presionar a favor de las políticas del bienestar y los derechos, de tal forma que el camino hacia la superación del capitalismo no estaba cerrado, al contrario.

Por otro lado, en el caso particular de España, su obsesión más destacada es la demolición de la Transición. En ese sentido, Podemos fue un invento de quienes habían hablado y escrito hasta la saciedad contra el proceso constituyente de 1978. La apelación al pasado fue fundamental para sus dirigentes fundacionales: ellos siempre habían rechazado radicalmente la idea de la Transición como «reconciliación» y la habían presentado como «claudicación». De tal forma que la democracia actual, que llamaban «Régimen español», no era sino un sistema presidido por un «papelito» (así se refirió Pablo Iglesias a la Constitución durante una charla en una Herriko Taberna). Y resulta que ese «papelito» lo hicieron «los de arriba» y pudieron dejar bien atado el poder de las élites económicas. De esta forma, para ellos, mientras eso esté vigente, el sistema estará alejado del pueblo, que lo que demanda es una democracia donde se puedan ejercer los derechos sociales y éstos no sean meros reconocimientos formales. No en vano, el mismo Iglesias había alabado a la gente del brazo político de ETA porque, según él, fueron ellos los primeros que se dieron cuenta de que lo que se decía en el «papelito» no servía para nada y que los poderes de la oligarquía franquista habían quedado debidamente protegidos (Iglesias, 2013). En definitiva, expresado en los términos del discurso político y académico de Juan Carlos Monedero —que en su caso son una y la misma cosa—: la España democrática estaba todavía por constituir.

Podemos y los grupos afines con los que concurre en las elecciones proyectan una imagen amable de sonrisas en su propaganda electoral que contrasta con el discurso hosco y agresivo que dedican al resto de partidos políticos. De esta manera la sonrisa amable corresponde al pueblo, ellos mismos, y el odio se dirige contra los otros, la casta, la oligarquía, los que forman parte del no pueblo, en definitiva, los enemigos del pueblo. Así, el antagonismo esencial del populismo pueblo/oligarquía se reproduce en un lenguaje emocional de identificación/rechazo y odio.

Pablo Iglesias Turrión remeda el hiperliderazgo de los líderes del comunismo en la omnipresencia de su imagen en carteles, camisetas, papeletas electorales, etc. Pero a diferencia del estilo leninista de culto a la personalidad, la imagen que se proyecta no es la de una masa conducida por un caudillo, sino la de un muchacho con ropa informal y de aspecto desaliñado. De esta manera, la identificación vertical totalitaria masa líder es sustituida por un efecto espejo donde el pueblo acomodado de una sociedad avanzada se reconoce a sí mismo en su falsa modestia.

Capítulo 19

NACIONALISMO Y POPULISMO EN ESPAÑA

Javier Zarzalejos

SUMARIO: I. La razón populista y el nacionalismo. II. La creación del enemigo. III. La abolición del pluralismo. IV. Democracia directa y derecho a decidir.

I. LA RAZÓN POPULISTA Y EL NACIONALISMO

En *La razón populista*, Ernesto Laclau dedica buena parte de sus primeros esfuerzos a rebatir los intentos de una definición ideológica del populismo, de la misma manera que rechaza que éste pueda ser definido de manera universal mediante una selección más o menos afortunada de las características que pueden extraerse de los fenómenos populistas que a lo largo de la historia merecen tal denominación. Para Laclau, en ambos casos, la observación de la realidad de los populismos desmiente tanto las pretensiones de asignarle un contenido ideológico concreto como las de alcanzar una definición descriptiva que, o bien resulta aplicable sólo a una variante histórica del populismo, o es incapaz de abarcar todas sus expresiones. De hecho, quienes lo han intentado tienen que admitir tantas excepciones a ese pretendido modelo teórico de populismo que el paradigma queda invalidado. Dicho en ese particular modo de expresión tan del gusto de cierta politología: «cuantas más determinaciones se incluye en el concepto general menos capaz es el concepto de hegemonizar el análisis concreto» (Laclau, 2012). Y para concluir esa labor de poda conceptual, el autor argentino es inequívoco cuando recuerda que «entre el populismo de izquierda y el de derecha existe una nebulosa tierra de nadie que puede ser cruzada —y ha sido cruzada— en muchas direcciones».

Nos encontramos entonces con que la autorizada voz de Laclau niega que el populismo sea por sí mismo de izquierda o de derecha; sostiene que se trata de un fenómeno irreductible a una descripción con valor universal y que, además, dentro de la familia populista hay tránsitos muy radicales que hacen más difícil aún fijar teóricamente una aproximación material al populismo.

La salida que propone Laclau es precisamente la de renunciar a una definición material del populismo y entenderlo como una «lógica». Una «lógica de formación de las identidades colectivas», como anuncia en el prefacio de su libro; un «modo de construir lo político», una «lógica de construcción social».

Puede que esta perspectiva, en principio, no diga mucho, e incluso que casi identifique el populismo con la política en cuanto tal. Pero Laclau y los populistas que inspira no hablan de una manera cualquiera de construir lo político, sino de una forma específica, discursiva, de formar identidades colectivas mediante la antagonización de la sociedad y el desbordamiento institucional.

La idea del populismo como «lógica de formación de identidades colectivas» y la necesidad para ello de generar en la sociedad antagonismo y exclusión ya apunta claramente al parentesco entre nacionalismo y populismo.

El nacionalismo es, ciertamente, una lógica de construcción de una identidad colectiva. Busca legitimarse en raíces ancestrales ya sean étnicas, lingüísticas o culturales, pero constituye un modo de movilización política esencialmente moderno, propio de sociedad de masas, en el que se identifican recursos, estrategias y objetivos propios del populismo.

No hablamos de cualquier nacionalismo, no desde luego de ese nacionalismo cívico que en algún momento ha aparecido como aspiración deseable —y por tanto hoy inexistente— en ciertas elaboraciones teóricas y muy minoritarias en los nacionalismos vasco y catalán (Arregui, 2000). Nos referimos aquí al nacionalismo étnico, o si se quiere étnico-lingüístico, que ha ido endureciendo sus posiciones con un discurso de confrontación agresivo y una estrategia de desafío abierto al marco constitucional, desembocando en una práctica de movilización y una retórica netamente populista. «En el modelo étnico —afirma Anthony Smith— el pueblo, incluso cuando no se encuentra movilizado para la acción política, constituye, sin embargo, el objeto de las aspiraciones nacionalistas y la última instancia retórica a la que apelar. Los dirigentes pueden justificar sus acciones y unir a una diversidad de grupos y clases únicamente mediante la apelación a la "voluntad del pueblo", lo que convierte al concepto étnico en más "interclasista" y "populista" en su tono» (Smith, 1991: 12). A esta aproximación entre nacionalismo y populismo ha contribuido una evolución relativamente reciente de los nacionalismos que se desarrollan en sociedades altamente plurales, donde la mayoría de los ciudadanos reconocen diversas lealtades identitarias que conviven sin conflicto. En estas sociedades, el nacionalismo ha optado por no fiarlo todo a un discurso de reivindicación y exclusivismo identitario, que limita sus posibilidades de acceso a sectores más amplios del electorado, y ha querido completar su discurso con una reivindicación económica y social que le permitiera alcanzar esa transversalidad que le impide un discurso exclusivamente etnicista. De este modo, la secesión se presenta no sólo como condición para que una nación alcance su plenitud, sino para que disfrute del bienestar del que le privan sus opresores.

Ese terreno en el que nacionalismo quiere moverse lo comparte con el populismo. La «casta» a la que se refiere Podemos es intercambiable como objeto fóbico con la «Roma ladrona» de Umberto Bossi o con esa España que «ens roba» a los catalanes según el mantra independentista. El Frente Nacional francés, el UKIP, la Alternativa para Alemania ¿son populistas o nacionalistas?

La movilización para esa Padania independiente que la Liga Norte llegó a escenificar era esencialmente económica y prometía a los ciudadanos de ese nuevo Estado el disfrute de su propia riqueza, parasitada por Roma. En el mismo sentido, la transformación del catalanismo clásico en independentismo se explica por la eficacia de presentar a Cataluña como una comunidad privada del bienestar que crea por ese «Madrid», que vampiriza el trabajo de una nación emprendedora y laboriosa.

En ambos casos se trata de hacer llegar la causa nacionalista más allá de sus fronteras sociales naturales mediante la incorporación de aquellos que no comparten necesariamente la raíz identitaria de la reivindicación, pero que pueden estar de acuerdo con que vivirían mejor en un Estado independiente. En el caso de Cataluña, esta promesa de bienestar se completaba con una «cláusula de seguridad», consistente en afirmar que la independencia no significaría la pérdida de la nacionalidad española para quienes desearan mantenerla, lo que —por otra parte— parece un deseo muy extendido entre los secesionistas.

Hay, por tanto, una «lógica de la transversalidad» a la que quieren responder las estrategias de movilización comunes al populismo y al nacionalismo mediante la reivindicación económica que exige la conciencia de un agravio y el señalamiento de un culpable.

II. LA CREACIÓN DEL ENEMIGO

La creación del enemigo es, ciertamente, crucial y une al nacionalismo y al populismo en esa lógica de construcción identitaria que comparten. Del adecuado señalamiento del enemigo depende la eficacia de la movilización y la credibilidad de la queja. Pero también es importante para hacer creíble la solución que prometen. Cuando se identifica como causa del mal a un sujeto radicalmente perverso, la solución a todos los problemas empieza y acaba en la destrucción de ese sujeto. De la misma manera que con la «casta» no se negocia porque el cielo no se gana por consenso sino al asalto, el nacionalismo al reivindicar la independencia niega también esa posibilidad de acuerdo —más allá de acomodaciones coyunturales— y deposita en la destrucción del sujeto opresor —el Estado— la promesa de solución de todos los problemas que denuncia. El simplismo de las soluciones que prometen populistas e independentistas está en relación directa a la carga fóbica que son capaces de imbuir en el enemigo señalado.

Sin embargo, la construcción del enemigo es una tarea difícil. Así lo advierte Laclau al referirse al fracaso de la Liga Norte señalando que, aunque ésta «tenía una teoría del enemigo, su problema era su incapacidad para identificar el enemigo de manera precisa». El designado como enemigo debe ser investido de los elementos narrativos y simbólicos que lo hagan reconocible como tal, de modo que sea interiorizado como impulso movilizador.

Lo importante no es lo que la mención del enemigo significa por sí misma sino lo que sugiere. El «Madrid» de los nacionalistas quiere evocar a toda España y al Estado negador de sus demandas, pero quiere compendiar también los tópicos denigrantes del casticismo vulgar que el nacionalismo ve en la sociedad española para afirmarse, con escaso fundamento, en una pretendida superioridad cívica y cultural. Un periodista de un importante diario de Barcelona escenificaba sus crónicas desde la capital del Reino como un diálogo con la cabeza disecada de un toro que colgaba de la pared de un mesón en el Madrid de los Austrias.

Lo propio cabe decir de la creación del concepto de «casta» por el populismo en España que no sólo remite a una minoría, ni siquiera sólo a una élite, sino a una élite despiadada y extractiva contra la que se sitúa «la gente». Lo explica Pablo Iglesias: «Alguien tenía que "representar" a las víctimas de la crisis. Nuestro discurso permitió a esas víctimas (sectores subalternos y, sobre todo, clases medias empobrecidas) identificarse como tales y visualizar, desde un nosotros nuevo, el "ellos" de los adversarios: las viejas élites» (Iglesias, 2015: 24).

En el populismo y el nacionalismo, el enemigo cumple dos funciones esenciales. La primera consiste en unificar la variedad de demandas sociales, dotándoles de una identidad común que no se confunde con ninguna demanda en concreto, pero en la que todas pueden sentirse reflejadas. Esta es una operación discursiva que se realiza por relación al enemigo previamente designado que, además, —y esta es la segunda función— es indispensable para crear la frontera que separa el «nosotros» y el «ellos» y que define el antagonismo que populistas y nacionalistas cultivan.

Tan importante es esta ruptura dicotómica de la sociedad que Laclau advierte de que «el destino del populismo está ligado estrictamente al destino de la frontera política: si esta última desaparece, el "pueblo" como actor histórico se desintegra».

No es difícil extender esta misma observación a la visión agónica y victimista que el nacionalismo cultiva en relación al pueblo del que se reclama representante genuino. De hecho, el nacionalismo vive de presentarse como el garante de la supervivencia del pueblo —de su pueblo—, intentando legitimar así políticas lingüísticas y culturales, y procesos autodenominados de normalización, desde los espacios urbanos hasta la función pública, con objetivos y resultados mucho menos nobles.

Se podría argumentar que si se sigue esa línea de crítica se podría dejar sin contenido algo que le es propio a la democracia: la confrontación política. La cuestión no es ésa. Jan-Werner Müller así lo precisa: «En política es tanto inevitable como legítimo estar en desacuerdo; de hecho, sin desacuerdo no estaría claro si todavía tenemos política o no. El asunto es cómo se trata a quienes no están de acuerdo, y si el proyecto político que tienes obedece fundamentalmente a un impulso negativo: es decir se opone a otros, en vez de ofrecer una visión positiva» (Müller, 2016: 5).

III. LA ABOLICIÓN DEL PLURALISMO

Es perfectamente legítimo criticar a las élites o establecer una intensa confrontación política. El problema con el populismo es que, como observa Müller, «además de ser antielitistas, los populistas siempre son antipluralistas. Los populistas aseguran que ellos —y sólo ellos— representan al pueblo» (ibíd.). Laclau lo sintetiza de este modo: «El populismo requiere la división dicotómica de la sociedad en dos campos —uno que se presenta a sí mismo como parte que reclama ser el todo—, que esta dicotomía implica la división antagónica del campo social, y que el campo popular presupone, como condición de su constitución, la construcción de una identidad global a partir de la equivalencia de una pluralidad de demandas sociales».

Hay que insistir en que esta división de la sociedad no se produce en los términos de una confrontación democrática que parte de reconocer el pluralismo y la legitimidad de los diferentes actores que lo representan. Por el contrario, en el populismo, se trata de una división antagónica y deliberadamente excluyente. La exclusión no es el resultado, es la condición necesaria para la construcción populista. La identificación de la parte con el todo supone, como reconoce Laclau, «una exclusión radical dentro del espacio público».

De modo que, por un lado, nos encontramos con un antagonismo social de resonancia schmittiana que sitúa la esencia de la política en la construcción discursiva de un enemigo. La consecuencia es la descalificación crítica de la democracia liberal ya que ésta encuentra su sentido, precisamente, en la organización pacífica del disenso, transformando los enemigos en adversarios. Un siglo después de que la democracia liberal recibiera sus primeros embates desde la izquierda y la derecha, ya fuera en nombre del pueblo o de la nación, la democracia representativa vuelve a ser el objeto de la descalificación de los extremismos. Es ilustrativo recordar que en la presentación de la edición española de la *Teoría de la Constitución* de Carl Schmitt, Francisco Ayala sostiene que es el pensamiento marxista el que se encuentra «en la iniciación y posición fundamental» de la crítica schmittiana al «Estado burgués de derecho, afilada y sutilizada hasta lo maravilloso» (Schmitt, 1982: 18). Nación o pueblo, o «gente», la configuración de ese sujeto, al igual que ocurre con la creación del enemigo, no puede tampoco darse por supuesta.

Ese sujeto requiere, al menos, de tres condiciones: un conjunto de demandas que deben permanecer insatisfechas; un líder a través del cual se identifican todos los componentes de ese sujeto asegurando «la unificación simbólica» y, finalmente, una pretensión de totalidad, es decir, la pretensión de que la parte se convierta en única representante del todo.

Laclau subraya la importancia del liderazgo: «La unificación simbólica del grupo en torno a una individualidad —y aquí estamos de acuerdo con Freud— es inherente a la formación de un pueblo». En el populismo de izquierda español, la formulación de la importancia del liderazgo la ha explicado el propio interesado: «En el contexto de profunda desafección hacia las élites, nuestro objetivo era identificar a ese pueblo de la televisión con un nosotros nuevo, aglutinado inicialmente por el significante vacío *Pablo Iglesias*» (Iglesias, 2015: 24).

En la construcción del gran sujeto aparecen los rasgos bien conocidos del nacionalismo: su insatisfacción perpetua, ya que de otra manera el sujeto que el nacionalismo crea no tendría razón de ser; el papel del líder con revestimiento carismático, casi siempre extraído de una historia heroica de la que ese líder es continuador y garante y, también de manera muy obvia, el antipluralismo que caracteriza a los nacionalismos etnicistas.

De la misma manera que el populismo convierte a la «gente» en la totalidad del pueblo —hace de la «plebs», «populus», en palabras de Laclau—, el nacionalismo identifica el pueblo con la comunidad nacionalista. Unos y otros excluyen como ajenos a los que no comparten sus respectivos credos

De ahí procede la tendencia de los nacionalistas a ver en la disidencia traidores o enemigos a los que se les niega su pertenencia a la comunidad que los nacionalistas quieren representar en exclusiva. En Cataluña, el Partido Popular y Ciudadanos han sido señalados repetidamente como «enemigos» por las organizaciones que han articulado el movimiento soberanista, siéndoles negada su condición de catalanes (Canal, 2016). En el País Vasco, el presidente del Partido Nacionalista Vasco (PNV), Xabier Arzallus, explicaba como una forma llevadera de exclusión que en un País Vasco independiente los españoles —incluidos los vascos españoles no nacionalistas— serían «como alemanes en Mallorca». En ambas comunidades se han elaborado y circulan en los aledaños del poder nacionalista listas de personas declaradas oficialmente enemigas de Cataluña o Euskadi a quienes se condena a una suerte de muerte civil como consecuencia de esa «exclusión radical» del adversario que promueven el nacionalismo y el populismo.

La exaltación del pueblo, la «gente», o la nación, unida al papel central del liderazgo carismático produce el síndrome plebiscitario que es común a populistas y nacionalistas. A la democracia representativa que integra buscando la transacción y el consenso se contrapone la «autenticidad» de la democracia directa en la que el pueblo, sin las restricciones de ninguna estructuración constitucional, se presenta como la instancia decisoria permanente e irrestricta.

De nuevo aquí se observa «la atracción que en el populismo ha tenido Carl Schmitt por la revalorización que éste realiza del poder político como una fuerza extraordinaria, primordial y casi sagrada, idea contrapuesta al poder como una forma altamente estructurada de dominación con sus rutinas de legalidad y estabilización y con propensión a generar normas burocráticas relativamente complicadas» (Mansilla, 2015: 82). «Tan pronto como un pueblo tiene la voluntad de existencia política es superior a toda formalidad y normación», afirma Schmitt y añade: «La voluntad constituyente del pueblo es inmediata. Es anterior y superior a todo procedimiento de legislación constitucional. Ninguna ley constitucional, ni tampoco una Constitución, puede señalar un poder constituyente y prescribir la forma de su actividad» (Schmitt, 1982: 100-101). Estas palabras, en las que cualquier nacionalista se reconocería o que serían consideradas como la formulación más irreprochable del principio democrático en la lógica populista, fueron escritas en Alemania en 1927. Conviene recordar por ello que la extensión de esa idea del poder político como decisión al margen y frente a la ley, es decir como acto de fuerza, ofreció la cobertura teórica para el ascenso al poder del nacionalsocialismo.

IV. DEMOCRACIA DIRECTA Y DERECHO A DECIDIR

La mitificación de la democracia directa y de los instrumentos plebiscitarios y refrendatarios es el principal argumento de nacionalistas y populistas para legitimar sus estrategias. Ahí se encuentra la apelación al «derecho a decidir», las «consultas» en Cataluña que culminaron con las de noviembre de 2014 y octubre de 2017 promovidas y facilitadas por la Generalidad, y toda una abundante literatura sobre la democracia participativa. Sin embargo, como advierte Álvarez Tardío «dado que la participación constante en la política no interesa más que a unos pocos y que el hombre moderno manifiesta mayor interés por sus preocupaciones privadas, es decir por su libertad individual y por la riqueza que tiene disponible, todo lo que suponga apelar a la participación para justificar cambios radicales en las decisiones políticas implica un elevado riesgo de manipulación autoritaria de la democracia» (Álvarez Tardío, 2015: 34). Un riesgo —se podría añadir— que aumenta exponencialmente por la influencia de un liderazgo carismático que da cohesión e interpreta el relato del grupo.

Bastaría recordar la participación en todas estas consultas, incluidas las internas de Podemos, para acreditar el riesgo de manipulación y la falta de representatividad que suelen lastrar a estos procedimientos.

De esta concepción «primordial y extraordinaria» del poder político se deriva el carácter revolucionario de la izquierda populista, ya que la «gente» es un sujeto en condiciones de emerger sin más trámite y en cualquier momento como actor constituyente. No hay distinción —esencial en una democracia representativa consolidada— entre el poder constituyente y los poderes constituidos, ya que esa distinción desaparece en favor de una fuerza constituyente permanente ajena a la racionalidad constitucional democrática.

Además, aquí se encuentra la explicación a ese mantra común a nacionalistas y populistas que contrapone democracia a legalidad. Esta contraposición es la que ha impulsado la ejecución del llamado *procès* independentista en Cataluña con la pretensión de dar cuerpo a ese «sujeto primordial» con fuerza constituyente. Así se explica la destrucción de la institución parlamentaria en la sesión del 6 y el 7 de septiembre de 2017 en la que se aprueban las llamadas leyes de transitoriedad jurídica y de referéndum. En el mismo sentido, la parodia de referéndum del día 1 de octubre de ese mismo año en el que contra la legalidad constitucional y sin garantía alguna —por ejemplo, cada cual podía votar cuantas veces quisiera— se pretendió establecer este acontecimiento como fuente de una nueva legitimidad basada en la supuesta expresión de la nación catalana. De ahí, hasta llegar, el 27 de octubre, a una declaración de independencia sincopada y confusa que puso en marcha el mecanismo de la intervención estatal en defensa del orden constitucional mediante la aplicación del artículo 155 de la Constitución Española por el gobierno de la nación. Las radicales carencias democráticas y constitucionales de este proceso han sido presentadas como simples defectos formales, que los independentistas consideran atribuibles a la actitud del gobierno central, que no han alterado ni deslegitiman la sustancial emergencia de ese sujeto político: la nación definida por los nacionalistas en contra de la mitad de la población catalana. El nacionalismo, canalizado a través de la apropiación del «pueblo» y de la lógica divisiva teorizada por el populismo para la movilización.

La confluencia del nacionalismo y el populismo es el reencuentro de dos viejos conocidos de la historia europea más inquietante. Su capacidad para combinarse en opciones radicales de derecha o izquierda constituye el mayor riesgo de desestabilización de la democracia y de ataque a la civilidad en las sociedades pluralistas. El nacionalismo ha encontrado en el populismo nuevos recursos movilizadores y el populismo aprovecha el nacionalismo tanto por su capacidad desestabilizadora como por su utilidad como vehículo de socialización en el País Vasco, Cataluña y Galicia. El antagonismo sin espacio para el compromiso, la exclusión, la degradación plebiscitaria del sistema democrático, la exaltación de los liderazgos personalistas y carismáticos, la recuperación de la dialéctica amigo-enemigo, realimentan estos movimientos que no buscan la regeneración del sistema o del Estado, sino su colapso mediante el aprovechamiento oportunista de una crisis cuya profundidad e implicaciones han sido comprendidas demasiado tarde en un error que urge reparar.

Artur Mas, emulando a Moisés, se presenta como brazo ejecutor de una voluntad que le trasciende, la del pueblo.

El independentismo catalán vive en la procrastinación permanente: anuncia y aplaza la llegada de la independencia para convertir la movilización independentista en un proceso infinito que se alimenta del odio (variable) al enemigo del pueblo (catalán): los enemigos internos, aquellos que no son catalanes (*botiflers*) porque no son independentistas; y el enemigo externo, *l'Estat, Espanya, Madrit*, que roba y odia a *Catalunya* a partes iguales. Felicitación navideña de ERC: 2014 prometía mucho pero se quedó en nada.

CAPÍTULO 20

POPULISMO E ILUSTRACIÓN: EL CASO DE HOLANDA

Guillermo Graíño Ferrer

SUMARIO: I. Tradición y emancipación en Europa. II. Ilustración, Islam y populismo en Holanda. III. La cultura política neerlandesa y el nacimiento del populismo. IV. El populismo cultural de Fortuyn. V. Geert Wilders y el éxito electoral del PVV.

I. TRADICIÓN Y EMANCIPACIÓN EN EUROPA

Una de las formas clave de división política en la historia de Europa ha sido aquella que, a grandes rasgos, enfrentaba a los partidarios de la «tradición» con los partidarios de la «emancipación». Dicho enfrentamiento fue moldeado en lo particular por circunstancias muy diversas: partido filosófico frente a partido devoto, liberales frente a tradicionalistas, progresistas frente a conservadores.

Sin embargo, recientemente, cuando un Occidente secularizado ha tenido que tratar de manera más directa e íntima con otras culturas y religiones, especialmente con el Islam, el carácter antagónico de estas corrientes se ha visto enturbiado —al menos en el plano discursivo—. Desde el lado de los partidarios de la «emancipación», algunos han reconocido que las tradiciones de Occidente han sido, a pesar de todo y en ciertos aspectos, las más liberales de todas las tradiciones[1]; desde el lado de la «tradición», otros tantos han com-

---
[1] Sin duda, una de las cuestiones más interesantes para la filosofía, la sociología de la religión o la teología es la de dirimir por qué precisamente en Occidente las tradiciones han experimentado esa *apertura*. Recientemente, muchos autores han hecho referencia a una causa *endógena* dentro de la tradición judeocristiana, una característica propia que finalmente habría producido la apertura: Marcel Gauchet, René Girard,

prendido la ventaja de argumentar la *superioridad* o la *excepcionalidad* de Occidente desde su mayor apertura. Así pues, ambos han convergido aparentemente en defender la libertad como parte de la paradójica seña de identidad de Europa u Occidente. Unos han aceptado la europeidad de la causa de la libertad, y otros han sumado la libertad a la causa de la identidad europea.

Dice Ian Buruma en su fantástico *Asesinato en Ámsterdam* que «la Ilustración tiene un atractivo particular para algunos conservadores porque sus valores no son simplemente universales, sino, lo que es más importante, "nuestros", es decir, valores europeos, occidentales». Y «puesto que el secularismo —añade más tarde— ha llegado demasiado lejos para traer de vuelta la autoridad de las iglesias, conservadores y neoconservadores se han aferrado a la Ilustración como símbolo de la identidad nacional o cultural» (Buruma, 2006: 29 y 34). Con todo, parece difícil que unos valores puedan definir una particularidad y ser universales al mismo tiempo. Existe, por tal motivo, una clara incompatibilidad de fondo entre quienes defienden Europa como tierra de la libertad y quienes defienden Europa como una identidad entre otras, igualmente inconmensurable que las demás. Éste ha sido, sin duda, el secular problema existencial de Occidente con su propia identidad, y éste es el problema de Europa con la Ilustración: puede decir que los valores ilustrados son *suyos*, pero si sólo los defiende en tanto suyos, éstos pierden su sentido y su *superioridad*.

Márton Gyöngyösi, político del partido de derecha radical húngaro Jobbik, entiende con inusual claridad lo que separa a ambos tipos de «defensores de Europa» y, por consiguiente, es muy escéptico a la hora de vislumbrar posibles alianzas de su partido —identitario— con muchos de los populistas de derechas que, al menos ahora, utilizan el discurso ilustrado. Dice que el mayor enemigo de su partido «no es la gente que tiene una cultura diferente o una religión diferente. El enemigo común de los tradicionalistas, vengan de donde vengan, es el liberalismo. [...] Creo que la línea divisoria es entre tradicionalistas y liberales, no entre naciones y culturas. Ése es uno de nuestros principales problemas con Le Pen y Wilders. [...] Son liberales. Absolutamente liberales. Lo que pasa es que están asustados por la pérdida de los valores liberales de

---

Peter L. Berger o Gianni Vattimo. La respuesta más convencional, en cambio, alude a factores *exógenos*: el cristianismo se habría visto forzado a abrirse en su lucha contra el Estado moderno o la Ilustración. Pim Fortuyn o Hirsi Ali suelen decir a este respecto que el judaísmo y el cristianismo ya *han pasado por* la Ilustración, mientras que el Islam no lo ha hecho.

Europa y de la Civilización occidental a causa de la inmigración masiva»[2].

Con todo, dicho antagonismo no ha impedido que, como decíamos, en el mundo de la política y la opinión pública, esa convergencia haya sido vista la mayoría de las veces como algo natural. Y tampoco resulta del todo extraño puesto que, a efectos prácticos, ambas corrientes, a pesar de lo dicho por Gyöngyösi, están enfrentadas por causas diversas a un mismo «enemigo»: a unos les molesta el tradicionalismo de las otras culturas, a otros su mera alteridad.

En cualquier caso, esta asunción tan clara del discurso ilustrado de la emancipación por una parte de la derecha, al tiempo que inversamente la izquierda ha utilizado el discurso de la cultura en defensa de inmigrantes, naciones étnicas o países no occidentales, ha sido uno de los cambios ideológicos más importantes ocurridos en la segunda mitad del siglo XX. En este sentido, el ejemplo de Holanda se nos ofrece como uno de los escenarios en los que primero y más claramente se ha materializado esta nueva distribución de posiciones ideológicas. Por eso, si queremos trazar la *geografía del populismo*, lo primero que debemos aclarar es que la genealogía intelectual del *populismo de derechas* en los Países Bajos representa el ejemplo paradigmático de lo que hemos calificado hasta aquí como *defensa ilustrada de Europa* (Buruma, 2006: cap. 5)[3].

II. ILUSTRACIÓN, ISLAM Y POPULISMO EN HOLANDA

Pim Fortuyn, el icónico gran impulsor del populismo neerlandés, rechazaba de manera tajante y malhumorada las comparaciones con los tradicionales partidos de extrema-derecha europeos[4]. Y es que, a pesar del giro experimentado en el discurso del Frente Nacional francés —quizá gracias a la contribución de figuras como Renaud Camus—[5] o en el de otros partidos europeos más o menos análogos,

---

[2] http://budapesttimes.hu/2014/02/22/jobbik-to-wilders-and-le-pen-liberalism-and-zionism-are-the-enemies-not-islam/

[3] En este pequeño artículo no podemos ocuparnos del Boerenpartij, el partido de los granjeros, que obtuvo cierto éxito en los años sesenta; tampoco trataremos el caso del Centrumpartij, éste sí de extrema-derecha, cuyo mejor resultado fue conseguir un asiento en la Cámara Baja en 1982, ocupado por Hans Janmaat.

[4] http://news.bbc.co.uk/2/hi/programmes/from_our_own_correspondent/1966979.stm

[5] En *Sumisión*, Michel de Houellebecq atribuye a Renaud Camus la autoría de un discurso ficticio de Marine Le Pen. La novela se sitúa en un futuro próximo en el que la única barrera política real frente al posible gobierno musulmán de Francia es la formada por el Frente Nacional. En ese futuro, Marine Le Pen se enfrenta al candidato

los orígenes de sus líderes casi siempre se encuentran en un universo de ideas próximo al *posfascismo*. Nada más lejos del mundo intelectual del que provienen muchas de las figuras holandesas, un mundo formado por ilustrados o libertinos que simplemente entienden que la mayor amenaza que deben enfrentar en este momento las *sociedades abiertas* es la creciente presencia de una *cultura fuerte* —el Islam— en su seno. Así, cuando Fortuyn, antiguo profesor marxista de sociología, abiertamente homosexual, declaraba una y otra vez que el Islam es «hostil a nuestra cultura», con toda seguridad no entendía por «nuestra cultura» un mundo tradicional. La amenaza que la sociedad multicultural suponía para los homosexuales o para la igualdad de las mujeres fue siempre un componente esencial en su provocador discurso político. El multiculturalismo, en este sentido, no era entendido como una inofensiva protección de minorías culturales, sino como una ayuda activa a la cultura islámica, cultura que en sí misma es enormemente afirmativa y posee una gran capacidad expansiva, para tejer unas opacas redes horizontales en las que la libertad individual corre peligro.

En este sentido, Ayaan Hirsi Ali, la popular escritora y política de origen somalí, ahora residente en Estados Unidos, es una ilustrada radical que no duda en reclamarse discípula de Spinoza y Voltaire. Profundamente crítica con el Islam, su principal lucha es la emancipación de los individuos respecto al peso de los ancestros. Esta dedicación a una causa estrictamente ilustrada le ha conducido ideológicamente a un liberalismo de derechas. En una reciente entrevista[6], Hirsi Ali decía entender que hoy la izquierda está dedicada a la idea de justicia y la derecha a la de libertad. Así, teniendo en cuenta cuál es su prioridad —la liberación del individuo respecto a la cultura—, no es extraño que la libertad le resulte anterior y preminente sobre la justicia, en cuya búsqueda la izquierda ha sacrificado a menudo a los

---

musulmán Ben Abbes en la segunda vuelta de las presidenciales. La candidata del *Front* pronuncia, en la noche electoral, un discurso escrito por Renaud Camus «de carácter republicano, incluso francamente anticlerical. Yendo más allá de la referencia banal a Jules Ferry, [Marine Le Pen] se remontó hasta Condorcet, de quien citaba el memorable discurso de 1792 ante la Asamblea Legislativa». La izquierda, en cambio, «paralizada por su antirracismo constitutivo», había preferido apoyar a una fuerza musulmana cuyo ascenso al poder, en la práctica, llevaría a consecuencias mucho más alejadas de sus ideales de las que podría producir la victoria de la candidata frentista. A día de hoy, en la política real, Renaud Camus se ha distanciado del Frente Nacional por no haber entendido éste lo urgente de frenar el *grand remplacement* de poblaciones que se está produciendo en Francia. El escritor dijo que presentaría su propia candidatura a las presidenciales de 2017, cosa que no hizo. Se limitó a apoyar el voto anti-Macron.

[6] https://www.youtube.com/watch?v=Z9DOijyxTGk

individuos. «Antes era la izquierda quien defendía» es un *leitmotiv* que la escritora utiliza cuando reclama la defensa cerrada de la libertad de los individuos para elegir sus «estilos de vida».

Hirsi Ali insiste asimismo en la idea de que los occidentales nos hemos acostumbrado rápido a las libertades y somos, en ciertos aspectos, inconscientes de su fragilidad y de las condiciones que las sustentan. En este sentido, la izquierda, en nombre del reconocimiento, ha ayudado a las culturas *retrógradas* a mantener en el sometimiento a sus miembros en el seno de las sociedades abiertas. «Pongamos como ejemplo a Job Cohen —dice Hirsi Ali—, el alcalde de Ámsterdam, quien con su llamamiento a insuflar vida a la fuerza vinculante de la religión pretendía contribuir a la integración de los musulmanes a la vida en Holanda. Pero los musulmanes estamos influidos desde nuestro nacimiento por la religión, y eso es igualmente la causa de nuestro atraso. Cohen, con su llamamiento, parece que quiera perpetuarnos para siempre en ese aislamiento religioso irracional. Por ello recibió, de manos de los reaccionarios, el título honorífico de *sheik*» (Hirsi Ali, 2006: 42).

Utilizando un discurso vehementemente universalista (pues los valores ilustrados no están reservados a los europeos) y antirelativista, Hirsi Ali escribió el guion del provocador cortometraje titulado *Sumisión* y dirigido por Theo Van Gogh, otro popularísimo personaje fundamental en la reacción antimulticultural de los Países Bajos. Siempre polémico, enemigo declarado de las religiones, de estilo descuidado y actitud profundamente ácrata, Van Gogh fue asesinado por un islamista de origen marroquí en 2004, suceso que llevó a una cota de polarización social y política muy poco común en Holanda[7]. Esta tríada formada por Fortuyn, Hirsi Ali y Van Gogh fue sin duda la responsable de establecer en el debate público con más fuerza el problema del choque cultural con el Islam en un momento de enorme antagonismo (2001-2005).

Sin embargo, es necesario remontarse más allá de la verdadera irrupción de la política populista con Pim Fortuyn para encontrar los orígenes del mal llamado *discurso culturalista* en la opinión pública neerlandesa. Por un lado, Frits Bolkestein, el líder del liberal-conservador VVD (Partido Popular por la Libertad) durante los años noventa, amplió la base electoral de su partido utilizando un discurso que apelaba a la identificación cultural más que a cuestiones econó-

---

[7] Es ya un lugar común decir a propósito del asesinato de Fortuyn que los Países Bajos no habían vivido un magnicidio ni un suceso político tan chocante desde el linchamiento de los de Witt en 1672.

micas. Bolkestein defendió los valores ilustrados de una sociedad que entendía amenazada en su modo de vida por la inmigración masiva. Por otro lado, Paul Scheffer, un académico con peso en el socialdemócrata PvdA, publicó en el año 2000 *La catástrofe multicultural*, un ensayo de gran repercusión en el que defendía la necesidad de recuperar un discurso de afirmación nacional como única vía para tratar los graves problemas que la inmigración había traído a la sociedad neerlandesa. El ejemplo de Scheffer nos sirve, además, para entender que el populismo utilizó y canalizó políticamente un clima de reconocimiento del fracaso de la política neerlandesa que, en realidad, era relativamente transversal y estaba, en parte, extendido también entre socialdemócratas[8].

Hasta ahora, en cualquier caso, no hemos hecho más que aclarar la filiación ilustrada del discurso *antimulticulturalista* o *antiinmigración* en los Países Bajos. Aunque quienes utilizan este tipo de discurso suelen responder a un perfil populista, no hemos establecido todavía ningún vínculo necesario entre dichas ideas y la lógica del populismo. Sin embargo, y como veremos a continuación, este vínculo tiene un carácter particular y muy marcado en el caso que nos ocupa.

III. LA CULTURA POLÍTICA NEERLANDESA Y EL NACIMIENTO DEL POPULISMO

La cultura política neerlandesa se ha caracterizado durante largo tiempo por una forma de tomar decisiones y gestionar el conflicto llamada *poldermodel*. El *poldermodel* se caracteriza, básicamente, por privilegiar el consenso para llegar a decisiones relativamente ambiguas que de esta forma sean aceptadas por todas las partes. Paradójicamente, este modelo es resultado de la ausencia de claras mayorías que puedan sacar adelante medidas de perfil marcado: «La política consensual no es producto de la homogeneidad social o política, sino consecuencia de la fragmentación [...]. Gracias a la heterogeneidad y la fragmentación, la cantidad de puntos vetados es considerable: la elaboración de políticas es lenta, si acaso se mueve» (Andeweg e Irwin, 2002: 223-224).

De hecho, la sociedad holandesa ha sido tradicionalmente el ejemplo paradigmático de la llamada *pilarización social*, una estruc-

---

[8] Curiosamente, algunos señalan que la famosa política multiculturalista de los Países Bajos en realidad no fue adoptada por una consideración hacia el valor intrínseco de la pervivencia de las culturas, sino por puro pragmatismo.

tura de fragmentación vertical en virtud de la cual cada pilar (protestante, católico y socialdemócrata en este caso) tiene sus propias instituciones paralelas (colegios, medios de comunicación, sindicatos, etc.). La pilarización resultó ser una barrera natural frente a la lógica del populismo, «pues la [asunción de la] idea de un pueblo homogéneo, que constituye una característica definitoria de todo movimiento populista, carece de sentido en una sociedad pilarizada. Los católicos neerlandeses tendían a identificarse con su élite católica mucho más que con otros segmentos del pueblo neerlandés» (Lucardie y Voerman, 2013: 187).

En cambio, a partir de los años sesenta comenzó la *despilarización* de los Países Bajos y «los segmentos se rompieron en numerosos fragmentos más pequeños, sin que se remplazasen los mecanismos de integración inter-pilares por otro equivalente funcional» (Andeweg e Irwin, 2002: 220). La gestión de un escenario político muy fragmentado en pequeños partidos minoritarios fue favorecida por una *democracia consociativa* plenamente congruente con la cultura política neerlandesa de consenso. Sin embargo, la pérdida de la firmeza ideológica de los partidos en una sociedad que ya carecía de grandes barreras verticales resultó ser, sin lugar a dudas, una precondición para el surgimiento del populismo.

El poldermodel llegó a su máxima expresión, en cualquier caso, con los llamados *gobiernos púrpuras* (1994-2002) formados por socialdemócratas, liberales y conservadores. Fueron dos legislaturas de gobiernos de *gran coalición* presididos por Wim Kok que, a la postre, representarían para los populistas el perfecto antiejemplo de lo que debería ser un gobierno. En la primera de ellas, el ya mencionado Frits Bolkestein, entonces líder del liberal-conservador VVD, ejercía una suerte de oposición interna, muchas veces en asuntos relativos a los problemas con el Islam y la inmigración. Al partir Bolkestein en 1999 para ser Comisario de Mercado Interior y Servicios de la Unión Europea, ese espacio de oposición quedó vacío y dejó la oportunidad perfecta para el auge del discurso populista de la mano de Pim Fortuyn —primero bajo las siglas del preexistente y más moderado *Leefbaar Nederland* (2001), y después con su propio partido, la *Lijst Pim Fortuyn* (2002), al ser expulsado de aquel por su discurso radical— (Andeweg e Irwin, 2002: 233-234).

Evidentemente, un gobierno de coalición como el púrpura resultaba un blanco perfecto, pues respondía con facilidad a todas las características que peyorativamente se suele atribuir desde el populismo a las élites políticas: la indiferenciación real de los partidos *mainstream*, la idea de que los políticos *profesionales* forman una clase propia y se parecen más entre sí que a los ciudadanos que representan, la idea de que los problemas abordados por éstos no son los problemas reales del pueblo, la idea de que las medidas adoptadas son siempre tímidas y estériles, etc. En este sentido, la inmigración y los conflictos a ella asociados representaban también un tipo de cuestión perfecta para atacar el modo de hacer política del *poldermodel*, cuya lógica consensual y templada era demasiado coincidente en la práctica con los resultados del relativismo y la debilidad. Resulta curioso, en cualquier caso, que la fragmentación social tuviese como efecto una cierta predictibilidad de las decisiones políticas, y que, al contrario, el populismo, que predica una cierta homogeneidad social, se hiciese fuerte reivindicando la pluralidad política real, bloqueada por el consenso entre élites.

Así pues, todas estas preocupaciones fueron movilizadas con enorme éxito por Pim Fortuyn. Sin duda una figura extremadamente carismática, el líder populista se convirtió de manera muy rápida en la estrafalaria estrella de la vida pública neerlandesa, llegando incluso a ser votado en una encuesta el holandés más importante de la historia. Fue asesinado por un ecologista poco antes de unas elecciones presidenciales en las que su partido iba a ser, muy probablemente, el más votado. Así, Fortuyn logró canalizar y asentar en la opinión pública un *contradiscurso* que hacía gala de desvelar la realidad política sin las típicas cautelas propias de quien tiene miedo a generar conflicto, haciéndose portavoz de una opinión popular ignorada, cuando no directamente despreciada, por las élites del país. Esta figura del político que no es preso de inhibiciones encajaba también a la perfección con el discurso populista de una política directa y plebiscitaria, en comunión con un pueblo que en verdad rechazaba la corrección política de sus élites progresistas, liberales y cosmopolitas. La crítica al Islam se hacía entonces perfectamente solidaria de la crítica a las élites que habían facilitado su asentamiento y expansión en los Países Bajos.

IV. EL POPULISMO CULTURAL DE FORTUYN

Ahora bien, a diferencia de otros populismos, el contradiscurso del neerlandés era eminentemente cultural. Normalmente, cuando la brecha entre la narrativa *oficial* de las élites y la narrativa *alternativa* del populismo se refiere a cuestiones económicas, el populismo es de izquierdas y la élite es considerada de derechas; cuando trata cuestiones de inmigración o cuestiones culturales, el populismo es de derechas y la élite es considerada de izquierdas. Sin embargo, la combinación de un discurso de izquierdas en la economía y de derechas en lo cultural ha sido crecientemente común en los populismos europeos en un contexto ya alejado de la Guerra Fría, y de descrédito del *capitalismo financiero* —como atestigua la evolución política del FN francés entre otros. El populismo neerlandés, en cambio, al igual que, por ejemplo, el suizo o el nórdico, prescindió del elemento económico y se movió en ese ámbito dentro del discurso más o menos habitual en los partidos de centro-derecha. Pim Fortuyn, de hecho, era partidario de un gobierno pequeño y, cuando aludía a la élite, ésta no se veía representada como un poder fundamentalmente financiero, sino político, funcionarial y sobre todo cultural.

V. GEERT WILDERS Y EL ÉXITO ELECTORAL DEL PVV

En principio, esta característica del populismo neerlandés se ha mantenido con Geert Wilders, su segundo gran líder político, cuyo partido, el Partij voor de Vrijheid, surgió de las ruinas de la *Lista Pim Fortuyn*. Wilders proviene del liberal-conservador VVD, donde mantenía un discurso perfectamente liberal en materia económica y muy crítico en cuanto a la moderación de su partido en otros aspectos. Tras abandonarlo, creó el PVV (Partido de la Libertad) en 2006, cosechando notables resultados electorales desde el primer momento[9]. Aunque este nuevo partido ha mantenido en lo esencial las características del populismo neerlandés —según ha sido retratado hasta aquí—, cabe destacar una cierta y progresiva convergencia con el discurso ideológico más habitual en los populismos de derechas europeos. Al margen de la utilización de una retórica cada vez más marcadamente populista, se ha producido una creciente ambigüedad respecto al discurso económico liberal, llegando algunos autores a considerar al PVV social-conservador (Lucardie y Voerman, 2013: 191-194). El giro se ha visto propiciado, con toda segu-

---

[9] En las elecciones de 2006, con el partido recién creado, consiguen un 6 por 100 de los votos. En las elecciones europeas de 2009 llegan a su mejor resultado porcentual con un 17 por 100 de los votos. En las elecciones de 2010 consiguen casi un millón y medio de votos y un 15 por 100. Tras amagar con entrar en un gobierno de coalición, y luego pasar a la oposición, pero permitiendo gobernar a los conservadores, cosechan un peor resultado en 2012 (10 por 100). En las europeas de 2014 consiguen un 13 por 100 y, aunque eran favoritos en todas las encuestas (le atribuían una horquilla del 22-27 por 100 del voto), en las elecciones del 15 de marzo de 2017 el resultado fue finalmente de un mero 13,1 por 100, lo que le ha permitido pasar de 15 a 20 diputados. Un fracaso en relación a las expectativas.

ridad, por la evidencia de que el mayor trasvase de votos que recibe el partido populista proviene, como en otros países, de la izquierda. En cualquier caso, sigue existiendo una considerable distancia entre el discurso económico del PVV y, por ejemplo, el del Frente Nacional de Marine Le Pen.

La posición respecto a la economía suele venir además asociada a la posición respecto a la política internacional. Así, los populistas de derechas que mantienen un discurso capitalista liberal son típicamente occidentalistas, atlantistas y pro-Israel, como fue el caso de Pim Fortuyn y después del PVV[10]. Todavía recientemente, Wilders afirmaba que «la alianza transatlántica entre americanos y europeos ha sido la clave para la supervivencia de nuestra común Civilización occidental. Esta alianza corre hoy peligro: cuanto más islámica es Europa, menos fiable resulta como aliada de América»[11]. Sin embargo, aquí también la creciente rusofilia y simpatía por la figura de Vladimir Putin que manifiestan gran parte de los populistas de derechas europeos, con Marine Le Pen a la cabeza, ha inclinado, cuanto menos ligeramente, la posición de Geert Wilders[12]. Así, personalmente se ha mostrado contrario a las sanciones a Rusia y ha promovido un referéndum para rechazar los acuerdos entre la Unión Europea y Ucrania. Además, su partido está integrado en *Europe of Nations and Freedom*, grupo del Parlamento Europeo que ha votado consistentemente a favor de los intereses de Rusia cada vez que se ha presentado la ocasión[13]. Sin embargo, todavía está por ver hasta dónde va a llegar en el alineamiento con las posiciones de sus colegas extranjeros, y si esa basculación hacia el Este no provoca fisuras con las bases o con algún dirigente del partido.

Por último, el discurso de Wilders ha centrado crecientemente sus ataques en la Unión Europea como perfecto paradigma de la política de las élites. Los *dirigentes de la Plaza Schuman* son los responsables de la pérdida de la *soberanía presupuestaria*, de la pérdida del control de las fronteras y de la pérdida de la verdadera libertad de expresión a favor de un pensamiento único políticamente correcto. Frente a todos esos problemas de hoy, el populista holandés reclama *soberanía, identidad y libertad*, y la urgente salida de la Unión

---

[10] Fortuyn y Wilders son convencidos defensores del Estado de Israel.
[11] http://www.breitbart.com/national-security/2016/02/09/stopping-islamic-immigration-is-a-matter-of-survival/
[12] Cfr. http://www.foreignpolicyjournal.com/2014/11/01/paradoxes-of-populism-the-dutch-pvv-geopolitical-turbulence-and-the-eastern-european-as-the-other/
[13] http://imrussia.org/en/analysis/world/2368-europes-new-pro-putin-coalition-the-parties-of-no

Europea como único modo de recuperarlas. No obstante, a diferencia de otros populistas de derechas, el agresivo discurso ante Bruselas no le ha impedido ser extremadamente crítico con Grecia y los países del Sur que, según él, son «yonkis» de los fondos europeos.

Por supuesto, queda por ver hasta qué punto esas posiciones evolucionarían o quedarían diluidas en el momento de *tocar poder*: el populismo es un discurso cuyo espacio natural es la oposición. Pasar a defender gestiones reales es muy complicado para quienes prometen una ruptura tan fuerte entre el antes y el después (aunque, a pesar de gobernar, esgriman que no son ellos quienes detentan todo el poder efectivo). Las constricciones de la realidad y el peso de las instituciones, pero también el acomodamiento y la ineficacia, hacen siempre que el cambio hacia el populismo sea infinitamente menos exitoso de lo que imaginan sus partidarios. En cualquier caso, a pesar de que el maximalismo es inviable en ambos casos, el *populismo cultural* es menos difícil de implementar que el *populismo económico*, especialmente cuando toma su fuerza de una base social que no es particularmente radical, en un contexto de una cultura política que, a pesar de todo, sigue siendo tendente al pragmatismo. Más difícil será, sin embargo, hacer efectiva la defensa de la democracia radical frente a la élite desde el ejercicio de un gobierno que, a pesar de todo, sigue obteniendo su legitimidad de un sistema representativo.

Así pues, el populismo neerlandés, perdida la gran oportunidad de Fortuyn, sólo ha hecho oposición frontal o ha tolerado críticamente el gobierno de conservadores. La confrontación con éstos ha crecido recientemente, hasta el punto de que, en las elecciones de 2017, los principales contendientes han sido Mark Rutte y Geert Wilders. Sin embargo, aunque el resultado del PVV ha sido decepcionante (13 por 100 de votos y 20 escaños tras meses de aparecer en cabeza en las encuestas), Wilders ha marcado la agenda del debate y ha forzado el giro de Rutte hacia un discurso más duro. En un futuro próximo, éste parece ser el papel del populismo en la política neerlandesa, su éxito, pero también su gran limitación.

Cartel del grupo parlamentario del Partido de la Libertad holandés que clama por el «cierre de fronteras».

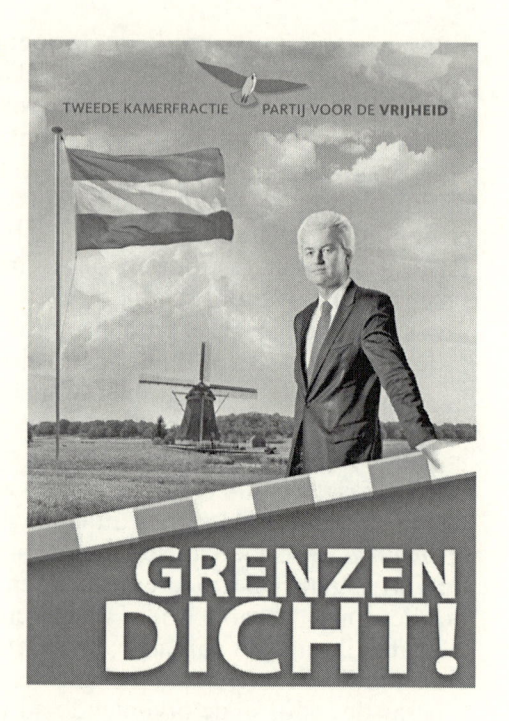

«50 millones de musulmanes están listos para utilizar la violencia. Tenemos que desislamizar para sobrevivir». Como otros populismos europeos, el PVV de Wilders ha hecho del Islam una amenaza existencial inminente y letal. El terrorismo ha actuado aquí como complemento perfecto para aumentar el miedo y el odio en el que el político populista medra.

CAPÍTULO 21

CUANDO EL POPULISMO LLEGÓ, EL FPÖ YA ESTABA EN AUSTRIA

Igor Sosa Mayor

SUMARIO: I. El periodo pre-Haider (1945-1986). II. Haider y el populismo (1986-2000): estrategias, contenidos, tácticas. III. El poder, fractura y vuelta a empezar (2000-2015).

Junto a la *Lega Nord* y el *Front National* de Le Pen, el Partido Liberal de Austria (FPÖ en sus siglas alemanas) forma parte desde hace años de la tríada de los partidos populistas de Europa occidental que más cumplidas atenciones mediáticas y académicas han recibido. En el caso del FPÖ, no sin razón: sus éxitos electorales, su participación en gobiernos nacionales o la polémica figura de su fallecido líder Jörg Haider situaron al partido ya desde los años 1990 en el centro del debate sobre el nuevo populismo europeo. Ahora bien, frente a otros partidos similares, el FPÖ no es en modo alguno ni un partido nuevo ni ha sido siempre un partido de tipo populista, sino que ofrece una historia empedrada de tensiones ideológicas. Las presentes páginas pretenden acercar brevemente al lector a las líneas generales del desarrollo de un partido que hoy, de nuevo, vuelve a llamar a las puertas del poder en Austria.

I. EL PERIODO PRE-HAIDER (1945-1986)

Aunque la figura de su jefe de filas Jörg Haider (1950-2008) determina la visión que en el extranjero se tiene del FPÖ, la historia del partido presenta un recorrido mucho más largo, en el que los estudiosos han destacado dos fases diferenciadas anteriores a la conversión populista operada por el político de Carintia (Luther, 2006; Livonius von Eyb, 2002: 17-35): una primera fase de claras cercanías nacionalsocialistas (1945-1968) y una segunda de paulatino fortalecimiento del ala liberal (1968-1986).

Si bien el FPÖ es fundado en 1955 tras el periodo de reconstrucción política austríaca posterior a la guerra, se trata de una organización heredera de asentados partidos austríacos del siglo XIX y principios del XX, partidarios de posiciones liberales y sobre todo pangermánicas. Justamente estos ideales de nacionalismo pangermánico les hizo ser fagocitados por el nacionalsocialismo alemán, sin que el espectro político que ocupaban (el llamado *drittes Lager*, la «tercera Austria») desapareciera por ello. La fundación del FPÖ en 1955 conecta con esos ambientes y presenta claras afinidades con el nacionalsocialismo. Baste un botón de muestra: el primer secretario general, Anton Reinthaller (1895-1958), fue oficial de brigada de la SS, parlamentario durante el periodo nazi y cumplió condena en 1950-1953 por su implicación con el régimen. La vinculación familiar con el mundo (neo) nazi será una constante en los dirigentes del partido hasta hoy (el mismo Haider como hoy Strache).

No obstante, desde sus inicios conviven en el FPÖ dos almas: aquella que gira alrededor de posturas más tradicionales, fuertemente vinculadas como decimos al nacionalismo pangermánico, y aquélla de raigambre liberal (en el contexto internacional, Pelinka, 2002). La primera dominará el partido hasta finales de los años 1960. Los orígenes hay que situarlos en el pensamiento nacionalista alemán anterior a la unificación de 1871, entre aquellos que abogaban por la solución de una Gran Alemania. En diversos documentos programáticos (como el «Programa de 14 puntos» de 1957) la visión nacionalista pangermánica, esto es, la pertenencia de los austríacos a un pueblo alemán y una cultura alemana, ocupa el lugar central de las preocupaciones (Livonius von Eyb, 2002: 81-87).

Sin embargo, la situación va cambiando paulatinamente a finales de los años 1960 y durante los años 1970. Dos evoluciones marcan la nueva etapa: la programática y la institucional. Por un lado, la segunda corriente dentro del partido —la liberal— se embarca sin grandes debates internos en un proceso de renovación de las posturas programáticas, en virtud de la cual las posiciones liberales van ganando preeminencia frente a las posturas más tradicionales y nacionalistas (Livonius von Eyb, 2002: 87-97, coronación de ello sería el programa de Salzburgo de 1985). La fórmula se resume en «tanta libertad como sea posible y tanto Estado como sea necesario» (*so-*

viel Freiheit wie möglich und soviel Staat wie nötig). Por otro lado, el partido comienza a salir del aislamiento en el que se encuentra y normaliza su presencia institucional. Se tolera así un gobierno socialdemócrata en minoría en 1970 e incluso ya entrados en los 1980 bajo el jefe de filas más liberal de toda su historia, Norbert Steger (1944-), entran en un gobierno de coalición con ellos (gobierno de Fred Sinowatz, 1983-1986). Si bien electoralmente el partido sigue ocupando una posición muy minoritaria al congregar en torno al 5 por 100 del electorado, su posición en el tablero político ha cambiado radicalmente, pues ahora ha entrado a formar parte de la política institucional y tiene un perfil ideológico similar al de otros partidos liberales europeos (Pelinka, 1993).

II. HAIDER Y EL POPULISMO (1986-2000): ESTRATEGIAS, CONTENIDOS, TÁCTICAS

No obstante, la evolución liberal es más obra de una serie de intelectuales que un desarrollo de las bases, entre las que se mantienen profundas reticencias al periplo liberal, profundizadas por los descalabros en diferentes elecciones regionales. No es pues de extrañar que surjan voces críticas y un intrépido político de Carintia dé un golpe de mano interno. La llegada de Jörg Haider a la jefatura del partido en 1986 principia sin duda una nueva etapa, al tiempo que inaugura el periodo más exitoso electoralmente en la historia del partido. Su figura y su acción política han recibido cumplida atención por los investigadores (entre muchos otros Bailer-Galanda y Neugebauer, 1997; Scharsach, 2000; Livonius von Eyb, 2002). Con un estilo personalista, Haider consigue imponer tanto unos contenidos programáticos específicos como, sobre todo, una forma de hacer política que marcará al partido hasta hoy en día.

Su éxito es indudable. Entre 1986 y 1999 el partido alcanza el gobierno regional del *bundesland* de Carintia, pasa del escaso 5 por 100 hasta casi el 27 por 100 y siendo la segunda fuerza política del país forma gobierno de coalición con los democristianos (gobiernos de Schüssel entre 2000-2006). Todo ello arañando votos tanto de los socialistas como de los democristianos en el contexto de una cierta volatilidad electoral (cfr. en general Picker *et al.*, 2004). Ahora bien, ¿qué evolución programática introduce Haider en el FPÖ? De manera escueta se puede constatar que Haider transforma fundamentalmente el FPÖ en un partido de protesta, acentúa su dimensión nacionalista, va paulatinamente incidiendo en posiciones anti-EU, apuesta decididamente contra la inmigración, lucha contra los partidos tradicionales y, sobre todo, instaura una práctica política basada en la polarización, el uso de un vocabulario de inclusión/exclusión y el recurso a herramientas de democracia directa. Es, por tanto, en el periodo 1986-1999 cuando desde la oposición el FPÖ pergeña su imagen hoy conocida internacionalmente de partido populista cercano a la extrema derecha. Cuando el populismo llegó a Europa, realmente el FPÖ estaba ya allí como estructura que pudo adaptarse a él fácilmente. Abordemos brevemente estos puntos, pues, como decimos, esta evolución confiere al partido su fisionomía más conocida y lo marca hasta el día de hoy.

Al igual que la mayor parte de sus partidos homólogos, el FPÖ muestra claros rasgos nacionalistas en tanto que aboga en general por un marco nacional de la acción política y la soberanía popular. Sin embargo, más desconocido para el lector de lengua española es tal vez el hecho de que el marco de referencia ha variado con el tiempo. Una de las características más importantes del FPÖ en el mundo político austríaco era, como queda dicho, su condición de partido nacionalista pangermánico. Es decir, su postulado central era la existencia de una nación cultural alemana a la que Austria pertenecía por naturaleza. Famosa es en este sentido una declaración de Haider en la que todavía en 1991 calificaba Austria como un «aborto ideológico».

Sin embargo, a lo largo de los años 1990 la posición del partido a este respecto va matizándose. Se abandonan los sueños —poco realistas y concretos, por lo demás— pangermánicos y se adopta un nacionalismo y patriotismo austríaco, cuyo perímetro discursivo se va trazando alrededor de dos elementos. Por un lado, la oposición nítida contra la conversión de Austria en un país receptor de inmigrantes, oposición que no escatima en el uso de términos polémicos (como *Überfremdung*, término polémico por una cierta connotación nacionalsocialista y cuya traducción sería algo así como «presencia excesiva de extranjeros»). Por otro lado, una posición militante contra el proceso de integración europea. El partido se va estilizando como el «verdadero partido austríaco», probablemente también al socaire del abandono de los grandes partidos de un discurso en clave nacional (Frölich-Steffen, 2004). Una evolución que hay que enmarcar en el contexto de apertura de fronteras tras la caída del muro, así como el tratado de Maastricht.

Probablemente la posición con respecto a la integración europea sea donde mayor evolución se perciba bajo la égida de Haider. Sobre todo, durante su etapa más liberal, el FPÖ había sido un abanderado

—al contrario que los grandes partidos austríacos— de la entrada de Austria en la Comunidad Europea. No obstante, con Haider y especialmente con el tratado de Maastricht los tonos se vuelven más y más críticos. Desde la idea de la autodeterminación de los pueblos se impugna un modelo europeo considerado centralista en el que las cesiones de soberanía se interpretan en clave nacionalista como una amputación de la autonomía austríaca. Desde entonces esta posición se ha mantenido hasta convertirla en un símbolo del partido. Así, por ejemplo, bajo el actual jefe de filas Heinz Christian Strache (1968-) el partido se opuso en 2007 al tratado de Lisboa y desde entonces ha solicitado —aunque un poco con la boca pequeña— un referéndum sobre la permanencia de Austria en la Unión Europea. Inevitable en el discurso del FPÖ es la crítica ácida a las instituciones europeas como responsables de cercenar la autonomía austriaca, por centralistas, por burocratizadas o por ineficaces.

Junto a estas posiciones, el ascenso del FPÖ ha de ser situado en el contexto de la política austríaca del momento, una de cuyas claves es la larga gran coalición de los gobiernos de Franz Vranitzky y Viktor Klima entre 1986-1999 (cfr. en general Gehler, 2006). Una solución política que ya había sido usada profusamente en la historia austríaca. Las consecuencias negativas eran indudables y el FPÖ logra focalizar su acción política en una enmienda a esas prácticas (devaluación del parlamento como cámara de debate, uso masivo del clientelismo político, reales o supuestos privilegios de la clase política, etc.). En torno a estos temas el FPÖ desplegará una batería de acciones políticas como el uso de métodos de democracia directa, la propuesta de reformas constitucionales de calado, su pretensión en constituirse en movimiento cívico, etc.

Entre los mecanismos más relevantes de la acción política del FPÖ durante esta etapa está indudablemente el recurso a los (limitados) mecanismos de democracia directa que ofrece la república austríaca. Entre ellos el más relevante es la llamada consulta popular (*Volksbegehren*). Jurídicamente consiste en que un partido o grupo plantea una pregunta pública que los ciudadanos pueden firmar. Si se alcanza un determinado número de firmas, el parlamento tiene únicamente la obligación de organizar un debate monográfico sobre el asunto. El recorrido político es —como se ve— relativamente escaso. Pero no así el mediático: por medio de este procedimiento partidos con poca representación pueden lograr tener durante unas semanas una cierta relevancia pública.

Durante el periodo 1986-1999 el FPÖ hizo un profuso uso de este tipo de iniciativas, aunque con resultados dispares (en general,

Livonius von Eyb, 2002: 157-172). Ya en 1987 se estrenan con una consulta «Contra los privilegios» de la clase política a la que seguirían otras. Famosa por polémica fue también la de 1993 bajo el eslogan «Primero Austria» (*Österreich zuerst*). Esta consulta supuso la victoria final del ala populista en el partido, pues conllevó la salida de afamados miembros como Heide Schmidt que fundarían el partido Foro Liberal (*Liberales Forum*). En doce puntos se presentaba todo un programa contra el «problema de los extranjeros». Entre otras medidas se exigía que la constitución dispusiera explícitamente que Austria no es un país de inmigración; la paralización de toda inmigración hasta que no se redujera el paro y se hubiera controlado correctamente a los inmigrantes ilegales; la reducción del número de niños extranjeros en las clases comunes; el mayor control de las concesiones de nacionalidad; la expulsión inmediata de extranjeros con delitos, etc. Todo ello se envolvió en un discurso de tintes xenófobos y de criminalización del extranjero. La combinación de este catálogo y ese tipo de vocabulario pergeñó el discurso habitual (y más polémico) del FPÖ en torno a la inmigración hasta hoy en día.

Sobre todo, los inmigrantes con trasfondo musulmán se van convirtiendo en el centro de las críticas del FPÖ a la política oficial de inmigración. Se presentan así ideas como incentivar la natalidad de las mujeres austríacas, imponer el uso del alemán en los recreos infantiles, o convertir al cristianismo en un pilar del mundo occidental (pese al tradicional anticlericalismo del FPÖ).

Junto a todo ello, la lucha contra los llamados privilegios de la clase política y la defensa del «hombre de la calle» se convierten en el santo y seña del FPÖ en esta etapa. El FPÖ abre en este sentido varios frentes: la meritoria persecución de corruptelas políticas y sobre todo la denuncia del sofisticado sistema clientelista de socialdemócratas y democristianos se acompañan de un programa más o menos estructurado de puesta en entredicho del sistema de partidos y de la arquitectura constitucional.

Más allá de medidas efectistas —por lo demás muy comunes a estos grupos— como el establecimiento de un salario máximo para sus cargos electos, es en este marco donde hay que ver los intentos de Haider de que el partido abandonara su estructura partidista. Se coquetea así a la altura de 1995 con la idea de convertirse en un «movimiento ciudadano» que permita soslayar las imperfecciones de las organizaciones partidistas (Andexinger, 2009: 53-55). Si bien la idea permanece realmente en un estado más bien embrionario, pues no dejaba de ser un tanto extravagante dada la tradición del partido; con todo, es un ejemplo de cómo Haider no hacía ascos a ninguno de los elementos habituales del populismo de aquellos años.

Inseparable de la praxis política haideriana, y a la postre uno de los pilares de la acción política cotidiana del partido hasta hoy, será el coqueteo con el discurso políticamente incorrecto. De este modo, el uso de acciones más o menos mediáticas, de un lenguaje «de la calle» y sobre todo el funambulismo en la cuerda floja de la provocación son inseparables de una estrategia de constante agitación y polarización de baja intensidad (expresiones ambiguas o directamente injuriosas, eslóganes simplificadores, etc.). Por añadidura, muchas de las expresiones de dirigentes del partido brotan del hontanar del discurso tabernario o bien de la extrema derecha de nostalgias nacionalsocialistas.

III. EL PODER, FRACTURA Y VUELTA A EMPEZAR (2000-2015)

Durante toda la década de los noventa los partidos tradicionales se ven inermes ante el nuevo estilo de Haider y los intentos de cordón sanitario por parte del canciller socialdemócrata Vranitzky (1986-1997) y en parte de los democristianos (1991-1995) o no son del todo consecuentes o se revelan como inútiles (Pelinka, 2000). Las elecciones de 1999 son la confirmación de la estrategia adoptada por Haider: se produce el *sorpasso* a los democristianos por contados votos y se llega con ellos a un acuerdo de gobierno (primer gobierno de Wolfgang Schüssel, 2000-2002).

La llegada del FPÖ al gobierno desata un aluvión de críticas internas, pero también externas, hasta el punto de que algunos países europeos imponen sanciones diplomáticas a Austria. Fuera por ello o fuera por otras razones, la cuestión es que Haider renuncia a entrar personalmente en el gobierno e incluso deja la secretaría general del partido, aunque continúa de presidente regional. Esta decisión provocará una dualidad orgánica que profundizará aún más las contradicciones ineludibles para un partido que había hecho de la crítica al *establishment* político su razón de ser.

Como todo partido de protesta con tintes populistas la prueba de fuego se presenta en el momento de pasar al gobierno. El fracaso del FPÖ en este reto no pudo ser más estrepitoso (entre otros Heinisch, 2004). El gobierno dura escasamente dos años repletos de altibajos, aunque tendrá continuación bajo circunstancias completamente diferentes. En efecto, la retórica de oposición que había marcado el partido durante casi tres lustros se revela inconsistente a la hora de tener que asumir responsabilidades de gobierno. Las tensiones llegan a tal punto que en 2002, al socaire del aplazamiento de una reforma fiscal auspiciada por el FPÖ, el propio Haider capitanea una revuelta en el seno del partido. Reunidos en un congreso extraordinario en Knittelfeld los delegados de la cuerda de Haider hacen una demostración de fuerza, que provoca la dimisión de los ministros del partido. El canciller democristiano Wolfgang Schüssel aprovecha la debilidad de su socio de coalición para convocar elecciones anticipadas en las que el FPÖ sufre un descalabro notorio al perder dos tercios de sus votantes (sólo un 10 por 100 frente al 26,9 por 100 anterior).

No obstante, el partido decide continuar la coalición con los democristianos, aunque ahora ya desde una posición de mayor debilidad (segundo gobierno de Schüssel, 2002-2006). Por añadidura, las tensiones entre las diferentes alas no han cauterizado e implican un constante rifirrafe entre diversos dirigentes, con Haider haciendo casi de oposición al gobierno de su partido desde su puesto de jefe de un gobierno regional. La situación se vuelve tan insostenible que de forma un tanto inopinada Haider y otros mandamases del partido anuncian en abril de 2005 la creación de un nuevo partido y su salida del FPÖ.

La situación para el FPÖ se presenta por tanto delicada: no solamente están ayunos de su líder y figura carismática durante veinte años, sino que además ese líder encabeza ahora un partido que compite electoralmente en las mismas aguas. Se inicia así una fase extremadamente confusa cuyos detalles no interesan aquí, pero cuyas consecuencias se pueden resumir en que a Haider el tiro le sale por la culata. Tras unos breves éxitos, su nuevo partido no consigue consolidarse en casi ningún sitio (excepto Carintia, feudo del propio Haider). Al mismo tiempo el desconcierto inicial en el FPÖ es mayúsculo y las pérdidas electorales poco halagüeñas. No obstante, el partido rehace poco a poco su estructura territorial y fagocita a los grupúsculos apóstatas. El nombramiento de Heinz Christian Strache en 2005 como secretario general se acaba a la postre desvelando como un acierto para los intereses partidistas.

Strache dirige de forma continuada el partido desde hace diez años. Si bien en un primer momento parecía un líder poco sólido por su cierta bisoñez y juventud, lo cierto es que su labor presenta dos elementos principales. Primero, ha logrado evitar que la ruptura orquestada por Haider acabe con el partido. Por el contrario, después de una década de flojos resultados, el FPÖ vuelve a estar hoy en día otra vez en la lucha por la cancillería en las próximas elecciones generales. La perseverancia en formar gobiernos de gran coalición en Austria coadyuva a ello. En segundo lugar, si bien carece del carisma del antiguo líder, Strache ha retomado con nuevos bríos la senda populista iniciada por Haider. El Marco Prográmatico aprobado en Graz en 2011 no parece contener cambios significativos.

Es pues un Haider renovado, más joven, con menos instinto político y al que le falta por ahora la base de un gobierno regional desde el que promocionar sus políticas. Pero sus posiciones políticas se asemejan como una gota de agua a las que marcó Haider en el periodo 1986-1999. La crítica de nuevo a los partidos establecidos de una gran coalición, las posiciones nítidas en contra de la inmigración (sobre todo musulmana y económica), las reticencias a la integración europea, así como el apoyo de medidas económicas liberales, al tiempo que se dice proteger al «hombre de la calle» siguen constituyendo los pilares de su discurso. La retahíla de escándalos de corrupción, la ineficacia a la hora de asumir responsabilidades de gobierno, por no hablar de la cercanía con postulados neonazis, no es óbice para que el partido esté actualmente remontando el vuelo electoral. Prueba de ello han sido sus resultados en las elecciones presidenciales de 2016 donde el candidato del FPÖ, Norbert Hofer ganó la primera vuelta de las elecciones perdiendo la segunda por un puñado de votos. Tras una denuncia por irregularidades presentada por Strache que obligó a repetir la segunda vuelta de las elecciones, Hofer volvió a perder, ahora con una diferencia más clara, pero la idea de un FPÖ ganador de mayorías ya no es algo impensable en Austria.

¡Austria primero! Significa para Strache abandonar la UE y el euro.

Hofer apela a que la patria necesita ahora a los austriacos.

CAPÍTULO 22

EL POPULISMO EN LAS DEMOCRACIAS SOCIALES ESCANDINAVAS: PROTEGER *NUESTRO* BIENESTAR

Gustavo Pallarés Rodríguez

SUMARIO: I. La felicidad de los escandinavos. II. La construcción del Estado del bienestar. III. La inmigración como amenaza a una sociedad cohesionada y solidaria. IV. Un mismo fenómeno en cuatro países. V. Conclusión.

I. LA FELICIDAD DE LOS ESCANDINAVOS

Un enorme anuncio de bienvenida en el aeropuerto de Copenhague recuerda a los recién llegados que han aterrizado en «*el país más feliz del mundo*». Una «felicidad» que en su apariencia es extensible y compartida con las vecinas democracias sociales escandinavas. En el *Informe Mundial sobre la Felicidad 2015* —que evalúa a todos los países basándose en el producto interior bruto *per capita*, la esperanza de una vida saludable, el respaldo social, la confianza, la libertad personal para tomar decisiones vitales y la generosidad— Dinamarca, Noruega, Suecia y Finlandia figuran entre los diez países con mayor índice de *felicidad*.

Así mismo, el informe realizado por la *Red de Soluciones para el Desarrollo Sostenible* de Naciones Unidades enmarca a los países escandinavos como los más prósperos del mundo; siendo Noruega, seguida de cerca por los demás países nórdicos, el país que encabeza el *Informe de Desarrollo Humano* 2015 del Programa de Naciones Unidas para el Desarrollo.

La solidaridad, la igualdad y la dignidad humana se configuran como las características internas fundamentales de estos pequeños y hasta recientemente homogéneos países y esto se traslada, en la mayoría de los casos, a sus planteamientos de política exterior. De ahí que uno de los pilares que guían la política exterior de sus Estados sea la cooperación internacional. De acuerdo con las cifras de 2013 del *Comité de Asistencia para el Desarrollo*, los cuatro países nórdicos ocupan un lugar destacado en la lista de gobiernos nacionales más generosos en lo que respecta a la Ayuda Oficial al Desarrollo.

Con este aparente récord de progreso político y social, el populismo nacionalista se ha convertido en los últimos años en una poderosa fuerza en Escandinavia. ¿Qué ha ocurrido y qué ocurre actualmente en Dinamarca, Finlandia, Suecia, y Noruega donde el populismo y el nacionalismo continúan en aumento?

En las elecciones parlamentarias más recientes en Escandinavia los partidos populistas han obtenido importantes y sorprendentes resultados. En los comicios celebrados en Finlandia (abril de 2015) el partido de los (Verdaderos) Finlandeses —*Perussuomalaiset*— obtiene el 17,7 por 100 del voto, convirtiéndose en la tercera fuerza política en Finlandia. En las elecciones legislativas en Dinamarca (junio de 2015) el Partido Popular Danés (sin filiación alguna al PPE) —*Dansk Folkeparti DF*— obtuvo el 21,1 por 100 del voto y se convirtió en la segunda fuerza política del país. En Suecia, las elecciones de septiembre de 2014 otorgaron al Partido de los Demócratas de Suecia —*Sverigedemokraterna*— el 12,9 por 100 de los votos y se convirtió en la tercera fuerza política. En Noruega el Partido del Progreso —*Framstegspartiet*— obtuvo en septiembre de 2013 el 16,3 por 100 del voto y es la tercera fuerza política del país.

Como resultado de los mencionados comicios los populistas participan actualmente en gobiernos de coalición en Finlandia —ocupando significativamente el Ministerio de Asuntos Exteriores— y en Noruega ocupan otra importante cartera: el Ministerio de Finanzas. Los populistas ocupan asimismo las presidencias de los parlamentos nacionales de Dinamarca y Finlandia.

Es irónicamente la defensa a ultranza y la salvaguarda de esa mencionada «felicidad», basada en el Estado del bienestar y en la gran igualdad social y de género, la que ha favorecido en estos pasados años el desarrollo de partidos políticos y movimientos sociales claramente populistas y nacionalistas en todas las democracias sociales escandinavas. La ansiedad y el temor que han producido en la sociedad los cambios demográficos, así como el impacto cultural de la inmigración —principalmente la de origen musulmán— sobre la identidad nacional se ha reflejado en la aparición del populismo en los países escandinavos.

II. LA CONSTRUCCIÓN DEL ESTADO DEL BIENESTAR

Los llamados Estados del bienestar surgen en Escandinavia tras la Segunda Guerra Mundial combinando economías capitalistas de mercado con valores sociales. Estos Estados se asientan sólidamente sobre las bases de la democracia representativa, el bienestar social y la libertad de mercado. Es precisamente esta combinación de libertad de mercado con el desarrollo de eficaces redes de seguridad social la que crea la base del gran desarrollo que se produce en Escandinavia a partir de mediados del siglo XX y se consolida en décadas posteriores convirtiéndose en modelo de la socialdemocracia mundial.

El populismo escandinavo del bienestar presente hoy día es sin duda muy singular: no es rupturista con el sistema, todo lo contrario, pero sí tiene la capacidad de doblegar y crear un clima político y social muy distinto del que ha caracterizado la política escandinava desde la posguerra. Una política que se ha singularizado en todo momento por el dominio de los partidos socialdemócratas y que ha estado basada, como hemos visto, en preceptos altamente sociales y solidarios, no solamente a nivel nacional, sino internacional.

En la actualidad, y salvando las diferencias nacionales más que los aspectos económicos, los partidos y movimientos populistas escandinavos priorizan en sus programas y postulados los aspectos socioculturales, en particular los relacionados con la identidad nacional. El populismo escandinavo se articula en la defensa del Estado de bienestar para los «nativos» y en la lucha por mantener la identidad nacional cuyos enemigos son principalmente dos: la inmigración y el multiculturalismo, así como la supranacionalidad que implica la pertenencia a la Unión Europea. Caso este último que no afecta a Noruega, que no forma parte de la misma.

La crisis económica unida a las crisis de refugiados y la amenaza del terrorismo yihadista han reforzado el discurso populista en toda Europa y los prósperos, pero igualitarios países del norte no son una excepción. Tal y como viene ocurriendo en el resto de Europa los partidos tradicionales escandinavos, y muy especialmente los socialdemócratas, han perdido terreno político progresivamente en favor del populismo. Manifestándose en su versión nacionalista y derechista, el populismo escandinavo se une a las versiones existentes en la actualidad, principalmente en los Países Bajos, Bélgica, Francia y Austria —así como en países de más reciente incorporación a la Unión Europea como Hungría— defendiendo al *pueblo* contra las *élites* y el neoliberalismo, o alternativamente, la identidad nacional contra los extranjeros e «islamistas». Los elementos compartidos son el cultivo del miedo y el fomento del odio hacia los que se consideran los enemigos. Enfrentando en definitiva al «hombre de la calle» contra las élites culturales, económicas y políticas de la sociedad que, en su cosmopolitismo y su simpatía por lo políticamente correcto, se aprecian como enemigas del pueblo.

III. LA INMIGRACIÓN COMO AMENAZA A UNA SOCIEDAD COHESIONADA Y SOLIDARIA

Como ha demostrado el electorado escandinavo apoyando los programas populistas, la inmigración se percibe principalmente como la gran amenaza a la confianza social y a la cohesión. Los valores foráneos se identifican como un peligro a la amplia ética igualitaria, incluida la igualdad de género en los países de la región, que son relativamente pequeños y hasta hace poco eran étnicamente muy homogéneos.

Los cuatro países escandinavos aquí referidos —Dinamarca, Finlandia, Noruega y Suecia— son similares en términos de desarrollo socioeconómico y el desarrollo de los partidos políticos de índole populista ha sido muy similar. El Partido Popular Danés, los Verdaderos Finlandeses (ahora rebautizado Partido de los Finlandeses) y los Demócratas de Suecia tienen diferentes legados históricos, pero en líneas generales han convergido programática e ideológicamente. El Partido del Progreso en Noruega se define mejor como un híbrido entre partido de derecha populista y partido conservador más tradicional. Los (Verdaderos) Finlandeses deben ser considerados como un partido populista de derecha radical (Anders Ravik Jupskås, 2015). Examinaremos ahora brevemente la situación actual en cada uno de los cuatro países.

IV. UN MISMO FENÓMENO EN CUATRO PAÍSES

En Dinamarca, el éxito electoral del Partido Popular Danés (DF) y su influencia puede atribuirse a la simplicidad de su mensaje, a su ideología nacionalista-conservadora y a su euroescepticismo. La retórica nacionalista del partido es muy clara. En su programa se hace referencia al orgullo nacional de Dinamarca y se alude a la necesidad histórica de proteger al país, sus gentes y su herencia cultural, la religión cristiana incluida.

Pese a no haber participado nunca en el gobierno nacional, la política de inmigración y de integración restrictiva que existe en la actualidad en Dinamarca se debe a la influencia del DF. Hellström, en entrevista al *Populismobserver* (julio de 2015), indica que «La experiencia danesa puede caracterizarse por la colaboración de partidos convencionales con la derecha populista y por la adopción por parte de todos los grandes partidos de al menos parte de las políticas del DF». Pese a que el partido no ha entrado en la actual coalición liberal-conservadora de gobierno, su influencia como segunda fuerza política es notoria, y ha tenido importantes consecuencias, como por ejemplo el cierre de la frontera sur del país con Alemania durante la reciente crisis de los refugiados y las restricciones en las políticas de asilo. En la actualidad la carismática dirigente y fundadora del partido Pia Kjærsgaard ocupa la presidencia del Parlamento danés y es, por tanto, la tercera persona de más alto rango en el país tras la Reina y el Primer Ministro.

El caso de la religión es también interesante, especialmente en un país tan secularizado como Dinamarca, pero que aún cuenta con una iglesia oficial evangélica y luterana. El DF reivindica la defensa del cristianismo en el desarrollo cultural danés y defiende a ultranza la iglesia nacional danesa como garante de la identidad cultural danesa.

Tras las últimas elecciones legislativas celebradas en Finlandia, en abril de 2015, el partido nacional populista Verdaderos Finlandeses, surgido hace años como partido agrario, obtiene el 17,7 por 100 del voto y entra en el gobierno conservador de coalición del Primer Ministro Juha Sipilä. El controvertido líder del partido, Timo Soini, se convierte en viceprimer ministro y ministro de Asuntos Exteriores. La Presidencia del Parlamento recae asimismo en Maria Lohela, destacada joven política del partido populista.

Finlandia es el único de los tres países escandinavos pertenecientes a la Unión Europea que participa en la zona euro. Es por ello que los discursos anti Unión Europea y antiinmigración fueron los principales temas en el programa electoral del partido y principal tema de la campaña en las legislativas del pasado año. De nuevo la amenaza a la identidad finlandesa se convierte en eje del programa y el principal argumento presentado por el partido de Soini.

El caso de Suecia no deja de ser singular en el contexto escandinavo. El partido populista sueco, los Demócratas de Suecia, es el único partido populista en la región que estaba —y hasta cierto punto todavía está— relacionado con la extrema derecha. Aunque la dirección del partido lleva tiempo emulando las fórmulas del Partido Popular Danés tratando de ampliar su programa y su mensaje, sigue siendo en gran medida un partido de programa monotemático, que apela principalmente a los sentimientos antiinmigrantes. A pesar de su vacío programático y a sus no pocos escándalos —causados principalmente por su controvertido líder, Jimmie Åkesson— el partido, que se autodefine como social-conservador, se ha convertido en la tercera fuerza política de Suecia tras las elecciones legislativas de septiembre de 2014 y goza del apoyo de casi el 13 por 100 del electorado. El partido sueco, sin embargo, es todavía el más inexperto y más pequeño de los partidos populistas nórdicos.

En Noruega el Partido del Progreso —que cuenta con más de cuarenta años de historia— ha sido especialmente activo en la política local y municipal noruega durante años. El partido ha colaborado principalmente con el Partido Conservador, con el que actualmente gobierna en coalición, siendo la líder del Partido del Progreso, Siv Jensen, la actual ministra de Finanzas de Noruega, país que, tras Luxemburgo, es actualmente el más rico de Europa, y como ya hemos mencionado encabeza el índice de desarrollo humano establecido por las Naciones Unidas. El Partido del Progreso presenta una curiosa combinación entre partido populista y partido conservador tradicional, pero su base programática continúa siendo nacionalista y radicalmente opuesta a la incorporación de Noruega a la Unión Europea.

En los casos de Finlandia y Dinamarca es aún temprano para evaluar las consecuencias de la novedosa entrada de estos partidos en las instituciones del Estado. Como apunta Ignacio Sotelo (Sotelo, 2015), los populistas, en sus programas electorales, «además de simplificar, [...] hacen promesas vanas que de antemano se sabe que no podrán cumplir». En el caso de Finlandia las promesas respecto a negar el rescate a Grecia y las ayudas a Portugal, que caracterizaron la campaña electoral en 2015, no sólo no se han cumplido, sino que el partido populista apoyó las propuestas del gobierno en favor de las ayudas. En el caso de Dinamarca la reciente aparición de un nuevo partido político —*Ny Borgerlige* (Nuevos Ciudadanos)— con propuestas aún más radicales y extremistas que el Partido Popular Danés en políticas de control de los flujos migratorios y de demandas de acciones políticas dirigidas contra refugiados, solicitantes de asilo y trabajadores migrantes sirve para confirmar nuevamente el desgaste que la participación en las instituciones del Estado puede acarrear para estos partidos de líderes tan locuaces. Este nuevo partido cuenta con muchas posibilidades de conseguir escaños en las próximas elecciones legislativas danesas.

V. CONCLUSIÓN

El populismo en la feliz Escandinavia, tal y como demuestra la fuerza electoral de los partidos que lo sustentan, podría describirse como una forma particular de «nacionalismo del bienestar» que vincula las cuestiones nacionales, sociales y democráticas con la igualdad social, la democracia y la igualdad de género como señas de la identidad nacional. Surge, en definitiva, con mensajes muy simples como respuesta a la aparente amenaza que presentan la inmigración y la Unión Europea, que se denuncian como enemigas de un Estado nacional del bienestar que se acepta como la forma de vida tradicional de estos países. La crisis de la socialdemocracia como garante tradicional del bienestar en Escandinavia es muy significativa. A día de hoy, sólo Suecia cuenta con un gobierno socialdemócrata. Siendo los votantes tradicionales de la socialdemocracia los que actualmente apoyan en mayoría a los partidos populistas.

Tal y como indica Anders Hellström, el debate sobre el papel y la posición de los partidos populistas nacionalistas en los países nórdicos plantea una cuestión más amplia acerca de cómo convivir en sociedades cada vez más diversas y cómo afrontar los desafíos de la diversidad étnica en los Estados del bienestar universal escandinavos, con poblaciones históricamente homogéneas. La cuestión de si son compatibles los ideales del multiculturalismo con los objetivos de igualdad y de redistribución en los Estados de bienestar es la gran pregunta que plantea el auge de estos movimientos en las prósperas y «felices» democracias del norte de Europa.

El futuro augura la consolidación de estos partidos y la aparición de otros aún más radicales. La visión populista, en muchos aspectos nostálgica, de cómo debería ser la sociedad futura en Escandinavia se contrapone a la realidad latente en estos países que ya son, por primera vez en su historia, heterogéneos, multiculturales y multiétnicos.

El Partido Popular Danés (*Dansk Folkeparti DF*) es ya la segunda fuerza política de Dinamarca. Su «elección» es un país homogéneo donde la diversidad sobrevenida se considera un problema.

El Partido del Progreso de Noruega (*Framstegspartiet*) es la tercera fuerza política del país y tiene el perfil más conservador de los nuevos partidos populistas escandinavos. Como señala su logo, la manzana noruega, el país con mayor bienestar del mundo ha de reservarse para los noruegos.

CAPÍTULO 23

EL POPULISMO EN UNA NUEVA DEMOCRACIA: POLONIA (1990-2015)*

Fernando Casal Bértoa
Simona Guerra

SUMARIO: I. Introducción. II. El populismo en Polonia: inicios y consolidación. III. El porqué del populismo: oferta y demanda. IV. El presente y el futuro del populismo en Polonia.

I. INTRODUCCIÓN

Si el populismo tuviese una madre patria en Europa, ésa sería muy probablemente Polonia. Y por populismo entendemos, en la misma línea que señala Rivero al comienzo de este libro, «el resentimiento popular contra el orden social impuesto por una arraigada [...] clase dirigente» (Shils, 1956: 101), caracterizado a su vez por «una clara oposición [...] a esa clase dirigente [...] [y] un sentimiento de marginación hacia los centros de poder» (Wiles, 1969: 67). El populismo emerge así de una crisis «extrema», ya sea ésta «real o percibida» —eso bien poco importa—. Comparte una «retórica común [...] compatible bien con diferentes tipos de ideología, bien con la ausencia total de ideología» (Canovan, 1981: 552), pero con un tono de corte más bien «moralizador que programático» (Wiles, 1969: 167).

En el sistema político polaco, el populismo aparece en los orígenes del movimiento obrero *Solidarność* (Solidaridad) y en la presidencia de su líder, Lech Wałęsa (Kubik y Lynch, 2006). Posteriormente encontró su *momento* durante el proceso de democratización

---

* Parte de este capítulo apareció originariamente en *Absorbing the Blow: Populist Parties and Their Impact on Parties and Party Systems*, ECPR Press, 2016.

en los años noventa, las interminables negociaciones para el acceso de Polonia en la Unión Europea (UE) y las consecuencias de tal entrada en mayo del 2004. De forma más reciente, ha vuelto a aparecer en la arena política polaca durante las elecciones presidenciales de mayo de 2015, debido principalmente a la cada vez mayor insatisfacción con el clima económico, a pesar de la marcha relativamente positiva de la economía en general, sobre todo si se compara con la de otros países europeos (Kublik, 2015). Así, un nuevo líder populista polaco —Paweł Kukiz, un antiguo cantante y actor— ha sabido atraerse el respaldo de la llamada «Generación Y», profundamente desfavorecida en términos socioeconómicos y alienada en términos políticos.

En este capítulo queremos enfatizar las peculiaridades del proceso democrático polaco, que dejó a los ciudadanos «perdidos en un laberinto, desconcertados por los resultados del proceso de democratización» (Jasiewicz, 2008: 11). Tal y como viene sucediendo en otras democracias del oeste europeo, es cuando las discrepancias entre las expectativas de los ciudadanos y lo que la política puede proporcionar en la práctica se incrementan cuando los partidos populistas se ofrecen como respuesta (en muchos casos demasiado simple) a las demandas y problemas (en la mayoría de los casos complejos) de los ciudadanos.

Así, veremos cómo en Polonia el mayor éxito de los partidos populistas se inicia en el año 2001, consolidándose temporalmente en 2005. Todo ello como consecuencia del peculiar proceso de transición democrática, que no sólo permitió la aparición del populismo y su constante presencia en la escena política polaca, sino que, adicionalmente, generó el caldo de cultivo favorable para su éxito.

II. EL POPULISMO EN POLONIA: INICIOS Y CONSOLIDACIÓN

El populismo polaco, como discurso y doctrina representativa dentro del sistema político, emergió y ha estado presente desde el comienzo mismo del proceso de democratización (Kubik y Lynch, 2006). Sin embargo, su éxito es la consecuencia de la confluencia de varios factores, entre los que las específicas estrategias de coalición que los líderes políticos han adoptado en particulares momentos es extremadamente importante.

Como es de todos sabido, la sociedad polaca resistió la imposición del comunismo, logrando mantener —*de facto*— un cierto grado de pluralismo social, a pesar de los intentos de Stalin y sus sucesores de imponer un régimen totalitario. Durante todo el tiempo que duró el régimen comunista, la Iglesia católica representó un reducto de autonomía y resistencia, dando carta de legitimidad a toda protesta organizada, así como al movimiento opositor. El arresto del cardenal Stefan Wyszyński entre 1952 y 1956 fue uno de los varios intentos del Régimen de debilitar la resistencia eclesiástica, pero paradójicamente tuvo como efecto principal el reforzar la dicotomía entre «nosotros, el pueblo» y «ellos, los comunistas». Dicotomía que se vio reforzada por toda la historia de lucha por la unidad nacional del pueblo polaco, a partir de las tres «particiones de Polonia» llevadas a cabo entre 1764 y 1795, además de por la casi total homogeneidad étnica conseguida a partir de la absorción de las minorías bielorrusa y ucraniana por la Unión Soviética después de la Segunda Guerra Mundial, la exterminación de la mayor parte de la población judía durante el Holocausto y la expulsión de la minoría alemana en 1945.

La Iglesia católica continuó manteniendo su papel esencial en la sociedad y apoyó la «refolución»[1] de Solidaridad en los ochenta. De hecho, Solidaridad «nunca fue simplemente un sindicato o un movimiento, sino una clase cultural en *statu nascendi* [...] sujeta a enormes tensiones internas de corte centrífugo [...] unida por una visión polarizada del "nosotros/el pueblo/Solidaridad" contra "ellos/las autoridades/los comunistas"» (Kubik y Lynch, 2006: 11), que se convirtió finalmente en una fuerza política[2]. Esta dicotomía persistiría creando una clara distinción entre los opositores al régimen (la República Solidaria) y las élites gobernantes (la República Popular de Polonia).

Cuando Wałęsa fue elegido en diciembre de 1990 como primer presidente democrático de Polonia en 45 años, prefirió clasificarse a sí mismo como el líder de la sociedad civil polaca en vez de enfatizar su rol institucional como jefe de Estado (De Lange y Guerra, 2009). Wałęsa se consideraba el representante del «pueblo», poniendo énfasis sobre la importancia de distinguir entre la política y el pueblo, cuya existencia reconocía públicamente. Él, antiguo líder de Solidaridad, era así el portavoz de la sociedad civil. Su oponente en la se-

---

[1] El término «refolution» hace referencia el proceso de cambio político, social y económico que experimentó Europa Central y del Este en 1989. Se parece a una revolución, pero se diferencia de ésta en que conlleva la caída del antiguo orden político sin grandes purgas. De hecho, en la mayoría de los casos consistió en «mitad reforma, mitad revolución» (Ash, 1989).

[2] Posiblemente la más importante, y ciertamente la más decisiva, entre 1989 y 2000.

gunda vuelta de las elecciones presidenciales de noviembre de 1990 Stanisław Tymiński, un exiliado con orígenes peruanos, tampoco se quedaba corto. Así, no sólo le gustaba hablar en «el lenguaje del pueblo», sino que empleaba con frecuencia la retórica del «nosotros [íntegros] contra ellos [corruptos]» (Wysocka, 2009). Esta dicotomía del «nosotros contra ellos» sobreviviría la presidencia de Wałęsa (1990-1995) hasta convertirse, junto al comportamiento religioso, en el clivaje dominante de la política polaca durante la década de los noventa y principios del nuevo siglo (Jasiewicz, 2009).

A fin de comprobar hasta qué punto el discurso populista ha impregnado el sistema político polaco desde los primeros momentos de la transición democrática, la tabla 1 presenta el porcentaje de votos (y escaños) obtenidos por partidos populistas tanto en elecciones presidenciales como legislativas[3], así como el nivel de populismo presente en el discurso político global[4].

TABLA 1
Niveles de populismo en el sistema de partidos polaco (1990-2015)

Elecciones	1990-1991	1993-1995	1997	2000-2001	2005	2007	2010-2011	2015
Presidenciales	23,1	8,2		3,6	15,5		2,4	25,1
Legislativas	0,6 (0,7)	8,3	5,7 (1,3)	18,1 (19,8)	21,1 (19,6)	2,8	0,6	13,6 (9,1)
Discurso[5]	0,44	0,44	0,46	0,64	0,64	0,46	0,49	n/a

Nota: El porcentaje de escaños se muestra en paréntesis.

Como se puede observar en la tabla superior, después del sorprendente resultado obtenido por Tymiński en 1990, la presencia populista en el sistema político polaco durante la primera década democrática se redujo. De hecho, con la excepción de la plataforma electoral del propio Tymiński (Partido X) que obtuvo 3 escaños en 1991, favorecido por un sistema electoral excesivamente proporcional (carente, entre otras cosas, de un umbral legal), y el Movimiento para la Reconstrucción de Polonia (ROP) con 6 escaños en 1997,

---

[3] Una lista detallada de todos los candidatos presidenciales/partidos políticos populistas polacos entre 1990 y 2015 puede encontrarse en Casal Bértoa y Guerra (2016).

[4] Calculado sobre la base de las afirmaciones partidistas en «manifiestos electorales, discursos del líder del partido durante o inmediatamente después de la campaña electoral, y los debates de investidura» (Stanley, 2015a: 247-248).

[5] El índice va de 0 (ausencia de aseveraciones populistas) a 1 (discurso completamente populista) (véase Stanley, 2015a).

ningún otro partido de corte populista logró sentarse en el *Sejm* (cámara baja).

En verdad, y aunque siempre presente, los niveles de populismo no se incrementarán hasta poco antes del referéndum de entrada de Polonia en la Unión Europea previsto para 2003 y el surgimiento de dos partidos euroescépticos relevantes: a saber, la Liga de las Familias Polacas (LPR), partido ultracatólico de extrema derecha, y el agrario Autodefensa de la República de Polonia (SRP), liderado por el carismático Andrzej Lepper. Ambos irrumpirían en el parlamento polaco en 2001 con 38 y 53 escaños, respectivamente. Tan solo cuatro años después verían colmados sus sueños de poder cuando con 34 y 56 escaños, respectivamente, fueron invitados a formar gobierno por el entonces ganador de las elecciones de 2005: el nacionalista-conservador Derecho y Justicia (PiS), liderado por los gemelos Kaczyński —Lech, Presidente de la Republica, y su hermano Jarosław, Primer Ministro—. Sin embargo, y debido a los escándalos y la inestabilidad política provocada por esta coalición «populista-conservadora» (Stanley, 2015b), cuando en septiembre de 2007 se celebraron elecciones anticipadas, ni LPR ni SRP consiguieron alcanzar el umbral electoral del 5 por 100.

III. EL PORQUÉ DEL POPULISMO: OFERTA Y DEMANDA

A finales de los años noventa, Polonia se encontraba al borde de culminar su más ansiado sueño político: ser admitida en la OTAN y en la UE, convirtiéndose en un miembro más del club de naciones democráticas avanzadas. Sin embargo, es justamente en ese mismo momento cuando los costes económicos y sociales del proceso de democratización comienzan a hacerse evidentes. El apoyo a la entrada de Polonia en la UE se desplomó precipitadamente (hasta sólo el 55 por 100 en mayo de 1999), mientras que, simultáneamente, el apoyo de aquellos que no querían formar parte del proyecto de integración europea sufrió un claro incremento (hasta el 26 por 100) (CBOS, 1999). De hecho, según el Centro de Estudios de la Opinión Pública (CBOS), los granjeros encabezaban este movimiento de oposición. Los escépticos incrementaron su apoyo a medida que la posibilidad de entrar en la UE se hacía más real: la opción de acceder a la UE «cuanto antes» perdió apoyos (del 50 por 100 en abril de 1998 al 42 en mayo de 1999), a costa de aquellos ciudadanos que opinaban que la entrada en la UE «lo más tarde posible» podía beneficiar al país (del 23 al 32 por 100 en las mismas fechas) (CBOS, 1999, 07/99). Este cambio se explica por el proceso de reforma: en materia de salud, educación, administración y seguridad social, que el gobierno de coalición liderado por Solidaridad (AWS) llevó a cabo en el contexto del proceso de integración. De hecho, esta «condicionalidad europea» y los costes sociales ligados a las susodichas reformas causaron un importante descenso en el nivel de apoyo al proceso de integración: en sólo 5 años (1996-2001) se pasó de un 80 a un 55 por 100 de apoyos (Guerra, 2013).

Aprovechándose de esta coyuntura, el ultraconservador LPR —fundado en mayo del 2001— intentó sacar partido electoral en las elecciones de septiembre de ese mismo año (De Lange y Guerra, 2009). En noviembre, dos tercios del electorado potencial del LRP se oponía a la entrada de Polonia en la UE (CBOS, 2001, BS/155/2001). La presencia de LPR, pero también de otros partidos euroescépticos como SRP en los meses previos al referéndum de acceso, incrementó la polarización de los debates políticos y las preferencias ciudadanas se definieron de forma mucho más clara (Szczerbiak y Taggart, 2004: 575). La preocupación en torno al impacto del proceso de integración europea se convirtió en uno de los asuntos más importantes en la mente del electorado en cuanto las negociaciones de acceso dieron inicio.

Paralelamente, la insatisfacción con las reformas gubernamentales, en minoría desde febrero de 1999, no hizo más que incrementarse[6]. En enero de 2001, el descontento era generalizado: 62, 37 y 28 por 100 consideraban que la situación estaba empeorando en materia de salud, educación, el sistema de pensiones y administración local, respectivamente (CBOS, 2001, 02/2001). Se consideraba que las políticas gubernamentales afectaban negativamente la situación económica, y cada vez menos (aproximadamente el 30 por 100) pensaban que esas políticas estaban creando oportunidades. El porcentaje de ciudadanos para los cuales no había perspectivas era aproximadamente del 60 por 100 (CBOS, 1999 02/99). En paralelo a una caída del funcionariado, los niveles de desempleo se incrementaron de un 10,6 por 100 en 1999 hasta un 18,2 en 2001. Aunque la inflación decreció en más de 6 puntos —hasta el 5,3 por 100— como resultado de una política monetaria llena de ajustes (Guerra, 2013).

---

[6] Para un 49 por 100 las reformas emprendidas en el sector de la salud pública eran insatisfactorias, y la misma opinión negativa en relación a las políticas agrarias era compartida por un 74 por 100 de la población (CBOS, 1999, 02/99).

Dado el mencionado contexto socioeconómico, puede decirse que el terreno estaba perfectamente preparado para que los partidos populistas (LPR y SRP, principalmente) capitalizasen por un lado el descontento que había ido emergiendo desde finales de los noventa, y por otro se aprovechasen del aumento en importancia de asuntos de corte nacionalista, de valores de tipo conservador, la necesidad de depurar el pasado comunista, o la política del gobierno en relación a la UE.

Tal y como han señalado De Lange y Guerra (2009), y resulta de la tabla 2, el éxito del LPR se debió a legados históricos y oportunidades estructurales que fueron moldeados tanto externa como internamente. Los legados históricos estaban unidos a tres principios esenciales de la Liga, a saber: «el catolicismo conservador, el nacionalismo, y el populismo»; mientras que dimensiones externas y domésticas influenciaron otros dos asuntos claves para el partido: «anticomunismo y euroescepticismo». Lo cierto es que, si tenemos en cuenta que durante los denominados «años del descontento» (2001-2005) el electorado estaba principalmente preocupado con la protección de los valores tradicionales polacos, no es de extrañar la aparición de un partido populista radical de derechas como LPR. Así, en 2005, los asuntos más importantes para el electorado polaco eran el aborto, la baja natalidad y el papel de la Iglesia (De Lange y Guerra, 2009); así como la lucha contra el pasado comunista y el asentamiento de extranjeros en el país (tabla 2).

TABLA 2
Asuntos importantes en las elecciones generales de 2001 y 2005

Asuntos	2001 PL	2001 LPR	2001 SRP	2005 PL	2005 LPR	2005 SRP
Crimen	8,92	9,08	8,79	8,89	8,77	**4,16**
Privatización	4,94	5,38	4,02	5,84	6,34	5,42
Desempleo	9,69	9,86	9,65	9,64	9,78	9,81
Impuestos	8,25	8,49	8,64	8,27	8,26	**4,60**
Subsidios agrícolas	7,48	8,25	7,89	7,04	7,82	**8,36**
Responsabilidad social	7,78	8,33	7,84	8,15	8,37	8,45
Política europea	6,10	**4,96**	5,35	7,30	7,25	**6,79**
Depuración del pasado comunista	3,29	**4,75**	3,23	5,16	**6,43**	5,15
Capital extranjero	5,35	4,95	5,01	6,48	6,62	6,43
Asentamientos de extranjeros	n/a	n/a	n/a	4,50	**5,50**	4,06

FUENTES: PNES de 2001 y 2005. Los valores aparecen en **negrita** cuando los votantes de LPR y SRP presentan unos resultados más altos (–0,50/1 o +0,50/1) que aquellos del votante polaco medio (PL). Los valores oscilan entre 0 (marginal) y 10 (prioridad).

Como se puede observar en la tabla superior, el SRP era considerado el defensor de los agricultores y de aquellos ciudadanos que creían que la política del gobierno en materia de integración europea era equivocada. Además, para los votantes del SRP, la privatización de empresas públicas era una de las principales preocupaciones (tabla 2). Andrzej Lepper, líder del SRP y granjero en el Noreste de Polonia, era muy consciente del impacto negativo que en materia social habían traído consigo las políticas de «terapia de choque», diseñadas por Leszek Balcerowicz a comienzos de los noventa. Y nadie mejor que Lepper, que era uno de ellos, para expresar la angustia de «su gente»: los agricultores. De hecho, él mismo había iniciado su carrera política allá por el 1992 con protestas y barricadas ilegales después de haber quedado arruinado con los intereses que había tenido que pagar por los préstamos que se había visto obligado a pedir a fin de poder afrontar las duras reformas económicas (Szczerbiak, 2002: 12). En cuanto la relación entre Polonia y la UE devino más intensa debido a la apertura de negociaciones, la idea de que las élites políticas iban a «vender» el país y que los «extranjeros» iban a ocupar terrenos en Polonia empezó a dar sus frutos para el SRP. El miedo generalizado a una conspiración internacional para comprar tierras en Polonia y así destruir a la nación polaca fue una característica de este periodo (Fitzgibbon y Guerra, 2009). Aprovechándose de la coyuntura, Lepper se convirtió en el adalid de la lucha contra la corrupción: el crimen, los asuntos económicos y la integración europea se convirtieron en asuntos clave para el SRP entre 2001 y 2005 (tabla 2).

Sin embargo, y a pesar de haberse considerado inicialmente como todo un éxito, la participación de SRP y LPR en el gobierno de Jarosław Kaczyński entre 2006 y 2007, resultó ser perjudicial desde el punto de vista de su supervivencia. Y esto porque PiS, el principal partido de esa coalición «populista-conservadora», consiguió «apropiarse» de la mayoría de los ya mencionados asuntos e incrementar los aspectos sociales de su programa económico, así como aumentar el ya elevado grado de conservadurismo de su agenda sociocultural. De este modo, y gracias a un importante cambio en su posición ideológica, pasó de ser un partido típico de derechas «con evidentes, aunque débiles, tendencias nacionalistas y populistas, a un partido nacionalista radical, y visiblemente sociopopulista» (Markowski, 2006: 820), PiS logró «robar» los votos tanto de LPR como de SRP, quienes desaparecerían inmediatamente tras la consulta electoral de 2007.

IV. EL PRESENTE Y EL FUTURO DEL POPULISMO EN POLONIA

No obstante, las *hordas* populistas en el país no han tenido que esperar mucho. Así, menos de una década después de la desaparición política tanto de LPR como de SRP, un nuevo partido populista (Kukiz'15) consiguió obtener 42 escaños en el *Sejm*. Sin embargo, este éxito electoral en las elecciones legislativas más recientes de octubre de 2015 no debería considerarse una sorpresa. Sobre todo, si tenemos en cuenta que la insatisfacción y la desilusión con la situación económica, política y social de los más jóvenes ya había llevado a Kukiz, el líder de este movimiento populista, a quedar tercero con más del 20 por 100 de los votos en las elecciones presidenciales celebradas cinco meses antes.

En estas elecciones, caracterizadas por un gran porcentaje —casi el 50 por 100— de abstención electoral, por lo demás una constante en la política polaca, y el descontento juvenil, Kukiz'15 consiguió quedar nuevamente tercero con el 8,8 por 100 de los votos. Si a eso añadimos la Coalición para la Renovación de la República-Libertad y Esperanza (KORWiN), el partido liderado por el septuagenario Janusz Korwin Mikke que aboga por un programa libertario de derechas anti-UE, tenemos que el populismo en Polonia no sólo goza todavía de una inestimable salud, sino también de un magnífico futuro. Sobre todo, si tenemos en cuenta que tanto KORWiN (21,2 por 100) como Kukiz'15 (20,9 por 100) consiguieron atraer la mayor parte del voto estudiantil (Guerra y Casal Bértoa, 2015).

Cartel electoral de A. Lepper, del partido Sambroona (Autodefensa de la República de Polonia), apelando al «Hombre con carácter».

Cartel electoral del partido Kukiz'15: «¡Polonia, tú puedes!».

CAPÍTULO 24

RUSIA TRUNCADA: EL POPULISMO RUSO CONTEMPORÁNEO

Mira Milosevich

Sumario: I. El fracaso de la transición democrática en Rusia. II. La democracia «soberana». III. Conclusión.

La percepción del populismo ruso contemporáneo está condicionada por la diferente significación de los conceptos *democracia* y *populismo* en Rusia y en Occidente. Como lo demuestra un estudio de Natalia Bubnova (2009), desde el colapso del comunismo (1989) existe entre los rusos una gran confusión en torno al significado del concepto de *democracia*. Este desconcierto se debe a que los conceptos de *democracia* y *democrático* han sido utilizados para definir ideologías o movimientos que en Occidente han sido vistos como totalitarismo, comunismo o autoritarismo (o, para retomar el oxímoron puesto en circulación por Jakob Talmon, como *democracia totalitaria*). Bajo el régimen comunista, a Nikolai Chernyshevski y Nikolai Dobrolibov (populistas del siglo xix) se les denominaba «demócratas revolucionarios». Incluso el partido creado por Vladimir Ilich Lenin, que expropiaba la propiedad privada en nombre del Estado y preconizaba el uso de la violencia y del terror por considerarlos un eficacísimo instrumento político, se definía como «socialista-democrático» (e incluso como «social-demócrata» en las traducciones oficiales de las obras de Lenin al español). Además, los comunistas distinguían entre «democracia burguesa» (liberal) y «democracia socialista», y los regímenes comunistas de Europa del Este se llamaban a sí mismos «democracias populares».

Durante los años noventa, tras la desintegración de la Unión Soviética (1991), el concepto de *democracia* se asoció con las privatizaciones ilegales, la corrupción, el caos económico, la pauperización generalizada, la violencia de las bandas callejeras y la mafia. Paradójicamente, en 2009, el año en el que Vladimir Putin, que había ejercido como presidente entre 2000 y 2008, se convertía en primer ministro (antes de volver en 2012, de nuevo, como presidente) y Dimitri Medvedv, hasta entonces primer ministro, en presidente, en el más puro estilo comunista (que supone sólo la permuta de personas en los puestos clave y no un cambio en la estructura del poder), la mayoría de los ciudadanos rusos estaba convencida de que, por fin, el país estaba en camino hacia la verdadera democracia (Rogov en: Bubnova, 2009: 23).

Vladimir Putin llegó al poder en el año 2000 presentándose como «salvador» de Rusia, a la que habría «salvado» de sus fuerzas destructivas internas —la corrupción y los movimientos independentistas musulmanes del Norte del Cáucaso— y de las externas: la influencia de Occidente, sobre todo la de los Estados Unidos, y la «humillación» que aquél infligía a Rusia. El *putinismo* ha pasado por dos fases: en la primera, desde el año 2000 hasta el conflicto de Ucrania y la anexión de Crimea en 2014, presentó al presidente Putin como un líder carismático que se ocupaba de proteger al pueblo de los oligarcas. Sin embargo, desde 2014, y dado que la situación económica en Rusia ha empeorado a causa del descenso de los precios del petróleo y de las sanciones impuestas desde Occidente por el conflicto en Ucrania, Putin, en su nueva fase, aparece más como un líder geopolítico que se propone recuperar el prestigio internacional de Rusia mediante sus intervenciones en Ucrania y Siria. Ahora, el presidente ruso se ocupa de todos los rusos, incluidos los oligarcas, ya que todos tienen un enemigo común: Occidente. En el periodo de 2000 a 2014, entre un 55 por 100 y un 63 por 100 de la población rusa aprobaba la gestión de Putin. Desde la anexión de Crimea el presidente ruso goza de una popularidad hasta entonces inédita: le apoya entre el 80 y el 88 por 100 de la población (Centro Levada, 2015). Putin el *geoestratega* es mucho más popular que Putin el *salvador*.

Las protestas por un supuesto fraude electoral en las elecciones locales que se celebraron entre diciembre de 2011 y marzo de 2012 fueron descritas por analistas occidentales como el fin del autoritarismo de Putin (Aron, 2012), toda vez que suponían el surgimiento de una nueva clase media rusa que ya no se conformaba con la bonanza económica, sino que quería luchar contra la corrupción y por la dignidad y las libertades políticas democráticas (Aron, 2011; Yaffa, 2012, entre otros). Los analistas occidentales creían haber reconocido las condiciones descritas por Samuel Huntington en su destacado ensayo sobre la tercera ola de la democratización (Huntington, 1992), en el que enfatizaba el papel de las clases medias en los procesos de democratización. Sin embargo, el sociólogo ruso Artemiy Magun, en un minucioso análisis (2014), concluyó que los manifestantes, sus exigencias y su ideología representaban «el nuevo populismo de la clase media rusa», ya que ellos mismos se definían como el *narod* («pueblo») en lucha contra los oligarcas del Kremlin. Los manifestantes exigían mayores libertades políticas, pero la razón principal de su protesta era la presencia de la corrupción en la vida diaria, de la que responsabilizaban a la casta del Kremlin.

El 4 de marzo de 2012, después de ganar por la tercera vez las elecciones presidenciales, Putin se dirigió así a sus votantes: «Os había prometido que íbamos a ganar y hemos ganado. Hemos demostrado que nadie puede forzarnos a nada». Putin había prometido a su electorado que ganarían los comicios en un mitin durante la campaña (23 de febrero de 2012) con las siguientes palabras: «Nosotros somos un pueblo victorioso. Esto está en nuestros genes, es un código genético» (Yaffa, 2012).

Aunque haya algo paradójico en afirmar que hay dos tipos de populismo ruso contemporáneo —el del régimen y el de la oposición—, ya que que ningún gobernante ni aspirante a serlo en algún país del mundo osaría afirmar que defiende otros intereses que no sean los del pueblo, intentaremos distinguirlos y analizar los aspectos más significativos de ambos. Uno y otro son diferentes de los movimientos populistas europeos que se esfuerzan en expresar un malestar respecto a la democracia y subrayar las insuficiencias del sistema. El régimen ruso usa la ideología populista para sustituir e imitar la democracia con el fin de preservar el poder personal del presidente y el poder de un grupo reducido de personas. El Kremlin lo define como «democracia soberana». La oposición carece de una experiencia liberal y se presenta como una alternativa al régimen con la ideología de la izquierda radical o del nacionalismo xenófobo, volviendo así a las mismas raíces de la ideología populista que se plasmó históricamente en los nacionalismos revolucionarios que, desde comienzos del siglo XX, fueron destruyendo los últimos imperios y sus tramas coloniales.

Para comprender el populismo ruso contemporáneo es necesario examinar en primer lugar el contexto histórico en el que aparece como consecuencia del fracaso de la transición a la democracia en los años noventa, mientras otros países del antiguo bloque comunista culminaban este proceso con su entrada en la Unión Europea en 2004.

I. EL FRACASO DE LA TRANSICIÓN DEMOCRÁTICA EN RUSIA

La mayoría de los analistas rusos críticos con el régimen de Vladimir Putin (Natalia Bubnova, ed., 2009) están de acuerdo en que Rusia ha perdido una oportunidad histórica para democratizarse a causa, sobre todo, de su legado histórico, de las contradicciones estructurales en el proceso de la transición y del factor personal de Boris Yeltsin y su peculiar relación con Occidente.

Durante siglos el Estado ruso se fundamentó en la centralización y la supresión de las libertades individuales, impidiendo el mínimo intento de liberalización. Tanto los conatos de crear una monarquía constitucional por el zar Alejandro II, como los de Khrushchev, de *desestalinizar* al Partido Comunista, resultaron infructuosos. Rusia, como afirmó Ralf Dahrendorf, «perdió la hora del abogado», refiriéndose al hecho de que los rusos nunca entendieron la importancia de la preponderancia de la ley y de la constitución en un Estado. El modelo de Estado que se basa en incremento del territorio, poder militar, prestigioso estatus internacional y poder personal del líder, representa todavía para las élites políticas rusas el patrón a seguir.

Sin embargo, hay que reconocer que después del colapso del comunismo, Rusia se ha encontrado ante un desafío sin precedentes en su historia. Nunca antes entre sus tareas pendientes ha figurado la de transformar un imperio y una superpotencia nuclear alimentada por una ideología mesiánica en un Estado democrático. Según Lilia Shvetsova (en Natalia Bubnova, 2009: 139), Boris Yeltsin intentó realizar cuatro revoluciones a la vez: crear un mercado libre, democratizar el poder político, reformar el imperio y encontrar un nuevo papel para un país que era ya una potencia nuclear.

La contradicción principal que determinó el fracaso de la democratización estriba en el hecho de que en todos los demás países del Este las transiciones empezaron con la construcción de nuevos sistemas políticos, mientras en Rusia lo hizo con la privatización de la propiedad estatal, antes del establecimiento de instituciones políticas y jurídicas independientes. Así se crearon las condiciones para una corrupción generalizada. Los miembros de la *nomenclatura* comunista, los del servicio secreto y sus familiares fueron los primeros (y los únicos) en enriquecerse, y así, aunque perdieron poder como comunistas, lo ganaron como oligarcas. La Constitución de 1993, propuesta por el entonces presidente Boris Yeltsin, y que todavía está en vigor, garantiza excesivos poderes al presidente del Gobierno, sustentando así una forma de «super-presidencialismo» que excluye la existencia de poderes independientes. El actual sistema político de Rusia es una consecuencia inevitable de los fallos del diseño institucional de la transición. La indudable popularidad de Vladimir Putin desde su llegada al poder en el año 2000 procede del rechazo social al caos y a la corrupción que trajo la liberalización de los años noventa, así como del apoyo mayoritario de la población a las políticas que restauraron la estabilidad. Las medidas adoptadas en 2012 —reformas legislativas sobre los partidos políticos, la Ley de Alta Traición, la de las ONG y la de Internet— cuyo fin ha sido poner marco legal al régimen de Putin, fueron aceptadas por la mayoría de la población, como necesarias para garantizar «orden y seguridad».

II. LA DEMOCRACIA «SOBERANA»

Desde el año 2006, el Kremlin define el Estado ruso como *suverenaya democratia* «democracia soberana». Vladislav Surkov (asesor de Vladimir Putin entre 2000 y 2011, conocido como «el cardenal gris del Kremlin») define aquélla como el «tipo de vida política de la sociedad en que el gobierno, sus órganos y programas se eligen, se forman y se dirigen exclusivamente por la nación de Rusia en toda su diversidad y unidad, para que todos los ciudadanos, grupos sociales y pueblos que la forman alcancen el bienestar material, la libertad y justicia» (Surkov, 2006). Se trata de reconciliar lo irreconciliable, la democracia occidental y el populismo. El historiador británico Thimothy Garton Ash lo explica de una manera muy gráfica: «La diferencia entre una democracia y una democracia soberana es la misma que entre una camisa y una camisa de fuerza» (Garton Ash, 2008).

Surkov reconoce que se inspiró en el concepto del «principio de autoridad soberana» del filósofo ruso Iván Alexandrovich Ilyin (1883-1954). Ilyin nació en seno de una familia aristocrática de Moscú. Estudio derecho y filosofía en las mejores universidades del país, y emigró en 1922 a Berlín. Desde el exilio dirigió la revista *Kolokol* («Campana»), cuya cabecera tomó del periódico que Alexander Herzen, padre del populismo ruso del siglo XIX, dirigió desde Londres. Sus escritos abordan un amplio temario, cuyo denominador común era la lucha contra los bolcheviques y el comunismo, aunque con el mismo fervor se oponía a la democracia liberal o defendía el antisemitismo, el anarquismo y el fascismo. Su atractivo para el Kremlin reside en sus ideas sobre la contrarrevolución y el nacionalismo mesiánico paneslavista y sobre Rusia como país euroasiático. Sin embargo, la influencia más directa en la actual ideología del Kremlin la ejercen sus definiciones de *formi suvereniteta* («las formas de soberanía») y *mirovaya zakulisa* («las bambalinas del mundo»).

Ilyin no reconoce un principio universal de la democracia liberal, porque considera que la diversidad de los pueblos exige la diversidad de sus formas de soberanía. En primer lugar, todas las formas de soberanía deben considerar el clima y la naturaleza del país, así como su tamaño. En 1949, desde el exilio, Ilyin intentó proponer una «tercera vía» para Rusia: durante siglos el pueblo ruso había sido privado de libertad y responsabilidad individual. Su fe en la justicia y en la espiritualidad fue quebrantada. Por todo ello, y antes de pensar siquiera en construir un orden democrático, era necesario que el pueblo recuperara un sentido elemental de justicia, de responsabilidad y de lealtad personal, una dignidad individual y colectiva y un pensamiento independiente. En esta tarea titánica debería dejarse guiar por la Iglesia ortodoxa. Hasta que no se produjera este cambio, los rusos deberían ser gobernados por una dictadura nacional, patriótica y no totalitaria, pero sí autoritaria, dado que este sistema sería el que consolidaría un poder central, indispensable en un país tan grande y de tanta diversidad cultural y étnica. En realidad, Ilyin es muy poco original (y el ideólogo Surkov aún menos). Ya Catalina la Grande (1762-1796) sostuvo que a causa del gran tamaño del territorio imperial sólo el gobierno autocrático era posible en Rusia (apelaba a una tesis de las *Cartas Persas* de Montesquieu, según la cual el tamaño físico del Estado determinaría la forma de gobernarlo).

Otro de los conceptos de Ilyin —*mirovaya zakulisa*— describe la supuesta conspiración de los enemigos de Rusia para destruirla. Los «enemigos» se pueden entender de dos modos: como los «conspiradores de siempre» —los judíos, los capitalistas y Occidente—, o como la sociedad civil con todo lo que representa (los homosexuales, los «agentes extranjeros», las ONG, los que insultan la fe ortodoxa). La supuesta conspiración para destruir a Rusia tiene un doble papel en la ideología populista de Ilyin: por una parte, el enemigo común facilita una mayor unidad del pueblo y, por otra implica que Occidente, o sea, la democracia liberal, representa una amenaza para la pureza moral del pueblo ruso.

Las ideas de Ilyin ayudan al Kremlin a transmitir su ideología actual: un cóctel de valores antioccidentales, negación de la raíz europea de la civilización rusa, métodos dictatoriales y creciente nacionalismo. La narración sobre la *democracia soberana* sirve para justificar el sistema político de un *Estado híbrido*, un modelo muy típico de los Estados post-soviéticos.

El *Estado híbrido* cumple las exigencias de la democracia formal (elecciones libres, sistema pluripartidista, libre mercado y teórica libertad de expresión), pero impide la consolidación de la democracia sustancial, mediante instituciones «invisibles» como el servicio secreto, el control de los medios de comunicación o la permisividad con la corrupción, y perpetúa de esta manera el poder autoritario personalizado y el de las oligarquías económicas. El sistema pluripartidista sólo imita el juego democrático.

En Rusia existen tres grandes grupos de partidos: 1) el partido «oficialista» —Rusia Unida— que tiene mayoría absoluta en la Duma; 2) los partidos de la «oposición oficial», que están registrados y participan en la competición electoral, y 3) la «oposición no oficial» que son grupos o movimientos políticos que no han podido reunir todos los requisitos para registrarse como partidos o han sido prohibidos.

Los partidos de la «oposición oficial» son controlados por el Gobierno y sirven para dar la apariencia de un sistema pluripartidista y para restringir la competencia política y apuntalar el poder del partido oficial, o sea de Rusia Unida (son el Partido Comunista, el Partido Liberal-Demócrata, Rusia Justa, Patriotas de Rusia).

La «oposición no oficial» está formada por grupos políticos imposibilitados para registrarse a causa de la amplia serie de impedimentos legales que contempla la Ley de Partidos. La mayoría de ellos son de signo nacionalista y todos derivan del «Movimiento contra la inmigración ilegal», un grupo ultranacionalista prohibido por su radicalidad. Fue fundado por Alexei Belov y se caracteriza por la retórica racista y xenófoba con la que responsabiliza a la inmigración musulmana de los graves problemas sociales que padece la sociedad rusa, incluyendo el crimen organizado y el narcotráfico. Sus objetivos son la deportación de los inmigrantes ilegales lejos del territorio ruso y la prohibición de que los legales reciban ayuda social. «Los Rusos» es una coalición de más de cuarenta organizaciones aunadas por la Unión Eslava y el Movimiento contra la inmigración ilegal. Su objetivo es conseguir «la solidaridad étnica y política entre los rusos eslavos».

Los grupos de la oposición no oficial de izquierda se agrupan en un Frente de Izquierdas, coalición de varios grupos cuyo propósito es la construcción del socialismo en Rusia, la ruptura con el sistema capitalista y la transferencia del poder político a los trabajadores. Su líder es Sergey Udaltsov.

III. CONCLUSIÓN

Ya en 1993, mientras algunos celebraban el fin de la historia y de las ideologías, Giovanni Sartori, en su ensayo *La democracia después del comunismo*, advertía que el colapso del comunismo no significaba la victoria automática de la democracia. Se trataría en todo caso de una victoria a medias, porque la democracia había ganado como principio de legitimidad y no como un sistema inmune a otras alternativas políticas. (Sartori, 1993: 24). Basándose en un estudio de Claus Offe, Sartori resumía los factores por los que una transición a la democracia puede acabar como un sistema político populista:

> La simultaneidad de todas las transformaciones en marcha en el Este genera una «sobrecarga» desmesurada de la que pueden resultar una serie de bloqueos recíprocos. Por ejemplo: 1) la política democrática puede bloquear las privatizaciones y la mercantilización; 2) la privatización puede lograrse, pero sin producir mercantilización y por consiguiente crecimiento y prosperidad; 3) la política democrática puede desarrollarse sin llegar a la resolución pacífica del conflicto social porque se encuentre dominada por conflictos étnicos y territoriales que no se presten a las formas democráticas del compromiso; 4) la mercantilización puede lograrse sin generar ninguna distribución igualitaria de sus beneficios; 5) la acumulación de decepciones y frustraciones de estos movimientos puede instaurar un tipo de «democracia» que sea después una dictadura presidencial populista; 6) viceversa, de estas frustraciones puede emerger una mercantilización sin propiedad privada y, así, un retorno a la propiedad estatal de los instrumentos productivos. En suma, que todo puede avanzar en la dirección equivocada (Sartori, 1993: 84).

En Rusia, todo ha ido en una dirección que ha truncado la democratización del país en la época postcomunista, y cuya consecuencia principal es el actual régimen populista, con tintes autocráticos, de Vladimir Putin.

«Hagamos juntos el mundo grande de nuevo». Cartel colocado en la ciudad de Danilovgrad (Montenegro) por un grupo pro-serbio.

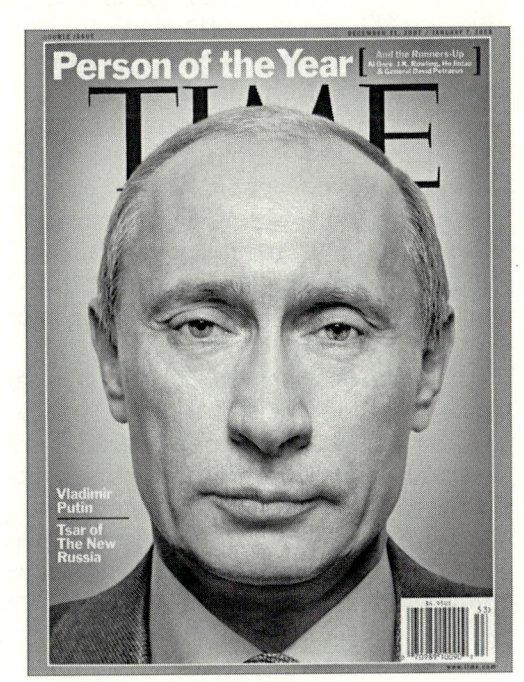

Vladimir Putin nominado personalidad del año por la revista *TIME* en 2007.

CAPÍTULO 25

AfD: POPULISMO DE DERECHA COMO ALTERNATIVA A LA GRAN COALICIÓN ALEMANA

Roberto Inclán

SUMARIO: I. *Zeitgeist* populista. II. Programa político. III. Trayectoria electoral.

A fecha de la publicación de este libro, se han cumplido poco más de tres años desde la fundación en Berlín del partido «Alternativa para Alemania» (AfD según sus siglas en alemán), bajo el liderazgo del profesor de Economía de la Universidad de Hamburgo, Bernd Lucke. El partido surgió como una propuesta a la derecha de la Unión Cristianodemócrata (CDU) y tuvo como principal argumento la crítica a la política de rescate del euro. No obstante, en este corto periodo de tiempo, AfD ha pasado de ser un partido protesta contrario al euro y al modelo actual de la Unión Europea, a defender medidas más extremas y populistas, como son el claro rechazo del Islam y su completo enfrentamiento a la política migratoria de la canciller Angela Merkel a raíz de la crisis de refugiados iniciada en verano de 2015.

Esta progresiva radicalización del partido adoptada tras la llegada a la presidencia de Frauke Petry, supuso la salida de uno de sus fundadores —el propio Bernd Lucke— y de una gran parte de sus afiliados, quienes no compartían este cambio de rumbo ideológico hacia posiciones más xenófobas o populistas. Sin embargo, y a pesar de esta crisis interna, la falta de control del gobierno alemán sobre la entrada de refugiados y el desgaste de los dos partidos del gobierno de la gran coalición —CDU y SPD—, han provocado en los últimos meses un sorprendente éxito electoral de AfD en las elecciones regionales de Sajonia-Anhalt, Baden-Württemberg y Renania-Palatinado del pasado marzo, y en la actualidad son ya el tercer partido del *Bundestag* al obtener el 12,6 por 100 de los votos en las elecciones federales del 24 de septiembre de 2017.

Este éxito de AfD representa una novedad en el panorama político alemán, dado que hasta la fecha ningún partido situado a la derecha ideológica de la CDU había contado con una destacada presencia a nivel nacional, lo que hacía de Alemania una excepción frente a otros países de Europa que desde hace tiempo cuentan con partidos populistas de derecha, euroescépticos y con una apuesta por una devolución de las competencias a los Estados nacionales y una mayor soberanía frente al *centralismo* de Bruselas.

I. *ZEITGEIST* POPULISTA

Si bien el populismo ha contado con una presencia habitual en las democracias occidentales desde la década de los noventa, a partir de entonces ha dejado de ser un fenómeno de partidos periféricos, para ser adoptado por otros partidos mayoritarios y con presencia en los gobiernos. Esta situación ha provocado que podamos decir que en los últimos años estamos viviendo un *Zeitgeist* populista (Rooduijn, 2014; Mudde, 2004), que no ha dejado de crecer, unido a un contexto de crisis generalizada a nivel europeo que ha creado el caldo de cultivo perfecto para este tipo de partidos.

El concepto de populismo también cuenta con múltiples definiciones y características. Sin embargo, la mayoría de ellas tienen dos elementos en común: la élite y el pueblo (Rooduijn, 2014). Por tanto, el objeto del populismo gira en torno a la relación entre ambas realidades (Laclau, 2005; Mény y Surel, 2002). Con motivo de clarificar y sistematizar qué entendemos por populismo, tomaremos como válida la siguiente definición: «una ideología que considera que la sociedad está dividida en dos grupos homogéneos y antagonistas, "el pueblo puro" contra la "élite corrupta", y argumenta que la política debería ser una expresión de la voluntad general del pueblo» (Mudde, 2008).

Para algunos autores (Decker, 2000; Taggart, 2000), el populismo es únicamente una «*"thin-centred ideology"*, que a su vez puede combinarse fácilmente con otras ideologías muy diversas, como son el comunismo, ecologismo, nacionalismo o socialismo». El propio Paul Taggart (2000) rechaza la interpretación del populismo como de un fenómeno vinculado al concepto de clase, e intenta explicar el término «pueblo» a través de la noción de «territorio», el cual define como «el lugar donde en la imaginación populista reside una población virtuosa y unificada». El populista quiere resolver los problemas del hombre común, pero de acuerdo a sus propios valores.

Asimismo, algunos autores consideran que el populismo es un fenómeno vinculado a las crisis sociales (Cuperus, 2003). Si bien habitualmente está asociado con partidos de la derecha radical, también encontramos algún caso en la extrema izquierda. En el caso de estos últimos, se combina la ideología socialista con un fuerte discurso populista. Sin embargo, el populismo de derecha fija su posición identitaria a través de un «menosprecio cultural de los otros» (Priester, 2012). Según palabras de Žižek (2008), «el populismo supone una versión de la política del miedo, moviliza a las personas a partir del miedo al corrupto invasor». Como se verá más adelante en el análisis programático del partido, AfD es un partido populista y, sin duda, este populismo se orienta hacia la derecha (Bebnowski, 2015).

Al contrario que en otras democracias de otros países europeos, tales como Francia, Dinamarca, Países Bajos o Austria, hasta ahora los partidos populistas de derecha habían fracasado en Alemania (Decker, 2008). Hasta la llegada de AfD, los pocos intentos de este tipo de partidos únicamente habían contado con un cierto éxito a nivel local o regional, pero ninguno de ellos fue capaz de trasladarlo al nivel nacional. Los partidos alemanes cuentan con muchas restricciones por la ley de partidos, la cual requiere una estructura democrática y un número mínimo de miembros. Sin embargo, y a pesar de todas estas limitaciones, AfD logró en su primera participación en las elecciones al *Bundestag* del año 2013 el 4,7 por 100 de los votos totales[1].

Los motivos del éxito de AfD también son los habituales en este tipo de partidos de corte populista, atribuibles no tanto a su contenido ideológico como al descontento de los votantes con respecto al resto de partidos tradicionales. Así, según una encuesta de la cadena ZDF del mes de marzo de 2013, únicamente el 18 por 100 afirmaba votar a AfD por motivos de contenido, frente a un 68 por 100 que reconocía que el descontento con respecto a los otros partidos era el motivo real de su elección (véase gráfico 1).

---

[1] https://www.bundeswahlleiter.de/bundestagswahlen/2013/ergebnisse/bund-99.html

GRÁFICO 1
¿Votará a Alternativa para Alemania (AfD) debido a su contenido o por el descontento con el resto de partidos?

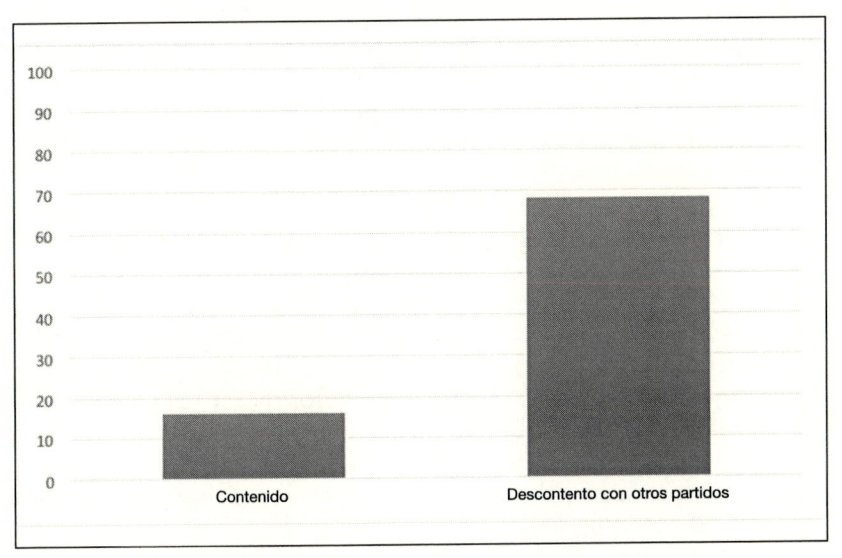

FUENTE: ZDF Politbarometer.

Según palabras de Bernd Lucke en uno de sus discursos: «para nosotros todos los votantes son bienvenidos, da igual si antes han votado izquierda o derecha»[2]. Con estas declaraciones, AfD se describe a sí mismo como un «*catch-all-protest-party*», con vínculos hacia casi cualquier ideología y con el carácter de protesta como nexo de unión, formado por excristianodemócratas, socialdemócratas, nacionalistas de izquierda, conservadores y liberales (Berbuir, 2015).

II. PROGRAMA POLÍTICO

El programa del partido para las elecciones al *Bundestag* de 2013 (AfD, 2013) fue estructurado en los siguientes apartados principales: política monetaria, política europea, Estado de derecho y democracia, finanzas públicas e impuestos, pensiones y familia, educación, política energética y política sobre integración.

---

[2] http://www.alternativefuer.de/bernd-lucke-afd-grundsatzrede-2/

Como propuestas más polémicas destacan el llamamiento para la disolución de la eurozona debido a que: «Alemania no necesita el euro. Otros países perjudican el euro». A este respecto, proponen una vuelta a las monedas nacionales y la creación de uniones monetarias más pequeñas y estables: «la vuelta al marco alemán no debe ser un tema tabú». Piden un cambio en los Tratados europeos para permitir que cualquier Estado sea capaz de retirar el euro de su país: «cada pueblo debe poder decidir de forma democrática su propia moneda».

Otro de los rasgos más definidos de AfD es su postura abiertamente contraria a la política de rescates económicos por parte de la Unión Europea, ante lo cual reclaman la capacidad de veto de Alemania sobre el Mecanismo Europeo de Estabilidad (MEDE) y su programa de ayudas. Rechazan que sea el contribuyente alemán quien deba hacerse cargo de esta política de rescates, y acusan a los bancos y a los fondos de inversión privados de ser los beneficiarios de esta política. Dedican una especial atención al caso de Grecia, y exigen que los bancos sean responsables de sus propias pérdidas o sean estabilizados mediante grandes acreedores privados, nunca a través de dinero público.

En cuanto a su política europea, defienden una mayor soberanía para el Estado alemán y rechazan totalmente un Estado europeo centralizado. Para ello, AfD apuesta por una transferencia de competencias a los parlamentos nacionales y una reforma de la UE para reducir la burocracia de Bruselas y promover una mayor transparencia y cercanía al ciudadano.

Por último, es en su visión sobre política migratoria el ámbito donde AfD ha provocado más polémica y gracias al cual está obteniendo un mayor éxito electoral en las últimas citas con las urnas. AfD pide una revisión de las leyes de inmigración: «Alemania necesita inmigración cualificada y un deseo de integración». Proponen como modelo la ley de inmigración de Canadá, con el objetivo de evitar una inmigración desordenada que afecte al sistema social alemán.

Pocos meses después de la presentación de este programa para las elecciones al *Bundestag*, AfD acudía por primera vez a unas elecciones al Parlamento Europeo el 25 de mayo de 2014. Para ello, el 22 de marzo presentó su programa electoral (AfD, 2014) con un título que hacía alusión directa a lo emocional: «*Mut zu Deutschland*» (valor para Alemania). En este documento recoge las ideas ya apuntadas el año anterior con respecto a su política sobre Europa y continúa en su línea de rechazo al actual modelo de la UE. Centran la mayor parte de sus críticas en la pérdida de soberanía por parte del gobierno federal en favor de un centralismo europeo y en su rechazo al euro como moneda. AfD defiende una Unión Europea de Estados soberanos y son contrarios al modelo de los Estados Unidos para Europa. Según AfD, el creciente centralismo y la burocracia de Bruselas son una amenaza cada vez mayor para Europa. Asimismo, el éxito histórico de la unificación europea está siendo amenazado por el euro. Esta moneda única es la causante de la división entre el empobrecido sur de Europa y los países del norte: «mediante el rescate del euro crece el poder de las instituciones europeas —Banco Central Europeo, Comisión Europea, Mecanismo Europeo de Estabilidad y la unión bancaria—, sin un control democrático» (AfD, 2014). AfD señala de forma directa los problemas económicos y sociales de los países del sur de Europa como los causantes de una mayor carga para los contribuyentes y un mayor rechazo de estos ciudadanos hacia la UE, llegando en algunos casos a plantear la salida de la UE. Con el propósito de tratar de frenar esta dinámica, AfD propone una devolución de las competencias a los Estados nacionales, y recuperar el control sobre su política económica, social y financiera.

El motivo del título del programa electoral hace referencia a la necesidad de asumir la realidad europea. Según AfD, la situación nunca ha sido tan mala como en la actualidad: problemas en los países del sur, la tasa de paro más alta, las alarmantes deudas nacionales y la facilidad de los gobiernos nacionales para no cumplir los compromisos y los criterios de estabilidad. De este modo, culpan a los viejos partidos de haber comprometido el futuro de Europa por culpa del euro y el rescate bancario.

III. TRAYECTORIA ELECTORAL

A lo largo de su corta vida, AfD ha sufrido grandes transformaciones. Fue fundado hace más de tres años por un grupo de economistas decepcionado con el actual modelo europeo, ante lo que proponían un desmantelamiento de la eurozona y evitar el rescate financiero de Grecia. Tras este planteamiento inicial, en los últimos meses han modificado su estrategia para adaptarla a la gran «crisis» que preocupa a los medios alemanes: la de los refugiados. La frase de Angela Merkel el 25 de marzo de 2010 «no hay alternativa» para hacer referencia a la necesidad del rescate financiero a Grecia, actuó como detonante para el nombre que posteriormente adoptó AfD (Niedermayer, 2014), y ha sido utilizada desde entonces como forma de hacer oposición a ese tipo de política económica. En otoño de ese mismo año se inició el «Pleno de los economistas», en el cual varios expertos expresaron sus motivos en contra de la política de rescate del euro[3]. Lucke considera el euro como un error fundamental y el motivo por el cual Alemania sufrió la crisis económica.

En este sentido, AfD surge como una alternativa para los votantes de casi todas las fuerzas políticas que demandan una clara postura «*anti-establishment*» en forma de escepticismo contra la clase política y su apuesta por la europeización (Berbuir, 2015). Por tanto, la fundación de AfD fue un proceso planificado, no un movimiento conservador espontáneo (Bebnowski, 2015).

Posteriormente, en otoño del año 2012, fue creado el movimiento político euroescéptico «Wahlalternative 2013» (Alternativa Electoral, 2013), con Bernd Lucke, Alexander Gauland, Konrad Adam y Gerd Robanus como líderes principales de este movimiento. Al año siguiente, algunos miembros de esta agrupación —entre los cuales se encontraba Bernd Lucke— se unieron a Freie Wähler (FW) y presentaron una lista conjunta para las elecciones al parlamento regional de Baja Sajonia. Sin embargo, los malos resultados en estos comicios —únicamente el 1 por 100 de los votos— provocaron la ruptura de esta unión, y el abandono de la Wahlalternative 2013 de Bernd Lucke y la decisión de este movimiento de presentarse de forma independiente a las elecciones al *Bundestag* de 2013, para lo cual se creó el 6 de febrero de ese mismo año el partido Alternativa para Alemania. En el primer congreso del partido celebrado el 14 de abril, el propio Lucke fue elegido uno de sus tres presidentes, junto a la empresaria Frauke Petry y el periodista Konrad Adam.

Desde la fundación del partido en febrero de 2013, la trayectoria de Alternativa para Alemania (AfD) ha sido permanentemente puesta en cuestión. El éxito electoral en este corto periodo de tiempo supone uno de los mayores que ha experimentado un nuevo partido en Alemania desde la década de los cincuenta (Franzmann, 2014). El 6 de febrero de 2013, Bernd Lucke, Konrad Adam, Alexander Gauland y Beatrix von Storch lideraron el congreso fundacional del partido y tan sólo dos meses después, AfD ya contaba con una estructura en los 16 *Länder* de Alemania.

El primer reto importante al que se enfrentó esta nueva formación política fueron las elecciones al *Bundestag* en septiembre del

---

[3] http://www.faz.net/aktuell/wirtschaft/eurokrise/stellungnahme-im-wortlaut-vwl-professoren-ueber-europas-schuldenkrise-1596622.html

año 2013. En esta primera aparición ante las urnas, AfD obtuvo un 4,7 por 100 de los votos (véase gráfico 2), quedándose a las puertas de lograr representación en el *Bundestag*, y a tan sólo una décima del partido liberal (4,8 por 100), quienes habían sido hasta entonces socios de gobierno de la CDU de Merkel durante la anterior legislatura (2009-2013).

GRÁFICO 2
Resultados de las elecciones al Bundestag
el 22 de septiembre de 2013

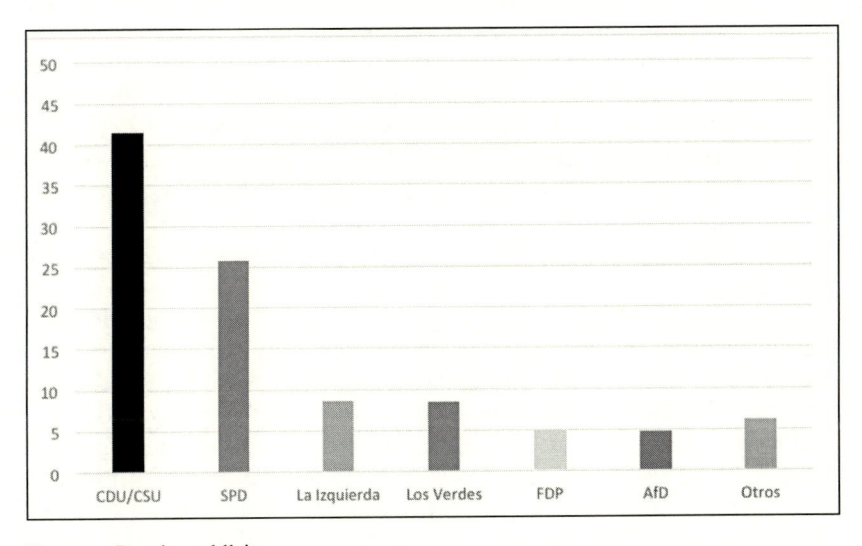

FUENTE: Bundeswahlleiter.

Ideológicamente, la campaña electoral giró en torno a la postura *antiestablisment* y antieuro. Por tanto, no sorprende que AfD haya sido tildado desde sus inicios de ser un partido populista o incluso de extrema derecha (Berbuir, 2015).

Tras el fracaso en las elecciones regionales de Hesse, AfD comenzó a lograr sus primeros éxitos electorales en 2014, cuando obtuvo el 7,1 por 100 —con más de dos millones de votos— en las elecciones al Parlamento Europeo, lo que permitió que AfD tuviera siete eurodiputados. En ese mismo año se celebraron las elecciones a los parlamentos regionales de Sajonia, Turingia y Brandeburgo, donde alcanzó un 9,7, un 12,2 y un 10,6 por 100 de los votos, respectivamente.

A pesar de los buenos resultados logrados a principios de 2015 en las elecciones de Bremen y Hamburgo, el partido no consiguió mejorar los resultados del año anterior, y se inició una fractura ideológica interna entre las dos corrientes dominantes (Oppelland, 2016). Por un lado, estaban los liberales de Bernd Lucke, y, por el otro, los ultraconservadores que apoyaban a Frauke Petry. La división fue producida por una creciente llegada de nuevos miembros que simpatizaban con el grupo antiislamista PEGIDA (Patriotas Europeos contra la Islamización de Occidente), quienes se manifestaron cada semana desde octubre de 2014, principalmente en Dresde, en contra de la presencia cada vez mayor del islamismo y los peligros que esto supone para la cultura alemana.

Con el deseo de reducir los problemas entre estas dos corrientes internas se llegó al congreso de Essen —4 y 5 de julio de 2015—, al que se presentaron ambos líderes, y en el cual Frauke Petry fue elegida presidenta con el 60 por 100 de los votos. Este nuevo liderazgo y el cambio ideológico que experimentó el partido hacia posturas más radicales y populistas, trajo consigo la salida de cinco de sus siete eurodiputados, entre ellos el fundador del partido, Bernd Lucke.

Tras esta división interna, el discurso contra la política de refugiados mantenida por la canciller Angela Merkel a partir de verano de 2015, así como la radicalización del partido, ha tenido una gran repercusión en la población alemana y ha provocado que AfD haya mejorado sus resultados electorales de forma significativa. El tema de los refugiados es uno de los mejores ejemplos del giro hacia la derecha que ha experimentado AfD. Aunque en su programa para las elecciones al *Bundestag* del año 2013 (AfD, 2013) reconocían que «los perseguidos por motivos políticos han de poder encontrar asilo en Alemania. Proporcionar un trato humano significa que los solicitantes de asilo puedan trabajar aquí», el 10 de septiembre de 2015 AfD publicó un documento exponiendo su nueva postura sobre política de asilo que llevaba por título «Con valor para poner bajo control el caos del asilo en Alemania» (AfD, 2015).

Este texto propone como medidas principales para frenar la llegada de refugiados lo siguiente: protección inmediata de todas las fronteras nacionales, ninguna solicitud más de asilo en Alemania, 48 horas para un proceso rápido, ampliación de los países de origen seguros, reducción del reparto anual de la UE y limitación del derecho de asilo de acuerdo a su idea histórica.

El 13 de marzo de 2016 se celebraron las elecciones a los parlamentos regionales de Baden-Wurttemberg, Renania-Palatinado y Sajonia-Anhalt, y en ellas AfD obtuvo los mejores resultados de su corta trayectoria, con un 15,1 por 100, un 24,3 por 100 y un 12,6 por 100 de los votos, respectivamente. En el caso de Sajonia-Anhalt, AfD se situaba como segunda fuerza política con 25 escaños, únicamente tras los 30 escaños obtenidos por la CDU y a una gran distancia de los 16 y 11 logrados por Die Linke y el SPD.

Tras estos éxitos en el ámbito regional, AfD se preparó con un gran optimismo de cara a las elecciones al *Bundestag* de 2017: esperaba ser tercera fuerza política por encima de Los Verdes o Die Linke, lo que le convertiría en el primer partido opositor ante la gran coalición de la CDU y el SPD (véase gráfico 3).

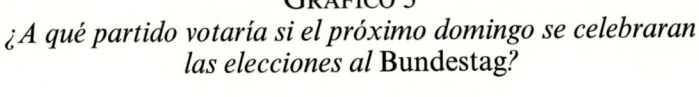

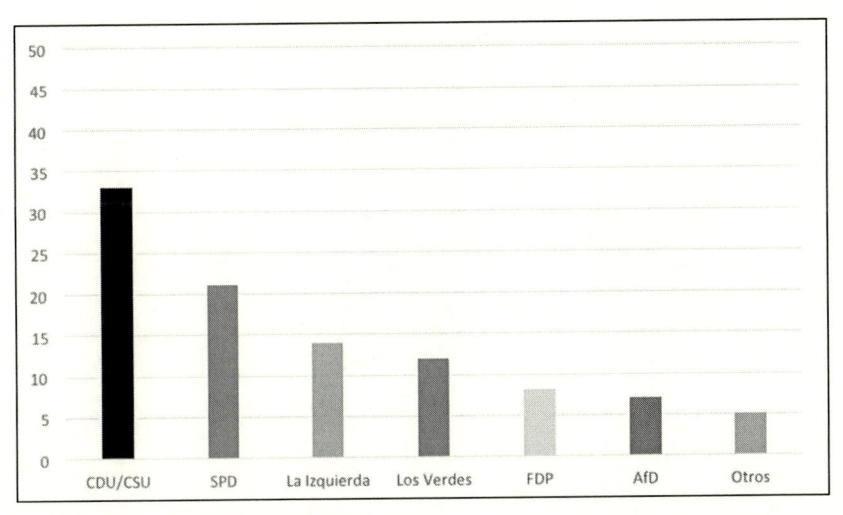

GRÁFICO 3
¿A qué partido votaría si el próximo domingo se celebraran las elecciones al Bundestag*?*

FUENTE: ARD DeutschlandTREND.

Con la vista puesta en el decisivo año electoral de 2017, AfD celebró su Congreso del partido en Stuttgart los días 30 de abril y 1 de mayo de 2016. En este acto ha sido aprobado un nuevo documento programático (AfD, 2016) en el cual se recogen las principales propuestas existentes hasta la fecha —fin del euro como moneda y la vuelta al marco, devolución de competencias a los Estados nacionales, rechazo de la entrada de Turquía en la UE, defensa de una política antirrefugiados con unos mayores controles fronterizos, apuesta por el modelo de familia tradicional, etc.— y se añade una postura manifiestamente contraria al Islam. Como se afirma en uno de sus apartados, «el Islam no pertenece a Alemania»[4], y proponen la prohibición de símbolos pertenecientes a esta religión en los espacios públicos del país.

Esta progresiva radicalización ideológica es vista con bastante rechazo por gran parte de la sociedad alemana. Según la encuesta realizada por la cadena pública ZDF durante el mes de marzo de 2016, el 59 por 100 consideran que el éxito de AfD es malo para la democracia, frente a un 33 por 100 que creen que es algo bueno (véase gráfico 4).

GRÁFICO 4
¿Es bueno o malo para la democracia el éxito electoral de AfD?

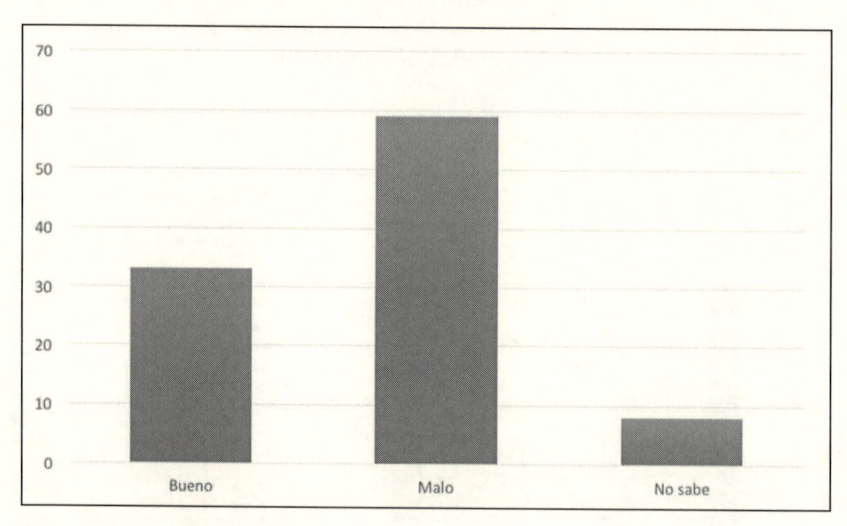

FUENTE: ZDF Politbarometer.

A falta de unos meses para las elecciones generales, una amplia mayoría seguía siendo escéptica sobre el futuro a largo plazo de este partido. Concretamente, el 68 por 100 de los encuestados consideraban que AfD no sería capaz de mantener este éxito a largo plazo, frente a un 22 por 100 que opina lo contrario (véase gráfico 5).

---

[4] http://www.welt.de/politik/deutschland/article154918987/AfD-nimmt-Anti-Islam-Kurs-ins-Grundsatzprogramm-auf.html

GRÁFICO 5
¿Tendrá éxito a largo plazo AfD?

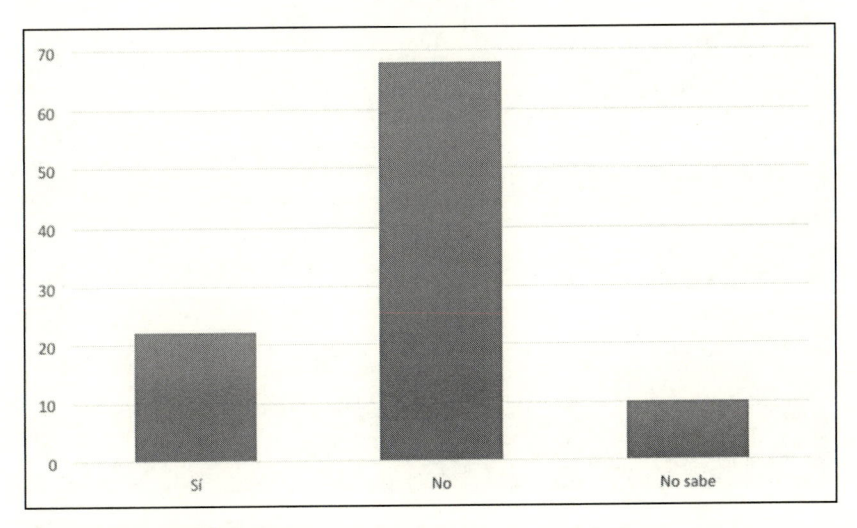

FUENTE: ZDF Politbarometer.

En cualquier caso, y anterior a la cita con el *Bundestag*, en septiembre de 2016 se celebraron las elecciones regionales de Mecklemburgo-Pomerania Occidental (en las que ganó el SPD con el 30 por 100 de los votos, y AfD quedó en segundo lugar con el 20,8 por 100, por delante de la CDU, que obtuvo el 19 por 100) y de Berlín (que ganó el SPD con el 21 por 100 de los votos y en los que AfD quedó en quinto lugar con el 14,2 por 100). Sin embargo, estas buenas expectativas no se vieron refrendadas en las elecciones a los parlamentos regionales de Sarre y Schleswig-Holstein, en los cuales lograron un resultado por debajo de lo esperado —6,2 por 100 y 5,9 por 100, respectivamente—.

Finalmente, el 14 de mayo se celebraron las elecciones al parlamento regional de Renania del Norte-Westfalia, la última cita antes de las elecciones al *Bundestag* del 24 de septiembre de 2017. En ellas, AfD obtuvo un 7,4 por 100 de los votos totales, quedando en un cuarto lugar tras la CDU, el SPD y el partido liberal FDP. Estos comicios sirvieron como termómetro para medir el estado de salud de AfD y comprobar si el partido era capaz de consolidarse como tercera fuerza del país. Tras su éxito en las elecciones federales en las que obtuvo el 12,6 por 100 de los votos y 92 diputados, el partido parece definitivamente consolidado.

El AfD explota en sus carteles electorales el vínculo entre inmigración e inseguridad «Más seguridad para nuestras mujeres e hijas». El trasfondo de la imagen suscita el recuerdo de los ataques contra mujeres en las navidades de 2016.

«Stop al caos de la política de asilo. Es nuestra tierra, señora Merkel».

CAPÍTULO 26

SUIZA: POPULISMO DE CABRAS, POSTALES Y REFERENDOS

Francisco Tortolero Cervantes

SUMARIO: I. Relatos salvajes: desconfiar de las élites, temer al extranjero. II. Para entender la implantación del SVP-UDC. III. Un líder más que carismático. IV. La promoción de la micro-cultura, estrategia antifederal. V. El esquema partidista actual.

Sorprende que en una democracia paradigmática como la suiza, garante de altos estándares de civilidad y de igualdad, con magníficas infraestructuras y con de un sistema de salud de primera, haya surgido un partido de extrema derecha que se coloca hoy como el más votado en Europa (Cherix, 2016: 19, 53). Y esto sin que los partidos tradicionales hagan demasiado por evitarlo.

En 1971, el crecimiento silencioso de siete partidos regionales, de corte nacionalista, enmarcaba la fundación del *Partido del Pueblo Suizo* (SVP *Schweizerische Volkspartei*, en su denominación en lengua alemana y UDC *Union Démocratique du Centre* en su denominación en francés. Obsérvese que el cambio no es únicamente de lengua). Fue dentro de los contornos de aquella unión donde se fue concentrando la votación de extrema derecha de todos los cantones. Y fue por virtud de aquel constante crecimiento electoral que, a diferencia de sus vecinos, la extrema derecha suiza superó rápidamente la marginalidad, hasta el punto de que, después de las elecciones parlamentarias de 2003, fueron los primeros de Europa en mantenerse diez años como primera fuerza política (Lauvaux y Le Divellec, 2015: 440-441). Sin embargo, por las diferencias sustantivas con los partidos tradicionales, no lograron engranar fácilmente en la coalición gubernamental.

La caída del muro de Berlín vio aflorar en el electorado de los 26 cantones suizos un sentimiento de inseguridad. La neutralidad, la defensa de la identidad y el rechazo a lo extranjero se volvieron temas obligados de las campañas.

Otro detonador de la implantación de la extrema derecha dentro de una sociedad reconocida por sus reducidos niveles de corrupción y desempleo, o por sus elevados estándares educativos, se explica por las habilidades de su líder histórico, Christoph Blocher, cuyo primer gran triunfo político fue la campaña del «no» en el referéndum para la adhesión de Suiza al Espacio Económico Europeo (EEE), en 1992. Su mensaje antieuropeo (hoy antimusulmán), sigue retumbando en las intenciones de voto y propiciando numerosos referendos cuyas consecuencias se analizarán más adelante.

El momento apoteósico del SVP-UDC pareció llegar en 2000 (Camus y Lebourg, 2015: 229), en concordancia con un crecimiento generalizado del apoyo electoral a partidos hermanos (FPÖ, *Lega Nord*, Partido del Progreso Noruego, Partido Popular Danés). Sin embargo, contrastando con el éxito fulgurante de políticos como Jörg Haider en Austria, las actitudes autoritarias de Blocher fueron mermando su margen para gobernar. Y, sin embargo, se trataría de uno de los partidos menos rechazados dentro del club de los populistas europeos.

Para entender la ambivalencia que engendra el sentimiento populista en la actualidad de los suizos, veremos la forma en que su implantación territorial fue provocando sucesos relevantes, que pueden rastrearse desde los años sesenta del siglo pasado.

I. RELATOS SALVAJES: DESCONFIAR DE LAS ÉLITES, TEMER AL EXTRANJERO

El discurso binario que sobredimensiona el sufrimiento de *los de abajo*, y la amenaza de *los de afuera*, encontró en Suiza un patrón de normalidad que contrasta con el de los otros países de la región. Conforme Suiza se industrializó a lo largo del siglo XX, y redirigió su fuerza laboral a crear productos de alta sofisticación tecnológica, aquel pequeño país alpino dejó de ser una tierra donde predominaba la población que habitaba zonas remotas, donde había poca instrucción universitaria y cuyas actividades económicas principales eran primarias. El país se empezó a identificar más con el progreso económico, con el núcleo de las finanzas mundiales y con las tecnologías punta que con las cabras y los paisajes alpinos. Y, sin embargo, veremos que la propaganda populista prefirió usar cabras y paisajes alpinos para afirmar la identidad nacional.

Fueron tres los clivajes históricos que, desde que se fundó la Confederación en 1291, pudieron significar factores de división: el religioso (de protestantes y católicos); el lingüístico (de cantones con lengua alemana, francesa e italiana), y el territorial (de campesinos y burgueses). Tales divisiones, que habían sido superadas gracias al herramental federalista (Gerotto, 2015: 45-49), encontraron desde la década de los noventa nuevos factores de división que parecieron alterar los antiguos equilibrios. Al tradicional esquema, se añadieron la aparición de poblaciones musulmanas; un mayor número de inmigrantes de Europa del Este; la diversidad sexual. Todo ese cóctel se sumaba a una sociedad mayoritariamente conservadora, individualista y parroquial.

El movimiento político de extrema derecha dejó de tener un perfil eminentemente rural para adaptarse a las exigencias urbanas de una derecha contestataria, que reúne cada vez más a la influyente burguesía económica de ciudades como Zúrich o Lausana. Llama la atención que el voto campesino del SVP-UDC no representa hoy más del 30 por 100 de sus cifras totales. El votante promedio tiende a ser también urbano, e incluye no sólo a protestantes o no sólo a germanoparlantes. Pero a diferencia de quienes votan por la extrema derecha en Francia, Alemania o Italia, los electores del SVP-UDC en Suiza no parecen sentir la condena del resto de la sociedad, pues a los partidos tradicionales no les quedó otra que retomar abiertamente los temas típicos que defiende el extremismo de derechas.

A pesar de la estrategia de control de daños, intentada por *Socialistas* (PS), *Social Demócratas* (PBD) y *Demócrata Cristianos* (PDC), los votos por el SVP-UDC no han dejado de aumentar con cada nueva elección[1]. Su crecimiento constante se explica sobre todo por el contexto de los años previos y por su referida capacidad de absorción de pequeños partidos.

Aunque se trate de un hecho aislado, más adelante nos referiremos al uso propagandístico de símbolos patrióticos con un toque francamente kitsch (Meizoz, 2012: 129). El uso de estos símbolos demuestra la efectividad de manipular la cultura popular para exaltar valores patrióticos; léase, identidades nacionales en defensa de

---

[1] La SVP-UDC obtuvo el 11,9 por 100 de los votos parlamentarios (25 escaños) en 1991. Pasó al 22,5 por 100 (44 escaños) en 1999; subiendo luego al 28,5 de los mismos en 2003 y al 28,9 por 100 (62 escaños) en 2007. Y aunque retrocedieron un poco, al 26,6 por 100 (54 escaños) en 2011, terminaron alcanzando un máximo histórico de 29,5 por 100 en las elecciones generales de 2015.

una supuesta invasión extranjera. El balance final: que con la ayuda de elementos de la cultura popular suiza, el SVP-UDC logró colocarse como el partido más votado en las elecciones generales; esto, desde 2003 y hasta el día de hoy.

II. PARA ENTENDER LA IMPLANTACIÓN DEL SVP-UDC

La fundación de la SVP-UDC se produjo oficialmente en 1971. Pero sus raíces son anteriores. Al igual que en los demás países del continente, sus antecedentes se remontan a los años treinta del siglo XX, con el surgimiento del partido PAB (*Campesinos, Artesanos y Burgueses*, por sus siglas en francés). Ese movimiento surgió en reacción al crecimiento del PS (muy presente luego de una gran huelga nacional, ocurrida en 1918 en el contexto del final de la Primera Guerra Mundial). Obteniendo un primer escaño en el Consejo Federal durante las elecciones de 1929, aquel partido encontró una estabilidad electoral entre 1947 y 1991, sin dejar de oscilar entre el 10 y el 12 por 100 de la participación electoral total.

La bandera del PAB era la preservación del estatuto de neutralidad del país; el antisindicalismo; un paternalismo social muy marcado y la exaltación de lo rural. No es casualidad que en etapas más recientes, los líderes de formaciones afines hayan retomado el eslogan mussoliniano «ruralizar Italia». La estrategia de la proximidad no podía fallar.

Entre 1950 y 1970, el porcentaje de extranjeros que vivían en Suiza pasaría del 6 al 16 por 100. En 1961, el caldo de cultivo del SVP-UDC se inició con el llamado Movimiento Nacional contra la Sobrepoblación Extranjera del Pueblo y de la Patria, que devino en Acción Nacional (AN, reconvertido luego en Demócratas Suizos, DS). Otras formaciones, como el movimiento de los Republicanos o los Vigilantes (con poca o nula participación a nivel federal) empezaron lanzando consignas contra los extranjeros; contra la «penetración de potencias financieras extranjeras» (Gottraux *et. al*, 2007). El momento fundacional del SVP-UDC, en 1971, no podía ser más oportuno.

En los ochenta, partidos semejantes siguieron surgiendo a nivel cantonal. Como el Partido de los Automovilistas (PA, convertido en Partido Suizo de la Libertad, PSL) o la llamada *Lega dei Ticienci* (Lega), implantada en el Cantón italoparlante de Ticino. Todos encontraron un común denominador, y terminaron unidos en el SVP-UDC, bajo la bandera del rechazo a las políticas proeuropeas.

La implantación del SVP-UDC no empezó por el Parlamento federal, sino desde el nivel cantonal utilizando una herramienta que se mostró muy eficaz y que no estaba al alcance de partidos parecidos en el contexto europeo: el referéndum. La exclusión de los extranjeros de los beneficios sociales acabó por colocar el tema de la inmigración ilegal en la agenda de los pequeños partidos regionales. Fue así como, a pesar de la resistencia de los partidos tradicionales, en 1963 AN propuso aprobar por vía referendataria una ley para expulsar a los extranjeros cuando excedieran el 10 por 100 de la población de un cantón. El objetivo entonces era echar a quienes tuvieran apellidos italianos o españoles. La disposición legal fue aprobada, y en los años siguientes fueron expulsados unos 250.000 extranjeros.

El reducido grupo de activistas conservadores hizo su trabajo, difundiendo un discurso de proximidad. El foco eran los pobladores de aldeas y de pequeñas urbanizaciones. Y de ahí se pasó a los de las ciudades. La lista nacional-populista obtuvo un primer resultado positivo en las elecciones de 1971, con 11 escaños (de un total de 200) en el parlamento. A partir de ese momento, la tendencia a su favor no dejaría de aumentar.

Como respuesta, la federación impulsaba iniciativas legislativas (que presentaba casi siempre *a posteriori*) para echar abajo restricciones a derechos. Por referendo se habían impuesto limitaciones al número anual de naturalizaciones (1977); por vía plebiscitaria también se condicionó un número máximo de solicitudes de asilo a personas «de raza blanca» (1989). Aunque se trató de dar la vuelta a estas restricciones por vía legislativa, tales intentos federales de descarrilar los avances populistas no prosperaron.

La evocación patriótica determinaba con frecuencia la estrategia del SVP-UDC, incluyendo vestidos y platos típicos por todos lados; cantos nacionalistas; ambiente de fiesta popular al aire libre en paisajes alpinos... y sí, cabras. Todo esto, para convencer al elector de que el mundo globalizado es temible. Los porcentajes de votos a favor de este partido son deudores de esta exaltación nacionalista (Mazzoleni, 2008: 20-39) así como del impulso de su primer dirigente.

III. UN LÍDER MÁS QUE CARISMÁTICO

De hecho, el impulso más importante que recibió el SVP-UDC se debió a Christoph Blocher, eterno delator de una supuesta correspondencia entre las peticiones de asilo y el aumento en los índices de la delincuencia. Su abuelo Edward había militado contra la entrada de Suiza a la Sociedad de las Naciones, en 1914. Anticomunista rabioso y germanófilo, infundió en su nieto los valores del nacionalismo y la ética protestante.

En los sesenta, Christoph Blocher dejaría los estudios de agronomía en Suiza para estudiar derecho en Francia. Trabajaría para una prominente marca de químicos (EMS). Ya inscrito en el SVP-UDC, obtendría su primera diputación en la asamblea cantonal de Zúrich en 1975. Luego, a la muerte de su empleador en 1979, terminaría como administrador general, accionista mayoritario y diputado en el Consejo Federal (como se denomina al parlamento). Su éxito económico saltaba a la vista, al sumar en 1994 una fortuna estimada en 200 millones de euros.

Exaltando la democracia plebiscitaria, su discurso xenófobo fue dirigido a la degradación del sistema representativo. En su primer turno como diputado, defendió el *Apartheid* en Sudáfrica; fundó la Asociación para una Suiza Independiente y Neutra.

Junto al discurso del odio, otro hecho menos conocido, pero que viene a colación para entender el empleo de elementos patrióticos como estrategia de campaña, consistió en que Blocher destinó parte de su fortuna a adquirir una colección de pintura suiza, que más adelante utilizó con fines de propaganda nacionalista. Pintores del siglo XIX, como Albert Anker y Ferdinand Hodler, mostraban una sociedad idílica, con paisajes alpinos y personajes de sociedades diversas en ascenso económico, respetuosas de elementos nacionales fácilmente reconocibles (Meizoz, 2012; 132-136). Estas obras nutrieron exposiciones organizadas por el SVP-UDC para promover los valores nacionales en los cantones.

Acaso la impronta que logró infundir, no sólo en su partido, sino hacia los partidos tradicionales, explica los puntos de la agenda que dominan dentro del parlamento suizo: la inmigración ilegal, la seguridad ciudadana, la soberanía nacional [...]. El esquema partidista tradicional reforzado con el patriotismo más básico.

Buena parte de la progresión de las ideas de extrema derecha se explica por los resultados obtenidos en los referendos que atizaban la desconfianza hacia los extranjeros. Si bien, las repercusiones también se reflejaban entre Social Demócratas y Demócrata Cristianos. La herramienta federal, que siglos atrás había servido para unir poblaciones de lenguas, orígenes y religiones diversas, logró torcerse, para dar un nuevo aire a la cultura tradicional suiza (Knapp, 1983: 34-519). Propugnando así, por primera vez desde el siglo XIX, la preeminencia de los cantones sobre los intereses de la federación.

También cabe mencionar que, en años posteriores, Blocher no brilló por su habilidad política; más bien al revés. Sus actitudes intolerantes lo llevaron a perder su propia reelección y a salir del gobierno en 2007 (al que había pertenecido desde 2003 como ministro de Justicia). Ahora vale la pena revisar la propaganda «cultural» que se ideó para dar estabilidad al partido, que normalmente habría sido minimizado por el propio sistema.

IV. LA PROMOCIÓN DE LA MICROCULTURA, ESTRATEGIA ANTIFEDERAL

La estrategia propagandística, desarrollada durante los años en que el SVP-UDC se implantó en el territorio, consistió en aprovechar que el 65 por 100 de la población se encontraba gobernada, en los cantones, por partidos de derecha.

Evocando el arte clásico, la mencionada colección de pintura reunida por Blocher sirvió para transmitir una denuncia por la intromisión de un arte «elitista», supuestamente promovido por las izquierdas, que debía tacharse de abstracto y alejado del pueblo. Como imposición federal de una ideología que pretendía borrar las raíces nacionales de los cantones.

Por impulso del SVP-UDC, instituciones y fundaciones, financiadas con recursos federales, debían dejar de tener importancia para dar paso a manifestaciones locales (Gentile y Kriesi, 1998: 125-142). Exposiciones llevadas a cabo en París o Londres, en centros culturales afines al arte moderno suizo, eran tergiversadas por el SVP-UDC para denunciar el dispendio y la difusión de mensajes tachados de antinacionalistas.

En 2006, desde el Ministerio de Justicia, Blocher propuso suprimir la financiación federal otorgada a la fundación *Pro-Helvetia*, proclive a patrocinar manifestaciones de artistas suizos contemporáneos, otorgándola en su lugar a manifestaciones de música popular y danzas tradicionales por artistas amateurs.

En una reunión del partido, el SVP-UDC hizo firmar a otras formaciones cercanas para convocar referendos por la secesión del pacto nacional en aquellos cantones que hubieran impulsado algún otro proyecto de referendo favorable a la inscripción de Suiza en la Unión Europea.

El SVP-UDC pretendía extender los postulados de esta campaña a otras manifestaciones culturales, dentro de las que planteaban incluir a las instituciones de educación básica, de suerte que se extirparan las influencias supuestamente libertarias introducidas desde el movimiento estudiantil de 1968. La escuela debía formar ciudadanos de acuerdo a las necesidades requeridas por la economía suiza, y no en función de modas extanjerizantes.

Elementos antiinmigración fueron usados con frecuencia en la propaganda impresa. Durante las elecciones de 2007, el relator especial de Naciones Unidas sobre racismo y derechos de los migrantes, exhortó al retiro de carteles donde se mostraba un rebaño de ovejas blancas expulsando a una oveja negra de su parcela, con el encabezado «Para mayor seguridad, UDC». El Consejo Federal negó el exhorto advirtiendo que aquello atentaría contra la libertad de expresión.

En los mítines, los simpatizantes del SVP-UDC asistían con vestimentas típicas, e incluso llevaban a sus animales de corral con los típicos cencerros suizos. La dirección del partido adoptó una cabra como mascota, que llamaron *Zottel*. El diario *Le Matin* informó, una semana antes de las elecciones de 2011, «*Zottel* fue sacada de su establo por militantes antifascistas, que reivindicaron el secuestro con una nota que decía: *Ahora tenemos un chivo expiatorio*». Al día siguiente, *Zottel* apareció en Zúrich, amarrada a un árbol y pintada de negro. El incidente humorístico no logró disuadir a casi nadie: el 30 por 100 de los suizos votaron por el SVP-UDC.

V. EL ESQUEMA PARTIDISTA ACTUAL

Como proyecto compartido en otros países alpinos, el populismo suizo está implantado en un antiestatismo tenaz, que pugna por desmantelar el Estado del bienestar y por desregular el conjunto de la economía; eso sí, desconfiando del libre mercado globalizado. Juntos, anteponen el interés nacional, y denuncian el supuesto fracaso del proyecto comunitario europeo. Pero, sobre todo, transmiten un discurso antiinmigración, donde el referéndum borra de un plumazo a los órganos representativos (Camus y Lebourg, 2015: 229). Con ello, el SVP-UDC ha propiciado que el eje tradicional que separaba a los partidos de derecha de los de izquierda haya radicalizado sus posiciones, irradiando sus tesis nacionalistas al interior de todo el espectro partidista.

Las nuevas realidades sociales, como el crecimiento de la inmigración árabe, sumada a la población nacional que practica el Islam (Schneuwly, 2011), también han contribuido a alterar las fichas del tablero político nacional. Como primera consecuencia, el bloque tradicional de izquierda (formado por Socialistas, Verdes y Radicales de Izquierda), cayó irremediablemente en minoría. Como segunda, los electores cercanos a formaciones típicas de centro-derecha, vieron radicalizadas sus posturas. El rechazo a las formas tradicionales de hacer política se materializó en la estrategia de infundir el odio por la democracia (Rancière, 2005).

Ante tan notorios resultados, los partidos de extrema derecha de otros países empezaron a encontrar en el SVP-UDC un modelo paradigmático a partir de medidas simbólicas semejantes, fácilmente entendibles por electores con afinidades conservadoras. Dentro de las medidas administrativas específicas, logradas por el impulso plebiscitario de Oskar Freysinger (relevo generacional de Christoph Blocher) se cuentan la consulta para restringir en la Constitución la muy sonada construcción de minaretes en 2009, o la iniciativa para expulsar a extranjeros que hubieran cometido algún delito en 2016 (Haenni y Lathion, 2009). La más reciente convocatoria referendaria antiinmigración se produjo el 9 de febrero de 2014, al prohibir migraciones masivas —con lo cual, la confederación se vio exenta de recibir inmigrantes sirios tras la crisis humanitaria del 2015—. La postura, anunciada en París por Oskar Freysinger, ruborizó en 2010 a Marine Le Pen; al menos en el discurso, ya que su FN estaba ya inmerso en un proceso de «desdemonización»; léase de seducción del electorado que tradicionalmente votaba por opciones democráticas (Camus y Lebourg, 2015: 229-231). Reforzando posturas, parece entonces que el extremismo suizo no quiere ni pretende dejar de serlo.

Ha sido así como la implantación del SVP-UDC como partido más votado se explica por la ruptura con los partidos tradicionales. Es el campeón para recabar fondos; federalizando (léase homologando) su presencia en todos los cantones, y con ello, coordinando una agenda refrendataria más eficaz frente a la de sus competidores (Giraux, 2012: 25-52). En un país sin tribunal constitucional, es de esperarse que la voluntad del pueblo se vuelva la principal fuente de creación de normas y de políticas.

Hay incluso quien considera que el sistema consociativo suizo, basado en grandes acuerdos partidistas, también ha contribuido a que los partidos tradicionales (empezando por el PS) hayan dejado de encuadrar a este movimiento populista dentro de la categoría de «parias antidemocráticos» (Skenderovic, 2011). El esquema consociativo volvería preferible integrar a los populistas en vez de combatirlos.

Dentro de la geografía del populismo, hemos visto que el país que suele considerarse como «la más vieja democracia de Europa»;

«cuna de la democracia directa», que aparentemente logró mantenerse al margen del nazismo (a pesar de compartir frontera con Italia, Alemania y Austria) no pudo evitar cierta tentación autoritaria, cuya materialización formal se retrasó hasta la segunda posguerra.

La facilidad con la que grupos de ciudadanos pueden iniciar leyes, propicia también la búsqueda de una agenda plebiscitaria (impulsada por estas formaciones extremas desde el Estado mismo). La cultura de la democracia directa se ha acentuado en un país que, tradicionalmente, se había identificado con una «oligarquía liberal» que, sin embargo, cede ante el empuje de las iniciativas ciudadanas (Castoriadis, 1990: 40). El ingrediente referendario se vuelca contra la esencia de la democracia misma.

Basta reunir 100.000 firmas para convocar en Suiza a una reforma constitucional; sin que el proceso sea acompañado por debates públicos y serios. El electorado (sobre todo con este ingrediente populista, simplificador de grandes problemas) es presa fácil del *marketing* político. El buen pueblo se termina pronunciando por una norma constitucional cuyas implicaciones no comprende (Cherix, 2016: 101). Este rimbombante modelo para el mundo debería tomarse con reservas, pues agravado por la irresponsabilidad que engendra el germen populista en la clase política, sus consecuencias están siendo mucho más nocivas de lo que se quiere creer.

Los cantones no se toman en serio su lugar en el Consejo Federal, que dista de funcionar como Senado reflexivo. Incluso, sustituido por juntas informales de burócratas locales que reúnen a representantes de los cantones en asambleas de índole consultiva. Los propios políticos asumen como fatalidad la sustitución de sus propias funciones representativas por virtud de la democracia directa y la proclividad al error del ciudadano común. Al excluir a los órganos representativos, parece que quien asume toda la responsabilidad del Estado es el propio ciudadano.

En suma, que las condiciones estructurales de Suiza auguran un presente y un futuro dominados por el populismo.

La barca está llena. El SVP-UDC considera que en Suiza sobra gente.

La seguridad en Suiza está en peligro por culpa de la inmigración, que se asocia con la delincuencia. Para mayor seguridad, hay que votar al SVP-UDC que se ocupará de echar a las ovejas negras.

Capítulo 27

LA IMPLANTACIÓN DEL POPULISMO EN BÉLGICA

Francisco Tortolero Cervantes

SUMARIO: I. Acercamiento a una complejidad estructural. 1. *Un preámbulo del populismo como opción de gobierno*. 2. *¿Cabe el populismo dentro del molde del consenso?* II. Implantación y declive populista: del norte al sur. 1. *Un sentimiento (nacionalista) que se vuelve programa (populista)*. 2. *Los efímeros pactos antiextremismo*. 3. *Una reconversión antiislamista*. III. ¿Es posible contener la proliferación populista? 1. *Resistencias institucionales al populismo*. 2. *Otros aspectos legales que acotan el populismo belga*.

Bélgica es uno de los laboratorios institucionales más diversos del mundo, donde confluye una democracia consociativa, que parte de una república transformada tempranamente en monarquía; un régimen centralista transformado en federal que logró unificar tres regiones lingüísticas y tres comunidades (con mayorías políticas no siempre coincidentes entre sí); dos asambleas parlamentarias que se extrapolan en ámbitos territoriales distintos, donde la oposición en un lado puede ser la mayoría en el otro. Es en este contexto complejísimo donde se han desarrollado algunas formaciones populistas, que pretendemos describir en este trabajo.

Para entender la implantación en Bélgica del populismo este capítulo describe primeramente su complejidad como país, como sistema federal y como territorio fragmentado. (I). El desarrollo de los populismos se ha implantado mucho más en el norte que en el sur del país; si bien, su potencialidad parece al alza, tras los ataques terroristas de marzo de 2016 en Bruselas (II). Y aunque el funcionamiento regular de las instituciones parece haber disuadido a algunos de los electores antisistema a dejar de votar por esta clase de partidos (III), los movimientos populistas no disminuyen sus esfuerzos de seguir luchando por su propia sobrevivencia.

I. ACERCAMIENTO A UNA COMPLEJIDAD ESTRUCTURAL

Desde que nació Bélgica en 1830, flamencos y valones estuvieron unidos por la religión católica y separados por la lengua y por las pugnas económicas entre comunidades. La religión les separaba de los holandeses y les unía a pesar de la diferencia lingüística. Hoy, en una Bélgica secularizada donde la segunda religión después del catolicismo es el Islam, Flandes se siente próxima a Holanda por la lengua y Valonia gravita en el mundo cultural de la francofonía (García Picazo, 1997: 52). Además, esta división se ve acentuada por la disparidad económica. Si Valonia era la región dominante en el tiempo fundacional de Bélgica, hoy Flandes ha tomado la delantera. Esto es, económicamente, se revirtieron los predominios vigentes entre estos dos grupos entre los siglos XIX y XX. Durante la primera etapa, los valones concentraban desde el sur la propiedad de los medios de producción. Aunque menos numerosos, dominaban a los flamencos, mayoritariamente obreros y campesinos instalados en el norte.

1. Un preámbulo del populismo como opción de gobierno

Tendencialmente, el conservadurismo valón se traducía en proteccionismo, en tanto el liberalismo flamenco, en libre mercado (Dubois, 2005). La predisposición de los flamencos a emprender condujo a sus élites a revertir la hegemonía económica del sur. El dominio burgués valón cedió al dominio industrial flamenco.

Entre las tensiones ideológicas del XIX, provocadas al reducir la impronta del conservadurismo valón, destaca el impulso flamenco exigiendo medidas legales aplicables a todo el país. Por este impulso se logró dejar atrás el sufragio censitario (1894); equiparar la validez del francés y del flamenco (1898); instaurar en Gante la primera universidad pública (1914). Algunos intentos independentistas (que no prosperaron) brotaron dentro del ejército belga durante la Primera Guerra Mundial (1917). Parte de aquellas tropas flamencas se transformó en el llamado *Frontpartij*, contestatario del predominio de los francófonos (Deleersnijder, 2007).

Como resultado de las tensiones entre sur y norte, se generó una capacidad para propiciar acuerdos. Lo anterior explica que Bélgica, a pesar de sus grandes diferencias internas, sea catalogada como una democracia consociativa (Lijphart, 1984). A lo largo del siglo XX, prácticamente todos los gobiernos tuvieron que funcionar bajo dinámicas coalicionales, que lograron unir en un mismo gabinete a católicos/conservadores con socialistas y con liberales. De ahí que, aunque los nacionalismos de las comunidades comenzaron a proliferar durante la primera mitad del siglo y se mantuvieran para acentuar las tensiones, la lógica del consenso estuvo presente a lo largo del camino.

2. ¿CABE EL POPULISMO DENTRO DEL MOLDE DEL CONSENSO?

La lógica del consenso también explica que la administración pública haya intentado separarse en dos burocracias independientes: una flamenca y otra valona (1931-1932). En 1931 surgió otro partido soberanista flamenco, competidor al *Frontpartij*: la Asociación Flamenca de Solidaristas Nacionales (Verdinasco), de Joris van Severen, tras cuyo fallecimiento se transformó en Unión Nacional Flamenca (VNV). La tónica de este movimiento era que Flandes regresara a formar parte de una gran unión o *Dietsland* de los Países Bajos, que incluía a Luxemburgo y a las colonias africanas (Abramowicz y Haelsterman, 1998: 64). La preferencia electoral a favor del conjunto de partidos flamencos oscilaba entre el 12 y el 15 por 100 en los años treinta del siglo pasado.

Como reacción, en el sur surgió el movimiento Rexista (REX), encabezado por Leon Degrelle, que en la siguiente elección obtuvo 21 diputados (1936). Su acercamiento a Mussolini le valió un pacto con grupos nacionalistas flamencos. Desde luego, el final de fiesta no podía ser halagüeño. Degrelle terminaría como agente SS de los nazis, capitulando ante Hitler en 1940.

Acabada la guerra, el movimiento nacionalista sureño terminaría por contar con una participación electoral estable, de cerca del 4 por 100 de las intenciones de voto a nivel nacional. Sus esfuerzos se traducirían en un primer escaño en las elecciones de 1954.

La consecuencia para los partidos tradicionales fue la reformulación de sus posturas, que tendían a volverse más moderadas (Mabille, 2000). El Partido Católico se transformó en Demócrata Cristiano en el sur, y en Popular Cristiano en el norte. El Partido Liberal se edulcoró, adoptando el nombre de Partido de la Libertad y el Progreso; y el Partido Socialista se alejó de toda alianza con los comunistas.

Esta moderación sirvió en parte para reducir las tensiones entre formaciones extremistas de sur y norte. Aunque no lo suficiente. La Unión del Pueblo (UV), nueva formación nacionalista flamenca, inspirada por el manifiesto Poujadista francés, logró un inesperado 18 por 100 de votos en las elecciones de 1971, con 21 escaños. Pero su tono filofederalista los alejaba de la confianza de otros sectores separatistas (algunos de ellos extremos, como la Orden de Militantes Flamencos, VMO, posteriormente disuelta en 1971 por el tribunal de Amberes por ser equiparada a una milicia privada (Mudde, 2000: 82). El espíritu de negociación también quedó plasmado en el Pacto de Egmont, firmado entre diversas formaciones flamencas en 1977 para promover tanto las comunidades como las regiones, en un esquema cuasi-federal preliminar. Pero el pacto no generaba la unanimidad; un año más tarde surgirían voces discordantes que formaban el Vlaams Blok (Bloque Flamenco, VB).

Partidaria del régimen de consenso, la Constitución de 1993 estableció en definitiva un sistema federal que reconoce la existencia de tres entidades: Flandes, Valonia y la Comunidad de Bruselas, regidos bajo una sola ley nacional. Fue así como, a la postre, Bélgica se convertiría con este ánimo en impulsor de negociaciones fundamentales para pertenecer a la OTAN, a la CEE y las demás etapas de la integración europea. Entonces, si su funcionamiento era consensuado, ¿cómo entender estas diferencias tan marcadas entre flamencos y valones?

II. IMPLANTACIÓN Y DECLIVE POPULISTA: DEL NORTE AL SUR

La clave fundacional de las manifestaciones populistas en Bélgica estuvo en reivindicar sus raíces belgas, pero también europeas, anclándose por un lado a sus orígenes durante los años treinta, pero basándose por el otro en una paradoja, que al menos aquí parecería funcional: la confluencia entre nacionalismo y creación de una Europa de regiones.

Una generación que vivió en carne propia dos guerras mundiales encontró el terreno ideal para hacer crecer movimientos de extrema derecha: todos comprendían qué significaba padecer una amenaza exterior. Escudándose en proclamas proeuropeas, los líderes de estos movimientos se erigían en defensores de una sociedad judeo-cristiana, acorralada por amenazas exteriores (que se volvían cíclicas). La crisis mundial de los energéticos en 1973 parece haber detonado la recomposición de los populismos como fuerzas partidistas.

1. Un sentimiento (nacionalista) que se vuelve programa (populista)

En Flandes se logró integrar, por primera vez, un partido popular-nacionalista, con intenciones de gobierno, planteando un compromiso entre radicalismo y nacional-liberalismo. Una parte del antiguo partido nacionalista *Volksunie* se escindió (considerando que los acuerdos que se estaban gestando tenían tintes profrancófonos), para fundar el *Vlaams Blok* (VB) en 1978.

La construcción identitaria del «otro», dentro del VB, se concebía partiendo del mercado común europeo, que también estaba entre sus prioridades, aunque con tintes más proteccionistas al exterior y marcadamente neoliberales al interior. Como otros líderes de extrema derecha, su fundador, Karel Dillen, sería elegido diputado europeo en 1989. Un programa ultraconservador incluía campañas contra la interrupción del embarazo, la eutanasia, de defensa de la familia tradicional o contra el sida (Mudde, 2000: 106). Los frutos (electorales) más codiciados para su partido serían recogidos en las elecciones de 1991 (10 por 100) y 2004 (24 por 100). Pero este crecimiento sería interrumpido, declinando en Flandes durante los años posteriores por las razones que se analizarán en seguida.

En Valonia, en 1985, se gestó un movimiento semejante: el Frente Nacional (FN), a instancias del médico de Tournay, Daniel Férét, abiertamente inspirado en el Front National francés. Sus estatutos establecían que el movimiento iniciado en Bélgica abrazaba las causas marcadas por su epónimo al sur de las Ardenas (Dumont, 1983); pero no sólo eso: también sus símbolos y plataforma ideológica.

Una vez creado, logró resultados prometedores en las elecciones locales de 1994 (10 por 100) y en las de 2004 (8 por 100). Pero su implantación distó de ser constante. La conducción errática de Férét y su falta de cuadros condenó a este movimiento a asumirse como partido de un solo hombre (Delwit, 2007). Incluso hasta el punto de perder su representación parlamentaria en 2010, y de tener que renunciar al nombre FN, por iniciativa de su homónimo francés. Eso explica su definitivo cambio a Democracia Nacional (DN) en 2011.

Por su parte, la implantación del VB en Flandes parece beneficiaria de un accidente: el acuerdo firmado en 1989 por el conjunto de partidos regionales para rechazar cualquier liga con el VB, conocido como «cordón sanitario» (De Witte y Spruyt, 2004: 127). Lejos de frenar el movimiento (pues el pacto fue olvidado días después), los efectos fueron los contrarios a los deseados: el discurso nacionalista del VB fue desde entonces matizado y reorientado hacia una franja católica y de clases populares.

El éxito que se obtuvo en comicios posteriores fue debido en parte a la estrategia de modernización y normalización sistémica del partido. Al moderar el discurso, se ampliaba la base electoral. Aludiendo a una «mayoría silenciosa», la promesa de campaña de fomentar la iniciativa de consultas referendarias atraía a los electores de los partidos tradicionales.

Con esto, el movimiento flamenco hacía a un lado sus prioridades fundacionales de erigirse en una auténtica nación; su encarnación en partido arrojaba la necesidad de combatir la inseguridad y la inmigración (Camus y Lebourg, 2015: 227). Fue por ello que la ortodoxia flamenca no estaba tan de acuerdo en redirigir el discurso hacia las políticas antiinmigración. En 1988 habría incluso una amenaza de escisión, al acusar a un grupo de desvirtuar al movimiento flamenco por un proyecto pro-Lepenista (por el líder francés del FN). Pero estas diferencias no lo privaban de seguir obteniendo escaños en elecciones posteriores.

Guiados por la inercia, impulsados por la capacidad de organización que fue gestándose en el interior del propio partido (con un entramado de tipo soviético funcionando a todos niveles), el VB obtendría un primer triunfo importante en las elecciones generales de 1991 (10 por 100), que fueron incluso referidas por la prensa como las del «domingo negro» (por los 18 escaños obtenidos en ambas cámaras). La tendencia se confirmaría en las siguientes elecciones de 1995 (12 por 100).

Rompiendo la idea del protagonismo que juegan los dirigentes de partidos populistas, el VB sobrevivió a su primer cambio de dirección en 1996, tras dos décadas (de Dillen a Vanhecke). Todo lo contrario ocurriría en el FN, en plena caída de votos durante las elecciones europeas de 1999, tendencia que continuaría en las regionales de 2000. Aunque aquello también podía implicar que el aumento significativo de votos para el VB en Flandes (15 por 100) restaba votos al FN valón.

Sin embargo, la caída del FN no fue aislada (Faniel, 2001: 1079); de hecho, tanto democratacristianos como liberales (CPV y VLD) sufrieron reveses en las mismas elecciones parlamentarias y europeas. Aquello podía significar entonces que, por primera vez, quienes solían votar por partidos tradicionales estaban empezando a ser convencidos por el movimiento nacionalista flamenco. Esto es, como si todo el sistema partidista, incluyendo al del sur, girara repentinamente en torno al VB.

Inesperadamente, los candidatos del FN obtuvieron en Valonia un voto ocho veces mayor en las elecciones de 2003 (y eso a pesar de que no mostraron demasiado entusiasmo en las campañas). Primero, podría influir la intransigencia del movimiento flamenco, que condujo a constantes acusaciones de unos bandos contra otros. Segundo, el descrédito de las instituciones también jugaba a favor del voto FN, por sólo mencionar los episodios rocambolescos del caso Dourtroux y el encubrimiento de Estado que marcó la política belga de finales de los años noventa del siglo pasado.

Desde 2007 el electorado en Flandes dejó de votar por el entonces transformado en *Vlaams Belang* VB (el Vlaams Blok fue prohibido por racista y se transformó en el *Vlaams Belang* VB) inclinándose por ofertas neopopulistas, encarnadas por nuevas formaciones filoflamencas, como el Partido Libertario de la Democracia Directa (LDD) o la Nueva Alianza Flamenca (NVA), quienes han tenido participaciones respectivas del 5 al 8 por 100 durante las elecciones de 2009; la NVA pasó al 28 por 100 de los votos en las elecciones de 2010; éxito en gran medida debido a su presidente, Bart de Wever, quien enfatizaría su discurso utilizando sistemáticamente el «nosotros» (flamencos) frente a «ustedes» (valones) (Pauwels, 2011: 71).

Tras la virtual disolución del FN, la derecha nacionalista en Valonia quedó reducida al Partido Popular (PP). Su discurso nacionalista laico pretendía evadir la etiqueta de extrema derecha, al pugnar por una Europa de pueblos que reconocía las respectivas particularidades nacionales. Presidido por el abogado Mischaël Modrikamen, pretendía ser una combinación de los programas de la UMP francesa y del PP español. Aunque en realidad se acercaba más a un epígono del FN de Marine Le Pen (Pauwels, 2013: 85). Sin empacho de que se le tachara de populista, su líder denunciaría el multiculturalismo, la inmigración ilegal y la construcción europea, en plena crisis en aquel momento.

Sin embargo, su apuesta soberanista no atrajo el interés del electorado. El declive sufrido en las elecciones de 2010 y de 2014 fue manifiesto. Al parecer, su discurso se alejó del elector típico de esta clase de formaciones, obreras y urbanas; la merma en los resultados se debió en buena medida al desplazamiento hacia las ciudades. Aunque también se dice que cayó, como muchos de estos movimientos, porque acabó siendo un partido de un solo hombre.

2. Los efímeros pactos antiextremismo

Rompiendo un segundo intento por tender un «cordón sanitario» que evitara las alianzas con partidos extremos (tal como fue tratado de revivir por los partidos tradicionales en 2003), los actores políticos terminaron plegándose a pactar con el VB, a condición de que se comportara responsablemente.

En épocas anteriores, el VB había mostrado que no gustaba de ser catalogado como partido extremo. Sus líderes solían firmar desmentidos de prensa y otras estrategias, como purgas o rumores tildando a grupos opositores internos de neonazis o racistas, con tal de no causar escozor entre los electores tradicionales (Abramowicz y Haelsterman, 1998). Otro gesto simbólico ocurrió en 2000, cuando Filip Dewinter, barón del VB, se reunió con dignatarios de la comunidad judía para deslindar a su partido de ataques antisemitas que se estaban produciendo en cementerios judíos, significando con ello que los primeros sospechosos serían los migrantes árabes instalados en la región. El sesgo del discurso se dirigía a partir de ese momento a contenidos antiislamistas.

La estrategia resultó todo un éxito. Durante las elecciones de 2004, el VB llegó a su máximo histórico, con el 23,2 por 100 de votos en las elecciones europeas y en las regionales. No se podía ocultar que, en diez años, su participación había llegado al doble (Tréfois y Fanie, 2007: 5-51). La tendencia parecía irreversible, al menos en Flandes y en la región de Bruselas. Pero estos resultados escondían un declive, que comenzó luego de esas elecciones.

El VB cambiaba de estrategia al ser publicadas unas sentencias en contra de tres asociaciones afines, condenadas judicialmente ante la Corte de Apelaciones de Gante por racismo (2004). Por eso se transformó en *Vlaams Belang* (Interés Flamenco). Encarnando un discurso islamofóbico y un enfoque neoliberal todo indicaba que el partido había cambiado de nombre, pero no de identidad (Coffé, 2005: 211). Todavía en las elecciones regionales de 2006, el balance siguió pareciendo positivo, al lograr la mayoría de votos en la provincia de Amberes. Sin embargo, el tono antisistema se había disipado, entre otras razones, para evitar ser excluidos por el mencionado cordón sanitario.

Pero el cambio de discurso no favoreció al VB. El principal beneficiario de los ajustes fue la Nueva Alianza Flamenca (*Nieuw Vlaamse Alliantie*, NVA), fundada en 2001, aunque con orígenes remotos en la escisión del *Volksunie*. Que entre las elecciones europeas de 2009 y las de 2014, la NVA atrajo votos del electorado VB, de manera que le hizo caer del 9,9 al 4,2 de votos totales obtenidos. La receta de la NVA se había centrado en un discurso mucho más moderado de las aspiraciones flamencas.

Otra posible explicación del declive VB arroja que, para empezar a verse con una cierta normalidad ante la opinión pública, y afianzando su potencialidad de sumarse a la coalición de gobierno, los partidos extremos de este país habrían dejado de serlo; como si el antiislamismo formara parte de la normalidad institucional.

3. Una reconversión antiislamista

Las trazas xenófobas habían estado presentes desde que el VB empezó a ser una opción para ser tomada en cuenta para la coalición de gobierno, bajo la premisa de limitar la entrada legal a aquellos migrantes europeos que estuvieran asimilados a la cultura (flamenca). Desde los años noventa planteaban reducir la posible construcción de sociedades multiculturales. Sin decirlo en esos términos, planteaban una suerte de *Apartheid*, donde flamencos e inmigrantes debían vivir separados. El plan establecía medidas de repatriación a los no-europeos; limitaciones al derecho de propiedad; reducción de beneficios sociales y ayudas a los hijos (incluida la separación de los sistemas de seguridad social flamenco y valón); medidas que podría ser implementadas cuanto antes (De Witte y Spruyt, 2004: 132). Los inmigrantes eran retratados como un lastre financiero de desocupados; como terroristas en potencia, que se dirigían irremediablemente hacia el fundamentalismo islamista. La tarea de VB no podría ser otra que «evitar que Bruselas se vuelva la ciudad más al norte del Magreb».

De las múltiples explicaciones para entender la generalización del discurso antiislamista entre los partidos (comandados por los de corte populista) se puede empezar por la tendencia a sobredimensionar la percepción pública del número de musulmanes que viven en Europa.

Un primer elemento federador para los nacionalistas se basa en que las pasadas generaciones suelen concebir los beneficios sociales como parte del patrimonio cultural y familiar de los europeos, así como de la cancelación inminente de estos beneficios si se acepta un crecimiento desmedido de la migración musulmana (incluida la de segunda o tercera generación; incluso la ya asimilada a la cultura occidental). En la actualidad, viven 400.000 musulmanes en Bélgica (más o menos como en Suiza), pero existen indicios para considerar que la percepción promedio en Europa muestra que se tiene la impresión de que son por lo menos el doble de extranjeros (Transatlantic Trends, 2009: 6-9). De toda esta descripción, pareciera entonces que el estado que guarda el populismo en Bélgica es más saludable y prometedor que nunca. Si bien, otros elementos podrían significar contenciones silenciosas a su proliferación.

III. ¿ES POSIBLE CONTENER LA PROLIFERACIÓN POPULISTA?

En Bélgica, los altos y los bajos de participación a favor de partidos populistas pueden explicarse a partir de la desilusión que causa que estos partidos formen parte del gobierno. La dinámica antisistema siempre es mucho más eficaz cuando no se gobierna; esto es, cuando se actúa desde la oposición, debido a que su parte más rentable se gana al denunciar las injusticias y los escándalos que supuestamente gangrenan (sólo) a los partidos tradicionales.

También suele ocurrir que al gobernar, los populistas tienden más bien a desmantelar los beneficios sociales instaurados por socialdemócratas; acaso mantenidos por democratacristianos. Al fragmentar esfuerzos, incluyendo a partidos populistas en las dinámicas coalicionales, estos gobiernos se vuelven difícilmente estables; incapaces de generar un compromiso electoral de larga duración entre los votantes. Tal vez la contención de los movimientos populistas se encuentre dentro de ellos mismos. Como si aquella contención estuviera estratégicamente escondida dentro de las instituciones.

1. Resistencias institucionales al populismo

La implantación de formaciones populistas en Bélgica (que como hemos visto, no es repentina; data de finales del siglo XX) condujo a sus instituciones a actuar responsablemente. La autoridad del Estado no debía repetir los errores del pasado, apelando a la corrección política, que pudiera pronunciarse por una cómoda neutralidad de los actores.

En Bélgica, las extremas derechas han ido mejorando sus resultados electorales ante factores amenazantes que afronta el Estado democrático (precariedad del empleo, inmigración ilegal, terrorismo). Pero cuando funcionan eficientemente, las instituciones logran contener el crecimiento del populismo.

Decíamos que los movimientos populistas tienden a declinar en cuanto se convierten en gobierno. Pero cuando eso ocurre, el declive de tales partidos se explica por causas endémicas. Sea por diferencias ideológicas o por veleidades personales de sus dirigentes. En Bélgica, el número de electores que votan por partidos de extrema derecha se mantiene en niveles menores a los de países cercanos, como Suiza, Holanda o Austria. Pero esto no ocurre por falta de voluntad; en Bélgica, más bien, podría decirse que los votos a su favor no crecen más porque las formaciones populistas no han logrado federarse. Aunque no sólo por eso.

Las instituciones y los partidos tradicionales de este país han generado (así sea sin planearlo) un dique contra el avance de movimientos de extrema derecha. Como muestra, tres leyes que afirman el sentido representativo de la democracia. En primer lugar, el voto obligatorio. A diferencia de otros países europeos que lo contemplan, en Bélgica se imponen multas a quienes no acuden a votar, además de inelegibilidades a los reincidentes, con lo que la participación supera siempre el 90 por 100 del electorado. Esto es significativo si consideramos que la abstención suele ser aliada de los populismos.

Un segundo ejemplo, la determinación legal de consultas referendatarias, que ha sido a tal grado restringida en Bélgica, dado que de 1950 a la fecha se ha producido una sola consulta. En tercer lugar, la ley de 12 de febrero de 1999 que limita el rembolso de gastos de campaña a aquellas formaciones respetuosas de normas constitucionales y comunitarias (incluida la Convención Europea de Derechos Humanos). De ahí que las formaciones partidistas que se muestren hostiles frente a derechos y libertades derivadas de dichos instrumentos protectores de la dignidad de la persona podrían no ser rembolsadas.

Otro aspecto que ilustra la contención que ejercen las instituciones, lo encontramos en el estatuto constitucional de la oposición (Delpérée, 2013: 137). La segunda posguerra trajo consigo no sólo la posibilidad de expresión divergente frente al poder actual; ni siquiera el reconocimiento de un contrapeso partidista. Su reglamentación debía dirigirse a subrayar el requisito de la *buena* oposición, leal a los propósitos buscados por las leyes. Una oposición que evita ser antisistema (Weinblum y Brack, 2011: 13-27). Para garantizar la heterogeneidad de la oposición (y de paso, su sentido de lealtad), el sistema constitucional belga identificó tres espacios que debían funcionar de manera coordinada: el sistema electoral, el sistema federal y los mecanismos de protección de las minorías (Verdussen y Romainville, 2016: 66-69).

A partir de las elecciones europeas de junio de 1999 se aprecia en el tablero electoral de ese país un comportamiento bastante claro: el electorado evitó favorecer a partidos que tuvieran un comportamiento acomodaticio (evitando votar por alianzas electorales que se presentaron con el evidente propósito de ganar escaños, pero que brillaban por su falta de coherencia ideológica o política). Para estas elecciones era un hecho que, tanto en Flandes como en Valonia, la democracia cristiana (CVP y PS, respectivamente) había dejado de ser la opción con más votos, para ceder ese lugar a los liberales (VLD). Fue también en ese momento cuando el VB obtuvo su máximo histórico.

Lo cierto es que tanto los partidos tradicionales como los populistas incorporaron en su discurso la agenda que años antes era exclusiva de las extremas derechas, en cuanto al contenido xenófobo, al temor por la inseguridad (Ebata, 1997: 220) y más recientemente, al antiislamismo. El grito «todos podridos» fue encontrando eco, también en partidos tradicionales; con lo cual, no fue necesario votar a las extremas derechas para dar cauce a los reclamos antisistema.

2. Otros aspectos legales que acotan al populismo belga

Los partidos populistas de Europa han logrado aprovecharse de la crisis de la representación política centrando su estrategia en atraer el voto de los «invisibles» (Rosanvallon, 2014). Recientemente, los populistas belgas han optado por la estrategia de jugar con reglas democráticas (como ocurrió con el Frente Nacional de Marine Le Pen), simulando ofrecer un programa normal de gobierno, que esconde flagrantes elementos antidemocráticos. Pero decíamos que gobernar no suele ser el negocio de estas formaciones.

Bélgica forma parte de las raras excepciones nacionales donde un partido de extrema derecha forma hoy parte de la coalición gubernamental. Aquello ha ocurrido desde hace pocos años; al igual que la mayoría de los partidos populistas, los nacionalistas flamencos fueron construyendo su capital político en las filas de la oposición; si bien, su estrategia y discurso busquen más el descrédito hacia los partidos tradicionales que opciones reales de gobierno frente al electorado. Dicho de otra forma, estando en las filas opositoras, no solían comportarse como *oposición leal* al gobierno; se acercarían más a funcionar como *oposición antisistema*.

Otra explicación también tiene que ver con las instituciones. El modelo belga de oposición se ha vuelto más heterogéneo que en otros países, debido en parte a que el sistema normativo ha propiciado que se generen condiciones para fragmentar aún más al número de partidos compitiendo por los puestos de elección. Dicha fragmentación se explica por diversos motivos. Entre otros:

a) *El sistema de representación proporcional.* Tanto a nivel de las regiones como de las comunidades, la composición de las dos asambleas representativas se define a la proporcional pura (art. 29 de la Ley Especial de reformas institucionales de 8 de agosto de 1980). Actualmente, en la Cámara de Representantes, la oposición emanada de la elección del 25 de mayo de 2014, se integra por 9 partidos (Dumont & El-Berhoumi, 2014: 335). Sobra decir que nombrar a un solo jefe (bajo el esquema del *shadow cabinet*) sería inviable debido al número tan elevado de partidos.

b) *El federalismo.* Tanto la federación como las dos comunidades y las dos regiones disponen de su propio parlamento. Dentro de estos tres, existe una lista de partidos opositores. Aquello implica que determinados partidos que forman gobierno en una asamblea fungen simultáneamente como oposición en la otra. También desde 2014, el populista NVA (Nueva Alianza Flamenca) forma parte del gobierno federal (junto con partidos democratacristianos y liberales). Lo mismo ocurre en la comunidad de Flandes; sin embargo, el mismo partido es oposición en Valonia, donde la coalición de gobierno la integran socialistas y centristas.

c) *La protección de minorías.* La legislación contempla «leyes especiales», según las cuales, flamencos y valones deben pronunciarse por dos tercios de las dos asambleas para poder aprobar sus leyes. Se trata de leyes que, con frecuencia, suelen causar diferencias entre las comunidades.

Respecto de los mecanismos parlamentarios previstos en Bélgica, éstos son semejantes a los de otros países europeos (moción de censura; voto de investidura e interpelaciones ministeriales). Adicionalmente, el artículo 54 de la Constitución establece un mecanismo original, conocido como «válvula de seguridad», que consiste en la posibilidad para una de las comunidades de invocar una «moción motivada», que se envía a la coalición (concretamente, al Consejo de ministros) para que sea éste quien efectúe una conciliación sobre la posible negación de derechos a una de las dos comunidades. Su determinación podría implicar una declaración de nulidad de actos considerados discriminatorios (por motivos ideológicos o filosóficos), según lo dispuesto por el artículo 10 de la Constitución. Lo cierto es que este segundo mecanismo ha sido implementado únicamente en dos ocasiones: 1985 y 2010, sin resultados concretos; incluso se dice que es empleado más como elemento de obstrucción de la mayoría que para proteger a las minorías (Verdussen, 2013: 62-63).

d) *El Contencioso constitucional.* Los partidos que integran la oposición no detentan, por sí mismos, el derecho de iniciar un litigio constitucional; como iniciador único, la atribución sería exclusiva del presidente de la asamblea. La oposición podrá hacerlo cuando hubiera reunido al menos dos terceras partes de los miembros de la asamblea respectiva. Si consideramos que las formaciones populistas difícilmente sobrepasan de una tercera parte de las asambleas, este factor se erige en Bélgica como una razón institucional que requiere la negociación con otros partidos para consensuar los argumentos de una demanda de inconstitucionalidad; esto nos conduce de nuevo a la lógica consensual del sistema. ¿Se logrará entonces construir un consenso constitucional a favor de los movimientos populistas?

El desarrollo de numerosas manifestaciones populistas en Bélgica ofrece uno de los cuadros más accidentados y complejos del continente. Diferentes partidos que se aproximan a las características del populismo han sobrevivido a constantes ajustes institucionales (por sólo mencionar la instauración del federalismo con la Constitución de 1993). De manera instintiva, estos movimientos se han aferrado al sistema de partidos, en buena medida por coincidir con el despertar de un nacionalismo exacerbado que vive ligado al pasado; pero sobre todo por el sentimiento de exclusión social que campea entre sus electores; por la inseguridad que suele sobredimensionarse frente a hechos reales, como las migraciones o el terrorismo.

Otra verdad evidente es que estos movimientos han sobrevivido a sus propios fundadores, frecuentemente reacios a entablar acuerdos, proclives a radicalizar su discurso (incluso frente a otros partidos con postulados afines). De entre todos, sólo el VB muestra un movimiento continuo; en gran medida por haber sido originado e impulsado por el movimiento flamenco. Y eso que, durante muchos años, no tuvo participación, a ningún nivel de gobierno, dentro de las coaliciones mayoritarias.

La errática medida de pretender excluir su movimiento a través de un «cordón sanitario» significó una coartada para victimizarse frente a los partidos tradicionales. Y también otorgó a este partido la mejor opción de conducirse como «partido impulsor» (o *whip*), evitándole con ello el riesgo de verse obligado a moderar su discurso.

La implantación de estos movimientos en Valonia es bastante más problemática que en Flandes. Partidos como el FN, LDD o el PP fueron fundados sin una base popular importante. Su avance estaba condicionado al impulso de sus fundadores; léase a sus notoriedades personales (Pauwels, 2013: 88). Sobre la particular obstinación de sus líderes, personajes como Dedecker, Féret y Modrikamen nunca apostaron por la normalización democrática de sus respectivos movimientos.

Decíamos que pocos advirtieron lo rentable que fue la estrategia del Frente Nacional francés, que, en voz de Marine Le Pen, logró «des-demonizar» su movimiento (Dézé, 2015: 34-50). O tal vez sea que al mutar las agendas, los partidos tradicionales están respondiendo a los temas preferidos del elector antisistema, que anteriormente sólo se veía reflejado en los programas de los populistas, como ocurrió con un número importante de votos tradicionalmente del FN que fueron a dar a Sarkozy en Francia durante las presidenciales de 2007.

Todo indica que los partidos nacionalistas de Bélgica seguirán siendo un elemento de afirmación identitaria (flamenca o valona) en vez de buscar la unidad de un proyecto populista, concebido para todo el territorio (Abramowicz, 2005). Sus líderes parecen poco interesados en formar parte de la coalición que gobierna. Su muy parroquial prioridad está más bien centrada en la sobrevivencia de sus estructuras burocráticas o, en el mejor de los casos, en reivindicar a sus respectivas comunidades regionales. Los electores insatisfechos con los partidos tradicionales podrían sufrir otro desencanto con los populistas, al concluir que votar por ellos implica desperdiciar su voto (Rummens y Abts, 2010: 663); o, por qué no, el declive en sus votos podría también implicar que el descontento social empieza a cuestionar incluso a los movimientos populistas... Una oportunidad más para que los partidos tradicionales apuesten por el futuro.

El VB dice: «Inmigración, ilegales, islamización: ¡morded la espada!».

El VB exhorta a elegir entre la libertad (el bikini) o el Islam (el sometimiento de la mujer): «¿Libertad o Islam? Atrévete a elegir». La chica que posa en bikini y burka es la hija del líder del VB Filip Dewinter. Foto: Wendy Marijnissen, Aaartselaar, Bélgica, 2012.

Capítulo 28

SYRIZA: EL POPULISMO EN LA CUNA DE LA DEMOCRACIA

Jorge del Palacio Martín

SUMARIO: I. Introducción. II. El ascenso de Syriza. III. Modelo organizativo y estrategia. IV. La retórica populista de Syriza. V. Conclusiones.

I. INTRODUCCIÓN

Entre 2009 y 2015 el partido político Syriza, acrónimo que significa «Coalición de la Izquierda Radical», ha pasado de ser una fuerza minoritaria en el parlamento griego, con el 4,60 por 100 de los votos, a gobernar el país, llegando a obtener el 36,3 por 100 de los votos en las elecciones celebradas en enero de 2015. Este espectacular crecimiento ha hecho que el fenómeno Syriza, así como su joven y carismático líder Alexis Tsipras, hayan llamado poderosamente la atención tanto de la prensa internacional como del mundo académico. A modo de anécdota, en agosto de 2012 el semanario alemán *Der Spiegel* publicó un artículo sobre el auge del populismo en el viejo continente y en el que consideraba a Tsipras entre los diez políticos más peligrosos para Europa.

Como han señalado Olsen, Koss y Hough en su libro *Left Parties in National Governments*, la posibilidad de éxito electoral de los partidos de izquierda radical viene determinada, en buena medida, por la ausencia de un partido socialdemócrata fuerte que pueda capitalizar el voto de la izquierda en un sentido amplio (Olsen, Koss y Hough, 2010). Ciertamente, en el caso griego el ascenso de Syriza coincide con el hundimiento del PASOK en el contexto de la crisis económica y financiera iniciada en 2007-2008, cuyos efectos fueron especialmente severos en el sur de Europa. Un partido, en definitiva, que entre 2009 y 2012 perdió el 30,74 por 100 de los votos, pasando de 160 parlamentarios a 41.

Sin embargo, Syriza no era la única fuerza minoritaria perteneciente a la familia de la izquierda griega que aspiraba explotar el desplome del PASOK y ocupar su lugar. Al contrario, Syriza compartía un mismo espacio político con el KKE (Partido Comunista de Grecia). Y también compartía el objetivo de ocupar el espacio dejado por el PASOK con DIMAR (Izquierda Democrática), partido de corte socialdemócrata fundado en 2010 como escisión del partido Synaspismós (SYN), el principal partido de la coalición que dio vida a Syriza en 2004. En este capítulo trataré de reflejar que el éxito de Syriza frente a sus competidores se debe a su capacidad de adaptación, tanto organizativa como discursivamente, al contexto de competición electoral generado por la crisis.

II. EL ASCENSO DE SYRIZA

El ascenso de Syriza en el escenario político griego no puede disociarse de las condiciones excepcionales que generó la crisis económica en el país heleno. En Grecia, al igual que en la mayoría de los países del sur de Europa, la crisis iniciada en 2008 se tradujo pronto en una grave crisis política, social e institucional cuyas consecuencias produjeron importantes cambios en el sistema de partidos. De manera significativa, la crisis y sus efectos vinieron a poner fin a la competición política bipartidista que había presidido la vida política griega desde la instauración de la Tercera República en 1974, tras siete años de «Dictadura de los coroneles». Desde los años setenta, tanto el PASOK, en representación del centro-izquierda, como la Nueva Democracia (ND), en representación del centro-derecha, sumaron sistemáticamente más del 80 por 100 de los votos en cada elección parlamentaria. Mientras que el Partido Comunista Griego (KKE) se situaba en tercera posición (Pappas, 2013).

Las elecciones de 2007 señalaron por primera vez unos comicios en los que la suma de los votos de los dos principales partidos no superó el 80 por 100, quedándose en el 79,9 por 100. Y las elecciones de 2009, ya en plena crisis, confirmaron la tendencia descendente del PASOK y ND, al registrar, juntos, el 77,4 por 100 de los votos. Sin embargo, las elecciones de 2012 significarían un verdadero terremoto para el sistema político heredado de los años setenta. Un verdadero antes y un después en la política griega, pues los dos principales partidos solamente sumaron un 42 por 100 de los votos abriendo la puerta a un nuevo escenario político. Entre las características principales de este nuevo sistema de partidos que emergió de las elecciones de 2012 cabría destacar el nacimiento de nuevos sujetos políticos como DIMAR (Izquierda Democrática), el partido de derecha ANEL (Griegos Independientes), To Potami (El Río) y la instauración de una nueva suerte de bipartidismo: Syriza *vs* ND (Teperoglou y Tsatsanis, 2014). Y también debe asociarse al escenario político de la crisis el ascenso electoral en 2012 del partido de extrema derecha Amanecer Dorado (Ellinas, 2013).

Para entender el hundimiento del PASOK y su progresiva sustitución en el sistema de partidos griego por Syriza no puede perderse de vista que en abril de 2010, ante la perspectiva de entrar en *default*, el gobierno socialdemócrata de Papandreou aceptó un paquete de medidas de rescate que incluía severas políticas de ajuste para el país. Syriza encontró en ese momento la posibilidad de convertirse en la voz de la oposición criticando al PASOK por haberse convertido en el brazo ejecutor de la «Troika». Léase, de la Comisión Europea, Banco Central Europeo y el Fondo Monetario Internacional. Este rápido posicionamiento de Syriza provocó una primera fuga de cuadros y votantes del PASOK al partido liderado por Tsipras (Klapsis, 2015). Sin embargo, podría decirse, siguiendo a Bosco y Verney, que el verdadero punto de inflexión que determina el éxito de Syriza se encuentra en la segunda mitad del año 2011. Periodo histórico que marca un antes y un después para los sistemas de partidos de las democracias del sur de Europa. Pues tanto Portugal, como España, Italia y Grecia sufrieron cambios de gobierno forzados por la evolución de la crisis de la deuda soberana en la Eurozona. En concreto, noviembre de 2011 marcó un momento de excepción, pues tanto Papandreou, como José Luis Rodríguez Zapatero y Silvio Berlusconi dimitieron en el lapso de 18 días. La caída en cadena de los cuatro gobiernos del sur de Europa en el periodo en 5 meses —el portugués José Sócrates dimitió en junio— generó un descrédito generalizado de los partidos tradicionales y puso su autonomía frente a la «Troika» en entredicho (Bosco y Verney, 2012).

Precisamente, el impacto de la crisis en los países del sur de Europa trajo, por tanto, una erosión generalizada de la base electoral de los partidos tradicionales y, de manera consecuente, generó un contexto de oportunidad creciente para los partidos que quisieran aprovechar la creciente movilización social contra las medidas económicas impuestas por la Unión Europea. Este es el escenario que explica el crecimiento del Bloco de Esquerda en Portugal, de Podemos en España, del M5S en Italia y, también, de Syriza en Grecia. Salvo en el caso del M5S, cuya naturaleza ideológica es más compleja, todos ellos ejemplifican casos de partidos con raíces en la izquierda radical que han crecido en el contexto de la crisis recurriendo a una retórica populista.

Así como en España la pérdida de apoyo electoral del PSOE sería aprovechada por Podemos, en el caso griego el colapso del PASOK en las elecciones de 2012 sería ocupado de forma espectacular por Syriza. En esta estrategia de ascenso pueden distinguirse, de forma clara, dos fases diferenciadas. La primera fase se abre con la firma, por parte del gobierno griego de Papandreou, del primer plan de ajuste económico en mayo de 2010 y se cierra con las elecciones de mayo y junio de 2012. Elecciones que convirtieron a Syriza en el principal partido de la oposición en Grecia. Esta fase resulta crucial, pues coincide con las manifestaciones masivas por parte del movimiento de los «Indignados» griegos, que Syriza apoyó plenamente e hizo funcionales a su estrategia. La segunda fase puede considerarse de consolidación política y engloba la victoria de Syriza en las elecciones europeas de 2014 y las históricas victorias en las elecciones al parlamento griego de enero y septiembre de 2015 ya como partido unificado y no como coalición (Tsakatika, 2016).

III. MODELO ORGANIZATIVO Y ESTRATEGIA

Tal y como ha señalado Myrto Tsakatika, el contexto generado por la crisis económica en Grecia, combinado con el gobierno conservador de Nueva Democracia desde junio de 2012, se convirtió en un escenario de oportunidad para los partidos minoritarios de izquierda o centroizquierda en la oposición —Syriza, DIMAR, KKE o To Potami— que buscaban desplazar al PASOK. Debido, sobre todo, a que se encontraban mejor posicionados que ningún otro para satisfacer cuatro demandas. En primer lugar, existía una ocasión clara para apelar a la unidad de la izquierda en oposición a la derecha en el poder recuperando, simbólicamente, la idea del Frente de Liberación Nacional de los años cuarenta. En segundo lugar, el auge de una opinión pública euroescéptica favorecía a los partidos minoritarios que, con mayor o menor intensidad, habían incorporado un discurso crítico con la Unión Europea frente al europeísmo, y colaboración en la implementación de las políticas de la UE, de los partidos tradicionales. En tercer lugar, las severas políticas de ajuste de la Unión Europea suponían un contexto de oportunidad para los discursos contra la austeridad. Y, en último lugar, la crisis generó un espacio creciente para los discursos contra los partidos tradicionales, a los que se asociaba con una gestión corrupta y una incapacidad probada para gestionar la situación de crisis. Según Tsakatika, el éxito de Syriza se debe, en buena medida, a la capacidad del partido liderado por Alexis Tsipras para dar la mejor respuesta estas cuatro demandas (Tsakatika, 2016).

A la hora de entender la mejor capacidad de adaptación de Syriza al contexto generado por la crisis —por ejemplo, frente a la escasa capacidad de maniobra de su tradicional rival por el control de la izquierda radical, el Partido Comunista Griego (KKE)—, debe considerarse el recurso del partido de Tsipras a una retórica populista capaz de ir más allá del discurso de clase del KKE e integrar a nuevos movimientos a través de la apelación al «pueblo», resulta crucial. Sin embargo, antes de atender a este aspecto merece la pena analizar la naturaleza organizativa de ambos actores, pues también ofrece información relevante sobre la distinta capacidad de adaptación de ambos partidos al nuevo contexto. Sabemos, gracias al trabajo clásico de Angelo Panebianco *Modelos de partido*, que el momento fundacional de los partidos, y el modelo que se deriva del mismo, condiciona en buena medida la vida de la organización (Panebianco, 2009). En el caso griego, tanto el origen ideológico como el modelo organizativo del KKE y de Syriza predispondrá a ambos movimientos a opciones y desarrollos distintos.

En este sentido, la estructura cerrada y centralizada del Partido Comunista Griego, combinada con una acción tradicionalmente orientada a los militantes y a la representación de los intereses de los grupos afines, terminó jugando en contra de la posibilidad del KKE de abrirse manera rápida y efectiva a la proliferación de movimientos sociales que, a partir de 2011, cristalizarían en el fenómeno de los «Indignados». Un fenómeno que en Grecia nace de la movilización a través de las redes sociales y sin un origen de partido. En cambio, Syriza apoyó activamente los movimientos de protesta contra el sistema, cuyo discurso estaba preñado de un fuerte componente antipolítico. Y participó de forma relevante en las asambleas organizadas por los «Indignados» en la plaza Syntagma de Atenas. Finalmente, terminó arropándolos con un discurso en el que se ofrecía una narrativa que explicaba y justificaba el nacimiento de la protesta (Tsakatika y Eleftheriou, 2013).

Syriza fue fundada en 2004. No como partido único, forma que tomaría en 2012 una vez consolidado como primera fuerza de la oposición, sino como coalición. Como constelación de diversos partidos minoritarios de izquierda e izquierda radical, entre los que podían encontrarse desde socialdemócratas hasta excomunistas, marxistas-leninistas, trotskistas, maoístas, ecologistas, etc. Hasta que el escenario de crisis catapultó a Syriza al poder, el partido de Tsipras vivió sus primeros años estancado electoralmente, oscilando entre el 3 por 100 y el 5 por 100 de los votos. En general, se mantuvo aferrado a un discurso de corte antiliberal y anticapitalista genérico, más o menos antisistema, que le permitió hacer suyas las demandas de protección de los derechos de las minorías étnicas, religiosas, lingüísticas y sociales, así como los de los inmigrantes (Klapsis, 2015).

En todo caso, no cabe duda de que la naturaleza organizativa de Syriza favoreció su capacidad de apertura a nuevos movimientos. Sobre todo porque su condición de coalición de partidos, unido al pluralismo interno de la organización y a su énfasis en la democratización de la vida interna de la organización, facilitó la incorporación de nuevos colectivos de protesta contra el sistema. Así como la posibilidad de integrar sus demandas a través de un nuevo discurso. Nótese, sin embargo, que a pesar de que Syriza respondió a la forma de coalición de partidos, al menos hasta 2012, el 80 por 100 de sus cuadros —entre ellos, el propio Alexis Tsipras—, activistas y votantes son patrimonio del principal partido de la coalición: SYN (Synaspismós) (Tsakatika y Eleftheriou, 2013). Se trata, en este caso, de un partido fundado en 1991 —aunque con vida como coalición desde 1988— como escisión del KKE. Un partido que, siguiendo la lógica de reconversión de los partidos comunistas europeos tras la implosión de la URSS, se presentó ante la opinión pública como socialista, democrático y pluralista, jugando un papel especial como aliado del PASOK. Lo que, retrospectivamente, ha facilitado el trasvase de votos de una formación a otra en el contexto de crisis. Siguiendo el trabajo clásico de Kalyvas y Marantzidis, cabe señalar que SYN innovó la vida ideológica de la izquierda griega mostrando atención a los valores postmateriales de la llamada «Nueva izquierda». Léase, el ecologismo o el feminismo, y sintonizando con los discursos antiglobalización, antinacionalismo y proinmigración de los años noventa. Todo con el objeto de atraer hacia la izquierda excomunista a nuevos votantes jóvenes, urbanos y profesionales (Kalyvas y Marantzidis, 2002).

La cultura política del SYN impregna el proyecto de Syriza como coalición desde su propia fundación. Y, de alguna manera, puede decirse que ha determinado sus líneas de desarrollo. Pues la principal estrategia de crecimiento de Syriza se ha proyectado en dos terrenos. Primero, incorporando progresivamente las demandas de los movimientos sociales a través de un discurso crítico con el sistema capitalista, a la par que rechazando de manera vehemente cualquier tipo de coalición, presente o futura, con el PASOK. Segundo, a través de la participación en las acciones de protesta, arropando a los movimientos sociales, pero respetando su autonomía (Tsakatika, 2016).

IV. LA RETÓRICA POPULISTA DE SYRIZA

Distintos autores han señalado en la introducción a este volumen que el populismo puede ser definido como una ideología que trabaja sobre dos axiomas principales e irrenunciables. Según el primero, «democracia» significa exclusivamente gobierno del pueblo (Meny y Surel, 2002; Kriesi, 2014). En virtud del segundo, se da por hecho que toda sociedad está atravesada por una división esencial entre dos grupos homogéneos y antagónicos y que la política debe asumir este escenario. De un lado estaría el pueblo, entendido como sujeto moral colectivo y representante de una voluntad única. En el otro polo estaría la oligarquía, entendida como la élite política que ha secuestrado la democracia para su provecho (Canovan, 1981; Mudde, 2004).

A continuación, se explicará por qué Syriza puede considerarse un partido populista por el uso intensivo de un discurso que cumple con ambos criterios de demarcación. Sin embargo, a diferencia de otros partidos protesta del sur de Europa que crecen o se fundan al calor de la crisis económica y financiera —léase, el Movimiento Cinco Estrellas (M5S) o Podemos—, el partido liderado por Alexis Tsipras no nace populista. Al contrario, a través del análisis de sus discursos se hace evidente que en el caso de Syriza nos encontramos ante un partido de izquierda radical que se va haciendo populista a medida que el contexto privilegia esa opción estratégica.

En un interesante artículo sobre el discurso populista de Syriza de Yannis Stavrakakis y Giorgos Katsambekis, se ofrece evidencia empírica que permite visualizar un cambio radical en la retórica del partido. En el discurso ofrecido por Alexis Tsipras en la plaza Kotzia de Atenas en septiembre de 2009 la palabra «pueblo» fue utilizada en cinco ocasiones. En el discurso que Tsipras dio en la plaza Omonia de Atenas tres años después, en 2012, el líder de Syriza se refirió al «pueblo» en 51 ocasiones. A mayor abundamiento, en la campaña electoral de 2012 el periódico del partido, *Avgi*, llevó a portada titulares como «El pueblo y la izquierda para la nueva Grecia» (5 de mayo de 2012), «No corromper el mandato del pueblo» (8 de mayo de 2012), o «Una victoria para la izquierda, una victoria para el pueblo» (15 de junio de 2012). Sin embargo, ninguna de las portadas que acompañó las campañas de 2004, 2007 o 2009 hacía un uso tan intensivo y explícito de la apelación al «pueblo» (Stavrakakis y Katsambekis, 2014).

Del mismo modo, la incorporación del concepto «pueblo» se encuadra en una visión antagonista de la política. Como se analizó en la introducción a este volumen, el populismo trabaja de forma intensa sobre la lógica schmittiana amigo-enemigo. Y el enemigo del pueblo suele estar encarnado por la élite política. En el discurso de Syriza la fuerza movilizadora de esta lógica antagónica pueblo-élite se encarna en un relato simple, pero que se ha mostrado muy eficaz: el pueblo y su soberanía están siendo agredidos por medio de las políticas de austeridad implementadas por la élite política. En esta narrativa, la élite política que ha sometido al pueblo a través de las severas políticas de ajuste tiene un doble significado. *Ad intra*, por élite política puede entenderse a los partidos tradicionales griegos: ND, PASOK, DIMAR o LAOS. *Ad extra*, el enemigo es el neoliberalismo y las instituciones que, según el discurso de Syriza, lo defienden y amparan: el Fondo Monetario Internacional y la Unión Europea (Stavrakakis y Katsambekis, 2014).

Merece la pena reseñar que el discurso populista de Syriza también encuentra uno de sus enemigos principales en la Alemania de Angela Merkel, a quien considera la principal impulsora de las políticas de austeridad aplicadas en Grecia a través de los planes de ajuste. Al definir a Alemania como enemigo Syriza establece un paralelismo entre el presente y el pasado, señalando la similitud de la situación actual con la resistencia frente a la ocupación de Grecia por las fuerzas alemanas durante la Segunda Guerra Mundial. Más aún, en la retórica desplegada por Syriza los «memorándum» han sido descritos como los instrumentos a través de los cuales los gobiernos extranjeros y la llamada «Troika» han impuesto su voluntad sobre el pueblo heleno. Y, por ende, las fuerzas políticas que aceptaron y aplicaron los planes de ajuste en Grecia han sido tildados de «colaboracionistas» (Klapsis, 2015). Este paralelismo histórico ha servido a Syriza para vincular simbólicamente la acción de su partido en defensa de los intereses de los griegos con el papel histórico del Frente de Liberación Nacional. En este sentido, Syriza no ha perdido la ocasión de explotar el valor simbólico de tener en sus filas a Manolis Glezos, héroe de la resistencia frente a la ocupación nazi (Tsakatika, 2016).

V. CONCLUSIONES

En este capítulo se ha tratado de mostrar que la transición realizada por Syriza de un discurso de izquierda radical a una retórica de corte populista en el periodo de mayor impacto de la crisis de la deuda soberana griega, entre 2009 y 2012, se encuentra entre las principales razones, además de su mayor versatilidad organizativa, que permiten entender la transición de Syriza de partido minoritario de oposición a principal partido de la izquierda en Grecia. Incluso después de haber sufrido una escisión —Unidad Popular— tras la aceptación por parte del gobierno de Tsipras del tercer rescate.

A modo de conclusión, resulta interesante hacer notar que la progresiva intensificación del discurso populista en Syriza ha ido acercando al partido de Tsipras a un registro político nacionalista ajeno a la tradición de su partido. Al menos, a la tradición del SYN. En este sentido, puede decirse que el éxito del discurso populista de Syriza, con su énfasis en la defensa de los intereses y de la soberanía del pueblo griego, ha contribuido a difuminar en un grado considerable las diferencias clásicas entre izquierda y derecha. En este sentido, puede decirse que el giro populista de Syriza ha redefinido la vida ideológica griega al punto de hacer real un gobierno que antes de la crisis resultaría, al menos, paradójico. No en vano, el principal apoyo de Tsipras en sus dos gobiernos ha sido y es el partido conservador y nacionalista ANEL, fundado por Panos Kammenos como escisión de Nueva Democracia en 2012 (Klapsis, 2015). Nótese, por ejemplo, que en el referéndum del 5 de julio de 2015 convocado por el gobierno de Tsipras para dar al pueblo griego la posibilidad de pronunciarse sobre la oferta de la «Troika» —y que ganaría el «no» por un aplastante 61,31 por 100 de los votos—, Syriza se posicionó a favor del «no» junto a ANEL y Amanecer Dorado. Mientras que el «sí» fue defendido por el PASOK, ND y To Potami. El Partido Comunista Griego (KKE) se mostró en contra de las dos opciones.

El recuadro dice: «De todo se culpa a SYRIZA» o también «Toda la culpa es de SYRIZA», y al lado dice: «Vuelco en Grecia, cambio en Europa». Las líneas donde cuelgan los ahorcados incluyen nombres, instituciones y sociedades como Merkel, FMI y Moody's, CDS y a sus pies se incluyen nombres de pila griegos como Constantino, Dimitris, Cristina, Jorge, etc. El triunfo de Syriza se anunció con cierto entusiasmo como el inicio en Europa de una revolución que todavía no ha llegado.

Cartel de Syriza en el que se anuncia: «17 de junio de 2012: el día de la desaparición de los dinosaurios». En realidad los dinosaurios, sobre todo el PASOK, tardaron algo más en desaparecer, pero la gran alianza fue letal para este último.

CAPÍTULO 29

¿LA DESCONSOLIDACIÓN DE LA DEMOCRACIA EN HUNGRÍA? VIKTOR ORBÁN Y SU TEORÍA POPULISTA DE LA DEMOCRACIA ILIBERAL

Ángel Rivero

SUMARIO: I. ¿Crisis de la democracia en Hungría? II. La revolución de 1956 y la corta historia de la democracia en Hungría. III. ¿Se está produciendo la desconsolidación de la democracia en Hungría? IV. La crisis del sistema bipartidista y la aparición de Jobbik. V. La propuesta de Viktor Orbán de una democracia iliberal.

I. ¿CRISIS DE LA DEMOCRACIA EN HUNGRÍA?

El primero de mayo de 2017, el periódico español *El País* no dedicó, como hacía habitualmente, su editorial a la situación laboral en España, como parecería lógico dada la fecha y las circunstancias, sino que el tema de su reflexión fue una exhortación: «Actúen contra Orbán» dirigida al Partido Popular Europeo (PPE). El subtítulo del editorial era «El PPE debería expulsar de su grupo al partido del primer ministro húngaro». La insólita petición no era completamente original, puesto que con fecha del 17 de abril de 2017 el mismo periódico había publicado un artículo de opinión de Timothy Garton Ash con el título de «Contra el autoritarismo en Hungría» que llevaba un largo subtítulo con la misma petición: «El acoso de Orbán a una Universidad es intolerable y ya ha pasado la hora del apaciguamiento. ¿Cuánto tiempo dejará el centroderecha del continente que la formación del presidente húngaro (*sic*) siga siendo parte del Partido Popular Europeo?». El diario *El País*, más allá del plagio evidente de temática y propuesta, se hacía eco de la denuncia que había agotado la paciencia de Garton Ash, el acoso y probable cierre de la Universidad Centroeuropea (CEU) patrocinada por el financiero y filántropo liberal de origen húngaro Georges Soros, y reiterado lo dicho llevaba el agua a su molino poniendo en duda que los partidos del PPE en general y, cómo no, el Partido Popular, defiendan verdaderamente la democracia liberal si, como es el caso, no actúan contra Orbán. Lo dicho por el periódico español forma parte de su línea editorial, pero lo señalado por Timothy Garton Ash resulta particularmente interesante porque este Orbán que ahora clama contra el liberalismo desde un impostado populismo, no es el mismo Orbán que entró en la historia húngara y europea. Entonces, hace ahora casi treinta años, desempeñó un papel muy diferente.

Para Garton Ash, Orbán está «debilitando poco a poco la democracia *liberal* (cursiva mía, Á.R.) en un Estado miembro de la UE». Este desgaste se sustanciaría en el control omnímodo que ejerce el primer ministro húngaro sobre los medios de comunicación y sobre la administración de justicia. Además, ha actuado con contundencia contra la libertad de cátedra (como muestra el acoso a la CEU) y persigue de la misma manera a las ONG, y se ha mostrado particularmente belicoso contra inmigrantes y refugiados, con manifestaciones abiertamente xenófobas. Pero, como apunté líneas arriba, ni Orbán ni su partido fueron siempre así. El propio Garton Ash fue testigo en la *Plaza de los Héroes* de Budapest de cómo un joven Viktor Orbán, veinteañero, «electrizaba a la muchedumbre con su llamamiento a que las tropas rusas se fueran de Hungría». Y, sin embargo, nos dice el ensayista británico, hoy «es uno de los mejores amigos de Putin dentro de la UE». Como muestran otros populismos europeos, las divisiones y alianzas de la guerra fría se han debilitado y los nuevos populismos del viejo continente encuentran aliados en los pasados enemigos: países como Rusia o Irán aparecen con frecuencia entre los promotores, financiadores y amigos.

II. LA REVOLUCIÓN DE 1956 Y LA CORTA HISTORIA DE LA DEMOCRACIA EN HUNGRÍA

El historiador Paul Lendvai nos informa en detalle de que durante el memorable funeral por Imre Nagy, que tuvo lugar en la *Plaza de los Héroes* el 16 de junio de 1989, habló en nombre de la nueva generación un joven con barba de 25 años (Lendvai, 2003: 65). Es necesario recordar que Nagy era el primer ministro que intentó una democratización de la Hungría comunista entre el 23 de octubre y el 4 de noviembre de 1956. Este episodio, denominado la «revolución húngara» fue, para Hannah Arendt, una «revolución inesperada» en la que sus fines democratizadores se alcanzaron en pocos días y sin derramamiento de sangre. Un milagro en el que veía condensada la *vita activa* del ciudadano participante que constituía su sueño. En su entusiasmo Arendt añadió un capítulo sobre esta revolución a su monumental obra *Los orígenes del totalitarismo* que, sin embargo, más tarde eliminaría.

Pero el milagro duró poco. El domingo 4 de noviembre, a las cuatro de la mañana, los tanques soviéticos lanzaron su ataque sobre Budapest. Nagy se rindió bajo la promesa de salvoconducto. Fue hecho prisionero, deportado a Snagov, en Rumanía, enviado de vuelta a Hungría en abril de 1957 y finalmente juzgado y sentenciado a muerte en secreto en junio de 1958. Sus restos fueron arrojados a la fosa para animales del zoológico de Budapest. Nagy se convirtió en el héroe del panteón democrático húngaro y la revolución de 1956 creó la imagen imborrable de que un país sin tradición democrática alguna había dado una lección de democracia espontánea al mundo. Además, no de cualquier democracia. Para Arendt, como para la nueva izquierda del Este, la rebelión húngara señalaba la realización de una democracia directa donde el pueblo se hacía sujeto político protagonista. Así, Cornelius Castoriadis subrayó que la importancia de los consejos obreros en la revolución era que significaban el establecimiento de la democracia directa, expresión de la verdadera igualdad política. Mientras que para Arendt la revolución húngara era paradigmática como encarnación del ideal republicano, en el que todos son ciudadanos porque participan directamente en la toma de decisiones (Feher-Heller, 1983: 153-154). En cualquier caso, la revolución no fue una revolución liberal.

Y ello a pesar de que la imagen que ilustraba los periódicos de todo el mundo era la de una multitud jubilosa que arrastraba los pedazos de las estatuas de Stalin por las calles de Budapest. Pues bien, lo que nos cuenta Lendvai es que con la implosión del mundo soviético los restos de Nagy fueron exhumados para que pudiera recibir el funeral tan largamente demorado y el joven del que nos dice se hizo portavoz de la joven generación era Viktor Orbán.

Éste, «en un discurso extraordinariamente atinado dadas las condiciones de la época», pidió una salida para que Hungría pudiera abandonar el callejón sin salida «asiático»; negociaciones inmediatas para que las tropas rusas abandonaran el país; demandó la independencia nacional; y, por último, la libertad política. Nueve años más tarde, en 1998, a la edad de treinta y cinco años, Orbán (ahora sin barba) se convirtió en primer ministro a la cabeza de una coalición de centro-derecha» (ibíd.). Tras su primer gobierno, fue derrotado por un estrecho margen en las elecciones de abril de 2002 por una coalición de liberales y socialistas. Sin embargo, nos dice Lendvai, «este político joven y carismático, que se ha movido desde posiciones de centro izquierda al inicio de su carrera hacia posiciones cada vez más nacionalistas y neo-conservadoras como primer ministro, jugará un papel significativo en el futuro de la política húngara» (ibíd.) Evidentemente, Lendvai acertó con su profecía formulada hace casi veinte años. Orbán retomó el gobierno en 2010 al frente de su coalición conservadora *Fidesz*.

Garton Ash también recordaba en su artículo de *El País* las visitas que le realizaba en Oxford un Viktor Orbán becado por Georges Soros. Sobre este último Lendvai nos dice que pasó de ser un especulador de fama mundial a retirarse en 1989, el año mismo del comienzo del fin del comunismo, para dedicarse plenamente a sus actividades filantrópicas, particularmente por medio de su fundación *Open Society* (Sociedad Abierta) fundada en 1979 bajo la inspiración de Karl Popper, antiguo profesor suyo en la *London School of Economics and Political Science* (LSE). Aún antes de la caída del régimen comunista en Hungría, Soros ya tenía establecido allí su programa de becas, del que se benefició Orbán, destinado a promocionar la «sociedad abierta», esto es, a promocionar el liberalismo, lo que le ha valido en su propio país de origen ser calificado de «agente del capitalismo judío internacional» y también «plutócrata judeo-comunista». Como veremos, este tipo de epítetos tienen actualidad en la Hungría de hoy día.

Si Lendvai pronosticaba un papel relevante de Orbán en la política húngara, hace dos décadas, Garton Ash denuncia hoy día que tal papel ha devenido en una pesadilla para la Hungría democrática. Orbán ha pasado de ser la promesa democratizadora de la nación a convertirse en una realidad autoritaria, expresión de los males del populismo. ¿Es esta última afirmación una exageración o se corresponde con la realidad?

III. ¿SE ESTÁ PRODUCIENDO LA DESCONSOLIDACIÓN DE LA DEMOCRACIA EN HUNGRÍA?

Si atendemos a los informes de *Freedom House* sobre el decurso de la democracia húngara en la última década, la situación es de preocupante degradación. En su informe de 2015 se hace cargo de la abrumadora mayoría obtenida por la coalición de Orbán en las elecciones de abril de 2014 (la coalición se denomina *Fidesz* e incluye a los Jóvenes Demócratas y a la Unión Cívica Húngara) en la que al obtener un 45 por 100 de los votos se habría hecho con dos tercios de los escaños (133). La coalición de izquierdas Unidad (formada por cinco partidos) habría obtenido 38 escaños. El movimiento nacionalista radical (euroescéptico) Jobbik (Movimiento para una Hungría mejor) obtuvo 23 escaños; por último, el movimiento ecologista liberal *La política puede ser diferente* obtuvo 5 escaños.

Se acusa a Orbán de haber reformado las leyes electorales a su conveniencia en 2011, lo que le ha valido informes negativos de los observadores electorales de la OSCE. Además, su acción de gobierno ha merecido críticas por el acoso a los medios independientes; Por último, ha habido acusaciones de persecución a las ONG; también se ha desvelado que el gobierno ha financiado sustanciosamente a partidos de creación nueva y completamente irrelevantes políticamente con el pretendido fin de fragmentar a la oposición. Todas estas medidas han tensado la relación de Hungría con los miembros de la Unión Europea. Además, durante los años 2014 y 2015 la relación entre la UE y el gobierno de Orbán se vio seriamente comprometida por la actitud provocadora de éste en relación a sus aliados. Así, el informe de *Freedom House* de 2015 señala que días antes de las elecciones de abril de 2014 Hungría alcanzó un acuerdo de préstamo con Rusia por valor de 10.000 millones de euros para reconstruir la central nuclear de Paks. Por último, en agosto del mismo año, Orbán pronunció un discurso en el que puso como ejemplos de Estados exitosos a China y a Rusia y declaró su intención de construir un «Estado iliberal» que «sin renegar de los valores fundamentales del liberalismo, de la libertad», no haga de «esta ideología el elemento central de la organización del Estado». Más adelante volveré sobre este célebre discurso. En septiembre del mismo año Hungría cortó el suministro de gas a Ucrania y en octubre se enfrentó a la UE por su negativa de reducir el déficit del Estado.

En su informe de 2016 *Freedom House* señala que el declive en apoyo electoral que reflejaban los sondeos y las elecciones parciales (a favor de la izquierda y de Jobbik) en 2015 se sustanció en una pérdida de la supermayoría de dos tercios de la que disfrutaba *Fidesz* en el parlamento. Sin embargo, la crisis de los refugiados en Europa dio la oportunidad a Orbán de recuperar la popularidad perdida mediante un discurso muy duro en relación a éstos (que equiparó con terroristas). La relación con la UE mientras tanto se enconó por el bloqueo de fondos realizado debido a las alegaciones de incumplimiento en el combate contra el déficit y a los numerosos casos de corrupción en los gobiernos locales. En este contexto la libertad de expresión; la libertad de asociación; la protección a las minorías se fueron degradando y de esta manera se fue deteriorando sensiblemente la valoración general de las libertades en Hungría. Un deterioro que ha tenido una confirmación en el informe referido provisionalmente a 2017, y la situación de la Universidad Centroeuropea (CEU) ha llevado la cuestión de la democracia húngara a la primera página de la actualidad internacional. En su índice de democracia de 2016 *The Economist* coloca a Hungría entre las democracias imperfectas, con el número 56 (entre Ghana y República Dominicana).

IV. LA CRISIS DEL SISTEMA BIPARTIDISTA Y LA APARICIÓN DE JOBBIK

Dentro de este ascenso de Orbán y *Fidesz* es importante señalar la crisis cada vez más grave del partido socialdemócrata húngaro (Magyar Szocialista Párt MSZP), que obtuvo en las elecciones europeas de 2004 el 34,3 por 100; en las de 2009 el 17,37 por 100 y en las de 2014 el 10,9 por 100. Es decir, en tan sólo diez años vio cómo su apoyo electoral se reducía a un tercio. En el caso de las elecciones a la Asamblea Nacional el declive es igualmente sobresaliente. En las elecciones de 2006 obtuvo el 43,2 por 100 de los votos; en las de 2010 el 19,3 por 100; y en las de 2014 el 25,67 por 100. Podría parecer que en estas últimas habría una reversión de la fatal tendencia, pero no es así. En 2014 el Partido Socialdemócrata Húngaro renunció a presentarse bajo sus siglas y lo hizo en la Alianza Unidad, que englobaba a *Juntos 2014, Coalición democrática (DK), Diálogo por Hungría (PM) y Partido Liberal Húngaro (MLP)*. En suma, una coalición que aspiraba más a juntar socios que votos.

Otro actor importante en el debilitamiento de la democracia en Hungría es el crecimiento del partido Jobbik, «Movimiento por una Hungría Mejor» (Jobb Magyarországért Mozgalom). Fundado en 2003, su primer éxito le llegó en las elecciones europeas de 2009 al obtener el 14,8 por 100 de los votos y situarse como el tercer partido político de Hungría. Hoy es ya el segundo, al haber desplazado al Partido Socialdemócrata. Como otros partidos populistas europeos creados en torno al inicio del siglo XXI, Jobbik es un partido que defiende a los húngaros étnicos, a los «verdaderos húngaros» frente a sus enemigos internos (las minorías) y frente a los enemigos externos (que, en su visión, tienden a coincidir en el capitalismo). Su ideología es abiertamente antiliberal y su xenofobia y racismo son explícitos. Hungría, un país que ha tenido una larga tradición de conflictos con sus minorías, parece haber vuelto a tropezar con la misma y vieja piedra de siempre. Jobbik es especialmente beligerante en su antisemitismo (se comparan con los palestinos y la vida que llevan en su propio país) y en su hostilidad a los gitanos. Curiosamente, se han opuesto a las restrictivas leyes de control de los medios desarrolladas por Orbán en 2010, defendiendo la libertad de expresión (Bartlett *et al.*, 2012: 22). Eso sí, circunscrita a los húngaros de etnia magyar. En el terreno económico Jobbik es de nuevo una réplica de partidos como el FN, es decir, es netamente anticapitalista y antiglobalización. Una de sus banderas es reducir el poder de las multinacionales en Hungría, bandera que Orbán ha hecho suya. En política exterior Jobbik es antieuropeo y antiisraelí, y persigue el estrechamiento de lazos con países como Irán, Rusia, China y Turquía. En fin, está muy próximo a la política que ampara Orbán bajo su propuesta de una «democracia iliberal». Una nota pintoresca de este partido es que llevado por su antisemitismo y su antisionismo, Jobbik es abiertamente propalestino y promusulman, lo que le acerca a partidos populistas como Podemos en España y le aleja de la corriente principal del populismo europeo septentrional, que es abiertamente antimusulman. Ha de señalarse que la presencia musulmana en Hungría es inexistente.

El relativo éxito de Jobbik se debe al clima de frustración y decepción que se ha instalado en Hungría en las últimas décadas y que ha afectado a la percepción de la democracia «tradicional». Entrecomillo tradicional porque la historia de la democracia en Hungría es tan corta que el periodo de democracia bipartidista consolidada apenas alcanza una década y entra en crisis apenas dos años después del ingreso de Hungría en la Unión Europea. Este sistema, de consolidación bipartidista breve, estuvo dominado por el MSZP y por Fidesz. Este último partido, como hemos visto y detallaré más tarde, ha reaccionado a la crisis del bipartidismo apropiándose de una parte del discurso de Jobbik al enfatizar el anticomunismo, el nacionalismo, la crítica a la globalización, y una retórica de ley y orden (Bartlett *et al.*, 2012: 24). Pero el partido socialdemócrata ha sido incapaz de alcanzar un discurso nuevo en un tiempo excepcional de radicalismo político. Además, la fortuna le ha sido adversa. En 2006, estando el MSZP en el gobierno, su primer ministro Ferenc Gyurcsány admitió, en un discurso secreto, que había conseguido ganar la reelección a través del uso sistemático de la mentira.

Cuando se hicieron públicas estas declaraciones, el país se sumergió en los peores disturbios en décadas y cuando pasó la tempestad lo que emergió fue Jobbik (ibíd.), un partido caracterizado por su militante resentimiento, por su coqueteo con el paramilitarismo de la *Magyar Gárda*, por su obsesión con los gitanos, que equiparan a delincuentes y, sobre todo, por su conexión con los jóvenes a través del uso de las nuevas redes sociales, por las que canaliza casi en exclusiva sus mensajes.

V. LA PROPUESTA DE VIKTOR ORBÁN DE UNA DEMOCRACIA ILIBERAL

El contexto de crisis en Hungría y la competencia de Jobbik pueden explicar parcialmente el populismo autoritario de Orbán. También habría que añadir la historia peculiar de Hungría, un país que se siente permanentemente traicionado y que considera que su principal victoria es sobrevivir a sus derrotas. En particular, un rasgo de la identidad húngara es que considera que Occidente está en deuda con el país, puesto que fueron los húngaros quienes defendieron la frontera oriental del cristianismo romano, pero que Occidente siempre y sistemáticamente ha traicionado a Hungría, al abandonarla cuando la asediaban sus enemigos. Esto ha hecho que el occidentalismo se combine con el ensimismamiento. En esta relación conflictiva ocupa un lugar particular el tratado de Trianon, que convirtió a la Hungría actual en un despojo comparada con la Hungría histórica del reino de San Esteban. Y aquí el papel de Francia fue determinante. De la misma manera, Hungría parece haberse decepcionado muy rápidamente de la Unión Europea y, en lugar de sentir que ha encontrado su lugar en el mundo, parece moverse contra algo que ya no valora tanto. Todo esto puede aplicarse al decursor de la política de Orbán: una identidad nacional compleja; un periodo de crisis económica y política; una competencia de un partido nuevo, Jobbik, que parece mejor situado para conectar con el sentimiento de la opinión pública, en particular de los jóvenes. De modo que Orbán se ha movido en el sentido de beneficiarse de la oportunidad, esto es, por oportunismo.

Sin embargo, no sólo hay oportunismo en su política. Su defensa de una «democracia iliberal» no es un comentario inoportuno, sino una meditada posición política que enlaza con el populismo al que dedicamos este libro. Esto es, la «democracia iliberal» de Orbán es populismo de libro. Como señala András Bozóki, profesor de ciencia política en la asediada Universidad Centroeuropea de Budapest (CEU) los pilares del pensamiento político de Orbán y de Fidesz son: la unificación nacional; el espacio central de poder; la renovación de las élites; la política de poder; y todo ello en una época que califican de «circunstancias revolucionarias».

Todas estas ideas tienen tras de sí una hermenéutica que, como veremos, nos conecta con el populismo. La «unificación nacional», que desde Hungría suena al irredentismo por las poblaciones y territorios perdidos tras la Primera Guerra Mundial no es un instrumento de concordia social, sino de división de la sociedad: el verdadero pueblo comparte unos mismos valores que encarna Orbán, quienes quedan fuera de este «sistema de cooperación nacional» se convierten en enemigos. Es decir, el antiliberalismo niega el pluralismo social para afirmar una «verdadera democracia del pueblo». La renovación de las élites consiste en un deliberado intento, nuevamente, de control social haciendo que todos y cada uno de los puestos de autoridad estén sujetos al control de Orbán y su partido. Las circunstancias revolucionarias refieren al hecho de que la hipermayoría del Orbán en las dos últimas legislaturas le ha permitido aplicar un rodillo en el que su programa antiliberal lo ha convertido en la marca de la nueva Hungría. Esto es, la democracia iliberal es la democracia a la medida de Orbán.

Laurent Ribadeau Dumas se pregunta en un artículo de mayo de 2016 si Hungría es la primera de las «democracias no liberales» de Europa, resultado del crecimiento del populismo en el viejo continente y de la crisis de los refugiados. Para contestarse, recompone un diálogo extraordinariamente interesante entre Angela Merkel y Viktor Orbán. El primer documento que nos presenta el periodista francés es la declaración realizada por la canciller alemana en su visita a Hungría el 2 de febrero de 2015: «En una democracia es importantísimo dialogar con la oposición, la sociedad civil y los medios de comunicación, incluso cuando se dispone de una gran mayoría». Y añadió que esto era algo crucial para Hungría. Quienes la escucharon entendieron que se trataba de una crítica a la deriva autoritaria de Orbán, anunciada en el discurso de este último del 26 de julio de 2014.

En él, como señalé al principio, el primer ministro húngaro enfatizaba «que hay que entender los sistemas que no son occidentales, que no son liberales, que no son democracias liberales, y que incluso pueden no ser democracias». Como ejemplo de esos modelos que debemos entender citaba a Singapur, China, India, Turquía y Rusia y añadía que «el nuevo Estado que estamos construyendo [en Hungría] es un Estado iliberal, es un Estado no liberal. No rechaza los valores fundamentales del liberalismo, como la libertad, etc. Pero no hace de esta ideología el elemento central de la organización del Estado. Lo que hace es aplicar un enfoque específicamente nacional». Es decir, húngaro. Angela Merkel no dejó pasar estas palabras y realizó los siguientes comentarios: «Honestamente, "no liberal" (iliberal) y "democracia", a mi modo de ver, no pueden ir juntos, puesto que las raíces de la democracia se encuentran de siempre, entre otros sitios, en el liberalismo». Sin embargo, tal como hemos visto en este libro, la teoría populista de la democracia no comparte la visión liberal de la democracia representativa. Todo lo contrario, exige más democracia y menos liberalismo. Sin duda la deriva autoritaria de Orbán, dado que apela, no a una dictadura de las clases superiores con el ánimo de salvar a la nación húngara (magyar), sino a la devolución del poder al pueblo, que él encarna, queda mejor calificada de populismo.

FIDESZ (Fiatal Demokraták Szövetsége, Alianza de Jóvenes Demócratas) (a partir de 1995 se añade Unión Cívica Húngara, Magyar Polgári Szövetseg) es el partido de Orbán que ha tomado la senda del populismo como herramienta para no volver a perder el poder.

Propaganda electoral de FIDESZ para las elecciones europeas del 7 de junio de 2009, las segundas celebradas en Hungría. El cartel únicamente dice un ¡Basta! y un ¡vota! sobre la bandera húngara. Es decir, vota húngaro porque Hungría dice basta a Europa.

CONCLUSIÓN

¿CÓMO SE HA DE TRATAR EL POPULISMO EN DEMOCRACIA?

Ángel Rivero
Javier Zarzalejos
Jorge del Palacio

El 20 de enero de 2017 Donald Trump tomó posesión como presidente de los Estados Unidos de América. En su discurso inaugural señaló que el cambio que contemplaban los norteamericanos y el mundo no era de un presidente por otro; ni de un partido político por otro; sino que lo que acontecía en ese momento era que el poder político del que se había apoderado Washington le era por fin devuelto al pueblo americano, su legítimo dueño. Con el triunfo de Trump, con su discurso provocador, su nacionalismo económico, su desdén por los extranjeros, su machismo, su falta de tacto o directamente su voluntad de ofender a vecinos como México o a socios comerciales como China se señala, a día de hoy, la pleamar del populismo y se ilustra al mismo tiempo el carácter global adquirido por la geografía de esta epidemia política. Que el populismo alcance la presidencia de la principal potencia mundial manda una importante señal al mundo. Como se ha visto en esta obra, el lugar de la coronación del populismo como fenómeno es el lugar de su origen, los Estados Unidos, y esto nos dice algo sobre la fuerza del populismo en razón de su recurrencia en la democracia más antigua del planeta.

En este sentido, el del carácter americano del populismo, el anterior presidente de los Estados Unidos, Barack Obama, tuvo un interesante escarceo dialéctico con el presidente de México, Enrique Peña Nieto, que resulta ilustrativo. Durante la cumbre de líderes de América del Norte, celebrada el 29 de junio de 2016 en Canadá, con

Justin Trudeau como anfitrión, Peña Nieto declaró, al llegar su turno de palabra en la rueda de prensa pública, que en el mundo global y densamente poblado en el que vivimos hay actores políticos que recurren «al populismo y la demagogia, vendiendo en respuestas muy fáciles las eventuales soluciones a los problemas que enfrenta el mundo de hoy, lo cual no es así de simple ni así de sencillo; llevar las riendas de un país, asumir la responsabilidad de gobernar, es algo más que dar respuestas sencillas, es complejo y difícil».

Las afirmaciones de Peña Nieto parecían pacíficas y, puesto que no se daban nombres, fácilmente suscribibles por todo el mundo. El mandatario mexicano se limitaba a constatar que en un mundo cada vez más complejo las voces simplificadoras de los demagogos populistas cada vez eran más audibles. Sin embargo, ocurrió algo interesante. Barack Obama, fuera de su turno de palabra, pidió volver a hablar delante de las cámaras y dijo que concordaba con Peña Nieto en lo que decía acerca de que gobernar es difícil. Sin embargo, discrepaba sobre la definición del mandatario mexicano acerca del significado del populismo. Sin pensárselo dos veces, el presidente saliente afirmó que contra lo antes señalado por su vecino del sur, los populistas no son los que dicen «nosotros contra ellos» o «nosotros primero». Ser populista es «estar cerca de la gente y querer dar beneficios a los más pobres» y, por tanto, él también era un populista. La cara de consternación de Peña Nieto ante la condescendencia, paternalismo y finalmente desdén, de la presidencia americana no sólo es imaginable, sino que quedó retratada en los medios. Pero no sólo quedó consternado el presidente mexicano.

Enrique Krauze, uno de los grandes estudiosos del populismo y quien abre esta obra, no pudo por menos que pronunciarse en la revista *Letras Libres*, para enmendar el grave error de Obama. En palabras del gran historiador mexicano, el ahora expresidente de los Estados Unidos no «conoce el sentido específicamente político del concepto y de la práctica del *populismo* fuera de los Estados Unidos». Si bien es cierto, decía, que Andrew Jackson fue populista porque abrió una etapa de sensibilidad popular en la política norteamericana, en la acepción que hoy tenemos del término, «la que opera en Europa o en América Latina, no era un populista» y concluía sentenciando que «Obama es popular, no populista. El populismo es el uso demagógico de la democracia para acabar con ella». En suma, que Krauze quiso salvar a Obama de su propia identificación con el populismo y, de paso, rescatar a Andrew Jackson por idénticas razones. En cualquier caso, la anécdota es instructiva: el populismo es la ideología de los que en nombre de la democracia quieren destruirla. Pero para hacerlo apelan a una inclusión democrática que hace que su discurso suene a democracia, aunque su ejercicio en general se aboca a la corrupción y al autoritarismo. Como señaló Raymond Aron hace ya muchos años, las democracias se corrompen tanto por la negación como por la exageración de sus principios.

No sabemos si Obama atendió las aclaraciones de Krauze, pero en el discurso que pronunció tres meses más tarde en las Naciones Unidas, con motivo de su despedida ante esta organización, pareciera que sus ideas hubieran cambiado radicalmente, y el populismo ya no era visto como la celebración americana del pueblo menudo, sino que se refería al mismo en unos tintes bastante más sombríos. Obama defendió la globalización señalando que el mundo era más pacífico y próspero que nunca, pero advirtiendo, al mismo tiempo, que la globalización necesitaba una «corrección de rumbo» que atendiera los problemas de la creciente desigualdad global, de la amenaza del fundamentalismo religioso, y del deterioro de los derechos humanos. Además, advertía contra el «crudo populismo, a veces de extrema izquierda, pero las más de las veces de extrema derecha, que busca restaurar lo que creen fue un tiempo mejor y más simple, libre de la contaminación exterior». La advertencia, como hemos visto líneas arriba, llegaba algo tarde y el *motto make America great again* resuena ahora en todo el mundo.

Como señaló Isaiah Berlin en una fecha tan lejana como el 28 de mayo de 1968, hay una evidente conexión entre nacionalismo y populismo, como se ha visto en este libro, y subrayaba que el populismo americano tiene un componente nacionalista sobresaliente que se manifiesta en un tipo particular de xenofobia. La voluntad de hacer grande de nuevo a los Estados Unidos señala en primer lugar la conciencia de una decadencia, real o imaginaria, y también, a continuación, la afirmación de un nacionalismo palingenésico, es decir, de la resurrección nacional, que buscará, como ha ocurrido siempre en la historia humana, un culpable interno o externo de ese presunto declive de la grandeza perdida. Parece que Trump ya ha elegido a sus enemigos y que desde el primer día de su presidencia se puso a la tarea de que estos enemigos se den por aludidos. Las consecuencias para la democracia y para la paz en el mundo son todavía impredecibles, pero se sentirán pronto y de manera duradera.

Al comenzar este libro nos hicimos eco de la observación de Minogue de que extender demasiado el alcance del populismo, esto es, de su geografía, podría ser plausible, pero debería estar prohibido. Ciertamente, cuando un concepto califica un rango demasiado amplio de variedades, su poder significativo se deteriora. El populismo se ha extendido desde que comenzó el siglo XXI por todo occidente, desde su probable victoria primera, la presidencia de Hugo Chávez en Venezuela, alcanzada en 1998, hasta el último episodio que aquí reseñamos, la llegada de Donald Trump a la presidencia de los Estados Unidos de América en 2017. En la presentación y en los capítulos introductorios hemos intentado una síntesis que nos permita determinar con objetividad justificada cuándo un determinado fenómeno político se puede calificar de populista. Y, evidentemente, si la palabra populismo engloba personalidades y contextos tan disímiles como Chávez en Venezuela y Trump en Estados Unidos, la justificación se hace perentoria.

Ciertamente, no hay un criterio pacífico que permita el uso universalmente aceptado del denostado adjetivo. Muchos, incluidos algunos políticos, quisieran que desapareciera. Otros autores y también otros políticos querrían mantenerlo a condición de que fuera definido en los términos usados por Obama ante los perplejos Trudeau y Peña Nieto. En general, puede afirmarse que se ha abusado del concepto y que una multitud de políticos han sido calificados injustamente como populistas. Para ello se pone el umbral muy bajo: populista es el que halaga al pueblo. Pero este recurso por parte del político así denominado puede ser un recurso ocasional, resultado del entusiasmo pasajero, y por lo tanto no se trata de un verdadero populista. O puede ser el uso populista por parte de un político medrador de los estados de ánimo de la opinión pública, con la intención de nadar siempre a favor de la misma, y entonces más que de populismo deberíamos hablar de demagogia.

En este libro hemos enmarcado el análisis de los casos históricos y contemporáneos de populismo en su definición como ideología. Desde luego, tal y como acontece con todas las palabras del vocabulario de la política, de su práctica y de su estudio, ideología también está abierta a una pluralidad de significados. Por enumerar los más corrientes, ideología puede ser un discurso dirigido a la justificación o al ocultamiento; pero también una religión política que se quiere realizar sacrificando la realidad, incluidos los seres humanos. Cuando decimos que el populismo es una ideología no nos estamos refiriendo principalmente a estos dos conceptos, sino a que el populismo consta de un conjunto de ideas que informan una acción política discernible y particular.

En contra de esta percepción se suele aludir al hecho de que el populismo no tiene un programa político discernible y que, por tanto, no sería tanto una ideología como un estilo político. Es decir, el populismo sería el medio para realizar otro proyecto político que se esconde o se pone en segundo término. Sin embargo, cuando se dice esto parece presuponerse que hay unas verdaderas ideologías cuya sola enumeración nos señalan un programa político concreto. No es el caso. Las ideologías se caracterizan por agrupar ideas y valores, pero su acción política no se desprende automáticamente de las mismas sino que es totalmente dependiente del contexto en el que tales ideas se utilizan para dar sentido a la acción política. Si se concede esto, entonces el populismo no es diferente del liberalismo, el conservadurismo o el socialismo. ¿O es que pensamos que con liberalismo decimos algo concreto más allá de valorar la libertad individual? Véase cómo en Estados Unidos la palabra liberal califica al defensor del papel ampliado del Estado en la economía o en la sociedad; y en Europa pudiera entenderse lo contrario (y también lo mismo). O el conservadurismo que sirve para justificar el nacionalismo económico o la extensión del mercado y la desregulación; o el socialismo que califica los proyectos políticos del Estado del bienestar iniciado por Attlee en Gran Bretaña, la Cuba de Fidel, la China potencia económica mundial o la aislada Corea del Norte. ¿No podría decirse que entonces cada una de estas ideologías constituye un estilo político y que no hay un programa discernible en ninguna de ellas?

El populismo, ciertamente, tendrá menos prosapia en su linaje y pocas eminencias podrán mencionarse en su formación intelectual, pero desde el punto de vista de la influencia política su contribución es reseñable. Y lo es porque el populismo como ideología realiza las funciones básicas de toda ideología al informar la acción política: descripción, evaluación y programa de acción. El populismo pinta el cuadro de una democracia degradada; donde los enemigos del pueblo se han apoderado de las instituciones; y donde se promete resolver los problemas de la sociedad devolviendo al pueblo la democracia.

Como acabamos de señalar, una peculiaridad del populismo es que presupone la existencia de la democracia, tanto en su dimensión institucional como en su dimensión social. Es decir, presupone que existe un régimen que puede ser calificado como democracia y presupone que los valores de la democracia son aceptados socialmente de manera mayoritaria. Cuando la democracia como sistema político se encuentra en entredicho porque el malestar social se vehicula como desafección hacia la democracia existente es entonces cuando el populismo encuentra su oportunidad política.

Es decir, el populismo es una ideología de la crítica de la democracia en su propio nombre y para ello adopta el discurso de la regeneración política y moral frente a una democracia que se califica de falsa o enferma. Es por ello que la idea central o fuerza del populismo es la afirmación de que la democracia es literalmente el gobierno del pueblo y que no hay democracia si no es el pueblo quien gobierna. Esta afirmación exagerada del significado de la democracia presupone un sujeto colectivo mítico, el pueblo, al que se adorna de atributos morales sobresalientes. El populista se otorga la portavocía de este pueblo moral y hostiga a sus adversarios políticos con el calificativo de enemigos del pueblo, casta o trama (esta última de momento la única contribución de Podemos al discurso populista que no es resultado de un plagio). De esta idea, la democracia concebida como el gobierno de un mítico sujeto colectivo virtuoso, se desprende un conjunto de ideas subordinadas sobre el líder y su papel político; sobre la soberanía y su restauración; sobre las conspiraciones que impiden la realización de la voluntad popular y otras muchas que hemos reiterado a lo largo de este libro. Y como en todas las ideologías la realización práctica del programa populista adopta formas particulares que señalan diferencias e incluso antagonismos entre los distintos populismos, pero también evidentes coincidencias que permiten calificarlos de tales.

En el terreno de las afinidades que permiten calificar como populismo un determinado partido o movimiento político está la defensa de un modelo de democracia, la democracia directa, que se opone a la democracia representativa. Y es en este punto donde los populismos, bajo la bandera de la regeneración de la democracia, acometen la degradación o la destrucción de la democracia que conocemos. En la democracia representativa la participación política es un instrumento que sirve para el control y la limitación del poder político. El principio que informa la democracia representativa es que los individuos tienen derechos y libertades que han de respetarse y que la democracia es ese instrumento de protección y de coordinación colectiva. Lo que se presupone aquí es que la sociedad es plural, que los individuos tienen fines diversos y que la organización colectiva de la sociedad debe respetar esa diversidad y al tiempo permitir la concordia. En cambio, la visión populista de la democracia no busca la conciliación, sino que instala la democracia en el conflicto entre el pueblo virtuoso (de cuya voluntad se apropia el político populista) y los que discrepan de esa voluntad general que ya no merecen respeto, sino que reciben el tratamiento de enemigos, haciendo imposible el acuerdo. El populismo puede operar como elemento de control en la democracia cuando está en la oposición; pero cuando alcanza el gobierno socaba sus instituciones pues las subordina a la voluntad general que dice representar. Así es como el populismo agosta la democracia.

En este libro hemos visto cómo a finales del siglo XIX se plantaron algunas de las ideas centrales del credo populista. Los radicales rusos vieron al pueblo como un espejo moral y lo santificaron. El populismo americano movilizó al pueblo frente a las élites políticas desde la temprana presidencia de Andrew Jackson utilizando para ello recursos que hoy siguen empleándose. No es casual, sino algo muy meditado, que Donald Trump haya colgado su retrato en el despacho oval de la Casa Blanca. Después hemos visto cómo la crisis de los años treinta vio el nacimiento de un populismo imperfecto y errático en la figura de Getúlio Vargas en Brasil. A falta de un verdadero partido populista Vargas hizo de sí mismo una figura mesiánica con un final cristológico coronado de martirio por el pueblo. Pero es en el caso paralelo de la Argentina de Perón donde encontramos el más acabado ejemplo de desarrollo de la ideología del populismo, convertido en una doctrina política de la conducción de masas y adornado de la emocionalidad moral por Eva Perón. Resulta interesante que todos estos casos son controvertidos desde el punto de vista de la democracia. Sus detractores han visto en ellos proyectos autoritarios y personalistas de maximización del poder y de centralización política; pero otros han querido ver una lógica democratizadora en el hecho de que el pueblo, clase social de los humildes, se convirtiera en sujeto político por primera vez gracias a ellos. También se ha visto como un rasgo positivo el reforzamiento del poder del Estado en estas experiencias. Podría decirse que la incorporación del pueblo a la política, la democratización, fue el instrumento de consolidación de poderes autoritarios.

Esta tentación populista, la movilización de las masas que se sienten marginadas, la activación del resentimiento, ha sido recurrente en el siglo XX y en el presente siglo. En América Latina puede asociarse a tres grandes oleadas populistas que reciben generalmente los nombres de nacional populismo (años treinta-cincuenta); neopopulismo (años ochenta-noventa); y populismo bolivariano (desde el inicio del siglo XXI). Todas estas experiencias, al margen de sus diferencias y contradicciones, han movilizado a los mismos sujetos con promesas parecidas de democratización y justicia social y todas ellas han acabado en mayor o menor grado en el ejercicio autoritario de poder.

En el caso de Europa y los Estados Unidos también puede hablarse de oleadas populistas. La primera vinculada a la aparición de los primeros partidos populistas (dejando de lado experiencias menores y puntuales) en el contexto de la primera crisis del Estado de bienestar surgido del consenso de posguerra en los años setenta. La segunda oleada vino acompañando el hundimiento del bloque socialista y el deshielo de la Guerra Fría, que liberó fuerzas populistas enemigas del arreglo político dominante en la posguerra en los años noventa del siglo pasado. Por último, la tercera oleada es la vinculada a la crisis económica y cultural iniciada en la primera década del siglo XXI que todavía avanza, como atestigua la presidencia de Trump y el crecimiento generalizado del populismo en toda Europa.

En este libro hemos ilustrado cómo la promesa de una democracia mejor, una verdadera democracia del pueblo, se ha mostrado una y otra vez, de manera tenaz, como una afirmación falaz siempre que tal llamada ha venido acompañada del socavamiento de las instituciones de la democracia. Es por ello que el discurso antipolítico de Trump, sus nombramientos, sus provocaciones, sus chulerías y los guiños a sus amigos apuntan a un presente inmediato sombrío. En este libro hemos explicado a lo largo de la geografía la verdad del populismo, ojalá esta verdad sirva, en el espíritu de Isaiah Berlin, como aviso sobre la maldad de ciertas ideas y como advertencia para no repetir errores. Tratar el populismo en democracia no es fácil porque el populismo es en sí mismo un endemismo de la democracia y en la simplicidad de sus enunciados y sus juicios morales reside la razón de su éxito. Si esto se conjuga con una situación de relativivización de las autoridades sociales y de fragmentación de los medios, el populismo juega en un campo que le es favorable. Es por ello que el peligro para las democracias es que el populismo se contagie a todo el espectro político. Algunos ven en esto no una amenaza, sino un recurso legítimo que quedaría justificado por su resultado: evitar que los populistas accedan al gobierno. Pero a medio y largo plazo sería la victoria del populismo, pues haría que la democracia se estructrurara en términos de su propia ideología otorgándole una hegemonía que debilitaría de forma permanente las democracias. Entonces, ¿qué hacer en medio de la cacofonía del presente? Creemos que la respuesta a la pregunta es justamente este libro: exponer la verdad del populismo al tiempo que se explica qué es la democracia, con la idea de que la reflexión acabe por permear la práctica política y que el verdadero sentido común, no el sentido común al que apela el populismo, se instale de nuevo en el discurso público.

Los presidentes de los tres países de América del Norte se reunieron el 29 de junio de 2016 en Otawa (Canadá). La reunión de los tres amigos se prometía feliz hasta que el populismo hizo acto de presencia. The three *amigos*. Foto: Presidencia de la República Mexicana.

En la rueda de prensa final del cónclave de presidentes de América del Norte, Peña Nieto hizo una denuncia genérica del populismo que fue respondida por Barack Obama con la afirmación de que él era un populista. La felicidad de la cordial reunión se trasmutó en un clima gélido y tenso. Foto: Brendan Smolowski.

Una de las primeras decisiones de Donald Trump al llegar al despacho oval de la Casa Blanca fue colgar el retrato de Andrew Jackson. Ningún gesto es inocente y éste en particular estaba lleno de significado populista. Foto: Alex Brandom.

BIBLIOGRAFÍA GENERAL*

ABTS, K. y RUMMENS, S. (2007): «Populism versus Democracy», en *Political Studies*, 55, 405-424.
ARATO, A. (2012): «Lefort, the Philosopher of 1989», en *Constellations*, 19 (1), 23-29.
ARDITI, B. (2007): *Politics at the Edge of Liberalism*, Edinburgh University Press, Edimburgo.
ARIAS MALDONADO, M. (2016): *La democracia sentimental. Política y emociones en el siglo XXI*, Página Indómita, Barcelona.
ARISTÓTELES (2005): *Política*, Alianza Editorial, Madrid.
BARBER, B. (2004): *Democracia fuerte*, Almazara, Córdoba.
BERLIN, I. (2001): *Dos conceptos de libertad y otros escritos*, Alianza Editorial, Madrid (edición de Ángel Rivero).
CANOVAN, M. (1981): *Populism*, Harcourt Brace Jovanovich, Nueva York.
— (1999): «Trust the People! Populism and the Two Faces of Democracy», *Political Studies*, 47, 2-16.
— (2005): *The People*, Polity Press, Cambridge.
CARRILLO, F. (coord.) (2017): *El Porqué de los Populismos*, Deusto, Madrid.
CHERESKY, I. (2012): «Mutación democrática, otra ciudadanía, otras representaciones», en Cheresky, I. (ed.), *¿Qué Democracia en América Latina?*, CLACSO, Buenos Aires, 23-55.
— (2015): *El Nuevo Rostro de la Democracia*, Fondo de Cultura Económica, Buenos Aires.
CORTINA, A. (2008): *Ética aplicada y democracia radical*, Tecnos, Madrid.
CRICK, B. (1993): *In Defence of Politics*, Penguin, Londres.

---

* Para evitar repeticiones innecesarias y facilitar el uso de la bibliografía, la hemos organizado de la siguiente manera: está dividida en tres secciones. La primera es una BIBLIOGRAFÍA GENERAL sobre el populismo; la segunda está dedicada al POPULISMO EN AMÉRICA; y la tercera se ocupa del POPULISMO EN EUROPA. Estas dos últimas secciones están a su vez organizadas por países colocados en orden alfabético. De esta manera quien quiera acercarse a la bibliografía del populismo de forma general, de forma regional o por países lo puede hacer de forma sencilla. Quien desee localizar una referencia de las que aparecen en el texto debe buscarla en la BIBLIOGRAFÍA GENERAL o en el país al que refiere el capítulo dentro del continente que corresponda: POPULISMO EN AMÉRICA o POPULISMO EN EUROPA. En la bibliografía hemos unido los populismos históricos con los contemporáneos de modo que los países a los que hemos dedicado dos capítulos (Rusia, Brasil, Argentina y España) tienen, sin embargo, una única bibliografía. Las referencias del prefacio, de la introducción y de la conclusión remiten a la BIBLIOGRAFÍA GENERAL.

DE LA TORRE, C. (2010): *Populist seduction in Latin America*, University Press, Ohio.
— (ed.) (2014): *The Promise and Perils of Populism*, Kentucky University Press, Lexington.
DE LA TORRE, C. y ARNSON, C. (eds.) (2013): *Populism of the Twenty First Century*, The Johns Hopkins University Press and the Woodrow Wilson Center Press, Baltimore y Washington.
DE LA TORRE, C. y PERUZZOTTI, E. (eds.) (2008): *El retorno del pueblo*, FLACSO, Quito.
DELSOL, Ch. (2015): *Populismos, una defensa de lo indefendible*, Ariel, Barcelona.
FREIDENBERG, F. (2007): *La tentación populista. Una vía al poder en América Latina*, Síntesis, Madrid.
GEERTZ, Cliford (1985): «Centers, Kings, and Charisma: Reflections on the Symbols of Power», en *Rites of Power: Symbolism, Ritual, and Politics since the Middle Ages*, editado por Sean Wilentz, University of Pennsylvania Press, Filadelfia, 13-38.
HABERMAS, J. (1996): *Between Facts and Norms*, MIT Press, Cambridge.
IONESCU, G. y GELLNER, E. (1969): *Populism: Its Meanings and National Characteristics*, Macmillan, Nueva York.
JUDIS, J. B. (2016): *The Populist Explosion*, Columbia Global Reports, Nueva York.
KAMPWIRTH, K. (ed.) (2010): *Gender and Populism in Latin America. Passionate Politics*, The Pennsylvania State University Press, Pensilvania.
KANTOROWICZ, E. H. (2012): *Los dos cuerpos del rey*, Akal, Madrid.
KEANE, J. (2009): «Life after Political Death: The Fate of Leaders after Leaving High Office», en Keane, J., Patapan, H. y Hart, P. (eds.), *Dispersed Democratic Leadership*, Oxford University Press, Oxford, 279-298.
KIRK, R. (1988): «The Popular Conservatives», *Heritage Foundation Lectures*, n.º 168, septiembre.
KRIESI, H. (2014): «The populist challenge», en *West European Politics*, 37 (2), 361-378.
LACLAU, E. (2005): *La razón populista*, Fondo de Cultura Económica, México.
LEFORT, C. (1986): *The Political Forms of Modern Society. Bureaucracy, Democracy, Totalitarianism*, MIT Press, Cambridge (edición e introducción de John B. Thompson).
— (2007): *Complications. Communism and the Dilemmas of Democracy*, Columbia University Press, Nueva York.
LEVITSKY, S. y LOXTON, J. (2013): «Populism and Competitive Authoritarianism in the Andes», *Democratization*, 20 (1), 107-136.
MADRID, R. (2012): *The Rise of Ethnic Politics in Latin America*, Cambridge University Press, Cambridge.
MANN, M. (2004): *2004 Fascists*, Cambridge University Press, Cambridge.
MANSBRIDGE, J. (1983): *Beyond Adversary Democracy*, University of Chicago Press, Chicago.
MAQUIAVELO, N. (1985): *El Príncipe*, Cátedra, Madrid.
— (2008): *Discursos sobre la primera década de Tito Livio*, Alianza Editorial, Madrid.
MÉNY, Y. y SUREL, Y. (2002): *Democracies and the Populist Challenge*, Palgrave Macmillan, Nueva York.
MICHELS, R. (1991 [1915]): *Los partidos políticos. Un estudio sociológico de las tendencias oligárquicas de la democracia moderna*, Amorrortu, Buenos Aires.

MORGAN, E. (1988): *Inventing the People. The Rise of Popular Sovereignty in England and America*, W.W. Norton & Company, Nueva York.
MORSE, R. (1978): *El espejo de Próspero*, Siglo XXI, México.
MOUFFE, Ch. (2005): «The "End of Politics" and the Challange of Right Wing Populism», en Panizza, F. (ed.), *Populism and the Mirror of Democracy*, Verso, Londres, 50-72.
MUDDE, C. (2004): «The Populist Zeitgeist», en *Government and Opposition*, 39 (4), 542-563.
— (2008): *Populist Radical Right Parties in Europe*, Cambridge University Press, Cambridge.
MUDDE, C. y ROVIRA KALTWASSER, C. (2012): *Populism in Europe and the Americas*, Cambridge University Press, Cambridge.
— (2017): *Populism. A Very Short Introduction*, Oxford University Press, Oxford.
MÜLLER, J. W. (2014): «The People Must be Extracted from Within the People: Reflections on Populism», en *Constellations*, 21 (4), 483-494.
— (2016): *What is Populism?*, University of Pennsylvania Press, Filadelfia.
NÄSTRÖM, S. (2007): «The Legitimacy of the People», en *Political Theory*, 35 (3), 624-658.
OCHOA ESPEJO, P. (2015): «Power to Whom? The People between Procedure and Populism», en De la Torre, C. (ed.), *The Promise and Perils of Populism*, Kentucky University Press, Lexington, 74-75.
O'DONNELL, G. (2011): «Nuevas reflexiones acerca de la democracia delegativa», en O'Donnell, G., Iazzetta, O. y Quiroga, H. (eds.), *Democracia Delegativa*, Prometeo, Buenos Aires, 19-35.
OLSEN, J., KOSS, M. y HOUGH, D. (2010): *Left Parties in National Governments*, Palgrave/Macmillan, Londres.
PANIZZA, F. (ed.): *Populism and the Mirror of Democracy*, Verso, Londres.
PASQUINO, G. (2015): «Populismo, Instituciones y Unión Europea», en *Cuadernos de Pensamiento Político*, 47, 21-34.
— (2016): «La personalización de la política: más peligros que ventajas», en *Cuadernos de Pensamiento Político*, 50, 19-24.
PERUZZOTTI, E. (2008): «Populismo y Representación Democrática», en De la Torre, C. y Peruzzotti, E. (eds.), *El retorno del pueblo*, FLACSO, Quito, 97-125.
POGUNTKE, T. y WEBB, P. D. (2005): *The Presidentialization of Politics*, OUP, Oxford.
POSTERO, N. (2015): «El pueblo boliviano de composición plural. A look at Plurinationalism in Bolivia», en De la Torre, C. (ed.), *The Promise and Perils of Populism*, Kentucky University Press, Lexington, 398-443.
SÁNCHEZ-CUENCA, I. (2010): *Más democracia, menos liberalismo*, Katz Editores, Buenos Aires.
SARTORI, G. (1987): *Partidos y sistemas de partidos*, Alianza Editorial, Madrid.
SARTORI, G. (2012): *Homo videns: La sociedad teledirigida*, Taurus, Madrid.
SCHMITT, C. (1982): *Teoría de la Constitución*, Alianza Editorial, Madrid.
SHILS, E. (1956): *The Torment of Secrecy*, Dee, Chicago.
SMITH, A. D. (1991): *National identity*, University of Nevada Press, Reno.
SUÁREZ, F. (1967-1968): *Tratado de las Leyes y de Dios Legislador*, Centro de Estudios Políticos y Constitucionales, Madrid.
STAVRAKAKIS, Y. (2014): «The return of the People: Populism and Anti-Populism in the Shadow of the European Crisis», en *Constellations*, 21 (4), 505-518.
TAGGART, P. (2000): *Populism*, Open University Press, Buckingham, Filadelfia.

URBINATI, N. (1998): «Democracy and Populism», en *Constellations*, 5 (1), 110-125.
— (2013): «The Populist Phenomenom», *Raisons Politiques*, 3 (51), 137-154.
VARGAS LLOSA, Á. (coord.) (2017): *El Estallido del Populismo*, Planeta, Barcelona.
VILAS, C. (ed.) (1995): *La Democratización Fundamental: El Populismo en América Latina*, Consejo Nacional para la Cultura y las Artes, México.
VILLACAÑAS. J. L. (2015): *Populismo*, La Huerta Grande, Madrid.
WEYLAND, K. (2013): «The Threat from the Populist Left», en *Journal of Democracy*, 24 (3), 18-32.
ZANATTA, L. (2014): *El Populismo*, Katz Editores, Buenos Aires.
ŽIŽEK, S. (2008): *In Defense of Lost Causes*, Verso, Londres.

POPULISMO EN AMÉRICA

ARGENTINA

Becerra, M. (2015): «Transgresión, propaganda, convergencia y concentración. El sistema de medios en el kirchnerismo», en Gervasoni, C. y Peruzzotti, E., *¿Década Ganada? Evaluando el Legado del Kirchnerismo*, Debate-Random House Mondadori, Buenos Aires.

Damill, M. y Frenkel, R. (2015): «La economía bajo los Kirchner: una historia de dos lustros», en Gervasoni, C. y Peruzzotti, E., *¿Década Ganada? Evaluando el Legado del Kirchnerismo*, Debate-Random House Mondadori, Buenos Aires.

Di Tella, T. S. (2013): *Historia de los partidos políticos en América Latina*, FCE, Buenos Aires.

Finchelstein, F. (14 de marzo de 2014): «¿Por qué negar que el peronismo es un populismo?», *La Nación*.

Freidenberg, F. (2007): *La tentación populista. Una vía al poder en América Latina*, Síntesis, Madrid.

Gelman, J. (dir.) y Cattaruzza, A. (coord.) (2012): *Argentina. Mirando hacia dentro*, vol. 4, 1930/1960, Fundación Mapfre-Taurus, Madrid.

Gervasoni, C. y Peruzzotti, E. (2015): *¿Década Ganada? Evaluando el Legado del Kirchnerismo*, Debate-Random House Mondadori, Buenos Aires.

Hennessy, A. (1969): «Latin America», en Ionescu y Gellner (eds.), *Populism. Its Meaning and National Characteristics*, MacMillan, Londres.

Laclau, E. (2009): «Hay que poner las cosas blanco sobre negro», entrevista a Ernesto Laclau en *Revista Zoom*. http://artepolitica.com/comunidad/%E2%80%9Chay-que-poner-las-cosas-blanco-sobre-negro%E2%80%9D-ernesto-laclau-para-revista-zoom/

O'Donnell, M. (2015): *Born*, Sudamericana, Buenos Aires.

Palermo, V. (2011): «Consejeros del príncipe: intelectuales y populismo en la Argentina de hoy», en *Revista de Ciencias Sociales de la Universidad Católica del Uruguay*, 2, 81-102.

Perón, E. (1951a): *Historia del Peronismo*, Escuela Superior Peronista, Buenos Aires.

— (1951b): *La razón de mi vida*, Peuser, Buenos Aires.

Perón, J. D. (2006 [1952]): *Conducción política*, Instituto Nacional Juan Domingo Perón, Buenos Aires.

Peruzzotti, E. (2015): «El Kirchnerismo y la Teoría Política. La visión de Guillermo O'Donnell y Ernesto Laclau», en *¿Década Ganada? Evaluando el Legado del Kirchnerismo*, Debate-Random House Mondadori, Buenos Aires.

Repetto, F. (2015): «Institucionalidad estatal para una nueva política social: asignaturas pendientes de una década», en ¿Década Ganada? Evaluando el Legado del Kirchnerismo, Debate-Random House Mondadori, Buenos Aires.

Romero, L. A. (2012): *Breve Historia Contemporánea de la Argentina 1916-2010*, FCE, Buenos Aires.

Salvia, A. (2015): «Heterogeneidades estructurales y desigualdades sociales persistentes. De la caída del modelo neoliberal a la falta de horizontes bajo el modelo neodesarrollista», en ¿Década Ganada? Evaluando el Legado del Kirchnerismo, Debate-Random House Mondadori, Buenos Aires.

Streb, J. M. (2015): «Evaluaciones encontradas sobre el desempeño económico argentino 2003-2013», en ¿Década Ganada? Evaluando el Legado del Kirchnerismo, Debate-Random House Mondadori, Buenos Aires.

BOLIVIA

Albó, X. (2002): *Pueblos indios en la política*, CIPCA/Plural Editores, La Paz.

Crabtree, J., Gray Molina, G. y Whitehead, L. (eds.) (2009): *Tensiones irresueltas. Bolivia, pasado y presente*, PNUD, Plural Editores, La Paz.

Crabtree, J. (2013): «From the MNR to the MAS: Populism, Parties, the State, and Social Movements in Bolivia Since 1952», en De la Torre, C. y Arnson, C. (eds.), *Populism of the Twenty First Century*, The Johns Hopkins University Press and the Woodrow Wilson Center Press, Baltimore y Washington, 269-295.

Do Alto, H. y Stefanoni, P. (2006): *Evo Morales: de la coca al Palacio. Una oportunidad para la izquierda indígena*, Malatesta, Bolivia.

García Linera, Á. (2012): *Las tensiones creativas de la revolución. La quinta fase del Proceso de Cambio*, Vicepresidencia del Estado Plurinacional, La Paz.

— (2014): *Identidad boliviana. Nación, mestizaje y plurinacionalidad*, Vicepresidencia del Estado Plurinacional, La Paz.

García Yapur, F., García Orellana, A. y Soliz, M. (2014): *MAS legalmente IPSP legítimamente. Ciudadanía y devenir Estado de los campesinos indígenas en Bolivia*, Programa de Investigación Estratégica en Bolivia (PIEB), La Paz.

Gamarra, E. (1992): «Presidencialismo híbrido y democratización», en Mayorga, R. (ed.), *Democracia y gobernabilidad en América Latina*, Nueva Sociedad, Caracas.

Geffroy, C. y Komadina, J. (2007): *El poder del movimiento político. Estrategia, tramas organizativas e identidad del MAS en Cochabamba (1999-2005)*, La Paz: PIEB/UMSS/Plural Editores.

Mayorga, F. (2006): «El gobierno de Evo Morales: entre nacionalismo e indigenismo», en *Nueva Sociedad*, 206, 4-13

— (2012): «Bolivia: populismo, nacionalismo e indigenismo en Cheresky, (ed.), *¿Qué Democracia en América Latina?*, CLACSO, Buenos Aires, 235-251.

— (2014): *Incertidumbres tácticas. Ensayos sobre democracia, populismo y ciudadanía*, PIEB, Ciudadanía, Plural, La Paz.

Ministerio de Transparencia Institucional y Lucha Contra la Corrupción (2014): *Plan Nacional de Desarrollo - Agenda Patriótica del Bicentenario 2025*, Unidad de Comunicación, La Paz.

Morales, E. (2014): *Mi vida: de Orinoca al Palacio Quemado*, Santillana, La Paz.

SCHAVELZON, S. (2012): *El nacimiento del Estado Plurinacional de Bolivia. Etnografía de una Asamblea Constituyente*, CEJIS/Plural Editores, La Paz.
SIVAK, M. (2008): *Jefazo. Retrato íntimo de Evo Morales*, Sudamericana, Buenos Aires.
VICEPRESIDENCIA DEL ESTADO PLURINACIONAL DE BOLIVIA (2011): *5 Leyes fundamentales del Estado Plurinacional*, Vicepresidencia del Estado Plurinacional, La Paz.

BRASIL

AGGIO, A., BARBOSA, A. y COELHO, H. (2002): *Política e sociedade no Brasil, 1930-1964*, Annablume, São Paulo.
ALCÁNTARA, M. (2008): «Luces y sombras de la calidad de la democracia de América Latina», en *Revista de Derecho Electoral*, 6, 1-15.
BALDIN, M. A. (2012): «Militarismo e Catolicismo na era Vargas», en *Diálogos. Revista do Departamento de História e do Programa de Pós-Graduação em História*, 16 (3), 1177-1201. Disponible en www.redalyc.org/pdf/3055/305526887014.pdf
BARREDA, M. (2011): «La calidad de la democracia. Un análisis comparado de América Latina», en *Política y Gobierno*, XVIII-2, 265-295.
BASTOS, P. P. Z. y FONSECA, P. C. D. (orgs.) (2012): *A Era Vargas. Desenvolvimento, Economia e Sociedade*, Editora Unesp, São Paulo.
BENEVIDES, M. V. M. (1981): *A UDN e o Udenismo, a ambigüidade do liberalismo brasileiro 1945-1965*, Paz e Terra, São Paulo.
BOHOVSLAVSKY, E. (2011-2012): «Antivarguismo y antiperonismo (1943-1955): Similitudes, diferencias y vínculos», en *Anuario*, 24, 73-97.
BORON, A. A. (2003): «Brasil 2003 ¿los inicios de un nuevo ciclo histórico?», en *Observatorio Social de América Latina*, IX. Disponible en bibliotecavirtual.clacso.org.ar/ar/libros/osal/osal13/ACBoron.pdf
BOURNE, R. (2008): *Lula of Brazil: The Story So Far*, University of California Press, Berckeley.
CARDOSO, F. H. y FALETTO, E. (1969): *Dependencia y desarrollo en América Latina*, Siglo XXI Editores, Buenos Aires.
CASTAÑEDA, J. (2006): «Latin America's Left Turn», en *Foreign Affairs*, 85 (3), 28-42.
CÓRDULA ALMEIDA, V. (2003): «El desafío de Lula frente a los medios de comunicación de Brasil», en *Historia y Comunicación Social*, 8, 35-46.
DANTAS, A. (2010): *O Menino Lula. História do Pequeno Retirante que chegou à Presidência da República*, Ediouro, São Paulo.
DECCA, Edgar de (2004): «Um Homo politicus na era da Massas (Getúlio Vargas)», *História Viva. Grandes Temas*, 4, 16-21.
DOMÍNGUEZ, J. I. y SHIFTER, M. (2013): *Constructing Democratic Governance in Latin America*, The Johns Hopkins University Press, Baltimore (4.ª ed.).
FARIA, A. da C. (2011): *Getúlio Vargas e a sua época*, Global, Río de Janeiro.
FAUSTO, B. (2003): *Historia concisa de Brasil*, Fondo de Cultura Económica, Buenos Aires.
— (2006): *Getúlio Vargas, O poder e o sorriso*, Companhia das Letras, São Paulo.
FILGUEIRAS, L. y GONÇALVES, R. (2007): *A economia política do Governo Lula*, Contraponto, São Paulo.
FIORI, J. L. (1995): «Social Liberalismo. La brújula rota de Fernando Henrique Cardoso», en *Nueva Sociedad*, 138, 23-30.

GOERTZEL, T. G. (2011): *Brazil's Lula: The Most Popular Politician on Earth*, Brown Walker Press, Boca Ratón.
GUILHERME MOTA, C. y LÓPEZ, A. (2009): *Historia de Brasil: una interpretación*, Ediciones Universidad de Salamanca, Salamanca.
GUSMÃO, S. B. de (2004): «A Esfinge Ensimesmada», en *História Viva. Grandes Temas*, 4, 8-15.
HENNESSY, A. (1970): «Latin America», en Ionescu, G. y Gellner, E. (eds.), *Populism. Its Meanings and National Characteristics*, Weidenfeld and Nicolson, Londres, 39-80.
HENTSCHKE, J. R. (ed.) (2006): *Vargas and Brazil. News Perspectives*, Cambridge University Press, Cambridge.
IGLESIAS, F. (1994): *Historia Contemporánea de Brasil*, Fondo de Cultura Económica, Madrid.
KECK, Margaret E. (2010): *PT. A lógica da diferença. O Partido dos Trabalhadores na construção da democracia brasileira*, Centro Edelstein de Pesquisas Sociais, Río de Janeiro.
LECHINI, G. y GIACCAGLIA, C. (2010): «El ascenso de Brasil en tiempo de Lula, ¿Líder regional o jugador global?», en *Problemas del Desarrollo. Revista Latinoamericana de Economía*, 163 (41), 53-73.
LEVINE, R. (1970): *The Vargas Regimen. The Critical Years, 1934-1938*, Columbia University Press, Nueva York.
— (1998): *Father of The Poor? Vargas and His Era*, Cambridge University Press, Nueva York/Cambridge.
LOCHERY, N. (2014): *Brazil. The Fortunes of War. II War World and The Making of The Modern Brazil*, Basic Books, Nueva York.
LOPES, D. B. (2011): «A política externa brasileira e a "circunstância democrática": do silêncio respeitoso à politização ruidosa», en *Revista Brasileira de Política Internacional*, 54 (1), 67-86.
LOVE, J. L. y BAER, W. (2009): *Brazil Under Lula: Economy, Politics, and Society*, Palgrave MacMillan, Nueva York.
MALAMUD, C. (2010): *Populismos latinoamericanos. Los tópicos de ayer, de hoy y de siempre*, Nobel, Madrid.
MENDONÇA, M. G. de (2002): *O Destruidor de Presidentes, a trajetória política de Carlos Lacerda: 1930-1968*, Códex, São Paulo.
MIGUEL, L. F. (2002): «Segurança e desemvolvimento: peculariedades da ideología de segurança nacional no Brasil», en *Diálogos Latinoamericanos*, 5, 40-56.
MOTTA, R. P. S. (2002): *Em Guarda Contra o Perigo Vermelho*, Perspectiva, São Paulo.
MOTA, C. G. y LÓPEZ, A. (2009): *Historia de Brasil. Una interpretación*, USAL, Salamanca.
NETO, L. (2012, 2013, 2014): *Getúlio*, 3 vols. I: *1882-1930: dos anos de formação á conquista do poder*. II. *1930-1945: Do governo provisório à ditadura do Estado Novo*. III. *1945-1954: Da volta pela consagração popular ao suicídio*, Companhia das Letras, Río de Janeiro.
O'DONNELL, G. y SCHMITTER, P. (1991): *Transiciones desde un gobierno autoritario. Conclusiones tentativas sobre las democracias inciertas*, Paidós, Buenos Aires.
OLIVEIRA, A. M. (2013): *Palavras como balas. Imprensa e intelectuais antifascistas no Cono Sul, 1933-1939*, Tese de Doutoramento, Universidade de São Paulo.
PANIZZA, F. (2008): «Fisuras entre Populismo y Democracia en América Latina», en *Stockholm Review of Latin American Studies*, 3, 81-92.

PERISSINOTTO, Renato: *Clases dominantes e hegemonía na República Velha*, Editora da Unicamp, Campinas, 1994.
POZO, J. del (2002): *Historia de América Latina y del Caribe 1825-2001*, LOM Ediciones, Santiago de Chile.
RIBEIRO, J. A. (2014): *A Era Vargas*, Folha Dirigida, Río de Janeiro, 3 vols., (2.ª ed.).
RICUPERO, R. (2010): «À sombra de Charles de Gaulle: uma diplomacia carismática e intransferível», en *Novos Estudos/Cebrap*, 87, 35-58.
ROUQUIÉ, A. (1991): «Dictadores, Militares y legitimidad en América Latina», en *Crítica y Utopía Latinoamericana de Ciencias Sociales. Dictaduras y dictadores*, 5, 11-28.
SADER, E. (2008): *Posneoliberalismo en América Latina*, LACSO/CTA Ediciones, Buenos Aires.
SÁENZ DE TEJADA, R. (2007): «Populismo y crítica a la democracia», en Aibar Gaete, J. (coord.), *Vox Populi. Populismo y democracia en Latinoamérica*, FLACSO, México, 289-318.
SALAMA, P. (2010): «Brasil, el legado económico de Lula: éxitos y límites», *Ciclos en la Historia y en la Economía*, XIX-37/38, 3-18.
SALLUM, B. (2008): «La especificidad del gobierno de Lula. Hegemonía liberal, desarrollismo y populismo», en *Nueva Sociedad*, 217, 155-171.
SHARE, D. y MAINWARING, S. (1986): «Transiciones vía transición: La democratización en Brasil y España», en *Revista de Estudios Políticos*, 49, 87-136.
SILVA, Luiz Inácio Lula da: «Discurso del señor presidente de la República, Luiz Inácio Lula da Silva, en su toma de posesión, 1 de enero de 2003», *Estudios Latinoamericanos*, 18 (2002), pp. 189-197. Disponible en http://www.revistas.unam.mx/index.php/rel/article/view/51539/46025 (consultado 16 de diciembre de 2015).
SKIDMORE, T. (2010): *Brasil: de Getúlio a Castello (1930-1964)*, Companhia das Letras, São Paulo.
SMITH, J. (2010): *Brazil and the United States. Convergence and Divergence*, University of Georgia Press, Atenas y Londres.
SOUZA, Pedro H. G. F. y MEDEIROS, M. (2015): «Top Income Shares and Inequality in Brazil, 1928-2012», *Journal of the Brazilian Sociological Society*, vol. I (1), 119-132.
VARGAS, G.: «Carta-testamento», Río de Janeiro, 23 de agosto de 1954. Fuente: *As duas cartas de Getúlio Vargas*. História Viva. Disponible en http://www2.uol.com.br/historiaviva/artigos/as_duas_cartas_de_getulio_vargas.html
WEFFORT, F. (1999): «El populismo en la política brasileña», en Mackinnon, M. M. y Petrone, M. A. (comps.), *Populismo y neopopulismo en América Latina*, Eudeba, Buenos Aires, 135-153.

ECUADOR

ACOSTA, Alberto (2013): «A modo de prólogo. El Correísmo un nuevo modelo de dominación burguesa», en Alberto Acosta (ed.), *El Correísmo al Desnudo*, Montecristi Vive, Quito, 9-22.
CONAGHAN, Catherine (2008): «Ecuador: Correa's Plebiscitary Democracy», en Larry Diamond, Marc Plattner y Diego Abente (eds.), *Latin America's Struggle for Democracy*, The Johns Hopkins University Press, Baltimore, 199-217.

— (2011): «Ecuador: Rafael Correa and the Citizen's Revolution», en Steve Levitsky y Kenneth Roberts (eds.), *The Resurgence of the Latin American Left*, The Johns Hopkins University Press, Baltimore, 260-283.

CONAGHAN, Catherine y DE LA TORRE, Carlos (2008): «The permanent campaign of Rafael Correa Making Ecuador's Plebiscitary Presidency», *International Journal of Press and Politics*, vol. 13, n.º 3, 267-284.

CORREA, Rafael (2012): «Interview. Ecuador's Path», *New Left Review* 77, septiembre-octubre, 89-104.

DE LA TORRE, Carlos (2013): «El Tecnopopulismo de Rafael Correa. ¿Es compatible el carisma con la tecnocracia?», *Latin American Research Review*, 48 (1), 24-43.

FUNDAMEDIOS (2014): *El silencio asfixiante. La libertad de expresión en el Ecuador 2013*.

HERNÁNDEZ, José (2013): «Ecuador: ¿de la inestabilidad política al poder total?», *Newsweek en Español*, 17 de febrero, 22-27.

LEVISTKY, Steven y KENNETH, Roberts (2011): «Conclusions: Democracy, Development, and the Left», en Steve Levitsky y Roberts Kenneth (eds.), *The Resurgence of the Latin American Left*, The Johns Hopkins University Press, Baltimore, 399-429.

MARTÍN, Fernando (2011): «El desempeño de la economía ecuatoriana durante el gobierno del economista Rafael Correa», en Sebastián Mantilla y Santiago Mejía (eds.), *Rafael Correa: Balance de la Revolución Ciudadana*, Planeta, Quito, 237-267.

MARTÍNEZ NOVO, Carmen (2013): «The Backlash against Indigenous Rights in Ecuador's Citizen's Revolution», en Todd A. Eisenstadt (ed.), *Latin Americas Multicultural Movements. The Struggle Between Communitarianism, Autonomy and Human Rights*, Oxford Press, Nueva York, 111-135.

MEJÍA ACOSTA, Andrés (2011): «¿Revolución o delegación ciudadana? Democracia, gobierno y rendición de cuentas en Ecuador», en Guillermo O'Donnell, Osvaldo Iazzetta y Hugo Quiroga, *Democracia Delegativa*, Prometeo, Buenos Aires, 139-161.

MONTÚFAR, César (2013): «Rafael Correa and His Plebiscitary Citizen's Revolution», en Carlos de la Torre y Cynthia Arnson (eds.), *Latin American Populism in the Twenty-First Century*, The Johns Hopkins and the Woodrow Wilson Center University Press, Baltimore y Washington, 295-323.

MUÑOZ JARAMILLO, Francisco (2013): «Forma de estado y régimen político en el gobierno de Rafael Correa», en Alberto Acosta (ed.), *El Correísmo al Desnudo*, Montecristi Vive, Quito, 120-134.

ORTIZ, Andrés (2013): *La sociedad civil ecuatoriana en el laberinto de la revolución ciudadana*, FLACSO, Quito.

OSPINA, Pablo (2013): «La revolución ciudadana en Ecuador: conflicto social, regimen disciplinario y proyecto de Estado», en Alberto Acosta (ed.), *El Correísmo al Desnudo*, Montecristi Vive, Quito, 26-33.

RAY, Rebecca y KOZAMEH, Sara (2012): «Ecuador's Economy Since 2007», Center for Economic and Policy Research, Washington DC.

TUAZA, Luis (2011): «La relación del gobierno de Rafael Correa y las bases indígenas: políticas públicas en el medio rural», *Ecuador Debate*, 83, agosto, 127-150.

VEGA, Fernando (2013): «El carácter del estado en la revolución ciudadana», en Alberto Acosta (ed.), *El Correísmo al Desnudo*, Montecristi Vive, Quito, 102-120.

WAISBORD, Silvio (2013): *Vox Populista. Medios, Periodismo, Democracia*, Gedisa, Buenos Aires.
WEYLAND, Kurt (2013): «Latin America's Authoritarian Drift: The Threat from the Populist Left», en *Journal of Democracy*, 24 (3), 18-33.

ESTADOS UNIDOS

BESCHLOSS, M. (2007): *Presidential Courage. Brave Leaders and How They Changed America, 1789-1989*, Simon & Schuster, Nueva York.
BLOCKER, Jacks Jr. (1976): *Retreat from Reform. The Prohibition Movement in the United States, 1890-1913*, Greenwood Press, Westport (Connecticut).
BOSCH, A. (2011): *Historia de Estados Unidos, 1776-1945*, Crítica, Barcelona.
BREXEL, B. (2004): *The Populist Party. A Voice for the Farmers in an Industrial Society*, Rosen Publishing, Nueva York.
CLANTON, G. (1991): *Populism: The Humane Preference in America, 1890-1900*, Twayne Publishers, Boston.
DE GREGORIO, W. y LEE STUART, S. (2013): *The Complete Book of U. S. Presidents*, Barricade Books, Fort Lee (Nueva Jersey).
FONER, E. (2010): *La Historia de la libertad en Estados Unidos*, Península, Barcelona.
GARCÍA JURADO, Roberto (2010): «Las raíces del populismo. Los movimientos populistas del siglo XIX en Rusia y Estados Unidos», en *Argumentos*, 23 (63), 267-288.
HAMILTON, N. (2010): *American Caesars: Lives of the US Presidents - from Franklin D. Roosevelt to George W. Bush*, Yale University Press, New Haven.
HORWITZ, R. B. (2013): *America's Right. Anti-establishment Conservatism from Goldwater to the Tea Party*, Polity Press, Cambridge.
KAZIN, M. (1995): *The Populist Persuasion: An American History*, Cornell University Press, Ithaca, NY.
LIPSET, S. M. (2000): *El excepcionalismo americano. Una espada de dos filos*, Fondo de Cultura Económica, México D. F.
MCKENNA, G. (ed.) (1974): *American Populism*, G. P. Putnam's Sons, Nueva York.
MCMATH Jr., R. C. (1993): *American Populism*, Hill and Wang, Nueva York.
MORISON, S. E., COMMAGER, H. S. y LEUCHTENBURG, W. E. (2006): *Breve historia de los Estados Unidos*, Fondo de Cultura Económica, México D.F.
PROCHASKA, F. (2012): *Eminent Victorians on American Democracy. The view from Albion*, Oxford University Press, Oxford.
REDONDO, J. (2015): *Presidentes de Estados Unidos. De Washington a Obama, la historia norteamericana a través de los 43 inquilinos de la Casa Blanca*, La Esfera de los Libros, Madrid.
TOCQUEVILLE, A. de (2010): *La democracia en América*, Trotta, Madrid.
WOOD, G. S. (1993): *The Radicalism of the American Revolution*, Vintage Books, Nueva York.
— (2009): *Empire of Liberty. A History of the Early Republic, 1789-1815*, Oxford University Press, Nueva York.

MÉXICO

ANKERSON, D. (1994): *El caudillo agrarista. Saturnino Cedillo y la Revolución mexicana en San Luis Potosí*, Gobierno del estado de San Luis Potosí-INEHRM, México.
AGUILAR RIVERA, J. (2003): «El liberalismo cuesta arriba, 1920-1950», en *Metapolítica*, México, 7 (32), 33-57.
— (2003): «Fox y el estilo personal de gobernar», en Schmidt, S. (coord.), *La nueva crisis de México*, Aguilar, México.
CANSINO, C. (2000): *La transición mexicana. 1977-2000*, Cepcom, México.
— (2002): «La tentación del populismo». Disponible en http://www.letraslibres. com/sites/default/files/0160-convivio04-m.pdf (fecha de consulta: 30-03-2016).
CONNIFF, M. (1982): «Toward a comparative definition of populism», en Conniff. M. (ed.), *Latin American Populism in Comparative Perspective*, University of New Mexico Press, Albuquerque.
DI TELLA, T. (1969): «Populismo y Reforma en América Latina», en Véliz, C. (ed.), *Obstáculos para la Transformación de América Latina*, Fondo de Cultura Económica, México.
GONZÁLEZ COMPEÁN, M. y LOMELÍ, L. (2000): *El Partido de la Revolución: institución y conflicto 1928-1999*, FCE, México.
GRATIUS, S. (2007): «La tercera ola populista de América Latina», Documento de Trabajo de FRIDE (Fundación para las Relaciones Internacionales y el Diálogo Exterior).
KRAUZE, E. (1997): «Biografía del Poder: Caudillos de la Revolución Mexicana 1910-1940», Tusquets, Barcelona.
— (2012): «Populismo en México», *Letras Libres*, 16 de abril.
MISES, L. (1998): «Problemas económicos de México. Ayer y hoy», Instituto Cultural Ludwig Von Mises, México.
MONTES DE OCA NAVAS, E. (1999): «Presidente Lázaro Cárdenas del Río. 1934-1940. Pensamiento y Acción», publicado en http://www2.cmq.edu.mx/libreria/ index.php/publicaciones/distribucion-gratuita/docum-investigacion/165-di0310149/file?accept_license=1 (fecha de consulta: 30-03-2016).
MORALES, L. (2014): «La Economía Social de Mercado en México: Usos discursivos y problemas de aplicabilidad», en Gregosz, D. (2015), *Economía Social de Mercado en América Latina Realidad y Desafíos*, Programa Regional Políticas Sociales en América Latina (SOPLA) Santiago de Chile.
RAVINA, A. (2002) (dir.): *Historia de América Latina, Buenos Aires*, Colegio Nacional de Buenos Aires, p. 12.
WEFFORT, F. (1970): «El populismo en la política brasileña», en VVAA, *Brasil Hoy*, Siglo XXI, México (2.ª ed.).

PERÚ

BARNECHEA, A. (1995): *La Republica Embrujada*, Nuevo Siglo-Aguilar, Lima.
CONTRERAS, C. y CUETO, M. (2014): *Historia del Perú contemporáneo*, IEP Ediciones, Lima.
GARCÍA, A. (1987): *El futuro diferente*, EMI, Lima Editores.
HAYA, V. (1936): *El Antiimperialismo y el APRA*, Ercilla, Chile.

KAY, B. (1996): «Fujipopulism and the Liberal State in Peru», en *Journal of Interamerican Studies and World Affairs*, 38(4), 55-98.
KLARÉN, P. (2005): *Nación y Sociedad en la historia del Perú*, IEP Ediciones, Lima.
MASTROPAOLO, A. (2014): «Democracia y Populismo», en Bovero, M. y Pazé, V. (eds.), *La democracia en nueve lecciones*, Trotta, Madrid, 61-75.
MURAKAMI, Y. (2007): *Perú en la era del Chino, la política no institucionalizada y el pueblo en busca de un salvador*, IEP Ediciones, Lima.
PAREJA, P. (2006): *Alan Presidente, I. Hacia la democracia económica (1984-1987)*, Gatti, Lima.
PIPITONE, U. (2015): *La esperanza y el delirio, una historia de la izquierda en América Latina*, Taurus, Buenos Aires.
RIVA-AGÜERO, J. (1955): *Paisajes Peruanos*, Biblioteca Imprescindible peruanos-El Comercio, Lima.
RODRÍGUEZ, C. (2012): «The values of free enterprise versus the new populism in Latin America», en *The Independent Review*, 17(1), 19-34.
SARDÓN, J. L. (2013): *Democracia sin populismo: Cómo lograrlo*, Unión Editorial, Madrid.
STEIN, S. (2012): «The Paths to Populism in Perú», en Conniff, M. (ed.), *Populism in Latin America*, Alabama Press, United States of America, 110-131.
TODOROV, T. (2012): *Los enemigos íntimos de la democracia*, Galaxia Gutenberg-Círculo de Lectores, Barcelona.
WEYLAND, K. (1996): «Neopopulism and Neoliberalism in Latin America: Unexpected Affinities», en *Studies in Comparative International Development*, 31(3), 3-31.
— (2000): «A Parodox of Success? Determinants of Political Support for President Fujimori», en *International Studies Quarterly*, 44(3), 481-502.
— (2001): «Clarifying a Contested Concept, Populism in the Study of Latin American Politics», en *Comparative Politics*, 34(1), 1-22.
— (2002): *The Politics of Market Reform in Fragile Democracies: Argentina, Brazil and Venezuela*, Princeton University Press, Princeton.
ZAPATA, A. (2016): *Pensando a la Derecha*, Planeta, Lima.

VENEZUELA

ARENAS, N. y GÓMEZ, L. (2006): *Populismo autoritario: Venezuela 1999-2005*, CENDES, Caracas.
CANELÓN, A. (2013): «Una campaña de muerte súbita», en *Comunicación: Estudios Venezolanos de Comunicación*, 38 (162), 18-30.
CNE (2012): *Elección Presidencial 2012*. Disponible en http://www.cne.gob.ve/divulgacion_presidencial_2012/ [consultado: 18-03-16].
— (2013): *Elección Presidencial 2013*, en http://www.cne.gob.ve/divulgacion_presidencial_2013/ [consultado: 18-03-16].
CAPRILES, C. (2006): «Ciudadanos sin polis: democracia dual, antipolítica y sociedad civil en Venezuela», en *Politeia*, 29(36), 15-28.
CARRERA, G. (2008): *El culto a Bolívar*, Alfa, Caracas.
FERNANDES, S. (2010): *Who can Stop the Drums? Urban Social Movements in Chávez Venezuela*, University of Duke Press, Durham.

EL NACIONAL (2016): *Tengo dudas en construir viviendas, porque te pedí tu apoyo y no me lo diste*. Disponible en http://www.el-nacional.com/politica/Nicolas-Maduro-construir-viviendas-diste_3_753554662.html [consultado: 20-03-16].

EL UNIVERSAL (2013): *López Maya: La diosificación de Chávez busca legitimar a Maduro*. Disponible en http://www.eluniversal.com/nacional-y-politica/130113/lopez-maya-la-diosificacion-de-chavez-busca-legitimar-a-maduro [consultado: 18-03-16].

GARCÍA-GUADILLA, M. (2008): «La praxis de los consejos comunales en Venezuela: ¿Poder popular o instancia clientelar?», en *Revista Venezolana de Economía y Ciencias Sociales*, 14(1), 125-151.

GONZÁLEZ, D. (2013): *El Estado descomunal. Conversaciones con Margarita López Maya*, El Nacional/Editorial CEC, Caracas.

GONZÁLEZ, M. (2016): «Populismo e ideología: Venezuela, Bolivia y Ecuador». Disponible en https: https://web-argitalpena.adm.ehu.es/pasa_pdf.asp?File= USPDF163699 [consultado: 4-3-16].

IRWIN, D. y LANGUE, F. (2004): «Militares y democracia. ¿El dilema de la Venezuela de principios del siglo XXI?», en *Revista de Indias*, 64(231), 549-560.

LÓPEZ, M. (2011): «Venezuela entre incertidumbres y sorpresas», en *Nueva Sociedad*, 253, 4-16.

LÓPEZ, M. y LANDER, L. E. (2009): «El socialismo rentista de Venezuela ante la caída de los precios petroleros internacionales», en *Cuadernos del CENDES*, (71), 67-87.

MACHADO, J. (2009): «A pesar de todo, la participación comunitaria funciona», en *Centro Gumilla*, 713 (abril), 115-121.

MARCANO, C. y BARRERA, A. (2006): *Chávez sin uniforme: una historia personal*, Debate, Barcelona.

MCKEY, Willy (2016): *La cosa está muy dura pero tengo fe*. Disponible en http://prodavinci.com/blogs/la-cosa-esta-muy-dura-pero-tengo-fe-o-el-dilema-de-ser-militante-o-feligres-por-willy-mckey/ [consultado: 3-3-16].

MOUFFE, C. (2005): «The End of Politics and the challenge of Right-wing Populism», en Panizza, F. (ed.), *Populism and the mirror of democracy*, Verso, Nueva York, 50-71.

PERUZZOTTI, E. (2008): «Populismo y representación democrática», en De la Torre, C. y Peruzzotti, E. (eds.), *El retorno del pueblo. Populismo y nuevas democracias en América Latina*, Flacso, Ecuador, 97-124.

PHILIP, G. y PANIZZA, F. (2011): *The triumph of politics: the return of the left in Venezuela, Bolivia and Ecuador*, Polity, Londres.

RODRÍGUEZ-FRANCO, X. (2006): «La democracia uniformada: el poder militar en Venezuela. Polis», en *Investigación y Análisis Sociopolítico y Psicosocial*, 2(1), 245-272.

SIBCI (2016): *Historia del aló*. Disponible en http://www.alopresidente.gob.ve/ [consultado: 20-03-16].

SUCRE, R. (2003): «La política militar en la Constitución de 1999: ¿cambio o continuidad?», en *Revista Venezolana de Economía y Ciencias Sociales*, 9(1), 139-162.

UZCÁTEGUI, R. (2013): «Antecedentes y escenarios de la Venezuela poschavista», en *Nueva Sociedad*, 244, 4-14.

VILLAROEL, G. (2003): «Paradojas de la democracia en Venezuela: dualidad y conflicto en las representaciones y en la política actual», en *Espacio Abierto*, 12(1), 63-93.

YOUTUBE (2012): *Chávez Invicto, la voz del pueblo es la voz de dios*. Disponible en https://www.youtube.com/watch?v=OGT18B18NXE [consultado: 18-03-16].

ZÚQUETE, J. P. (2008-2010): «The Missionary Politics of Hugo Chávez», en *Latin American Politics and Society*, 50(1), 91-121.

POPULISMOS EUROPEOS

ALEMANIA

AfD (2013): *Programa de Alternativa para Alemania para las elecciones al Bundestag del año 2013.*
— (2014): *Programa de Alternativa para Alemania para las elecciones al Parlamento Europeo del año 2014.*
— (2015): *Thesenpapier Asyl.* http://www.alternativefuer.de/wp-content/uploads/sites/7/2015/09/15-09-10-Thesenpapier_LA.pdf
— (2016): Programa de Alternativa para Alemania para las elecciones al *Bundestag del año 2017.*
BEBNOWSKI, D. (2015): *Die Alternative für Deutschland. Aufstieg und gesellschaftliche Repräsentanz einer rechten populistischen Partei*, Wiesbaden, Springer VS.
BERBUIR, N., LEWANDOWSKY, M. y SIRI, J. (2015): «The AfD and its Sympathisers: Finally a Right-Wing Populist Movement in Germany?», *German Politics*, 24:2, 154-178.
CUPERUS, R. (2003): «The Populist Deficiency of European Social Democracy», *Internationale Politik und Gesellschaft*, 3, 83-109.
DECKER, F. (2000): *Parteien unter Druck. Der neue Rechtspopulismus in der westlichen Demokratien*, Westdeutcher, Opladen.
— (2008): «Germany: Right-Wing Populist Failures and Left-Wing Successes», en Daniele Albertazzi y Duncan McDonnell (eds.), *Twenty-First Century Populism: The Spectre of Western European Democracy*, Palgrave MacMillan, Basingstoke, 119.
FRANZMANN, S. (2014): «Die Wahlprogramme der AfD in vergleichender Perspektive», *MIP 20/1*, 115.
NIEDERMAYER, O. (2014): «Eine neue Konkurrentin im Parteiensystem? Die Alternative für Deutschland», en *Die Parteien nach der Bundestagswahl 2013*, Wiesbaden, 175-207.
OPPELLAND, T. (2016): «Alternative für Deutschland», *Bundeszentrale für politische Bildung.* http://www.bpb.de/politik/grundfragen/parteien-in-deutschland/211108/afd
PRIESTER, K. (2012): «Wesensmerkmale des Populismus», en *Aus Politik und Zeitgeschichte 62(5-6)*, 3-9.
ROODUIJN, M., DE LANGE, S. y VAN DER BRUG, W. (2014): «A populist Zeitgeist? Programamatic contagion by populist parties in Western Europe», en *Party Politics*, 20(4), 563-575.

AUSTRIA

ANDEXINGER, M. (2009): *Opposition im Nationalrat: Die FPÖ 1986 bis 1999*, Peter Lang, Fráncfort.
BAILER-GALANDA, B. y NEUGEBAUER, W. (1997): *Haider und die Freiheitlichen in Österreich*, Elefanten Press, Berlín.
FRÖLICH-STEFFEN, S. (2004): «Die Identitätspolitik der FPÖ: vom Deutschnationalismus zum Österreich-Patriotismus», *Österreichische Zeitschrift für Politikwissenschaft*, 33(3), 281-295.
GEHLER, M. (2006): «Die Zweite Republik: zwischen Konsens und Konflikt», en Dachs, H., Gerlich, P. y Gottweis, H. (eds.), *Politik in Österreich: Das Handbuch*, Manz, Viena, 35-51.
HEINISCH, R. (2004): «Die FPÖ - ein Phänomen im internationalen Vergleich: Erfolg und Misserfolg des identitären Rechtspopulismus», en *Österreichische Zeitschrift für Politikwissenschaft*, 33(3), 247-261.
LIVONIUS VON EYB, T. von (2002): *Die ideologische Entwicklung der FPÖ unter Jörg Haider*, München Univ. Diss, Hochschulschrift, Múnich.
LUTHER, K. R. (2006): «Die Freiheitliche Partei Österreichs und das Bündnis Zukunft Österreich», en Dachs, H., Gerlich, P. y Gottweis, H. (eds.), *Politik in Österreich: Das Handbuch*, Manz, Viena, 364-388.
PELINKA, A. (1993): *Die kleine Koalition: SPÖ - FPÖ (1983-1986)*, Böhlau, Wien.
— (2000): «Die rechte Versuchung: SPÖ, ÖVP und die Folgen eines falschen Tabus», en H.-H. Scharsach (ed), *Haider: Österreich und die rechte Versuchung*, Rowohlt, Reinbek bei Hamburg, 46-66.
— (2002): «Die FPÖ in der vergleichenden Parteienforschung: zur typologischen Einordnung der Freiheitlichen Partei Österreichs», *Österreichische Zeitschrift für Politikwissenschaft*, 31(3), 281-290.
PICKER, R., SALFINGER, B. y ZEGLOVITS, E. (2004): «Aufstieg und Fall der FPÖ aus der Perspektive der Empirischen Wahlforschung: eine Langzeitanalyse (1986-2004)», en *Österreichische Zeitschrift für Politikwissenschaft*, 33(3), 263-279.
SCHARSACH, H.-H. (ed.) (2000): *Haider: Österreich und die rechte Versuchung*, Rowohlt, Reinbek bei Hamburg.

BÉLGICA

ABRAMOWICZ, M. (2005): *Guide des résistances à l'extrême droite*, Labor-resistances, Bruselas.
ABRAMOWICZ, M. y HAELSTERMAN, W. (1998): «Belgium», en J. Y. Camus (ed.), *Extremism in Europe*, Editions de l'Aube, París, 59-85.
— (1998): *Les extremismes en Europe: Etats de lieux*, CERA, París.
CAMUS, J. Y. y LEBOURG, N. (2015): *Les droites extrêmes en Europe*, Seuil, París.
COFFÉ, H. (2015): «The adaptation of the extreme right's discourse: the case of the Vlaams Blok», en *Ethical Perspectives*, 12 (2), 205-230.
DE WITTE, H. y SPRUYT, M. (2004): «Belgique: le Vlaams Blok», en Blaise, P. y Moreau, P. (eds.), *Extreme droite et national populistme en europe de Ouest*, Crisp, París.
DELEERSNIJDER, H. (2007): *Populisme, vieilles pratiques, nouveaux visages*, Imprimerie Chauveheid-Stavelot, Lieja.
DELPÉRÉE, F. (2013): «Les oppositions parlementaires; le cas belge», en Rozenberg, O. y Thiers, E. (eds.), *L'opposition parlementaire*, La Documentation Française, París.

DELWIT, P. (2007): «The belgian National Front and the question of power», en Delwit, P. y Poirier, P. (eds.), *Extrême droite et pouvoir en Europe*, Editions de l'Université Libre de Bruxelles, Bruselas.

DÉZÉ, A. (2015): «La dédiabolisation, une nouvelle stratégie?», en Crépon, S. y Dézé, A. (eds.), *Les faux-semblants du Front National: sociologie d'un parti politique*, Presses de Science-Po, París.

DUBOIS, S. (2005): *L'invention de la Belgique: la genèse d'un Etat-nation*, Recines, Bruselas.

DUMONT, S.: *Les brigades noires: l'extrême droite en France et en Belgique fracophone de 1944 à nos jours*, Editions EPO, Bruselas.

DUMONT, V. H. y EL-BERHOUMI, M. (2014): «Prendre plus au sérieux la fonction législative des parlementaires», en *Revue Belge de Droit Constitutionnel*, 3-4 (numéro spécial 20 anniversaire), 331-347.

EBATA, M. (1997): «The Internationalization of the Extreme Right», en Braun, A. y Scheinberg, S. (eds.), *The Extreme Right: Freedom and Security at Risk*, Westview Press, Boulder.

FANIEL, J. (2001): «L'extrême droite après les scrutins de 1999 et 2000», en *Courrier Hebdomadaire*, CRISP, 62.

GARCÍA PICAZO, P. (1997): «Bélgica», en de Blas, A. (dir.), *Diccionario de Nacionalismo*, Tecnos, Madrid, 50-55.

LIJPHART, A. (1984): *Democracies: Patterns of Majoritarian and Consensus Government in Twenty-one Countries*, Yale University Press, New Haven.

MABILLE, X. (1997): *Histoire politique de la Belgique. Facteurs et acteurs de changement*, Editions CRISP, Bruselas.

MUDDE, C. (2000): *The Ideology of the Extreme Right*, Manchester University Press, Manchester.

PAUWELS, (2013): «Belgium: Decline of National Populism?», en K. Grabow y F. Hartleb (eds.), *Exposing the Demagogues: Right-wing and National Populist Parties in Europe*, Konrad Adenauer Stiftung, Bruselas, 81-102.

PAUWELS, T. (2011): «Explaining the Strange Decline of the Populist Radical Right Vlaams Belang in Belgium. The Impact of Permanent Opposition», *Acta Politica*, vol. 46, n.º 1, 60-82.

ROSANVALLON, Pierre (2014): *Le parlement des invisibles*, Seuil, París.

RUMMENS, S. y ABTS, K. (2010): «Defending Democracy: The Concentric Containment of Political Extremism», *Political Studies*, vol. 58, n.º 4, 649-665.

(2009): *Transatlantic Trends: Key Findings on Immigration 2009*, German Marshall Fund of the US, Nueva York.

TRÉFOIS, Anne y FANIE, Jean (2007): «L'évolution des partis politiques flamands 2002-2007», *Courrier hebdomadaire du CRISP*, n.º 1972, 5-51.

VERDUSSEN, Marc (2013): «La protection des minorités linguistiques en Belgique: heurs et heurts», en Brouillet, E. y L. P. Lampron (eds.), *La mobilisation du droit et la protection des collectivités minoritaires*, Presses de l'Université de Laval, Montréal.

VERDUSSEN, Marc y ROMAINVILLE, Céline (2016): «Belgique», en Derosier, Jean Phillipe (ed.), *L'opposition politique*, Cahiers du Forincip, Lexis-Nexis, París, 62-102.

WEINBLUM, Sharon y BRACK, Natalie (2011): «Pour une aproche renouvelée de l'opposition politique», *Revue Internationale de Politique Comparée*, vol. 18, n.º 2, 13-27.

ESCANDINAVIA

BJERKEM, J. (2016): «The Norwegian Progress Party: An Established Populist Party», en *European View*, 15 (2), 233-243.
HELLIWELL, J., LAYARD, R. y SACHS, J. (2016): *World Happiness Report 2016*, Sustainable Development Solutions Network, Nueva York.
HELLSTRÖM, A. (2015): *Trust us: Reproducing the Nation and the Scandinavian Nationalist Populist Parties*, Berghahn Books, Oxford.
Interview with Anders Hellström About Nordic Populism. Disponible en www.populismobserver.com, 17 de julio de 2015.
JUNGAR, A.-C. y JUPSKÅS, A. R. (2014): «Populist Radical Right Parties in the Nordic Region: A New an Distinct Party Family?», en *Scandinavian Political Studies*, 37, 215-238.
LINDROTH, Bengt (2016): *Väljarnas hämand: Populism och Nationalism I Norden*, Carlson, Estocolmo.
PROGRAMA DE NACIONES UNIDAS PARA EL DESARROLLO (2015): *Informe Sobre Desarrollo Humano 2015. Trabajo al Servicio del Desarrollo Humano*. Disponible en http://hdr.undp.org/sites/default/files/2015_human_development_report_overview_es.pdf
RYDGREN, J. (2010): «Radical Right/Wing Populism in Denmark and Sweden: Explaining Party System Change and Stability», en *SAIS Review of International Affairs*, 30 (1), 57-71.
SOTELO, I. (14 de mayo de 2015): «Populismos», *El País*.

Información general y programas políticos consultados en las páginas web de los partidos políticos mencionados:

Partido Popular Danés (DF): www.danskfolkeparti.dk
Demócratas de Suecia (SD): www.sd.se
Partido del Progreso de Noruega (FRP): www.frp.no
Partido de los (Verdaderos) Finlandeses: www.perussuomalaiset.fi

ESPAÑA

ÁLVAREZ TARDÍO, M. (2015): «La remasterización de la izquierda antiliberal y el caso Podemos», en *Cuadernos de Pensamiento Político*, 46.
ARREGUI, J. (2000): *La nación vasca posible. El nacionalismo democrático en la sociedad vasca*, Crítica, Barcelona.
CANAL, J. (2016): «El nacionalismo catalán como populismo. Una aproximación a los discursos de Artur Mas en 2014», en *Cuadernos de Pensamiento Político*, 49.
CASALS, X. (2013): *El pueblo contra el parlamento. El nuevo populismo en España (1989-2013)*, Pasado y Presente, Barcelona.
ERREJÓN, I. (2014): «PODEMOS como práctica cultural emergente frente al imaginario neoliberal: hegemonía y disidencia», conversación con I. Errejón. En *IC-revista Científica de Información y Comunicación*, 11, 17-46.
HispanTV (2014): especial «Podemos y Populismo», en intervenciones de Pablo Iglesias, Íñigo Errejón y Carolina Bescansa, disponible en https://www.youtube.com/watch?v=-q9oxr54X_Y [consultado el 1-9-2015].

IGLESIAS, P. (2013): Intervención en Herriko Taberna. Disponible en https://www.youtube.com/watch?v=kpBqUPXH9cU [consultado el 3-2-2015].
— (2014a): *Disputar la democracia*, Akal, Madrid.
— (2014b): Intervención en el Parlamento Europeo. Disponible en https://www.youtube.com/watch?v=CJYQEGxXI-o [consultado el 1-3-2015].
— (2015): Intervención en un mitin en Alcalá de Henares (8 de mayo de 2015). Véase http://www.elmundo.es/espana/2015/05/08/554d0c7bca4741bf4f8b456c.html
— (2015): «Entender Podemos», en *New Left Review* , 93, 9-32.
MANSILLA, H. F. C. (2015): «La comprensión simplificada de la historia y del mundo. La popularidad de Carl Schmitt en América Latina», en *Cuadernos de Pensamiento Político*, 48.
MONEDERO, J. C. (2013): *La transición contada a nuestros padres*, Libros de la Catarata, Madrid.
MÜLLER, J. W. (2016): «El populismo necesita enemigos, la democracia requiere oposición», en *Letras Libres*, 177, 8-12.
RIVERO, J. (2015): *Podemos. Objetivo: Asaltar los Cielos*, Planeta, Barcelona.
— (2015): *Conversación con Pablo Iglesias*, Turpial, Madrid.
RONTOMÉ ROMERO, Carlos (2014): «Populismo durante la era Aznar: el GIL en Ceuta», en C. Navajas Zubeldía y D. Iturriaga Barco (coords.), *España en democracia: Actas del IV Congreso de Historia de Nuestro Tiempo*, 315-320.

FRANCIA

BALENT, M. (2013): «The French National Front from Jean-Marie to Marine Le Pen: Between Change and Continuity», en Karsten Grabow y Florian Hartleb (eds.), *Exposing the Demagogues. Right-wing and National Populist Parties in Europe*, Konrad Adenauer Stiftung-Centre for European Studies, Berlín-Bruselas.
DE CALAN, M. (2016): *La vérité sur le programme du Front national*, Plon (Prefacio de Alain Juppé), París.
MÉLENCHON, J. L. (2016): *L'ère du people*, Pluriel, París.
REYNIÉ, D. (2013): *Les noveaux populismes*, Fayard/Pluriel, París.
SHIELDS, J. (2007): *The Extreme Right in France: From Petain to Le Pen*, Routledge, Londres.
TAGUIEFF, P. A. (2007): *L'Illusion Populiste. Essay sur les demagogies de l'âge démocratique*, Champs/Flammarion, París.
— (2012): *Le noveau national-populisme*, CNRS Editions, París.
TODOROV, T. (2012): *Les Enemis intimes de la démocratie*, Robert Laffont, París.
WIEVIORKA, Michel (2012): *Le Front national, entre extrémisme et démocratie*, Counterpoint UK, http://counterpoint.uk.com/publications/the-front-national-a-party-somewhere-between-extremism-populism-and-democracy/

Discurso de Marine Le Pen en París, 10 de diciembre de 2015: http://www.frontnational.com/2015/12/discours-de-marine-le-pen-a-paris-10-decembre-2015/
Programa del Frente Nacional: http://www.frontnational.com/pdf/Programme.pdf
Programa de la candidatura presidencial de Marine Le Pen en 2012: http://www.frontnational.com/pdf/projet_mlp2012.pdf
Programa de la candidatura presidencial de Marine Le Pen 2017 «144 Engagements Présidentiels»: https://www.marine2017.fr/wp-content/uploads/2017/02/projet-presidentiel-marine-le-pen.pdf

GRECIA

Bosco, A. y Verney, S. (2012): «Electoral Epidemic: The Political Cost of Economic Crisis 2010-2011», en *Southern European Society and Politics*, 17 (2), 129-154.
Ellinas, A. (2013): «The Rise of Golden Dawn: The New Face of the Far Right in Greece», en *South European Society and Politics*, 18 (4), 543-565.
Kalyvas, S. y Marantzidis, N. (2002): «Greek Communism 1968-2001», *East European Politics and Societies*, 16 (3), 665-690.
Klapsis, A. (2015): «Syriza en el Gobierno: tomar el cielo por asalto», en *Cuadernos de Pensamiento Político*, 47, 82-96.
Pappas, T. (2013): «Why Greece Failed», en *Journal of Democracy*, 24 (2), 31-45.
Stavrakakis, Y. y Katsambekis, G. (2014): «Left-wing populism in the European periphery: the case of SYRIZA», en *Journal of Political Ideologies*, 19 (2), 119-142.
Teperoglou, E. y Tsatsanis, E. (2014): «Dealignment, De-legitimation and the Implosion of the Two-Party System in Greece: The Earthquake Election of 6 May 2012», en *Journal of Elections, Public Opinion and Parties*, 24 (2), 222-242.
Tsakatika, M. (2016): «SYRIZA's electoral rise in Greece: Protest, Trust and Art of Manipulation», en *South European Society and Politics* (publicación online).
Tsakatika, M. y Eleftheriou, C. (2013): «The radical left's turn towards civio society in Greece: One strategy, two paths», en *South European Society and Politics*, 18 (1), 81-99.
Tsakatika, M. y Lisi, M. (2013): «Zippin' up my boots, goin' back to my roots; Radical left parties in Southern Europe», en *South European Society and Politics*, 18(1), 1-19.

HOLANDA

Andeweg, R. B. e Irwin, G. A. (2002): *Governance and Politics of the Netherlands*, Palgrave/Macmillan, Londres.
Bartlett, J., Birdwell, J. y De Lange, S. (2012): *Populism in Europe: Netherlands*, Demos, Londres.
Buruma, I. (2006): *Murder in Amsterdam: The Death of Theo Van Gogh and the Limits of Tolerance*, The Penguin Press, Nueva York.
Fortuyn, P. (2002): *De puinhopen van acht jaar Paars*, Speakers Academy, Roterdam.
Hirsi Ali, A. (2006): *Yo acuso*, Galaxia Gutenberg, Barcelona.
Lijphart, A. (1968): *Politics of Acommodation: Pluralism and Democracy in the Netherlands*, University of California Press, Berkeley.
Lucardie, P. y Voerman, G. (2013): «Geert Wilders and the Party for Freedom: A Political Entrepreneur in the Polder», en Grabouw, K. y Hartleb, F. (eds.), *Exposing the Demogogues: Right-wing and National Populist Parties in Europe*, Centre for European Studies y Konrad-Adenauer-Stiftung, Bruselas y Berlín, 187-204.
Scheffer, P. (2011): *Immigrant Nations*, Polity Press, Cambridge.
Uitermark, J. (2012): *Dynamics of Power in Dutch Integration Politics*, Amsterdam University Press, Ámsterdam.
Wilders, G. (2012): *Marked for Death: Islam's War Against the West and Me*, Regnery Publishing, Washington.

HUNGRÍA

Bartlett, Jamie *et al.* (2012): *Populism in Europe: Hungary*, Demos, Londres.
Bozoki, Andras (2012): «The Crisis of Democracy in Hungary», Heinrich Böll Stiftung, Die Grüne Politische Stiftung, Berlín.
Feher, Ferenc y Heller, Agnes (1983): *Análisis de la revolución húngara*, Hacer, Barcelona.
Lendvai, Paul (2003): *The Hungarians. 1000 Years of Victory in Defeat*, C. Hurst and Co, Londres.
Ribadeau Dumas, Laurent (2016): «La Hongrie est-elle la première des "democraties non libérales" en Europe?» *Geopolis* http://geopolis.francetvinfo.fr/la-hongrie-est-elle-la-premiere-des-democraties-non-liberales-en-europe-106171

ITALIA

Berlusconi, S. (2000): *L'Italia che ho in mente: i discorsi di Silvio Berlusconi*, Mondadori, Milán.
— (2001): *Discorsi per la democrazia*, Mondadori, Milán.
Biorcio, R. y Natale, P. (2013): *Politica a 5 Stelle. Idee, storia e strategie del movimento di Grillo*, Feltrinelli, Milán.
Bordignon, F. (2014): «Matteo Renzi: A Leftist Berlusconi for the Italian Democratic Party?», *South European Society and Politics*, 19 (1), 1-23.
Calise, M. (2010): *Il partito personale. I due corpi del leader*, Laterza, Roma-Bari.
Campus, D. (2006): *L'antipolitica al governo. De Gaulle, Reagan, Berlusconi*, Il Mulino, Bolonia.
Colarizi, S. y Gervasoni, M. (2012): *La tela di Penelope. Storia della Seconda Repubblica 1989-2011*, Laterza, Roma-Bari.
Del Palacio, J. (2015): «La nueva Lega Nord», en *Cuadernos de Pensamiento Político*, 46, 157-173.
— (2017): «Italian left and the crisis: the case of Matteo Renzi's Partito Democratico», en Roder, K. (ed), *European Left and the Crisis*, Manchester University Press, Manchester (de próxima publicación).
Diamanti, I. (dir.) (2016): *Gli italiani e lo Stato*, Demos, Repubblica.
Grilli di Cortona, P. (2007): *Il cambiamento politico in Italia. Dalla prima alla seconda Repubblica*, Carocci, Roma.
Ignazi, P. (2008): *Partiti politici in Italia*, Il Mulino, Bolonia.
— (2014): *Vent'anni dopo. La parabola del berlusconismo*, Il Mulino, Bolonia, 2014.
Moroni, Ch. (2008): *Da Forza Italia al Popolo della Libertà*, Carocci, Roma.
Orsina, G. (2013): *Il berlusconismo nella storia d'Italia*, Marsilio, Venecia.
— (2014): *Storia delle destre nell'Italia repubblicana*, Rubbetino, Soveria Manelli.
Pasquino, G. y Valbruzzi, M. (2017): «The Italian Democratic Party, Its Nature and Its Secretary», en *Revista Española de Ciencia Política* (de próxima publicación).
Pasquino, G. y Venturino, F. (eds.): *Il Partido Democratico secondo Matteo*, Bononia University Press, Bolonia.
Tarchi, M. (2012): «Populism Italian Style», en Meny, Y. y Surel, Y. (eds.), *Democracies and Populist Challenge*, Palgrave MacMillan, Nueva York, 120-138.
— (2015): *Italia populista. Dal Qualunquismo a Beppe Grillo*, Il Mulino, Bolonia.

VENTURA, S. (2015): *Renzi&Co. I racconto dell'era nuova*, Rubbetino, Soveria Manelli.
ZANATTA, L. (2013): *Il populismo*, Carocci, Roma.

POLONIA

ASH, T. G. (1989): «Revolution in Hungary and Poland», *New York Review of Books*, 36(13), 9-15.
CASAL BÉRTOA, F. y GUERRA, S. (2016): «Earthquake or Hurricane? The Rise and Fall Populist Parties in Poland», en Wolinetz, S. y Zaslove, A. (eds.), *Absorbing the Blow. Populist Parties and Their Impact on Parties and Party Systems*, ECPR Press, Colchester.
CBOS (2001): «BS/155/2001 Komunikat z badań, Społeczne poparcie dla integracji z Unią Europejską», Varsovia, noviembre.
CBOS BULLETIN (1999): «Opinia», julio, disponible en http://www.cbos.org.pl (consultado el 30 de junio de 2015).
— (1999): «Opinia», febrero, disponible en http://www.cbos.org.pl (consultado el 30 de junio de 2015).
— (2001): «Opinia», febrero, disponible en http://www.cbos.org.pl (consultado el 30 de junio de 2015).
DE LANGE, S. L. y GUERRA, S. (2009): «The League of Polish Families between East and West, Past and Present», en *Journal of Communist and Post-Communist Studies*, 42(4), 527-549.
FITZGIBBON, J. y GUERRA, S. (2010): «Not just Europeanization, not necessarily populism: potential factors underlying the mobilization of populism in Ireland and Poland», *Perspectives on European Politics and Society*, 11(3), 273-291.
GUERRA, S. (2013): *Central and Eastern European Attitudes in the Face of Union*, Palgrave Macmillan, Basingstoke.
GUERRA, S. y CASAL BÉRTOA, F. (2015): «How Poland's political landscape was redrawn overnight», en *The Conversation*, 27.
JASIEWICZ, K. (2008) «The new populism in Poland. The usual suspects?», en *Problems of Post-Communism*, 55(3), 7-25.
— (2009): «"The Past is Never Dead" Identity, Class, and Voting Behavior in Contemporary Poland», en *East European Politics and Societies*, 23 (4), 491-508.
KUBIK, J. y LYNCH, A. (2006): «The original sin of Poland's third Republic: discounting "Solidarity" and its consequences for political reconciliation», en *Polish Sociological Review*, 1(153), 9-38.
MARKOWSKI, R. (2006): «The Polish elections of 2005: pure chaos or a restructuring of the party system?», *West European Politics*, 29(4), 814-832.
SHILS, E. (1956): *«The torment of secrecy» the background and consequences of American security policies*, Free Press, Glencoe, IL.
STANLEY, B. (2015a): «The post-populist non-crisis in Poland», en H. Kriesi y T. S. Pappas (eds.), *European Populism in the Shadow of the Great Recession*, ECPR Press, Colchester.
STANLEY, B. (2015b): «Confrontation by default and confrontation by design. Strategic and institutional responses to Poland's populist coalition government», *Democratization*, 23(2), 1-20.
SZCZERBIAK, A. (2002): «After the Election, Nearing The Endgame: The Polish Euro-Debate In The Run Up To The 2003 EU Accession Referendum», *Opposing

Europe Research Network Working paper, n.° 7/*Sussex European Institute Working Paper*, n.° 53, Sussex European Institute, University of Sussex, Famer, Brighton.

SZCZERBIAK, A. y TAGGART, P. (2004): «The politics of European referendum outcomes and turnout: two models», en *West European Politics*, 27(4), 557-583.

WILES, P. (1969): «A syndrome, not a doctrine. Some elementary theses on populism», en G. Ionescu y E. Gellner (eds.), *Populism: Its Meanings and National Characteristics*, Weidenfeld & Nicolson, Londres.

WYSOCKA, O. (2009): «Populism in Poland: in/visible exclusion», en Freeman, L. (ed.), *In/Visibility: Perspectives on Inclusion and Exclusion*, IWM Junior Visiting Fellows' Conferences, Viena, vol. 26.

REINO UNIDO

ABEDI, A. y LUNDBERG, T. C. (2009): «Doomed to Failure? UKIP and the Organisational Challenges Facing Right-Wing Populist and Anti-Political Establishment Parties», *Parliamentary Affairs*, 62 (1), 72-87.

CAMERON, D. (2013): *Bloomberg Speech on Europe*. Disponible en https://www.gov.uk/government/speeches/eu-speech-at-bloomberg

CLARK, A. (2012): *Political parties in the UK*, Palgrave MacMillan, Londres.

FARAGE, N. (2014): *The purple revolution. The year that changed everything*, Biteback Publishing, Londres.

FORD, R. y GOODWIN, M. (2014): *Revolt in the right. Explaining support for the radical right in Britain*, Routledge, Oxford.

GOODWIN, M. y MILAZZO, C. (2015): *UKIP. Inside the campaign to redraw the map of British politics*, Oxford University Press, Oxford.

HAYTON, R. (2010): «Towards the mainstream? UKIP and the 2009 Elections to the European Parliament», en *Political Studies Association*, 30 (1), 26-35.

REIF, K. y SCHMITT, H. (1980): «Nine Second-Order National Elections: A Conceptual Framework for the Analysis of European Election Results», en *European Journal of Political Research*, 8 (1), 25-45.

RUIZ VICIOSO, J. (2014): «¿Por qué ha ganado UKIP las elecciones europeas en el Reino Unido?», en *Cuadernos de Pensamiento Político*, 44, Fundación FAES, 137-150.

THATCHER, M. (1988): *Speech to the College of Europe*. Disponible en www.margaretthatcher.org

Webs consultadas:
www.bbc.co.uk
www.gov.uk
www.lordashcroftpolls.com
www.ukip.org

RUSIA

ARON, L. (01/10/2000): «In a Search of Russian Middle Class», American Entreprise Institute (AEI).

— (08/02/2012): «Putin is already dead», American Entreprise Institute (AEI).
— (05/03/2012): «Putin's Pyrrhic victory», American Entreprise Institute (AEI).
— (13/01/2013): «How Putin Does It», American Entreprise Institute (AEI).

BERLIN, I. (1992): *Pensadores Rusos*, Fondo de Cultura Económica, México.
— (2009): *La mentalidad soviética: la cultura rusa bajo el comunismo*, Galaxia Gutenberg, Madrid.
BUBNOVA, Natalia (ed.) (2009): *20 Years Without the Berlin Wall: A Breakthrough to Freedom*, Carnegie Endowment for International Peace, Moscú.
CARRÈRE D'ENCAUSE, H. (1992): *The Russian Syndrome. One Thousand Years of Political Murder*, Homes&Mayer, Nueva York/Londres.
— (2001): *Rusia inacabada. Las claves de la caída de un sistema político y el resurgir de un nuevo país*, Salvat Contemporánea, Barcelona.
CHAADAYEV, P.: *Izabranie, sochinenia y pisma*, Pravda, Moscú.
DANILEVSKI, J. N. (2007): *Rusija i Europa*, Nolit, Belgrado.
DYRKOCZA, D. (2011): «Politichescaya Teoriya populizma», en *Kvartaljniy vipsuk zhurnala Mezdunarodnie otnoshenia*, 2 (1).
FIGES, O. (2006): *El baile de Natacha. Una historia cultural rusa*, Edhasa, Barcelona.
FRASER, N. (2001): *Las nuevas voces del odio. Encuentros con la derecha en la Europa de hoy*, Alba Editorial, Barcelona.
GARTON ASH, T. (02/03/2008): «Rusia, democracia soberana», *El País*.
HACKARD, M. (24/04/2015): «Ivan Ilyin: on forms of sovereignity», disponible en el portal *The Soul of the East*, http://souloftheeast.org
— (26/12/2015): «Ivan Ilyin: On democracy». Disponible en el portal *The Soul of the East*, http://souloftheeast.org
HOSKING, G. (2011): *Russia and the Russians. A History*, 2.ª ed., The Belknap Press of Harvard University Press, Cambridge, Massachusetts.
— (2012): *Russian History. A Very Short Introduction*, Oxford University Press, Nueva York.
HUNTINGTON, S. P. (1992): *The Third Way. Democratization in the Late Twentieth Century*, University of Oklahoma Press, Norman.
IGNATIEFF, M. (2014): «El mundo después de Ucrania», en *Cuadernos de Pensamiento Político*, FAES, 44, 39-57.
ILYIN, I. (1915): «Obshcheie ucenie o prave i gosudarstve», disponible en el portal de la revista *The Soul of the East* http://souloftheeast.org
— (1949): «O gryadushchei Rosii. Cto est gosudastvo- corporacia ili ucrezhdenie?», disponible en el portal de la revista *The Soul of the East* http://souloftheeast.org
JOFFE, J. (2014): «La tentación Autoritaria», en *Cuadernos de Pensamiento Político*, FAES 44, 59-68.
KANTOR, V. (2001): *Rusija je evropska zemlja*, Biblioteca XX Vek, Belgrado.
LAQUEUR, W. (2014): «After the Fall: Russia in Search of a New Ideology», *World Affairs*, disponible en http://www.worldaffairsjournal.org/article/after-fall-russia-search-new-ideology
LEDENEVA, A. V. (2013): *Can Russia Modernise? Sistema, Power Networks and Informal Governance*, Cambridge University Press, Cambridge.
LIPMAN, M. y PETROV, N. (eds.) (2011): *Russia in 2020. Scenarios for the Future*, Carnegie Endowment for International Peace, Moscú.
LYNCH, C. A. (2006): «What Russia Can Be. Paradoxes of Liberalism and Democracy», en *The American Interest*, disponible en http://www.the-american-interest.com/2006/11/01/what-russia-can-be/
MAGUN, A. (2014): «Protestnoe dvizhenie 2011-2012 godov v Rusii: Noviy populizm sredneva klasa», EYSPb.

Mayer, Arno J. (2014): *Las Furias. Violencia y terror en las revoluciones francesa y rusa*, Prensa de la Universidad de Zaragoza, Zaragoza.

Meyer, J. (2007): *Rusia y sus imperios (1894-2005). La Rusia de los zares: de los últimos Romanov a Vladímir Putin*, Tusquets, Barcelona.

Milosevich, M. (2013): «¿Hacia dónde va Rusia?», en *Cuadernos de Pensamiento Político*, FAES, 37, 99-122.

Monaghan, A. (2012): «The End of the Putin Era?», *Carnegie Endowment for International Peace*. Disponible en http://carnegieeurope.eu/2012/07/25/end-of-putin-era-pub-48919

Neumann, I. B. (1996): *Russia and the idea of Europe*, Routledge, Londres y Nueva York.

Pipes, R. (1998): *Three Whys of the Russian Revolution*, Pimlico, Random House, Londres.

— (2005): *Russian Conservatism and Its Critics. A study in political culture*, Yale University Press, New Haven y Londres.

Sartori, G. (1993): *La democracia después del comunismo*, Alianza Editorial, Madrid.

Serge, V. (2011): *Memorias de un revolucionario*, Veintisieteletras, Madrid.

Shvetsova, L. (2006): «Imitation Russia», en *The American Interest*, disponible en http://www.the-american-interest.com/2006/11/01/imitation-russia/

— (2013): «Is Democracy in Retreat?», en *The American Interest*, disponible en http://www.the-american-interest.com/2013/06/04/is-democracy-in-retreat/

Sontag, R. (2012): «Divided Russia. The unintended consequences of Putin's ouster», en *The American Interest*, http://www.the-american-interest.com/2012/02/06/divided-russia/

Stanovaia, T. (2012): «Borba s korupciey: novaya politika, populizm i sredstvo svedenia scetov», *Franco-Rosiskiy Observatorie*, IRIS, 2012.

Trenin, D. (28/02/2012): «Russia's Election: Protest and Power», *Carnegie Endowment for International Peace*, disponible en http://carnegie.ru/2012/02/28/russia-s-election-protests-and-power-pub-47310

— et al. (2012): «Russia Is Awakening: Will It Implode or Transform», *Carnegie Endowment for International Peace*, disponible en http://carnegieendowment.org/files/russian_awakening.pdf

Venturi, F. (2001): *Roots of Revolution. A History of the Populist and Socialist Movements in 19th Century Russia* (Revised Edition), Phoenix Press, Londres.

Yaffa, J. (2012): «The People vs. Vladimir Putin. The Russian Middle Class Campaigns Against the Kremlin», en *Foreign Affairs*, marzo, 1.

— (2012): «Russia's Activists Regroup. The Opposition's Bourgeois Balancing Act», en *Foreign Affairs*, marzo, 8.

SUIZA

Camus, J.-Y. y Lebourg, N. (2015): *Les droits extrêmes en Europe*, Seuil, París.

Castoriadis, C. (1990): *Anthropologie, philosophie, politique*, Institut d'Anthropologie et de Sociologie, Lausana.

Cherix, F. (2016): *Qui sauvera la suisse du populisme?*, Slatkine, Ginebra.

Gentile, P. y Kriesi, H. (1998): «Contemporary radical right parties in Switzerland: history of a divided family», en Betz, H. y Immerfall, I. (eds.), *The*

New Politics of the Right. New Populist Parties and Mouvements in Established Democracies, MacMillan, Londres.

GEROTTO, S. (2015): *Suiza: sobre cómo se gobiernan los suizos*, Centro de Estudios Politicos y Constitucionales, Madrid.

GIRAUX, D.: «Le système référendaire en Suisse», en Lauvaux, P. (ed.), *Théorie et pratique des référendums*, Société de législation Comparé, París.

GOTTRAUX, P., MAZZOLENI, O. y PECHU, C. (eds.) (2007): *L'Union Démocratique du Centre. Un parti, son action et ses soutiens*, Editions Antipodes, Lausana.

HAENNI, Patrick y LATHION, Stéphane (dirs.) (2009): *Les minarets de la discorde*, Infolio, Gollion.

KNAPP, B. (1983): «Etapes du fédéralisme suisse», en Riklin, A. (ed.), *Manuel du système politique de la Suisse*, Verlag Paul Haub, Berna, vol. 3.

LAUVAUX, P. y LE DIVELLEC, A. (2015): *Les grandes dèmocraties contemporaines*, PUF, París (4.ª ed.).

MAZZOLENI, O. (2008): *National populisme en Suisse: la radicalisation de la nouvelle UDC*, Presses Politechniques et Universitaires Romandes, Lausana (2.ª ed.).

MEIZOZ, J. (2012): «Kitsch nationaliste et loi du marché; les deux mamelles du populisme suisse», *Critique*, 776-777, 129-140.

RANCIÈRE, J. (2005): *La Haine de la Démocratie*, La Fabrique, París.

SCHNEUWLY, M. (2011): *Peut-on intégrer l'Islam et les musulmans en Suisse?*, Editions de l'Hèbe, Charmey.

SKENDEROVIC, Damir (2011): *The Radical Right in Switzerland*, Friburgo Universität.

SOBRE LOS AUTORES

Ángel Rivero es profesor titular de Ciencia Política y de la Administración en la Universidad Autónoma de Madrid. Es doctor en Filosofía por esta misma universidad y BSc (Hons) en Ciencias Sociales, Política y Sociología por la Open University (Reino Unido). Ha sido Visiting Scholar Fulbright en la Graduate Faculty of Political and Social Science de la New School for Social Research (Nueva York). Sus intereses, a los que ha consagrado sus trabajos, se centran en la Teoría Política, la Historia de las Ideas Políticas y el Nacionalismo. Ha sido director del departamento de Ciencia Política y Relaciones Internacionales de la UAM (2000-2003). Sus últimos libros son *La constitución de la nación*, 2011 y *The Traditions of Liberty in the Atlantic World* (con Francisco Colom), 2016.

Javier Zarzalejos es Licenciado en Derecho por la Universidad de Deusto y miembro del Cuerpo Superior de Administradores Civiles del Estado. Director de la Fundación para el Análisis y los Estudios Sociales (FAES) desde 2012 y, anteriormente, director del área de Constitución e Instituciones de FAES (2004-2011). Director de la revista *Cuadernos de Pensamiento Político* y analista de política española para diversos medios. Sus trabajos han prestado especial atención a la evolución de la cuestión nacional y los nacionalismos en España.

Jorge del Palacio Martín es profesor de Historia de las Ideas Políticas en la Universidad Rey Juan Carlos. Licenciado en Filosofía por la Universidad de Deusto y Doctor en Ciencia Política por la Universidad Autónoma de Madrid. Ha sido *visiting fellow* en la European University Institute de Florencia y en la Universidad Luiss-Guido Carli de Roma. Sus intereses, a los que ha dedicado sus trabajos, son las ideologías políticas contemporáneas y la política italiana.

CARLOS DE LA TORRE es profesor de Sociología en la Universidad de Kentucky. Obtuvo su PhD en la New School for Social Research. Ha sido becario de la Fundación Gugghenheim y del Woodrow Wilson International Center for Scholars. Sus áreas de investigación son el racismo en América Latina y el populismo. Sus últimos libros son *Populist Seduction in Latin America* (Ohio University Press, 2010), *Latin American Populism of the Twenty First Century* (Coeditado con Cynthia Arnson, Johns Hopkins University Press, 2013) y *The Promises and Perils of Populism: Global Perspectives* (University of Kentucky Press, 2015).

MIRA MILOSEVICH es profesora de Historia de Relaciones Internacionales del Instituto de Empresa (IE Univesity) e investigadora senior asociada de Real Instituto Elcano. Es doctora en Estudios Europeos por la Universidad Complutense de Madrid y ha obtenido Diploma de Estudios Avanzados en el área de Derecho Internacional Público y Relaciones Internacionales en la misma universidad. Es licenciada en Sociología y Ciencias Políticas por la Universidad de Belgrado. Es autora de dos libros publicados por Espasa Calpe en Madrid: *Los tristes y los héroes. Historias de los nacionalistas serbios* (2000); *El trigo de la guerra. Nacionalismo y violencia en Kosovo* (2001) y numerosos artículos en las revistas especializadas. Su último trabajo es *Breve historia de la Revolución rusa* (Galaxia Guttenberg, 2017).

JAVIER REDONDO RODELAS es Licenciado en Ciencias Políticas y Sociología y Doctor en Derecho Constitucional por la Universidad Complutense de Madrid y máster de Periodismo El Mundo-CEU. Actualmente es profesor de Ciencia Política en la Universidad Carlos III de Madrid, especializado en Historia de la representación política. Autor de *Presidentes de Estados Unidos* (La Esfera de los Libros, 2015). Ha sido investigador visitante en las universidades de París I (La Sorbona), Oxford y Stanford. Entre 2013 y 2016 dirigió la revista especializada *La Aventura de la Historia*. Articulista de *El Mundo* y colaborador del programa *La Linterna*, Cadena COPE.

JUAN CARLOS JIMÉNEZ REDONDO es Licenciado en Geografía e Historia y en Ciencias Políticas y Sociología por la Universidad Complutense de Madrid, Doctor en Ciencia Política por la Universidad Nacional de Educación a Distancia y en Historia Contemporánea por la Universidad Complutense de Madrid, y Diploma de Estudios Avanzados en Derecho Público por la Universidad San Pablo CEU de Madrid. Actualmente es profesor titular de Historia del Pensamiento y de los Movimientos Sociales en la Universidad San Pablo CEU de Madrid y profesor-tutor de Relaciones Internacionales en el Centro Asociado de Madrid de la UNED. Investigador principal del proyecto de I+D+I «las visiones geopolíticas de la Península Ibérica». Su principal área de especialización es la historia contemporánea de España y Portugal y, en general, las dictaduras iberoamericanas. Entre sus últimas obras cabe citar *España y Portugal en transición. Los caminos a la democracia en la Península Ibérica* (Sílex, Madrid, 2009) y *Tan iguales, tan diferentes. La construcción de la identidad iberoamericana* (Encuentro, Madrid, 2013).

MARIANA GONZÁLEZ TREJO es Licenciada en Derecho por la Universidad Católica Andrés Bello de Venezuela. Máster en Ciencia Política y Relaciones Internacionales por la Universidad Autónoma de Madrid. Actualmente es estudiante de doctorado del Departamento de Ciencia Política y Relaciones Internacionales de la Universidad Autónoma de Madrid. Sus áreas de interés se centran en la teoría política sobre el populismo y en América Latina.

ENRIQUE PERUZZOTTI es profesor en el Departamento de Ciencia Política y Estudios Internacionales de la Universidad Torcuato Di Tella e investigador independiente de CONICET. Ha sido Guggenheim Memorial Foundation Fellow (2009-2010) y ha sido investigador visitante en el The Woodrow Wilson International Center. Entre sus últimas obras destacan C. Gervasoni y Peruzzotti (eds.), *¿Década Ganada? Evaluando el Legado del Kirchnerismo* (Debates, 2015); Peruzzotti y M. Plot, *Critical Theory and Democracy. Civil Society, Constitutionalism and Dictatorship in Andrew Arato's Democratic Theory* (Routledge, 2013); A. Seele y Peruzzotti (eds.), *Participatory Innovation and Representative Democracy in Latin America* (John Hopkins University Press, 2009); C. de la Torre y Peruzzotti, (eds.), *El retorno del pueblo. Populismo en las nuevas democracias latinoamericanas* (FLACSO, 2008).

FERNANDO MAYORGA es Licenciado en Sociología (UNAM). Doctor en Ciencia Política (FLACSO/México). Investigador y docente de la Universidad Mayor de San Simón de Cochabamba, Bolivia. Coordinador del Grupo de Trabajo «Ciudadanía, representación política y organizaciones populares» de CLACSO. Últimos libros: *Dilemas. Ensayos sobre democracia intercultural y Estado Plurinacional* (Plural Editores/CESU/Asdi/UMSS, La Paz, 2012); *Incertidumbres tácticas. Ensayos sobre democracia, populismo y ciudadanía* (Plural Editores/

PIEB/CIUDADANIA, La Paz, 2014); *Democracia participativa y crisis política. Análisis de los resultados del Referéndum Revocatorio de Mandato Popular 2008* (OEP, La Paz, 2015); *Urnas y democracia directa. Balance del Referendo Constitucional* (OEP, La Paz, 2016).

Juan Ignacio Hernández Mora es Licenciado en Derecho por la Universidad de Guanajuato; Maestro en Administración y Gestión Pública por el INAP y la Universidad de Alcalá de Henares. Título de Estudios Avanzados en Ciencias Políticas en la Universidad Autónoma de Madrid y Doctor en Teoría Política, Teoría Democrática y Administración Pública por la Universidad Autónoma de Madrid. Ha sido profesor en la Universidad de Quintana Roo; Universidad La Salle, y Universidad de Guanajuato, todas ellas en México. Especializado en liberalismo decimonónico, constitucionalismo mexicano, y seguridad en democracia. Ha impartido conferencias en la Universidad de Medellín, Colombia; Universidad Anáhuac, México; Instituto Atlántico, Madrid, España, entre otras; su tesis doctoral, *Génesis y Topos del Liberalismo Mexicano*, fue publicada por la Suprema Corte de Justicia de México (2012). Fundador de la Asociación José Miguel Guridi y Alcocer.

Martín Santiváñez Vivanco es Decano de la Facultad de Derecho y Relaciones Internacionales de la Universidad San Ignacio de Loyola. Doctor en Derecho por la Universidad de Navarra y miembro correspondiente por el Perú de la Real Academia Española de Ciencias Morales y Políticas, el Dr. Santiváñez ha sido *visiting fellow del Center for Transatlantic Relations* de Johns Hopkins University y consultor de gobiernos autonómicos y regionales en España y Latinoamérica, entre otros. Además, es Miembro numerario de la Academia Peruana de Ciencias Políticas y académico de la Academia Internacional de Juristas para la Integración Americana.

José Ruiz Vicioso es Licenciado en Derecho y Ciencias Políticas por la Universidad Carlos III de Madrid y Máster en Historia del Pensamiento Político por la Universidad de Exeter. Especializado en teoría política británica, ha publicado artículos y reseñas sobre pensamiento conservador y populismo en el Reino Unido. En la actualidad trabaja como consultor político y colabora como analista en diversos medios digitales.

Manuel Álvarez Tardío es Profesor Titular de Historia del Pensamiento Político en la Universidad Rey Juan Carlos de Madrid. Ha investigado y escrito sobre democracia, partidos, transiciones y violencia política en la historia de España y Europa del siglo XX. Es autor de *El camino a la democracia en España. 1931 y 1978* (Madrid, 2005), *Gil-Robles. Un conservador en la República* (Madrid, 2016) y junto a Roberto Villa García ha publicado *1936. Fraude y violencia en las elecciones del Frente Popular*, Espasa, Madrid, 2017. Y, como codirector en esta misma editorial, *Políticas de odio. Violencia y crisis en las democracias de entreguerras* (Madrid, 2017).

GUILLERMO GRAÍÑO FERRER es profesor de Teoría Política en la Universidad Francisco de Vitoria de Madrid. Licenciado en Filosofía por la Universidad Complutense de Madrid y doctor en Ciencia Política por la Universidad Autónoma de Madrid, ha sido profesor visitante a tiempo completo en Villanova University. Asimismo, ha realizado estancias largas de investigación en la University of Toronto y en la École des Hautes Études en Sciences Sociales. Ha editado clásicos de filosofía para Alianza Editorial y Trotta.

IGOR SOSA MAYOR es investigador en el Departamento de Historia Moderna de la Universidad de Valladolid. Doctor en Lingüística por la Universidad de Erlangen-Nürnberg, así como doctor en Historia por el Instituto Universitario Europeo de Florencia. Ha sido profesor e investigador en la Universidad de Erfurt. Ha publicado diversas monografías y coeditado volúmenes sobre cuestiones referentes al nacionalismo y el protonacionalismo en Europa, como *El Estado fragmentado: modelo Austro-húngaro y brote de naciones en España* (Trotta, 2007).

GUSTAVO PALLARÉS RODRÍGUEZ es Licenciado en relaciones internacionales por la Universidad George Washington y máster en Estudios Europeos por la Universidad de Lovaina; es también diplomado en Estudios Internacionales por la Escuela Diplomática del Ministerio Español de Asuntos Exteriores y Cooperación. Desde 2008 es secretario general adjunto de la Asamblea Parlamentaria de la OSCE (Organización para la Seguridad y la Cooperación en Europa), organismo parlamentario internacional formado por los 57 estados participantes en la organización heredera del *Acta Final* de Helsinki de 1975, donde en la actualidad dirige la *Comisión General de Política y Seguridad*. Coordina, entre otros, los programas de observación y asistencia electoral. Antes de incorporarse en 2001 al funcionariado de la OSCE trabajó en las secretarías generales del Parlamento Europeo y posteriormente del Congreso de los Diputados durante la VI y VII Legislaturas.

FERNANDO CASAL BÉRTOA es profesor contratado doctor en la Universidad de Nottingham (Reino Unido). Director del Observatorio de Sistemas de Partidos y Gobiernos (PSGo), ha publicado en varias revistas académicas de prestigio (*European Journal of Political Research, Sociological Methods and Research, West European Politics, Party Politics, Democratization*). Sus últimos dos trabajos son *Partidos, sistema de partidos y democracia: La obra esencial de Peter Mair* (Eudeba, 2015) y *Party Politics and Democracy in Europe: Essays in Honour of Peter Mair* (Routledge, 2016).

SIMONA GUERRA es profesora titular en la Universidad de Leicester (Reino Unido). Sus principales temas de trabajo son la integración europea, el euroescepticismo, el populismo, la relación entre religión y política. Además de coautora de varios artículos, capítulos y volumenes editados, ha escrito dos monografías: *Central and Eastern European Attitudes Towards the EU* (Palgrave, 2013) y *Religion and Euroscepticism in Post-Communist Europe* (muy pronto en Routledge).

ROBERTO INCLÁN es coordinador académico del Instituto Atlántico de Gobierno. Licenciado en Filología Alemana por la Universidad de Salamanca y Máster en Política y Democracia por la UNED. Ha realizado estudios de germanística en la Humboldt-Universität zu Berlin y actualmente colabora con diversos medios españoles como analista de política alemana.

FRANCISCO TORTOLERO CERVANTES, Doctorado en Ciencia Política y Maestría en Instituciones por la Universidad de Paris I; Médaille du Sénat (Francia) por su investigación doctoral en 2006; Licenciado en Derecho por la Facultad de Derecho de la UNAM. Actualmente, *Investigador Titular «A»*, por oposición, en el Instituto de Investigaciones Jurídicas y Profesor de *American Constitutional Law* y de Federalismo en la misma Universidad. Asesor del Presidente de la Suprema Corte de México y Agente de Enlace con la Comisión de Venecia (2011-2015); Coautor con J. J. del Granado de *American Constitutional Law for Non-American Lawyers*, del Manual del Curso de Derecho Constitucional Americano, IIJ-Unam, México, 2 tomos y con J. M. Serna, F. Pou y D. Barceló, *Estructura y organización constitucional del Estado Mexicano*, FCE, México, participó con «La désignation des gouvernants au Mexique», en Dérosier, J. P. (coord.), *La désignation des gouvernants*, Lexis-Nexis, París, todos publicados en 2017.

ÍNDICE ONOMÁSTICO Y ANALÍTICO

A

Abbes, Ben: 284 n. 5.
Abedi, A. y Lundberg, T.C.: 251, 256.
Aborto: 296, 317.
Abramowicz, M.: 356, 361, 368.
Abst, K. y Rummens, S.: 60.
AC Milán: 242.
Acacho, José. Líder Shuar: 149.
Acosta, Alberto: 154, 157.
Acto Adicional a la Carta de 1937 (Brasil): 103.
Adam, Konrad: 336.
Adams, John: 84.
Adams, John Quincy: 84.
Administradora de Fondos de Jubilación y Pensiones AFJP (Argentina): 140, 141.
África: 185, 213, 219, 262, 348, 356.
Afuini, María Lourdes: 130.
Agenda Patriótica del Bicentenario 2015 (Bolivia): 165, 169.
Aggio, A., Barbosa, A. y Coelho, H.: 105.
Aguilar Rivera, J.: 193.
Akesson, Jimmie: 308.
ALBA, Alianza Bolivariana para los Pueblos de Nuestra América-Tratado de Comercio de los Pueblos: 148.
Alejandro II, Zar: 72, 73, 78, 79, 324.
Alemania: 73, 102, 273, 278, 294, 307, 330-341, 345, 352, 377, 378.
Albó, X.: 163.
Alcántara, Manuel: 172.
Alegre, Luis: 267.
Alencar, José: 176.
Ali, Ayaan Hirsi 282 n.: 1, 284, 285.
Allende, Salvador: 197.
Aló Presidente: 132.
Álvarez Tardío, Manuel: 278.

América Latina: 18, 110, 132, 136, 172, 176, 186, 188-192, 197, 213, 392, 397.
Amigo/enemigo: 25, 34-38, 50, 51, 54-57, 59, 60, 64-67, 129, 142, 147, 152, 158, 190, 205, 214, 219, 222, 224, 256, 266, 270, 274-277, 279, 280, 282, 283, 285, 305, 306, 322, 326, 377, 381, 385, 387, 388, 393, 395, 396.
Ámsterdam: 282, 285.
Anarquistas: 72, 77, 79, 213, 241, 326.
Andexinger, M.: 298.
Andeweg, R.B. e Irwin, G.: A. 286, 287.
Anker, Albert: 348.
Ankerson, Dudley: 194.
Antagonismo: 34-36, 117, 118, 224, 256, 270, 272, 275, 276, 279, 283, 285, 396.
Anticlericalismo: 298.
Anticomunismo: 91, 99, 237, 317, 386,
Antiestablishment: 82, 91. Ver también *Establishment*.
Antifascismo: 237.
Antiimperialismo: 206.
Antiimperialismo y el APRA El: 206.
Antiinmigración: 86, 87, 219, 253, 286, 307, 350, 351, 359. Ver también Inmigración.
Antiliberalismo: 69, 112, 229, 388.
Antimulticulturalismo: 227, 230, 284, 305, 309, 360.
Antipolítica: 33, 41-53, 197, 202, 204, 234, 239-241, 244, 246, 264.
Antisemitismo: 220, 221, 326, 386.
Antisionismo: 386.
AntiUE: 307. Ver también Unión Europea.
Apartheid: 348, 362.
Apertura: 102, 117, 181, 189, 197, 221, 255, 281 n. 1, 282, 296, 375.

[433]

Aprismo: 205, 206, 207, 210.
Arendt, Hannah: 382.
Arregui, J.: 276.
Arditi, B.: 61.
Ardenas: 358.
Argentina: 19, 20, 55, 69, 111-123, 125, 136-144, 172, 180, 191, 397.
Aristóteles: 18.
Aron, L.: 322, 323.
Aron, Raymond: 393.
Arriba/Abajo: 25, 35-37, 77, 130, 194, 269.
Asamblea Nacional: 98, 131, 147, 157, 220, 385.
Asamblea Nacional Constituyente: 98, 103, 148.
Asesinato en Ámsterdam: 282.
Ash, Timothy Garton: 313, 325, 380, 381, 383.

Asignación Universal por Hijo (Argentina): 140, 143.
Asilo: 307, 308, 338, 242, 347.
Asociación Mexicana de Cultura: 196.
Atlántico: 18, 25, 122.
Atlético de Madrid: 261.
Attlee, Clement: 114, 395.
Austericidio (sic): 38.
Austeridad: 45, 252, 374, 377.
Austria: 213, 255, 274, 293-302, 305, 332, 344, 352, 364.
Autocracia: 69, 72, 79, 111.
Autoritarismo: 36, 39, 52, 63, 64, 67, 101, 109, 115-117, 130, 131, 134, 159, 160, 171, 172, 191, 192, 204, 221, 232, 321, 322, 380, 393.
Ávila Camacho, Manuel: 190, 194, 196.
Ayala, Francisco: 276.
Azaña, Manuel: 262.

B

Baden-Württemberg: 331, 339.
Baduel, Raúl Isaías: 130.
Bagehot, Walter: 85.
Bailer-Galanda, B. y Neugebauer, W.: 295.
Baja Sajonia: 336.
Bakunin, Mihail: 77.
Balcerowicz, Leszek: 318.
Balent, Magali: 229.
Balmaceda, Juan Manuel: 20.
Baltasar, Festín de: 201.
Banco de México: 189.
Banco Nacional (Estados Unidos): 84.
Banco Nacional de Desarrollo Económico (Brasil): 106.
Barber, Benjamin: 180.
Barreda, Mikel: 171, 172.
Bartlett, Jamie: 386.
Basadre, Jorge: 200.
Bebnowski, D.: 332, 336.
Belaunde Terry, Fernando: 203, 209.
Belaunde, Victor Andrés: 201.
Bélgica: 305, 354-368.
Bello, Andrés: 20.
Belov, Alexei: 327.
Benevides, M.V.M.: 103.
Berbuir, N.: 333, 336, 337.
Berlín: 325, 330, 341.

Muro de: 236, 344.
Berlin, Isaiah: 48, 49, 71 n.1, 78, 79, 393, 398.
Berlinguer, Enrico: 237.
Berlusconi, Silvio: 17, 214, 234, 248, 264, 372.
Berlusconismo: 234-248.
Betancourt, Rómulo: 20.
Bielorrusia: 313.
Biorcio, R. y Natale, P.: 247.
Blair, Tony: 249, 253.
Blocher, Christoph: 344, 347-349, 351.
Blocker, Jacks Jr.: 88.
Bohovslavsky, E.: 105.
Bolchevismo: 72, 80.
Bolivia: 19, 57, 61, 62, 125, 161-170, 180, 197, 230.
Bolívar, Simón: 19, 128, 129.
Bolivarianismo: 21, 40, 63, 158, 180, 397.
Bolkestein, Frits: 285-287.
Bolkonsky, Andrei: 75.
Bonapartismo: 223.
Bonos de la Dignidad (Ecuador): 155.
Bonos de Vivienda (Ecuador): 153, 155.
Bordignon, F.: 240, 247.
Born, hermanos: 118.
Boron, A. A.: 185.

Bosco, A. y Verney, S.: 372.
Bossi, Umberto: 239, 273.
Bozóki, András: 387.
Braden, Spruille: 114, 115, 142.
Brandeburgo: 337.
Brasil, República Federativa de: 20, 69, 94-110, 125, 139, 171-187, 191, 397.
Bremen: 338.
Brexit (Referéndum para la salida de Gran Bretaña de la Unión Europea): 214, 230, 246 n.8, 250, 253, 254, 256, 258, 259.

Bruselas: 254, 256, 291, 331, 334, 335, 354, 357, 361, 362.
Bubnova, Natalia: 321, 322, 324.
Bryan, William Jennings: 88, 88 n. 3, 89, n. 4, 90.
Bucaram, Abdalá: 156.
Buenos Aires: 113, 119.
Bundestag: 331-334, 336-339, 341.
Buren, Martin van: 85, 86.
Burocracia: 84, 154, 155, 159, 244, 245, 334, 335, 356.
Buruma, Ian: 282, 283.

C

Cacique/cacicazgo: 193.
Caldera, Rafael: 58 n.: 1.
Calderón, Juan Carlos: 150.
California: 189.
Calise, M.: 239, 240, 245.
Calles, General Plutarco Elías: 189.
Cameron, David: 252, 253, 256, 259.
Campesinos: 62, 71, 74-79, 81, 162-166, 175, 184, 226, 345, 346, 355.
Campus, D.: 236, 241, 242.
Camus, J.-Y. y Lebourg, N.: 344, 350, 351, 359.
Camus, Renaud: 283, 283 n. 5.
Canadá: 334, 391, 399.
Canelón, A.: 133.
Canovan, Margaret: 57, 60, 132, 243, 244, 311, 376.
Cansino, C.: 197, 198.
Capitalismo:
 Industrial: 69, 76, 87, 90, 95, 115, 121, 122, 175, 176, 214, 253.
 Financiero: 50, 268, 269, 289, 383, 386.
Caracazo: 128.
Cárdenas, Lázaro: 189-197, 199.
Cardoso, Fernando Henrique: 173-176, 182, 183, 185.
Cardoso, F.H y Faletto, E.: 175.
Carintia: 294, 295, 300.
Carisma: 18-20, 21, 35, 36, 50, 63, 69, 94, 100, 104, 107, 109, 110, 132, 151, 157, 158, 162, 164-167, 177-179, 183, 188, 190, 192, 193, 198, 206, 223, 239, 240, 245, 256, 262, 277, 278, 279, 288, 300, 301, 307, 315, 322, 347, 370, 383.

Carrera, G.: 128.
Cartas persas: 326.
Casa Rosada: 114.
Casal Bértoa, Fernando: 314 n. 3, 319.
Casals, X.: 264.
Casta: 25, 33, 34, 38, 121, 198, 219, 224, 225, 229, 230, 267, 270, 273, 274, 323, 396.
Castagnola, G.: 115.
Castañeda, Jorge: 177.
Castoriadis, Cornelius: 352, 382.
Castro, Fidel: 46, 148, 197.
Catalina la Grande, Emperatriz: 74, 326.
Cataluña: 273, 277-279.
Catch-all-protest-party: 333.
Catete, Palacio de: 105.
Católicos: 86, 175, 218, 287, 315, 345, 356, 270.
Cáucaso: 322.
Caudillo: 19, 46, 67, 74, 120, 132, 198, 210.
Ceballos, Daniel: 131.
Centro Carter: 131.
Centro de Altos Estudios Militares CAEM (Perú): 203.
Ceuta: 262.
Chávez, Hugo: 16, 20, 40, 55, 56, 59-63, 68, 125, 127-135, 138, 141, 147, 148, 197, 394.
Checks and balances: 82, 192, 249.
Cheresky, Isidoro: 65.
Cherix, F.: 343, 352.
Chernishevski, Nikolai: 77, 78.
Chiesa, Mario: 236.
Chile: 19, 20, 165, 172, 201.

Chimborazo: 155.
China: 86, 143, 384, 386, 388, 391, 395.
Chiriboga, Galo: 156.
Círculos Bolivarianos: 63.
City: 257.
Clarín: 141.
Clay, Henry: 84, 86.
Clegg, Nick: 256, 259.
Cleveland, Grover: 87.
Clinton, Hillary: 91.
Cobos, Julio: 139.
Coffé, H.: 361.
Cohen, Job: 285.
Colarizi S., y Gervasoni, M.: 236.
Collor de Melo, Fernando: 173, 175-177.
Colombia: 20, 157.
Columna Prestes: 96.
Comisión Nacional de Represión del Comunismo (Brasil): 99.
Complicaciones. El comunismo y los dilemas de la democracia: 64.
Compromesso storico: 237.
Comunidad Económica Europea CEE: 357.
Comunismo: 44, 49, 64, 69, 72, 99, 106, 112-115, 121, 122, 176, 203, 222, 237, 238, 269, 270, 312, 321, 324, 325, 328, 331, 383.
Conaghan, Catherine: 147, 151, 154-156.
Conde, Mario: 261.
Condorcet, Marie-Jean-Antoine Nicolas de Caritat: 284 n. 5.
Conducción política: 116, 119.
Conductor: 46, 69, 101, 104, 116, 119, 120, 123, 145.
Confederación General del Trabajo CGT (Argentina): 112.
Confederación de Nacionalidades Indígenas del Ecuador (CONAIE): 148-150, 157.
Confederación Sindical Única de Trabajadores Campesinos de Bolivia (CSUTCB): 164.
Congreso de Berlín: 73.
Conniff, M.: 192.
Consejo Federal (Parlamento suizo): 346, 348, 350, 352.
Consenso:
 anti-político: 246, 247.
 de posguerra: 91, 213.
 de Washington: 125, 139.
Consejos Comunales CC: 63, 130.
Conservadores/Conservadurismo: 88, 90, 102, 103, 105, 107, 113, 114-116, 157, 205, 207, 213, 238, 245, 249-253, 255, 255 n. 3, 256, 258, 259, 281, 282, 285, 287, 291, 306-308, 310, 315-318, 333, 336.
Constitución/Constitucionalismo: 18, 54, 61, 73, 75, 79, 84, 90, 94, 97-100, 103, 105, 113, 121, 131, 137, 141, 146-148, 153, 156, 157, 159, 162, 166, 168, 169, 179, 193, 208, 225, 227, 228, 247, 269, 272, 276, 277-279, 297, 298, 324, 325, 351, 352, 357, 364, 366, 367.
Contra los privilegios: 298.
Contreras, C. y Cueto, M.: 203.
Convención Europea de Derechos Humanos: 364.
Copenhague: 303.
Corazón de mi patria/Corazón del pueblo: 25, 96, 132, 135, 178, 230.
Cordón sanitario: 219, 299, 358, 361, 367.
Córdula Almeida, V.: 186.
Corea del Norte: 395.
Corporativismo: 99, 100, 149, 193.
Correa, Rafael: 55, 56, 59, 61-63, 125, 146-160, 197.
Corrupción: 36, 45, 49, 60, 84 ,89, 90, 97, 128, 136, 148, 173, 176, 178, 179, 183, 185, 186, 207, 231, 236, 237, 238, 252, 261-264, 301, 318, 322-325, 327, 344, 385, 393.
Cortina, Adela: 180.
Cosmopolitismo: 254, 288, 306.
Costa Rica: 20.
Cotta, M.: 236.
Cox, Jo: 253 n. 2.
Crabtree, John: 62.
Crack de la bolsa de Nueva York, ver Gran Depresión.
Craxi, Bettino: 237.
Crick, Bernard: 44-46.
Crimea: 73, 322.
Crimen de la calle Toneleros: 107.
Criminalización del extranjero: 298.
Crisis:
 De los movimientos sociales: 67, 146.
 De refugiados/inmigración: 305, 307, 330, 335, 351, 360, 384, 388.
 De régimen: 32, 33, 44, 47, 56, 59, 64, 67, 83, 94, 118, 158, 178, 196, 200,

ÍNDICE ONOMÁSTICO Y ANALÍTICO 437

201, 208, 211, 228, 235, 239, 386, 387.
Del Estado del bienestar: 219, 220, 398.
Económica: 25, 31-33, 38, 42, 47, 50-52, 87, 97, 112, 115, 136, 138, 148, 155, 157, 159, 160, 161, 172, 174, 197, 198, 208, 213, 214, 217, 218, 229, 231, 237, 246, 252, 254, 263, 265, 266, 305, 336, 357, 370, 371-376, 378, 386, 397.
Política: 23, 25, 32, 33, 38, 44, 52, 56, 58, 65, 95, 112, 146, 147, 162, 167, 190, 239, 386, 387.
Social: 112, 115, 161, 226, 305, 332.

Cristianismo: 73, 282 n. 1, 298, 307, 387.
Cruceiro: 174.
Cuba: 46, 89, 128, 203, 395.
Cuenca: 157.
Cumbre de Líderes de América del Norte: 391.
Cuperus, R.: 332.

D

Dahrendorf, Ralf: 324.
De Calan, Maël: 228.
De la Riva Agüero, José: 200, 201.
De la Rúa, Fernando: 141.
De la Torre, Carlos: 63, 130, 151, 155, 210.
De Lange, S.L. y Guerra, S.: 313, 316, 317.
De los Ríos, Fernando: 262.
De Witte, H. y Spruyt, M.: 358, 362.
Debs, Eugen V.: 87, 89 n. 4.
Decembristas (Rusia): 73-77, 81.
Decker, F.: 331, 332.
Dedecker, Jean-Marie: 368.
Defence of Politics, In: 44.
Degrelle, Leon: 356.
Del Palacio, Jorge: 246, 247.
Deleersnijder, H.: 355.
Delsol, Ch.: 202.
Delwit, P.: 358.
Demagogia: 23, 24, 165, 210, 392, 394.
Democracia:
 Burguesa: 158, 159, 321.
 Clásica: 180.
 Comunitaria: 165, 166.
 Consociativa: 287, 354, 356.
 Consolidada: 58, 235, 386.
 Constitucional: 54.
 Deliberativa: 146, 180.
 Directa: 57, 127, 135, 166, 224, 227, 246, 257, 277, 278, 296, 297, 352, 360, 382, 396.
 Falsa: 123, 238, 396.
 Formal: 114.
 Iliberal: 386-388.
 Imperfecta: 385, 395.
 Intercultural (Bolivia): 166.
 Institucional: 205.
 Jacksoniana: 85, 90.
 Liberal: 57-60, 63, 158, 203, 244, 263, 264, 268, 269, 276, 381, 388, 389.
 Orgánica: 69.
 Pactada:
  Bolivia: 162.
  Venezuela: 58.
 Parlamentaria: 252, 261.
 Participativa: 44, 57, 63, 133, 135, 146, 165, 166, 278.
 Popular: 44, 321.
 Plebiscitaria: 348.
 Protagónica: 135.
 Radical: 180, 291.
 Real: 38, 43, 44, 46, 53, 114, 224, 238, 398.
 Representativa: 35 43 44 48 54 56 60 133, 135, 165, 166, 167, 224, 230, 260, 264, 276, 277, 279, 305, 364, 389, 396.
 Republicana (Argentina): 137.
 Soberana (Rusia): 323, 325-329.
 Social: 191, 303, 304.
 Socialista: 321.
 Totalitaria: 321.
 Verdadera: 120, 121, 122, 137, 266, 322, 388.
Demonización/des-demonización: 208, 219, 221, 228, 351.
Departamento Nacional de Trabajo (Argentina): 112.
Der Spiegel: 370.

Derecha, ver izquierda/derecha:
Derechos:
    Civiles: 54.
    Colectivos: 147, 164, 166.
    Constitucionales: 98.
    De los migrantes: 350.
    Humanos: 71 n.1, 130, 158, 364, 393.
    Individuales: 19, 46, 48, 112, 396.
    Sociales: 32, 136, 268, 269.
Desarrollo:
    Económico: 95, 105, 142, 162, 165, 169, 172, 173, 184, 191, 304.
    Educativo: 97, 184.
    Humano: 153, 189, 303, 308.
    Industrial: 101, 102, 195.
    Planificación: 106, 168, 169.
    Sostenible: 154, 164, 170, 200, 303.
Descontento: 43, 53, 57, 78, 117, 252, 316, 317, 319, 332, 333, 368.
Desestalinizar: 324.
Desguazador, El (*Il rottamatore*): 247.
Desigualdad: 128, 153, 162, 181, 265, 267, 393.
Dewinter, Filip: 361, 369.
Di Pietro, Antonio: 236.
Diamanti, I.: 247.
Diario Hoy: 153.
Díaz, Porfirio: 19.
Dictador/Dictadura: 20, 21, 36, 39, 46, 99, 100-104, 112, 113, 139, 171, 172, 175, 197, 203, 204, 234, 265, 326, 328, 371, 389.
Dietsland: 356.
Dillen, Karel: 358, 359.
Dinamarca: 303, 304, 306-308, 310, 332.
Dirceu, José: 176, 179.
Discorsi per la democracia: 243.
Discurso de Brujas: 252.
Discursos (Maquiavelo): 19.
Dobrolibov, Nicolái: 321.
Domingo negro (Bélgica): 359.
Drittes Lager: 294.
Duhalde, Eduardo: 138.
Dumas, Laurent Ribadeau: 388.
Dumont, S.: 358, 366.
Dutra, Eurico Gaspar: 103.

E

Ebata, M.: 365.
Echeverría Álvarez, Luis: 196, 197.
Ecologismo: 148, 331, 375.
Ecologistas: 250, 375.
Eje, potencias del: 102, 113.
Ejército: 96, 97, 101, 104, 107, 113, 117, 190, 355.
Ejército Zapatista de Liberación Nacional EZLN México: 77.
El-Berhoumi, M.: 366.
El Comercio: 153.
El Nacional: 131.
El País: 380, 383.
Él volverá: 105.
Elecciones Europeas: 219, 221, 251, 259, 261, 289 n. 9, 359, 361, 365, 373, 385, 390.
Electrobras: 108.
Eleftheriou, C.: 375.
Elite: 18, 34-38, 55, 57-59, 61, 66, 69, 72, 74, 75, 78, 84, 91, 94-96, 111, 118, 150, 173, 176, 181, 191, 192, 200-202, 209, 224, 225, 230, 231, 236, 238-241, 243, 244, 247, 266, 267, 269, 274-276, 287-291, 305, 306, 313, 318, 324, 331, 143, 344, 355, 376, 377, 388, 397.
Ellinas, A.: 372.
Empoderar: 265.
Enemigo del pueblo, ver amigo/enemigo
Enimont, caso de corrupción: 236.
Enlaces ciudadanos (Ecuador): 151, 152.
Errejón, Íñigo: 265, 266.
Escándalo: 33, 178 n. 2, 179, 183, 207, 301, 308, 315, 363.
Escandinavia: 304, 305, 309.
Escocia: 249.
Escuela de Administración (México): 196.
Escuela de Ingeniería Industrial (México): 196.
Escuela Superior Peronista, Buenos Aires: 119.
Esfera pública: 66, 67, 137, 148, 150-159, 201, 209.
Eslavófilos (Rusia): 73, 75-77.
Espacio Económico Europeo EEE: 344.
España: 18, 20, 21, 38, 41, 42, 47, 48, 53, 113, 116, 148, 156, 172, 213, 227, 260,

ÍNDICE ONOMÁSTICO Y ANALÍTICO 439

262, 266, 269, 271, 273, 274, 372, 373, 380, 386.
Espanya ens roba: 273.
Espejo de Próspero, El: 18.
Essen: 338.
Establishment: 34, 83, 85, 91, 92, 133, 214, 220, 241, 252, 256, 299. Ver también antiestablishment.
Estado de Sao Paulo, O: 106.
Estado Híbrido (Rusia): 327.
Estado Iliberal (Hungría): 384, 386, 389.
Estado del bienestar: 24, 38, 45, 46, 65, 75, 90, 98, 114, 115, 121, 129, 143, 214, 218, 220, 222, 229, 266-269, 273, 303-305, 309, 310, 325, 350, 395, 398.
Estado Novo (Brasil): 96-99, 100, 101, 103-105.
Estado Plurinacional (Bolivia): 162, 164.
Estados Unidos de América: 19, 24, 25, 27, 51, 58, 69, 82-93, 97, 99, 101, 102, 104, 107, 108, 113-115, 139, 148, 163, 177, 180, 213, 214, 284, 322, 335, 391, 392, 393, 394, 395, 397.
Estepona: 262.
Europa: 25, 31, 40, 47, 50, 55, 58, 60, 72-74, 83, 85, 94, 104, 127, 131, 176, 177, 201, 205, 213, 214, 217-219, 221, 223, 225, 227-32, 234, 236, 242, 246, 249-254, 256-262, 268, 269, 279, 281-283, 285, 287, 289, 289 n. 9, 290-293, 295-297, 299, 301, 305, 307-309, 311-313 n. 1, 315-318, 321, 323, 324, 327, 330-338, 343-347, 349-351, 357-366, 370-377, 379-381, 384, 386-388, 390, 392, 395, 397, 398.
Eurozona: 334, 335, 372.
Euskadi (País Vasco español): 277, 279.
Euskadi Ta Askatasuna ETA (banda terrorista España): 269.
Evita Duarte de Perón (Eva Perón): 114, 115, 119, 145.
Exclusión: 63, 161, 181, 272, 276, 277, 279, 296, 347, 367.
Extranjeros: 33, 37, 191, 214, 226, 227, 232, 262, 290, 296, 298, 306, 317, 318, 326, 346-348, 351, 363, 377, 391.
Extremismo:
  Derecha: 25, 37, 96, 213, 217-219, 221, 223, 230, 283, 283 n. 3, 296, 299, 307, 315, 337, 343-345, 348, 351, 357, 358, 360, 364, 365, 372, 393.
  Izquierda: 24, 25, 96, 263, 332, 393.

F

Facultad de Ciencias Políticas y Sociología de la Universidad Complutense de Madrid: 265.
Farage, Nigel: 17, 251, 252, 256-259.
Farrell, General: 112, 113.
Fausto, Boris: 101, 172.
Fannie Mae (Federal National Mortgage Association): 51.
Fascismo: 20, 25, 36, 44, 49, 58, 69, 101, 112, 114, 125, 191, 237, 284, 326.
Federación Ecuatoriana de Indios FEI: 150.
Federación Nacional de Organizaciones Campesinas, Indígenas y Negras FENOCIN Ecuador: 150.
Federalismo: 95, 366, 367.
Fehér, Ferenc: 382.
Felicidad: 90, 119, 122, 178, 181, 303, 400.
Feminismo: 375.
Férét, Daniel: 358, 368.
Fernández, Max: 197.
Fernández de Kirchner, Cristina CFK: 111, 136, 139, 140, 141, 144, 145.
Ferry, Jules 284 n.: 5.
Fichte, Johann Gottlieb: 76.
Figner, Vera: 79.
Filho, Joao Café: 108.
Finchelstein, Federico: 111, 118.
Finlandia: 303, 304, 306-308.
Fiori, J.L.: 175.
First-past-de-post: 249.
Fitzgibbon, J.: 318.
Flamencos: 355-357, 360, 362, 365, 366.
Flandes: 355-361, 365, 366, 368.
Flores Nano, Lourdes: 207.
Folklore: 76.
Fondo Monetario Internacional FMI: 139, 142, 147, 174, 176, 183, 372, 377, 379.
Ford, R. y Goodwin, M.: 250, 251, 253-256.
Foner, E.: 88.

Fortuyn, Pim: 281, 282 n. 1, 283-285, 287-291.
Fourier, Jean-Baptiste Joseph: 77.
Fox, Vicente: 197.
Francia: 19, 53, 85, 217, 219-223, 225-233, 283 n. 5, 284 n. 5, 305, 332, 345, 348, 368, 387.
Franco, Francisco: 46, 116.
Franco, Itamar: 173.
Freddie Mac (Federal Home Loan Mortgage Corporation): 51.
Freedom House: 383, 384.
Freidenberg, Flavia: 112-114, 117, 118, 179, 191.
Freud, Sigmund: 276.
Freysinger, Oskar: 351.
Frölich-Steffen, S.: 296.
Fuerte de Copacabana: 96.
Fuerzas armadas: 96, 99, 103, 128, 148, 190, 203, 208, ver también Ejército.
Fujimori, Alberto: 56, 125, 208, 209, 210, 211.
Fujimori, Keiko: 209, 210.
Fujimorismo: 200, 201, 206-211.
Función de Transparencia y Control Social, Ecuador: 156.
Función Electoral, Ecuador: 156.
Fundación Pro-Helvetia: 349.
Futuro diferente, El: 206.

G

Gales: 249.
Galicia: 279.
Gamarra, E.: 162.
Gante: 355, 361.
García, Alán: 205-208.
García Picazo, Paloma: 355.
Gauchet, Marcel: 281 n. 1.
Gauland, Alexander: 336.
Gehler, M.: 297.
Gellner, Ernest: 26, 213.
Generación Y (Polonia): 312.
Generalidad/Generalitat (gobierno regional de Cataluña, España): 278.
Gente: 57, 78, 84, 89, 90, 165, 193, 197, 231, 242, 243, 256, 257, 266-269, 274, 276, 277, 279, 282, 306, 318, 353, 392.
Gentile, P.: 349.
Gerotto, S.: 345.
Gervasoni, C.: 142, 236, 237.
Getulismo (Brasil): 94, 95, 102, 109.
Ghana: 385.
Gil y Gil, Jesús: 260-263.
Giraux, D.: 351.
Girard, René: 281 n. 1.
Globalización: 58, 174, 177, 197, 214, 230, 254, 375, 386, 393.
Globo, O: 106.
Gobiernos púrpuras (Holanda): 287.
Goldwater, Barry: 91.
González, Ángel: 153.
González, Mariana: 127, 130.
González Compeán, M. :196.
Goodwin, M. y Milazzo, C.: 250, 251, 254.
Goulart, João: 105-107.
Gove, Michael: 253.
Gran Alemania: 294.
Gran Bretaña: 40, 113, 115, 189, 199, 230, 250-253, 259, 395.
Gran Depresión (1929): 51, 91, 97, 190.
Gratius, Susanne: 192.
Graz: 301.
Grecia: 226, 291, 308, 334, 335, 371-374, 377-379.
Greenbacks: 86, 86 n. 1, 87.
Grilli di Cortona, P.: 235.
Grillismo: 247.
Grillo, Beppe: 246, 247.
Grossman y Sager: 364.
Grupo de Oficiales Unidos GOU (Argentina): 112.
Guayaquil: 157.
Guerra, Simona: 313, 316, 318, 319.
Guerra(s):
    Civil: 20, 44, 113.
    Contra los medios: 59, 150.
    Culturales: 25.
    De Crimea: 73.
    De Cuba: 89.
    De Secesión: 86 n. 1.
    Con Chile: 201.
    Contra el neoliberalismo: 125.
    De la Independencia americanas: 19, 82, 83, 85.

ÍNDICE ONOMÁSTICO Y ANALÍTICO 441

del agua y del gas (Bolivia): 57.
electoral: 245.
Fría: 125, 289, 381, 398.
Mundial I: 262, 346, 355, 388.
Mundial II: 44, 102-104, 112, 114, 118, 190, 305, 313, 377.
Napoleónicas: 73, 75.

Revolucionaria (Perú): 202, 211.
Guerra y paz: 75.
Gutiérrez, Lucio: 156.
Guzmán, Abimael, «Presidente» *Gonzalo*: 204, 209.
Gyöngyösi, Márton: 282, 283.
Gyurcsány, Ferenc: 386.

H

Haelsterman, W.: 356, 361.
Haenni, Patrick: 351.
Haider, Jörg: 293-301, 344.
Hamburgo: 330, 338.
Harrison, William Henry: 85, 86.
Haya de la Torre, Victor Raúl: 205, 206.
Hellström, Anders: 307, 309.
Hennessy, A.: 95, 112.
Herder, Johann Gottfried: 76.
Hernández, José: 156.
Herriko Taberna: 269.
Herzen, Alexander: 76-78, 81, 325.
Hesse: 337.
Hessel, Stéphane: 53.
Hinostroza, Janeth: 150.
Historia del Peronismo: 115, 119.
Hitler, Adolf: 356.
Hobbes, Thomas: 44.

Hodler, Ferdinand: 348.
Hofer, Norbert: 301, 302.
Holanda: 281-292, 355, 364.
Holocausto: 313.
Hombre común/de la calle/corriente: 39, 76, 83, 84, 85, 257, 298, 301, 306, 332.
Homo sapiens: 43.
Homo videns: 43.
Horwitz, R.B.: 91.
Hotel Raphäel de Roma: 237.
Houellebecq, Michel de: 283 n. 5.
Hozhdenie v Narod (ir hacia el pueblo): 71, 78, 81.
Huizinga, Johan: 46.
Humala, Ollanta: 206.
Hungría: 305, 380-390.
Huntington, Samuel: 323.

I

Iberoamérica: 18-20.
Identidad nacional: 72, 76, 228, 282, 304, 305, 309, 345, 387.
Ideología: 23, 33-36, 47, 51, 57, 72, 74-76, 96, 112, 119, 127, 191, 202, 204, 207, 210, 223, 224, 227, 306, 311, 321, 323, 324, 326-328, 331-333, 349, 376, 384, 386, 389, 392, 394-398.
Iglesia católica: 99, 114, 117, 227, 287, 313, 355, 359.
Iglesia ortodoxa: 74, 76, 326.
Iglesias Turrión, Pablo: 17, 267-270, 274, 277.
Ignazi, P.: 235, 238, 244.
Il Cavaliere: 234, 246.
Ilustración: 281, 282, 282 n, 1, 283.
Ilyin, Iván Alexandrovich: 325-327.
Imperio Otomano: 73.

India: 388.
Indiana: 85.
Inclusión: 57, 130, 136, 142, 146, 147, 162, 166, 177, 180, 188, 191, 192, 214, 281, 296, 393.
Independence Day (UKIP): 253.
Indigenismo: 77, 161, 164, 170, 204.
Indignados: 41, 53, 57, 71 n. 1, 373, 374.
Indio, problema del: 204.
Ingroia, Antonio: 240.
Iniciativa popular: 227, 257.
Inkarrí: 202.
Inmigración: 218, 222, 226, 227, 248, 252, 256, 259, 283, 286-288, 296, 298, 301, 303-307, 309, 327, 334, 342, 347, 348, 353, 359, 360, 363, 369, 375. Ver también Antiinmigración.

Instituto Mexicano de Economía: 196.
Instrumento Político por la Soberanía de los Pueblos IPS (Bolivia): 162, 163, 164.
Intelligentsia: 71, 71 n. 1, 72, 73, 77, 81, 203.
Intereconomía: 263.
Internacional Comunista: 99.
Internet: 43, 325.
Ionescu, G.: 26, 213.
Irán: 381, 386.
Irlanda: 213, 226.
Irwin, D. y Langue, F.: 128.
Islam: 227, 232, 252, 281, 282 n. 1, 283-285, 287, 288, 290, 292, 295, 306, 330, 338, 340, 355, 361, 365, 369.

Italia: 20, 49, 102, 113, 116, 214, 234-248, 345-347, 352, 372, 373.
Iván: III, Zar 74.
Izquierda y derecha: 25, 35, 37, 53, 55, 60-63, 83, 87, 91, 92, 96, 98, 101, 103, 106, 122, 128, 146, 148, 149, 150, 155-158, 162, 172, 175-177, 181-183, 197, 202, 209, 213-215, 217-224, 229, 230, 233, 235, 237, 238, 240, 241, 246-250, 255, 260, 262-265, 267-269, 271, 272, 276, 278, 279, 282-285, 288-291, 296, 299, 306-307, 315, 317-319, 323, 328, 330-333, 337, 338, 343-345, 348-351, 357, 358, 360, 363, 364, 365, 370-378, 380, 382-384, 393.

J

Jackson, Andrew: 83-86, 88, 90, 93, 392, 397, 400.
Jalkh, Gustavo: 156.
Janmaat, Hans: 156.
Jasiewicz, K.: 312, 314.
Jefferson, Thomas: 88.
Jefferson, Roberto: 178, n. 3.
Jennings, Jonathan: 85.
Jensen, Siv: 308.
Jiquilpan: 189.

Johnson, Boris: 253.
Johnson, Hiram: 89.
Jospin, Lionel: 220.
Jóvenes: 42, 43, 53, 71, 78, 81, 196, 319, 376, 384, 387.
Judaísmo/Judíos: 219, 326, 361, 282 n, 1.
Jupskas, Anders Ravik: 306.
Justicia social: 75, 109, 113, 114, 116, 119, 196, 232, 397.
Justicialismo: 123.

K

Kaczynski, hermanos gemelos Lech y Jaroslaw: 315, 318.
Kalyvas, S. y Marantzidis, N.: 375, 376.
Kampwirth, Karen: 65.
Kantorowicz, Ernst H.: 64.
Katsambekis, Giorgos: 61, 376, 377.
Kay, B.: 208.
Keane, John: 65.
Khrushchev, Nikita: 324.
Kirchner, Néstor: 16, 55, 136-145.
Kirchnerismo: 136-145.
Kirk, Russell: 34.
Kiryevski, Iván: 76.
Kitchen Cabinet: 84, 93.
Kjaersgaard, Pia: 307.

Klapsis, A.: 372, 375, 378.
Klarén, P.: 208.
Klima, Viktor: 297.
Knapp, B.: 348.
Knittelfeld (Austria): 300.
Kok, Wim: 287.
Kolokol: 76, 81, 325.
Krauze, Enrique: 192, 193, 194, 392, 393.
Kravchinski, Sergéi Micháilovitch, alias Stepniák: 78.
Kremlin: 323, 325-327.
Kriesi, Hanspeter: 349, 376.
Kropotkin, Piotr: 77.
Kubik, J. y Lynch, A.: 311-313.
Kukiz, Pawel: 312, 319, 320.

ÍNDICE ONOMÁSTICO Y ANALÍTICO 443

L

La catástrofe multicultural: 286.
La Nación: 111.
La Razón Populista: 271.
La Repubblica: 237, 247.
La Sexta: 363.
Laboristas: 249, 250, 253 n. 2, 256, 259.
Lacerda, Carlos: 105-107.
Laclau, Ernesto: 55, 59, 65, 67, 117, 118, 129, 137-139, 141, 142, 144, 271, 272, 274-277.
Laicismo/laicidad: 223, 227, 231, 233.
Laissez faire: 82, 195.
Lasso, Guillermo: 156.
Lathion, Stéphane: 351.
Lausana: 345.
Lavrov, Piotr: 77.
Lauvaux, P. y Le Divellec, A.: 343.
Lazarov, Valerio: 363.
Le Matin: 350.
Le Pen, Jean-Marie: 219, 220, 222, 233.
Le Pen, Marine: 17, 217, 222, 224, 225, 229, 231, 282, 290, 293.
Le suicide français: 221.
Lechini, G. y Giaccaglia, C.: 180.
Ledezma, Antonio: 131.
Leefbaar Nederland: 287.
Lefort, Claude: 64, 65.
Lendvai, Paul: 381-383.
Lenin, Vladimir Ilich Ulianov: 77, 321.
Leninismo: 149, 204, 266, 270, 375.
Lepper, Andrzej: 315, 318, 320.
Letras Libres: 392.
Levine, R.: 100.
Ley de Alta Traición (Rusia): 325.
Ley de hierro de la oligarquía (Michels): 36, 50.
Ley de Seguridad Nacional: 99.
Leviathan (Leviatán): 44.
Liberalismo: 54, 58, 91, 99, 220-222, 242, 245, 267, 282, 355, 358, 381, 383, 384, 389, 395

Libertad: 18-21, 34, 39, 45, 46, 57, 71 n. 2, 78, 79, 81-83, 85, 88, 91, 100, 108, 113, 130, 131, 180, 186, 195, 225, 226, 230, 242, 255, 267, 268, 278, 282, 284, 285, 289, 290, 292, 294, 303, 305, 319, 323, 324, 325-327, 346, 350, 356, 364, 369, 381, 382, 384-386, 389, 395, 396.
Libertarismo: 47, 91, 241, 319, 350, 360.
Líder carismático: 20, 21, 35, 36, 50, 69, 100, 132, 158, 188, 245, 322.
Liga Anti-Federalista (Gran Bretaña): 251.
Lijphart, A.: 356.
Lipset, Seymour Martin: 82.
Lisboa: 297.
Lituania: 78.
Livonius von Eyb, T. von: 284, 295, 298.
Lochery,: N. 102.
Lohela, Maria: 307.
Lomelí, L.: 196.
London School of Economics and Political Science LSE: 383.
Londres: 44, 252, 325, 349.
Lopes, D.B.: 180.
López, Leopoldo: 131.
López, M.: 130, 132.
López, M. y Lander, L. E.: 130.
López de Santa Anna, Antonio: 19.
López Obrador, Andrés Manuel: 198, 199.
López Portillo, José: 196, 197.
Los dos cuerpos del rey: 64.
Lucardie, P. y Voerman, G.: 287, 289.
Lucke, Bernd: 330, 333, 336, 338.
Luís, Washington: 97.
Lula da Silva, Luiz Inácio: 16, 171, 174, 175, 176-187.
Luluncoto, Los diez de: 149.
Luther, K. R.: 294.
Luxemburgo: 308, 356.

M

Maastricht, Tratado de: 237, 251, 296, 297.
Mabille, X.: 356.

Machado, J.: 130.
Macpherson, C.B.: 57.
Macri, Mauricio: 144.

Macron, Emmanuel: 231, 284 n. 5.
Madrid: 41, 53, 261, 273, 274,
Madrid, R.: 61.
Maduro, Nicolás: 40, 59, 62, 63, 127, 129, 131, 133, 135.
Magun, Artemiy: 323.
Magyar Gárda: 387.
Mahuad, Jamil: 148.
John Major: 251.
Make America Great Again: 393.
Malestar democrático: 32, 223, 238.
Mallorca: 277.
Mani pulite: 236, 237, 238, 240.
Manifiesto de los Coroneles (Brasil): 107.
Manifiesto presidencial (Marine Le Pen): 225.
Maniqueo/Maniqueísmo: 33, 35, 36, 54, 56, 59, 146, 152, 158, 181, 202, 205, 209, 214, 224, 267.
Mann, Michael: 60.
Mansbridge, J.: 180.
Mansilla, H.F.C.: 278.
Manta, Base militar de Ecuador: 148, 157.
Maquiavelo, Nicolás: 19, 48.
Marañón, Gregorio: 262.
Marbella: 262.
Marcha de la Constitución y de la Libertad: 113.
Marcano, C. y Barrera, A.: 131, 132.
Mariátegui, José Carlos: 200, 204.
Markowski, R.: 318.
Martín, Fernando: 154.
Martínez de Perón, María Estela, *Isabelita*: 117.
Martínez Novo, Carmen: 148, 149, 158.
Marx, Karl: 77.
Marxismo: 57, 72, 77, 80, 82, 149, 200, 202-205, 267, 276, 284, 375.
Mastropaolo, A.: 200.
May, Theresa: 258.
Mayo del 68: 43.
Mayorga, Fernando: 62, 164.
Mayoría silenciosa: 91, 359.
Mazzoleni, O.: 347.
McKinley, William: 88, 89, 89 n. 4.
Mecanismo Europeo de Estabilidad (MEDE): 334, 335.
Mecklemburgo-Pomerania occidental: 341.
Medeiros, M.: 185.

Medios de comunicación: 33, 39, 41-43, 106, 115, 140, 147, 150, 203, 261, 287, 327, 381, 388.
Medvedv, Dimitri: 322.
Meizoz, J.: 345, 348.
Mélenchon, Jean-Luc: 229, 230.
Méndez de San Martín, Armando: 123.
Menem, Carlos Saúl: 118, 125, 141, 142.
Mensalão (Escándalo): 178, 178 n. 2, 183.
Meny, Yves: 331, 376.
Mentira: 34, 150-152, 386.
Merkel, Angela: 33, 330, 335, 337, 338, 342, 377, 379, 388, 389.
Mesianismo/Mesías: 20, 65, 132, 157, 158, 202, 204, 206, 209-211, 324, 326, 397.
México: 19, 20, 188-199, 391.
Meyer, J.: 74.
Michels, Robert: 36, 50.
Michoacán: 189.
Miguel, L.F.: 172.
Mijailovsky, Nicolái: 77.
Mikke, Janusz Korwin: 319.
Miliband, Ed: 256, 259.
Minas Gerais: 95, 97.
Ministerio de Trabajo, Industria y Comercio (Brasil): 100.
Ministerio de Trabajo y Previsión Social (Argentina): 115.
Minogue, Kenneth: 25, 26, 393.
Minorías: 37, 54, 58, 137, 214, 267, 268, 274, 284, 313, 316, 364, 366, 367, 375, 385, 386.
Mises, Ludwig von Mises: 194, 195.
Misiones: 65, 132.
Mitterrand, François: 219, 220.
Modelos de partido: 374.
Modrikamen, Mischaël: 360, 368.
Monarquía constitucional: 73, 75, 324.
Monedero, Juan Carlos: 266, 269.
Monismo: 48, 49.
Monti, Mario: 240, 246.
Montanelli, Indro: 238.
Montes de Oca Navas, E.: 190.
Montesquieu, Charles Louis de Secondat, Barón de: 326.
Montoneros: 118.
Montúfar, César: 148, 158.
Monumento a la Revolución: 190.
Morales, Evo: 16, 55, 61, 62, 68, 125, 161-170, 197.
Morales, L.: 196.

ÍNDICE ONOMÁSTICO Y ANALÍTICO 445

Moralismo: 7, 34, 36, 55-57, 65, 69, 71 n. 1, 72, 75, 76, 90, 101, 107, 121, 122, 128, 132, 147, 150, 194, 213, 221, 223, 224, 261, 267, 311, 326, 376, 396-398.
Moreno Garcés, Lenín: 157, 160.
Moro, Aldo: 237.
Moroni, Ch.: 244.
Morse, Richard M.: 18-20.
Moscú: 19, 20, 78.
Motta, R. P. S.: 99.
Mouffe, Chantal: 57, 130.
Movimiento 15-M (España): 41, 53.
Movimientos sociales: 56, 61-63, 67, 68, 146, 147-150, 157, 158, 159, 304, 374, 376, 438.
Mudde, Cas: 58, 63, 331, 357, 358, 376.
Müller, Jan-Werner: 58, 63, 331, 357, 358, 376.
Multiculturalismo, ver Antimulticulturalismo
Mundo feliz: 38.
Muñoz Jaramillo, Francisco: 154.
Murakami, Y.: 209.
Muro de Berlín: 236, 344.
Musulmanes: 219, 285, 292, 322, 362.
Mussolini, Benito: 50, 101, 116, 234, 356,
Mut zu Deutschland (Valor para Alemania): 334.

N

Nación: 58, 63, 65, 72-76, 82, 83, 88, 92, 96, 98, 99, 109, 149, 151, 152, 166, 201-204, 209, 214, 219, 22, 226-228, 230, 252, 256, 282, 283, 286, 313, 318, 325, 326, 345, 349, 350, 383, 387, 388.
Nacionalismo: 59, 73, 76, 86 n. 1, 95, 96, 100-104, 106, 112-116, 120, 125, 128, 140, 148, 151, 162-164, 169, 179, 189-191, 193, 194, 197, 203, 219, 222, 223, 229, 250, 271-280, 294, 296, 304-307, 309, 315, 317, 318, 323, 326, 327, 331, 333, 343, 347, 348, 350, 356-369, 375, 378, 383, 384, 386, 391, 393, 395, 397.
Catalán: 271-280.
Vasco: 271-280.
Nacionalización: 86 n. 1, 87, 98, 106, 110, 113, 140, 162, 164, 165, 189, 267.
Nacionalsocialismo/Nazis/Nazismo: 101, 102, 114, 294, 296, 299, 301, 352, 356, 361, 378.
Naciones Unidas ONU: 131, 303, 308, 350, 393.
Nagy, Imre: 381, 382.
Narodnaya Volya: 79.
Narodniki: 71, 77, 81.
Näström, Sofia: 59.
Natalidad: 298, 317.
Nazis, ver Nacionalsocialismo
Nebot, Jaime: 157.
Nebraska: 87.
Nekrasov, Nicolái: 77.
Neoliberalismo: 46, 50, 61, 62, 125, 147-149, 155, 158, 186, 191, 195, 222, 305, 377.
Neopopulismo, ver Populismo
Neotomismo: 19.
Netchaev, Sergéi: 77.
New Class: 91.
New Deal: 89.
New Left Review: 149.
Nicolás I, Zar: 72, 73, 75.
Niedermayer, O.: 335.
Nihilistas: 77, 79.
No nos representan: 38, 41, 44, 52, 260.
Noches de tal y tal: 363.
Nomenclatura: 205, 324.
Noruega: 303-306, 308, 310.
Nosotros/ellos: 122, 155, 178, 225, 241 n. 2, 275, 277, 313, 314, 323, 333, 360, 392.
Nueva Inglaterra: 83.
Nueva Izquierda: 25, 44, 375, 382.
Nueva Jersey: 85.

O

Obama, Barack: 92, 391-394, 400.
Obschina: 76, 81.
Occidentalistas: (Rusia) 73.
Occidente: 25, 31, 50, 72, 74, 235, 236, 240, 281-283, 285, 290, 293, 298, 321-327, 331, 338, 362, 387, 394.
O'Donnell, Guillermo: 171.
O'Donnell, María: 118.
Occupy Wall Street: 57, 91.
Ochoa, Paulina: 60.
Odio: 18, 33, 48, 108, 109, 203, 225, 270, 280, 292, 306, 348, 351.
Offe, Claus: 328.
Oligarquía: 25, 27, 33, 34, 36, 50, 56, 95, 96, 98, 100, 104, 109, 114, 116-118, 120-122, 129, 178, 200, 203, 225, 229, 230, 256, 268-270, 327, 352, 376.
Oliveira, A. M.: 98.
Olsen, Koss y Hough: 370.
Omaha: 87, 88.
Open Society: 383.
Oposición: 34, 37, 38, 48, 59, 62, 78, 97, 98, 102, 105, 107, 108, 113, 117, 129, 131, 137, 139, 156-159, 167, 168, 178 n. 2, 183, 194, 223, 228, 247, 260, 281, 289 n, 9, 291, 296, 299, 300, 311, 315, 323, 327, 328, 335, 354, 363-367, 372, 375, 378, 384, 388, 396.
Oppelland, T.: 338.
Opus Dei: 156.
Orbán, Viktor: 380-390.
Organización de Estados Americanos OEA: 131.
Organización del Tratado del Atlántico Norte OTAN: 315, 357.
Orígenes del Totalitarismo, Los: 382.
Orlov, Mijail: 75.
Orsina, G.: 238, 241, 244, 245.
Ortega y Gasset, José: 262.
Ortiz, Andrés: 149, 156.
Ortiz, Jorge: 150.
Ortiz Rubio, Ingeniero Pascual: 189.
Ospina, Pablo: 148.
Outsider: 84, 91, 92, 156, 158, 179, 235, 240, 242, 257.
Oxford: 383.

P

Pacto de Egmont (Bélgica): 357.
Pactum Translationis: 19.
Páez, José Antonio: 19.
Países Bajos, ver Holanda
Palacio, Emilio: 150.
Palenque, Carlos: 197.
Palermo, Vicente: 142.
Pallares, Martín: 152.
Panebianco, Angelo: 374.
Pangermanismo: 294, 296.
Paniagua, Valentín: 206.
Panizza, Francisco: 130, 179.
Papandreou, George: 372, 373.
Paraiba: 97.
Paramilitarismo: 387.
Pareja, P.: 205.
París: 225, 349, 351.
Parlamentarismo: 18, 20, 58, 59, 63, 67, 91 n. 5, 247, 249, 252, 255, 258, 261, 264, 279, 297, 304, 307, 315, 334, 347, 366, 370, 373.
Parlamento Europeo: 219, 249, 251, 257, 268, 290, 334, 337.

Partidos Políticos

Partidos Políticos de América

Argentina
Acción Argentina: 112.
Partido Demócrata Cristiano: 117.
Partido Justicialista PJ: 116, 139.
Partido Laborista: 114.
Partido Peronista: 115-117, 119-123, 144, 145.
Unión Cívica Radical UCR: 139.
Unión Democrática: 114, 115.

Bolivia
Acción Democrática Nacionalista ADN: 162.

ÍNDICE ONOMÁSTICO Y ANALÍTICO 447

Coordinadora Nacional por el Cambio CONALCAM: 62.
Movimiento Al Socialismo MAS: 61, 62, 161, 170.
Movimiento de Izquierda Revolucionaria MIR: 162.
Movimiento Nacionalista Revolucionario MNR: 162.
Pacto de Unidad: 62.

Brasil
Acción Integralista Brasileña: 101.
Alianza Liberal: 97.
Coalición Lula Presidente: 182.
Partido de la Movilización Nacional: 182.
Partido del Movimiento Democrático de Brasil PMDB: 182.
Partido de los Trabajadores PT: 171, 175, 176, 178, 178 n. 2, 179, 180-183, 187.
Partido de los Trabajadores Brasileños PTB: 102, 103, 105.
Partido Democrático Laborista PDL: 183.
Partido Comunista Brasileño PCB: 182.
Partido Comunista de Brasil PCdoB: 182, 183.
Partido Laborista Brasileño: 183.
Partido Liberal: 176, 182.
Partido Popular Socialista: 182.
Partido Republicano Brasileño: 183.
Partido Republicano Riograndense: 97.
Partido Socialdemócrata: 102-104.
Partido Socialista Brasileño: 182, 183.
Partido Verde: 183.
Unión Democrática Nacional: 102, 104, 105, 107.

Ecuador
Alianza PAIS: 146, 156, 160.
Movimiento Popular Democrático MPD: 148, 149, 157.
Pachakutik: 148, 149, 157.
Partido Comunista Marxista Leninista de Ecuador PCMLE: 149.

Estados Unidos
Free Soil Party: 86.
Partido Demócrata: 86, 87, 88, 91.
Partido Republicano GOP: 86, 87, 89, 91, 220.
Partido Populista (*People's Party*): 27, 33, 69, 86, 86 n. 1, 87, 89, 9, 111.
Partido Socialista: 86.
Partido Obrero de los Greenbacks, Partido de los Trabajadores, 86 n.: 1.

México
Movimiento de Renovación Nacional MORENA (México): 198, 199.
Partido de Acción Nacional PAN: 190.
Partido de la Revolución Democrática PRD: 198.
Partido Nacional Revolucionario PNR, precedente del Partido Revolucionario Institucional PRI: 189.
Partido Revolucionario Institucional PRI: 189, 193, 196.

Perú
Alianza Popular Revolucionaria Americana APRA: 205, 206, 207.
Cambio 90: 207.
Fuerza Popular: 209, 210.
Partido Popular Cristiano: 207.

Venezuela
Mesa de la Unidad Democrática: 131.
Movimiento Quinta República MVR: 128.
Partido Comunista Venezolano: 58, n. 1.
Partido Socialista Unificado de Venezuela PSUV: 68.
Voluntad Popular: 131.

Partidos Políticos de Europa

Alemania
Alternativa Electoral *Wahlalternative 2013:* 336.
Alternativa para Alemania AfD: 330-342, 373.
Freie Wähler FW: 336.
Partido Liberal FDP: 337, 341, 356.
Partido Socialdemócrata SPD: 333, 363.
Patriotas Europeos contra la Islamización de Occidente PEGIDA: 338.
Unión Cristianodemócrata CDU: 330, 331, 337, 339, 341.

Austria
Foro Liberal, *Liberales Forum*: 298.
Partido Liberal de Austria FPÖ: 213, 293-302, 344.

Partido Socialdemócrata de Austria SPÖ: 295, 298, 299.

Bélgica
Asociación Flamenca de Solidaristas Nacionales (*Verdinasco*): 356.
Bloque Flamenco VB/Interés Flamenco VB (*Vlaams Blok/Vlaams Belang*): 357-362, 365, 367, 369.
Democracia Nacional DN: 358.
Frente Nacional FN: 358, 365.
Movimiento Rexista REX: 356.
Nueva Alianza Flamenca (NVA), *Nieuw Vlaamse Alliantie*: 360, 366.
Orden de Militantes Flamencos VMO: 357.
Partido Católico: 356.
Partido de la Libertad y el Progreso VLD: 356.
Partido Liberal: 356.
Partido Libertario de la Democracia Directa LDD: 360.
Partido Demócrata Cristiano: CPV 359.
Partido Popular PP: 360.
Partido Socialista: 356.
Unión del Pueblo UV: 357.
Unión Nacional Flamenca VNV: 356.
Volksunie: 358, 361.

Escandinavia
Finlandeses, Los (verdaderos), *Perussuomalaiset*: 214, 304, 306, 307.
Ny Borgerlige (Nuevos Ciudadanos, Dinamarca): 308.
Partido de los Demócratas de Suecia, *Sverigedemokraterna*: 304, 306, 307.
Partido del Progreso (Noruega, *Framstegspartiet*): 213, 304, 306, 308, 310, 344.
Partido del Progreso (Dinamarca): 213.
Partido Popular Danés DF, *Dansk Folkeparti*: 255, 304, 306, 308, 310.
Partido Socialdemócrata Sueco: 309.

España
Alianza Popular AP: 260.
Ciudadanos/Ciutadans C'S: 272.
Grupo Independiente y Liberal GIL: 262, 263.
Partido Nacionalista Vasco PNV: 277.
Partido Popular PP: 42, 261, 277, 381.
Partido Socialista Obrero Español PSOE: 42, 47, 264.

Podemos: 18, 50, 60, 260-270, 273, 386, 396.
Unión de Centro Democrático UCD: 260.

Francia
Front de Gauche FG (Frente de Izquierda): 229.
Front National FN (Frente Nacional): 50, 213, 217-233, 255, 273, 283, 284 n. 5, 290 y 368.
Movimiento «La Francia Insumisa»: 229.
Parti de Gauche PG: 229.
Partido Socialista PS: 219, 220.
Unión para una Mayoría Presidencial UMP: 360.

Grecia
Amanecer Dorado: 372, 378
Coalición de Izquierda Radical, ahora partido político, SYRIZA: 50, 60, 61, 370-379.
El río (To Potami): 372, 373, 378.
Frente de Liberación Nacional: 373, 378.
Griegos Independientes ANEL: 372, 378.
Izquierda Democrática DIMAR: 371, 377.
LAOS (Agrupación Popular Ortodoxa): 377.
Nueva Democracia ND: 371, 377, 373, 378.
Partido Comunista de Grecia KKE: 371, 373-375, 378.
Partido Socialista PASOK: 370-373, 375, 377-379.
Synaspismós SYN: 371, 375, 376, 378.

Holanda
Lijst Pim Fortuyn (Lista Pim Fortuyn): 287.
Partido de la Libertad PVV: 289-292.
Partido de los granjeros *Boerenpartij*: 283 n. 3.
Partido del Centro *Centrumpartij*: 283 n. 3.
Partido Popular por la Libertad VVD: 285, 287, 289.
Partido Socialdemócrata PvdA: 286, 287.

Hungría
FIDESZ (Alianza de Jóvenes Demócratas y Unión Cívica Húngara): 383-386, 388, 390.

ÍNDICE ONOMÁSTICO Y ANALÍTICO 449

ALIANZA UNIDAD: 384, 385.
Coalición formada por:
Partido Socialdemócrata Húngaro MSZP (Magyar Szocialista Párt): 385, 386.
Juntos: 2014 385.
Coalición Democrática DK: 385.
Diálogo por Hungría PM: 385.
Partido Liberal Húngaro MLP: 385.
Movimiento para una Hungría Mejor JOBBIK (Jobb Magyarországért Mozgalom): 282, 384-387.
La Política Puede ser Diferente (ecologistas): 384.

Italia
Democracia Cristiana DC: 236-238.
Forza Italia FI: 214, 235, 236, 239, 244, 245, 248.
Italia dei Valori: 239.
Liga Norte/*Lega Nord* LN: 214, 246, 248, 273, 274, 293, 239, 344.
MoVimento Cinque Stelle M5S: 246, 247, 373, 376.
Movimiento *L'uomo qualunque*: 235.
Movimiento Social Italiano MSI: 236.
Partido Comunista Italiano PCI: 236.
Partido Democrático PD: 247.
Partido Liberal Italiano PLI: 236.
Partido Republicano Italiano: 236.
Partido Socialista Democrático Italiano: 236.
Partido Socialista Italiano PSI: 236.
Popolo della Libertà: 245.
Scelta Civica: 240.
Sinistra Ecologia e Libertà: 240.

Polonia
Autodefensa de la República de Polonia SRP: 315-320.
Coalición para la Renovación de la República-Libertad y Esperanza KORWiN: 319.
Derecho y Justicia PiS: 315, 318.
Kukiz'15: 312, 319, 320.
Liga de las Familias Polacas LPR: 315-319.
Movimiento para la Reconstrucción de Polonia ROP: 314.
Partido X: 314.
Solidarnosc (Solidaridad): 311, 313, 316.

Portugal
Bloco de Esquerda: 373.

Reino Unido
Liberal Demócratas *Libdems*: 259.
Partido Conservador, *Tories*: 251-253, 255, 258, 259.
Partido Laborista, *Labour*: 249, 250, 253 n. 2, 256, 259.
Partido de la Independencia del Reino Unido UKIP, *United Kingdom Independence Party*: 40, 214, 249-259, 273.

Rusia
Frente de Izquierdas: 328.
Los Rusos: 327.
Movimiento Contra la Inmigración Ilegal: 327.
Partido Comunista: 324, 327.
Partido Liberal-Demócrata: 327.
Partido Socialdemócrata: 321.
Partido Socialista Revolucionario: 72, 78, 80, 81.
Patriotas de Rusia: 327.
Rusia Justa: 327.
Rusia Unida: 327.
Unión Eslava: 327.

Suiza
Acción Nacional AN: 346.
Asociación para una Suiza Independiente y Neutra: 348.
Campesinos, Artesanos y Burgueses PAB: 346.
Demócratas Suizos DS: 346.
Lega dei Ticienci: 346.
Movimiento de los Republicanos: 346.
Movimiento de los Vigilantes: 346.
Movimiento Nacional contra la Sobrepoblación Extranjera: 346.
Partido de los Automovilistas PA: 346.
Partido del Pueblo Suizo/Unión Democrática de Centro SVP-UDC (Schweizerische Volkspartei/Union Démocratique du Centre): 214, 343-351, 353.
Partido Demócrata Cristiano PDC: 345.
Partido Socialdemócrata PBD: 345.
Partido Socialista PS: 345.
Partido Suizo de la Libertad PSL: 346.
Radicales de Izquierda: 351.
Verdes: 351.

Unión Europea
Europe of Nations and Freedom: 290.
Partido Popular Europeo PPE: 380.

Partidos políticos, Los: 36.
Partidocracia/*partitocrazia*: 62, 147, 151, 155, 158, 245, 234, 245 n. 7.
Pasquino, Gianfranco: 239, 240, 247, 255, 257.
Pastel, Pavel Ivanovich: 75.
Patria: 59, 75 n. 3, 83, 121, 122, 132, 142, 151, 152, 158, 160, 201, 302, 311, 346.
Patriotismo: 75, 151, 226, 296, 348.
Pauwels, T.: 360, 368.
Paz, Octavio: 19.
Pedro el Grande: 74.
Pelinka, A.: 294, 295, 299.
Pemex, Petróleos Mexicanos: 189, 199.
Pensamiento Gonzalo: 237.
Pentapartito: 237.
Peña Nieto, Enrique: 391, 392, 394, 400.
Perissinotto, Renato: 95.
Pernambuco: 99, 175.
Perón, Juan Domingo: 20, 56, 60, 61, 69, 107, 111-123, 125, 136, 142, 145, 189, 191, 192, 397.
Peronismo: 46, 11-123, 136, 139, 141, 144, 145.
Perú: 125, 200-211.
Peruzzotti, Enrique: 58, 130, 141, 142.
Petrobrás/Petrobras: 106, 108, 110, 186.
Philip, G.: 130.
Pilarización social: 286, 287.
Pilsudski, Józef: 100.
Pio Albergo Trivulzio: 236.
Pipitone, U.: 201.
Pisarev, Dmitri: 77.
Plan de Desarrollo de la Educación (Brasil): 184.
Plan Lafer (Brasil): 106.
Plan Nacer (Argentina): 143.
Plan Nacional de Reforma Agraria (Brasil): 184.
Plan Real (Brasil): 173.
Plaza Kotzia (Atenas): 377.
Plaza de Mayo (Buenos Aires): 114, 117.
Plaza de los Héroes (Budapest): 381.
Plaza de Sol, ver Puerta del Sol.
Plaza Omonia (Atenas): 377.
Plaza Schuman (Bruselas): 290.
Plaza Syntagma (Atenas): 374.

Plebs: 277.
Pluralismo: 37, 39, 46, 48, 49, 54, 57, 59, 61, 67, 112, 168, 227, 265, 267, 268, 271, 275, 276, 313, 375, 388.
Plurinacionalidad: 162, 164.
Pobreza: 175, 244 n. 6.
Poguntke, T. y Webb, P. D.: 240.
Polarización: 59, 92, 94, 96, 98, 104, 112, 141, 142, 168, 174, 253, 285, 296, 299, 316.
Política: 18, 19, 23, 24, 31, 32, 33, 44-52, 55, 56-61, 63, 64, 66, 67, 83, 84, 85, 11, 116, 119, 142, 147, 189, 208, 311, 229, 234-37, 254, 256, 268, 287, 392.
Políticos: 33, 35, 37-39, 44-52, 56, 59-68.
Poldermodel: 286-288.
Polonia: 311-320.
Popper, Karl: 383.
Populacho: 83.
Populista: 18, 20, 21, 23, 24, 26, 27, 34-39, 50, 55-57, 59, 61-64, 68.
Populismo
 Clásico: 25, 108, 196.
 Contemporáneo: 25.
 Cultural: 288, 291.
 De izquierda: 55, 62, 148, 230, 271, 276.
 De derecha: 91, 330-332.
 Económico: 291.
 Escandinavo: 305.
 Histórico: 71, 72, 110, 118.
 Institucional: 202, 247.
 Neopopulismo: 197, 198, 209, 397.
Populismobserver: 307.
Populus: 277.
Portales, Diego: 19.
Porto Alegre: 175.
Portugal: 101, 116, 226, 308, 372, 373, 439.
Posfascismo: 284.
Postero, N.: 61.
Poujade, Pierre: 219.
Poujadismo: 219.
Pozo, J. del: 102.
Presidencialismo: 167, 193, 325.
 Hibrido: 162.
Prestes, Luis Carlos: 96.
Prestige: 260.
Priester, K.: 332.
Primavera árabe: 42.
Primero Austria, Österreich Zuerst: 298.
Príncipe, El: 19, 48.

Privitellio, L. de: 115, 117.
Procusto: 49.
Programa de Aceleración del Crecimiento PAC (Brasil): 184.
Programa de Adquisición de Alimentos (Brasil): 184.
Programa de Hambre Cero (Brasil): 184.
Programa Nacional de Seguridad Pública con la Ciudadanía PRONASCI (Brasil): 184.
Programa Nacional de Seguridad Alimentaria (Ecuador): 143.
Programa Socio Bosque (Ecuador): 155.

Programa Socio Páramo (Ecuador): 155.
Protestantes: 287, 348.
Proudhon, Pierre-Joseph: 77.
Pueblo:
"como uno": 54, 56, 61, 63, 64, 66, 147.
Virtuoso: 27, 35, 60, 69, 118, 396.
Punto Fijo: 58 n.1, 128, 129.
Puerta del Sol: 41-43.
Pugachov, Yemelian: 74.
Putin, Vladimir: 17, 290, 322-325, 328, 329, 381.

Q

¿Qué hacer?: 77.
Quiroga, Facundo: 19.

Quito: 150, 153, 157.

R

Racismo: 227, 233, 252, 350, 361, 386.
Radicalismo (ver extremismo).
Radio Nacional de Ecuador: 150.
Ramírez, Pedro Pablo: 112.
Rancière, J.: 351.
Randolph, Thomas: 85.
Ravina, A.: 191.
Rawson, General: 112.
Ray, Rebecca, y Kozameh, Sara: 153, 154.
Raza blanca: 347.
Razin, Stenka: 74.
Razón de mi vida, La: 119, 123.
Reagan, Ronald: 90, 219, 220.
Reconocimiento: 66, 73, 94, 109, 164, 166, 179, 180, 285.
Recortes (en gasto social): 45, 106.
Redención: 33, 60, 100, 120, 127, 132, 156, 159.
Redondo, Javier: 83, 84.
Referéndum: 87, 227, 226, 228, 231, 247, 250-256 n. 4, 258-290, 297, 315, 316, 344, 347, 350, 378.
Refolución (Polonia): 313.
Refugiados: 215, 305, 307, 308, 330, 335, 338, 381, 384, 388.
Regeneración (de la democracia): 25, 396.
Reif, K. y Schmitt, H.: 251.

Reinthaller, Anton: 294.
Religión: 76, 227, 281 n. 1, 282, 285, 306, 307, 340, 355, 394.
Remediar: 143.
Renania del Norte-Westfalia: 341.
Renania-Palatinado: 311, 339.
Renta básica universal: 267.
Renzi, Matteo: 246, 247.
Repetto, F.: 143.
Representación política (y crisis de representación): 58, 59, 67, 147, 166, 239, 365.
Repsol: 140, 141.
República Aristocrática (Perú): 202.
República Dominicana: 385.
República Popular de Polonia: 313.
República Solidaria (Polonia): 313.
Rescate bancario: 335.
Responsabilidad política: 35.
Revolución: 43, 46, 58, 63, 72, 73, 75, 77-79, 96, 108, 112, 120, 163, 203, 205, 218, 269, 313 n. 1, 379, 381, 382.
Revolución Ciudadana (Ecuador): 146, 158.
Revolución Francesa: 121.
Revolución Húngara: 382.
Revolución de Octubre (Revolución Rusa): 72, 121.

Revolución del 3 de Octubre de 1930 (Brasil): 97.
Reynié, Dominique: 218-220.
Ricos: 33, 195, 229, 232.
Ricupero, Rubens: 179.
Río de Janeiro: 99.
Río Grande del Sur: 96, 97, 99.
Rivero, Ángel: 311.
Rivoluzione Civile: 240.
Robanus, Gerd: 336.
Rodas, Mauricio: 156, 157.
Rodríguez, Abelardo: 189.
Rodríguez, C.: 128, 210.
Rodríguez Zapatero, José Luis: 42, 47, 53, 263, 264, 372.
Roma: 237, 273.
Roma ladrona: 273.
Romero, L. A.: 113-117.
Rontomé Romero, Carlos: 262.
Rooduijn, M.: 331.
Roosevelt, Franklin Delano: 89.
Roosevelt, Theodore: 89, 90.
Rosanvallon, Pierre: 365.
Rouquié, A.: 172.
Rousseau, Jean-Jacques: 76, 77, 246.
Roussef, Dilma: 180.
Rovira Kaltwasser, Cristóbal: 58, 63.
Ruiz Mateos, José María: 261.
Rummens, S. y Abts, K.: 60, 368.
Rusia: 25, 33, 69, 71-81, 213, 228, 290, 321-329, 381, 384, 386, 388.
Rutte, Mark: 291.

S

Sader, Emir: 185, 186.
Sáenz de Tejada, R.: 179.
Saint-Simon, Henri de: 77.
Sajonia-Anhalt: 331, 336, 337, 339.
Salama, P.: 185.
Salario mínimo: 89, 100, 106, 107, 153, 176, 184, 195, 225.
Salazar, Antonio de Oliveira: 46, 101, 116.
Sallum, B.: 174.
Salvia, A.: 143.
Salvini, Matteo: 246.
Salzburgo: 294.
Samarin, Aksakov y Yuri: 76.
San Cristóbal: 131.
San Esteban: 387.
San Pedro de Alcántara: 262.
San Petersburgo: 78.
Sánchez-Cuenca, I.: 210.
Sanders, Bernie: 91.
Santa Alianza: 73.
Santos (Brasil): 178.
Santos, Manuel: 157.
Sao Paulo: 95, 98, 106, 175, 187.
Sarkozy, Nicolas: 368.
Sarmiento, Domingo Faustino: 20.
Sarre: 341.
Sartori, Giovanni: 43, 167, 263, 328.
Severen, Joris van: 356.
Scharsach, H.-H.: 295.
Scheffer, Paul: 286.
Schleswig-Holstein: 341.
Schmidt, Heide: 298.
Schmitt, Carl: 276-278.
Schmitter, Philip: 171.
Schneuwly, M.: 350.
Schüssel, Wolfgang: 295, 299, 300.
Singapur: 388.
Scioli, Daniel: 144.
Secesionismo: 37.
Secretaría Nacional de Trabajo (Argentina): 112.
Sejm, parlamento de Polonia: 315, 319.
Sendero Luminoso: 202, 204, 205, 208, 209, 211.
Sentido Común: 38, 231, 243, 398.
Sentimientos/sentimentalización de la política: 57, 100, 308.
Serno-Solovenich, hermanos: 78.
Servicio Nacional de Industria (Brasil): 175.
Shadow Cabinet: 366.
Share, D, y Mainwaring, S.: 171.
Shields, J.: 218.
Shils, Edward: 34, 311.
Shvetsova, Lilia: 324.
Siberia: 75, 78.
SIDA: 358.
Significante vacío: 55, 277.
Silva, ver Lula da Silva, Luiz Inácio.
Sinowatz, Fred: 295.
Sipilä, Juha: 307.
Skenderovic, Damir: 351.

ÍNDICE ONOMÁSTICO Y ANALÍTICO 453

Skidmore, T.: 101.
Smith, Anthony D.: 272, 273.
Smith, J.: 105.
Snagov (Rumanía): 382.
Soberanía: 18, 19, 35, 57, 60, 64, 113, 119, 123, 132, 148, 163, 214, 222, 223, 225-230, 252, 255, 256, 268, 290, 296, 297, 326, 331, 334, 348, 377, 378, 393.
Soborno: 178 n. 2, 236, 237.
Socialdemocracia: 176, 200, 305, 309.
Socialismo: 61, 72, 76, 78, 81, 114, 125, 191, 197, 213, 214, 222, 328, 331, 395.
Sociedad Civil: 23, 65, 67, 68, 148, 150, 159, 238, 242, 246, 313, 326, 388.
Sociedad Abierta: 383.
Sócrates, José: 372.
Soini, Timo: 307.
Solíz, Doris: 150.
Sonderweg: 210.
Soros, Georges: 381, 383.
Sotelo, Ignacio: 308.
Souza, Pedro H.G.F.: 185.
Sovremenik: 77.
Spoil System: 84.
Spinoza, Baruch: 284.

Stalin, Josif: 313, 382.
Stanley, B.: 314 n. 4, n. 5, 315.
Stavrakakis, Yannis: 61, 376, 377.
Statu Quo: 140, 191, 250, 255, 266, 313.
Steger, Norbert: 295.
Stein, S.: 205.
Storch, Beatrix von: 336.
Strache, Heinz Christian: 294, 297, 300, 301, 302.
Streb, J.M.: 142.
Stuttgart: 339.
Suárez, Francisco: 19.
Sucre: 148.
Sucre Heredia, S.: 128.
Suecia: 303, 304, 306-309.
Sufrimiento (del pueblo): 38, 47, 344.
Suiza: 228, 343-353, 362, 364.
Sultanato: 200.
Sumisión: 283, n. 5, 285.
Supranacionalidad: 305.
Surel, Y.: 331, 376.
Surkov, Vladislav: 325, 326.
Suverenaya democratia, ver Democracia Soberana (Rusia).
Szczerbiak, A.: 316, 318.

T

Taft, William Howard: 89, 89 n. 4.
Taggart, Paul: 219, 316, 331, 332.
Taguieff, Pierre-André: 223.
Talmon, Jakob: 321.
Tangentopoli: 236.
Tarchi, M.: 235, 242-244, 247.
Tea Party: 91.
Telecinco: 263.
Tella, Torcuato di: 112-115, 191.
Tenentismo (Brasil): 96.
Teología de la Liberación: 175.
Teoría de la Constitución: 276.
Terrorismo: 20, 71, 79, 149, 150, 202-206, 208, 211, 292, 305, 363, 367.
Testamento Político (Vargas): 108-109.
Thatcher, Margaret: 219, 252, 254.
The Economist: 385.
Ticino (Suiza): 346.
Tío Gilito: 262.
TIPNIS (Territorio Indígena y Parque Nacional Isiboro-Secure): 62, 68.
Tiranía: 18.

Tkachev, Piotr: 77.
Tocqueville, Alexis: de 85.
Todorov, Tzevetan: 210, 222.
Toledo, Alejandro: 206.
Tolerancia: 20, 197.
Tolstoy, León: 75.
Totalitarismo: 36, 52, 64, 65, 321, 382.
Tournay: 358.
Tradicionalismo: 283.
Traidores: 277.
Transición democrática: 20, 171, 172, 266, 269, 312, 314, 323-325, 328.
Tratado de Trianon: 387.
Trefois, Anne, y Fanie, Jean: 361.
Tribuna da Imprensa: 106.
Tribunal Constitucional: 147, 351.
Tribunal de Seguridad Nacional: 99.
Tribunal Supremo Electoral (Ecuador): 147.
Troika (Comisión Europea, Banco Central Europeo y Fondo Monetario Internacional): 55, 372, 377, 378.

Trotsky, León: 189.
Trubnikova, María Vasilevna: 78.
Trudeau, Justin: 392, 394.
Trump, Donald: 16, 26, 27, 91, 92, 214, 391, 393, 394, 397, 398, 400.
Tsakatika, Myrto: 373-376, 378.
Tsipras, Alexis: 61, 370, 372, 374-378.
Tuaza, Luis: 155.
Turingia: 228, 340, 386, 388.
Turquía: 228, 340, 386, 388.
Tyminski, Stanislaw: 314.

U

Überfremdung: 296.
Ucrania: 78, 290, 322, 384.
Udaltsov, Sergey: 328.
Unión de Naciones Suramericanas UNASUR: 180.
Unión de Repúblicas Socialistas Soviéticas URSS: 236, 375.
Unión de Salvación (también Unión de Bienestar, Rusia): 75.
Unión Europea, ver Europa.
Universidad Centroeuropea CEU Budapest: 381, 385, 388.
Urales: 78.
Urbinati, Nadia: 54, 57, 130.
Uribe, Álvaro: 157.
Uruguay: 19, 96.
Utopía: 204, 213, 222.

V

Vaffanculo Day: 246.
Valcárcel, Luis E.: 204.
Valones: 355, 357, 358, 360, 366.
Valonia: 355, 357, 358, 360, 365, 366, 368.
Van Gogh, Theo: 285.
Vanhecke, Frank: 359.
Vargas, Getúlio: 20, 69, 94-110, 125.
Vargas Llosa, Mario: 208, 211.
Vaz, Rubens Florentino: 107.
Vega, Fernando: 156.
Velasco Alvarado, General Juan: 203, 205.
Velasquista, dictadura/Velascato: 203, 204, 205, 208.
Vendola, Nichi: 240.
Venezuela: 18, 19, 49, 58, 58 n, 1, 59, 68, 125, 127, 128, 133, 138, 141, 156, 180, 197, 230, 394
Verdad/Mentira: 7, 18, 33-35, 38, 41, 46, 48-50, 52, 63, 66, 76, 92, 152, 229, 239 n. 1, 265, 288, 367, 398.
Verdussen, Marc, y Romainville, Céline: 364, 367.
Vilas, Carlos: 55.
Virginia: 83, 85, 87, 93.
Vivir Bien (Bolivia): 164, 170.
Vita Activa: 382.
Volga: 78.
Volkonsky, Sergei: 75, 75 n. 3.
Volksbegehren (consulta popular): 297.
Voltaire, François-Marie Arouet: 284.
Voluntad del pueblo/popular: 18, 36, 38, 58, 60, 62, 63, 66, 131, 137, 262, 268, 279, 396, 398
Voz del pueblo, voz de Dios: 7, 34, 38, 46, 56, 62, 114, 132, 135, 217, 222, 225, 261.
Vranitzky, Franz: 297, 299.

W

Walesa, Lech: 311.
Wall Street: 57, 91, 121.
Waisbord, Silvio: 151.
Weaver, James B.: 87, 88.
Weffort, F.: 95, 190.
Weinblum, Sharon, y Brack, Natalie: 364.
Westminster: 251, 254-256.
Weyland, Kurt: 59, 152, 200, 208.
Washington: 34, 69, 84, 85, 88, 91, 92, 97, 102, 104, 111, 125, 139.

Whigs: 82, 84, 85.
Wieviorka, Michel: 218.
Wilders, Geert: 281-283, 289, 290, 442.
Wiles, P.: 311.
Wilson, Woodrow: 89, 90.
Winner takes all: 249.
Wood, Gordon S.: 82, 85.
Wray, Norman: 157.
Wysocka, O.: 314.
Wyszynski, Stefan: 313.

X

Xenofobia: 252, 386, 393.

Y

Yacimientos Petrolíferos Fiscales: YPF 140, 141.

Yaffa, J.: 323.
Yeltsin, Boris: 324, 325.

Z

Zamora, Mery: 149.
Zanatta, L.: 205, 238.
Zapata, A.: 207.
Zapata, Emiliano: 77.
Zarismo: 73.
Zasulich, Vera: 77, 79.
Zavala, Nelsón: 156.
ZDF: 332, 333, 340, 341.
Zeitgeist: 331.

Zemlya i Volya (Tierra y Libertad): 71, 78, 79, 81.
Zemmour, Éric: 221.
Zizek, S.: 332.
Zottel: 350.
Zúquete, José Pedro: 59, 132.
Zúrich: 345, 348, 350.
Zurita, Christian: 150.